21世纪经济管理新形态教材·金融学系列

期货市场学

（第2版）

安　毅◎编　著

清华大学出版社

北　京

图书在版编目(CIP)数据

期货市场学 / 安毅编著 . —2 版 . —北京：清华大学出版社，2020.8 (2024.1 重印)
21 世纪经济管理新形态教材 . 金融学系列
ISBN 978-7-302-56085-2

Ⅰ . ①期… Ⅱ . ①安… Ⅲ . ①期货市场－高等学校－教材 Ⅳ . ① F830.9

中国版本图书馆 CIP 数据核字 (2020) 第 136989 号

责任编辑：吴　雷
封面设计：李伯骥
版式设计：方加青
责任校对：宋玉莲
责任印制：杨　艳

出版发行：清华大学出版社
　　　　网　　　址：https://www.tup.com.cn, https://www.wqxuetang.com
　　　　地　　　址：北京清华大学学研大厦 A 座　　　　邮　　编：100084
　　　　社 总 机：010-83470000　　　　　　　　　　邮　　购：010-62786544
　　　　投稿与读者服务：010-62776969，c-service@tup.tsinghua.edu.cn
　　　　质 量 反 馈：010-62772015，zhiliang@tup.tsinghua.edu.cn
印 装 者：三河市龙大印装有限公司
经　　销：全国新华书店
开　　本：185mm×260mm　　　印　张：18.25　　　字　数：449 千字
版　　次：2015 年 9 月第 1 版　　　2020 年 9 月第 2 版　　　印　次：2024 年 1 月第 3 次印刷
定　　价：49.00 元

产品编号：086973-01

前言（第 2 版）

2015 年 6 月，本书第 1 版交付清华大学出版社时，几乎没有人预料到一场巨大的危机正在降临中国资本市场。之后的 3 个月中（6 月至 9 月），也就是在出版社对《期货市场学》第 1 版进行排版校对的时候，中国股票市场出现剧烈震荡，几乎引发系统性风险。国家各宏观部门、监管部门以及其他相关部门开展了联合救市，最终控制住了市场风险的全面蔓延。在此期间，关于股指期货的争议很大，社会上对其充满着不解，很多人难以理解利用期货市场的真正功能。可以说，2015 年的股市异常波动事件影响深远，足以载入史册，但很遗憾当时已无法将其写入第 1 版中。

每次危机，都会引发改革创新并带来发展机遇。回顾第 1 版出版至今的这五年，中国期货市场在经济转向新常态的过程中，以曲折的探索、不断的改革和转换的思路，再次焕发出生机，国际化和法制化成为新的发展方向。为更系统地展现期货市场的运作基本原理和创新发展的方向，本书第 2 版根据这五年中市场的诸多变化和作者的科研教学积累，做了全面的修订完善。

本次修订包括以下内容：

（1）大幅修订第一章"期货市场基本原理"。删除了第 1 版中第一章第四节"期货交易的后台处理"，增设了第四节"期货交割"、第五节"清算与结算"。此外，还对交易计划、新的品种、合约设计等相关内容进行了较大改动。

（2）大幅修改第二章内容。新增加的内容有"微观市场结构与价格形成"，并将其列为第一节，该节包含"报价驱动机制和混合驱动机制""市场操纵与信息滥用"等新内容。在第二节中，增加了"远期资产定价的基本原理"，希望以此更好地阐释期货价格的理论模型，以及期货价格和远期价格的内在关系。通过这一系列调整，希望能够使读者从市场形成方式和理论模型两个层面，更深入地了解期货市场的价格形成与发现机制。

（3）其他各章的修订包括：第三章增加了"外汇交叉套期保值""最优套保原理的广泛运用"等内容；第四章全面修改了"跨品种套利的基本原理"，同时也删除了第 1 版第四章第四节的内容；第五章增加了"经济周期的分析方法""美林投资时钟的适用性"和"基本面分析的不足之处"；第七章中补充了各种常见算法的基本流程；根据期货市场近五年内出现的一系列重大变化，全面修订了第八章"期货市场的风险控制制度"；系统地修改了第九章，将其改为"期货市场的历史演变与组织架构"，以历史角度揭示期货市场架构的演化过程、当前特点和未来趋势。

（4）删减了第 1 版中的部分思考题，增加了可扫码测试的在线习题。

（5）撰写了 20 个特色专栏。这些专栏既有影响深远的历史事件，也有新近发生的经典案例，如 2020 年 3 月美国股指期货市场的四次熔断、2020 年 4 月 WTI 原油期货结算价

收于 −37.63 美元 / 桶事件、2018 年联合石化套期保值亏损事件、2013 年光大证券乌龙事件等。读者可以扫码阅读。

（6）在增加诸多前沿知识的同时，全面修正了第 1 版中的笔误和不当之处，力求使表述更加精准、简洁。

经过这次修订，本书的系统性、前沿性和深入性均得到全面提升。由于读者来自不同的专业，所以第 2 版中对一些较难理解的内容标注了"*"，以供取舍。

本次修订由安毅完成。班令伟、葛瑞和王漪澜对各章进行了全面细致的校对，并提出了宝贵的意见。书中若有错误和未及之处，也恭候您的批评和指正：anyi@cau.edu.cn。

安　毅
2020 年 5 月

前　言

中国期货市场建立于1993年。到21世纪的第一个十年，我国建立起了部门齐全的期货交易监管架构，并且伴随着国内外经济格局的深刻变化、大宗商品的牛熊市转换和监管制度的初步形成，期货市场也出现了前所未有的快速发展和高度繁荣。在此过程中，期货市场既出现了交易技术、业务方式、市场组织形式等方面的创新需要和创新活动，也日益面临政府与市场、监管与创新、传统与现代之间的一系列矛盾。从这些新形势和新趋势看，传统教科书已经不能满足读者对深入了解期货市场运行的渴望，也满足不了研究者的参考需要。考虑到新的变化，中国农业大学中国期货与金融衍生品研究中心开始规划撰写一部新的《期货市场学》教材。

中国农业大学中国期货与金融衍生品研究中心（以下简称"中心"）由中国期货市场的奠基人、期货理论家和实践家常清教授创办，主要研究人员包括国内知名的期货专家、学者、企业家。中心自成立后，始终致力于期货、期权市场的研究和人才培养。本书的写作秉承了期货与金融衍生品研究中心长期坚持的求真务实、追踪前沿和学以致用的理念。在写作过程中，笔者十分注重将理论和实务结合起来，在内容方面增加了很多传统教科书没有考虑或由于条件所限而被忽略的内容，同时也尝试探索优化全书布局结构，使读者能够循序渐进地学习和了解期货市场。

第一章介绍期货交易的基本原理，目的是让读者掌握期货交易的基本特征、交易流程、制度设计和运行机制。这一部分没有像国内同类教科书那样讲述过多的市场功能理论、中国市场发展历史等内容。

第二章介绍期货价格的理论和实践。核心内容有：期现货套利方法和理论定价公式、定价权和定价中心、价格发现功能和基差定价的关系，以及一些主要的基差定价方法。这些内容至关重要，在以往的很多期货书籍中没有得到应有的重视。

第三章在介绍传统套期保值原理的基础上，增加了最优套期比率的计算和动态套保方法。同时，本章还介绍了以往教科书中忽略的套期保值效果评价方法、套期保值的风险管理等重要内容。

第四章在讲解经典期货价差套利知识的基础上，引入了传统期货教材不曾引入的统计套利的基本原理和方法，同时也介绍了期货界研究出的一些实用套利技巧。

第五章从分类的角度，阐述商品、股指、国债和外汇等不同种类期货的基本面分析方法。

第六章在介绍各种技术分析方法之前，总结了期货技术分析的一般性和特殊性，以避免初学者将期货技术分析和证券技术分析完全混淆。

第七章讲程序化交易、算法交易和高频交易。这一部分内容是期货市场的前沿探索领域，在国内的相关教科书中很少被介绍。通过本章，读者可以了解这些量化交易的原理、方法与算法模型。

第八章从实务角度介绍期货市场的风险控制制度。本书将这些内容放在第八章，而不是像国内很多教材那样将其放在前面的章节。这种安排主要考虑的是，使读者摆脱入门时就要面临繁多规章制度的困扰，也有助于读者回过头去更好地了解期货市场的运行机制。

第九章通过中外对比和历史追溯，综合介绍中国期货市场组织结构和期货监管体制。这一章给读者提供的不仅仅是关于市场结构的探讨，还包括进一步思考的空间。

以上九章内容集中、系统地对期货市场进行了介绍。需要说明的是，本书基本不涉及期权市场和期权交易方面的知识，仅在需要的地方对期权进行了简单的注释。读者如果需要，可以阅读本书作者的《期权市场与投资策略》或者其他相关书籍。

为了让读者更好地学习正文内容，本书在每章开始时都撰写了"学习提示""内容提要"和"学习目标"，在章节中根据需要细致编写了"案例分析"，并在每章结束时给出了"本章小结""思考与习题"。其中，"学习目标"对需要学习的内容进行了规划。例如，建议学有余力者或研究者可以花些精力掌握统计套利、算法模型、高频交易模型等内容，没有这方面学习需要的读者可以暂时忽略这一部分。

本书由安毅统筹规划并主笔完成。刘晨撰写了统计套利、算法交易和高频交易中大多数与模型有关的内容。张闻婕整理了技术分析中的大量图表和部分内容。王欣怡和方蕊则分别协助整理撰写了高频交易流程、期货交易所组织结构等方面的内容和图表。第四章第四节引用了肖永志关于期货套利技巧方面的研究成果。

中国期货市场正在进入一个全新的制度探索期，市场发展迅速、创新空间广阔。由于作者水平所限，本书一定还存在诸多未及之处。书中如有讹误和错漏，下列邮箱地址恭候您的批评和指正：anyi@cau.edu.cn。

安　毅
2015 年 6 月

目　　录

第 一 章
期货市场基本原理

学习提示

　　期货是在期货交易所公开竞价交易的，由标准化合约标准化了的远期商品或远期资产。经过长期的实践摸索和微观结构演化，期货市场所形成的独特特征和交易机制使其成为对冲现货市场风险和发现市场价格的重要场所。本章旨在使初学者学完第一章就能对期货交易的基本特征、交易流程和市场运行机制有初步的了解。

内容提要

　　本章介绍期货市场的产生和特征、标准化期货合约的主要内容和设计原理、期货信息行情和发布、期货交易流程、期货交割的种类和流程，以及期货结算方式和功能。

学习目标

　　了解期货交易的基本特征以及商品成为上市期货所应具备的基本条件，学习期货合约的内容和设计思路，掌握保证金交易的杠杆特性以及双向交易、对冲平仓机制，熟悉限价指令和市价指令，牢记交易计划和资金管理的重要性，掌握期货交割、期货转现货业务、结算原理。

第一节　期货交易的产生与特征

一、现代期货市场的产生

期货产生于贸易活动，与农业生产和农产品贸易有着紧密的关系。早在 1531 年海上贸易趋于盛行时，比利时安特卫普就诞生了世界上最早的期货交易所雏形。17 世纪的日本大阪开始产生具有期货交易性质的大米交易。1730 年，日本大阪堂屋（Dojima）率先开设了领先世界的大米核账交易，其中就引入了集中性交易、标准化合约等现代期货市场的设计要素。不过，现在再去堂屋已经看不到任何相关的历史遗迹。1848 年，在美国芝加哥，由 82 位粮商组建的芝加哥期货交易所（Chicago Board of Trade，CBOT）则为现代期货市场的最终形成做出了重要贡献，成为世界期货市场发展史中的里程碑。

1. 期货交易的产生

19 世纪前期，随着美国中西部农产品的营销从本地扩展到东部乃至欧洲，一个名为"芝加哥"的小村庄逐渐成为美国中西部重要的粮食仓储、销售和物流集散地，这里吸引着来自各地的粮食购销商。芝加哥在 1837 年建市后，于 1850 年开始成为中西部最大的粮食枢纽。在早期的芝加哥粮食贸易中，为了规避价格剧烈波动的风险，贸易商、加工企业已经倾向于使用远期合约将粮食的购销价格事先确定下来。CBOT 建立时也考虑了如何管理和应对价格风险，但是最初的服务主要还是集中在提供集中场所、粮食仓储和组织保障等服务方面。直到 1851 年，CBOT 才开始借鉴在芝加哥地区的粮食贸易中已经逐渐推行开的远期合同，在组织内部引入了一种称之为将至合约（to-arrive contract）的远期合约。据记载，第一份将至合约签订于 1851 年 3 月 13 日。合约要求在当年 6 月份以低于 3 月 13 日价格 1 美分 / 蒲式耳的价格交付 3000 蒲式耳玉米。其后，远期合约得到 CBOT 成员的广泛认可，得到迅速运用和发展。但是，CBOT 的远期合约和其他远期合约一样面临着两方面的难题。首先，在交付粮食时，买卖双方中的任何一方都可能因为合约到期时现货市场价格出现大幅涨跌而选择违约；其次，买卖合同中协商的品质、等级、贸易量存在差异，从而导致贸易商转手困难。为此，CBOT 开始从两方面改进远期合同：一是探索建立保证金制度，向签约双方收取保证金，降低信用违约风险，提高履约率；二是为降低一对一协商的成本和提高转手效率，于 1865 年对远期合约进行了标准化设计。远期合约在这两方面的改进标志着现代期货交易的正式诞生。

标准化后的合约广受欢迎。美国的农产品期货交易开始迅速普及，在芝加哥、纽约、堪萨斯等地成立了一系列交易农产品期货的交易所。1870 年，棉花期货合约在纽约棉花交易所上市。1876 年，小麦期货合约和燕麦期货合约分别在堪萨斯期货交易所和芝加哥期货交易所上市。其后，黄油、鸡蛋、咖啡、可可等也陆续进入期货交易所进行交易。

2. 期货交易机制的形成

在期货市场的早期发展过程中，各期货交易所发现仅依靠企业、贸易商和农场主，很难保证市场中有足够的流动性。于是，1882 年 CBOT 决定在市场中引入投机者。具体的方式是：允许所有交易者选择对冲平仓的方式免除履约责任，即买方可以选择卖出平仓的方式来了结合约，卖方可以选择买入平仓的方式来了结合约。这一措施是期货交易演进中最为重要的一个变化，使期货市场具有了可长期活跃交易的微观市场基础。

1883 年 9 月，芝加哥期货交易所出现了猪油市场垄断纠纷，为化解交易中存在的风险和提高交易效率，CBOT 成立了结算协会。结算协会用于记录交易、提供对冲工具。但是，CBOT 最初的结算协会并不是一个规范严密的组织。其后，1884 年芝加哥期货交易所建立了清算所。清算所实际是交易所的一个部门，负责清算和确认清算会员间的交易，并履行其他簿记功能。这时的清算所与现代清算组织并不相同，还不是每一笔交易的中央对手方，期货交易的平仓活动依然需要由经纪商来安排。

美国现代意义上的期货清算所于 1891 年诞生于明尼阿波利斯谷物交易所。该清算所的章程规定其是"每一个买方的卖方""每一个卖方的买方"。随后，清算逐渐地传播开来。堪萨斯期货交易所在 1899 年也发展出了独立于交易所的清算组织。对于 CBOT 而言，最具标志性的清算组织直到 1925 年才出现。这一年 CBOT 成立了独立的芝加哥期货交易所结算公司（BOTCC）。BOTCC 的作用有两个：一是发挥中央对手方作用，结算公司成为买卖双方的交易对手方，即在买卖双方可以达成交易的前提下，成为买方的卖方和卖方的买方。这样，买卖双方需要平仓时就不需要再找原先的交易对手。二是全面发挥清算和结算作用，控制市场风险。为确保履约，BOTCC 实行了逐日盯市（mark-to-market）制度，如果交易者的保证金出现不足，BOTCC 就会要求追加保证金。

总体上看，期货市场的形成并非一蹴而就，CBOT 从引入远期合约到建立结算制度经历了 70 多年的探索和实践（见图 1-1）。在此过程中，期货交易逐步呈现出五个基本特征。

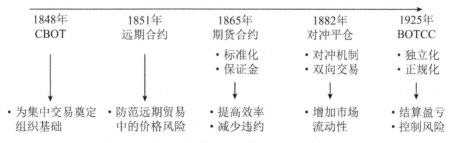

图 1-1　CBOT 期货市场结构的历史形成脉络

▶ 二、期货交易的基本特征

1. 集中化交易

期货交易的集中性体现在三个方面。

首先，期货交易必须由期货交易所在场内组织进行。全球最知名的期货交易所（集团）有芝加哥商业交易所集团、纽交所—泛欧交易所集团、欧洲期货交易所、伦敦金属交易所，等等。我国的期货交易所则包括中国金融期货交易所、上海期货交易所、大连商品交易所和郑州商品交易所。另外，上海期货交易所下属子公司上海国际能源交易中心也开展国际化的期货交易。

其次，期货交易是高度组织化的交易。为提高交易效率、降低组织成本和分散风险，期货交易所实行会员制，只有会员才能进场交易。非会员交易者需要委托经纪会员（期货公司）代理交易或者通过交易会员的交易席位直接发出交易指令来进行交易。

专栏 1-1

期货交易所和交易
大厅的历史变迁

扫 描 此 码 深 度 学 习

最后，期货交易在场内实行集中竞价交易。竞价交易所采用的方式有公开喊价和计算机撮合。由信息技术将分散的交易指令集中起来，通过期货交易所的计算机系统撮合完成交易已经成为期货市场竞争的核心内容和重要发展趋势（见专栏 1-1）。我国期货市场的交易通过计算机撮合来完成。郑州商品交易所是我国电子化交易的先驱。中国金融期货交易所不设交易大厅，完全实行电子化交易。

2. 标准化交易

期货交易具有标准化的特点，这是由标准化的合约所决定的。所谓标准化合约是指期货交易所制定的标准化的、用于在期货交易所交易大厅或者交易系统中公开竞价交易商品的远期合约。在期货合约中，除了标的物的远期价格没有在标准化合约中确定出来，其余的内容事先都做了严格的界定。期货的最终成交价格由交易双方的报价撮合而成。

期货合约与传统远期合同的差异不仅在于其对交易内容的标准化安排，而且体现在表现形式的不同。即从某种角度而言，标准化的期货合约并非是贸易领域常见的一纸合同，其更类似于一种由交易所和结算机构组织交易并确保履约的隐性合同。需要注意的是，尽管人们经常将期货和期货合约视为同一范畴，但是二者还是存在着一定的差异。从本质上看，期货是在期货交易所公开竞价交易的，由标准化合约标准化了的远期商品、资产或其他交易品，而期货合约仅是期货交易的载体。

期货合约的标准化并非一成不变，交易所会根据市场结构的变化对合约进行调整维护。不同交易对象的期货合约设计也存在很大的差异。例如，表 1-1 的玉米期货合约、表 1-2 的股指期货和表 1-3 的国债期货合约就存在很大差异。这三个合约的交易对象分别是玉米、沪深 300 股票指数和标准债券（虚拟债券）。由于交易对象的差异，各期货合约的内容也不完全一样，但是这并不影响期货合约所具有的标准化特征。

表 1-1　大连商品交易所玉米合约

交易品种	黄玉米
交易单位	10 吨 / 手
报价单位	元（人民币）/ 吨
最小变动价位	1 元 / 吨
涨跌停板幅度	上一交易日结算价的 4%
合约月份	1 月、3 月、5 月、7 月、9 月、11 月
交易时间	每周一至周五 9:00 ～ 11:30，13:30 ～ 15:00
最后交易日	合约月份第十个交易日
最后交割日	最后交易日后第三个交易日
交割等级	大连商品交易所玉米交割质量标准（FC/DCE D001—2013）（具体内容见附件）

交割地点	大连商品交易所玉米指定交割仓库
最低交易保证金	合约价值的 5%
交易手续费	不超过 3 元 / 手（当前为 1.2 元 / 手）
交割方式	实物交割
交易代码	C
上市交易所	大连商品交易所

表 1-2　中国金融期货交易所沪深 300 股指期货合约

合约标的	沪深 300 指数
合约乘数	每点 300 元
报价单位	指数点
最小变动价位	0.2 点
合约月份	当月、下月及随后两个季月
交易时间	9:30 ~ 11:30，13:00 ~ 15:00
每日价格最大波动限制	上一个交易日结算价的 ±10%
最低交易保证金	合约价值的 8%
最后交易日	合约到期月份的第三个周五，遇国家法定假日顺延
交割日期	同最后交易日
交割方式	现金交割
交易代码	IF
上市交易所	中国金融期货交易所

表 1-3　中国金融期货交易所中期国债期货合约（5 年期国债期货）

合约标的	面值为 100 万元人民币、票面利率为 3% 的名义中期国债
可交割国债	合约到期月份首日剩余期限为 4 ~ 5.25 年的记账式附息国债
报价方式	百元净价报价
最小变动价位	0.005 元
合约月份	最近的三个季月（3 月、6 月、9 月、12 月中的最近三个月循环）
交易时间	09:15 ~ 11:30，13:00 ~ 15:15
最后交易日交易时间	09:15 ~ 11:30
每日价格最大波动限制	上一交易日结算价的 ±1.2%
最低交易保证金	合约价值的 1%
最后交易日	合约到期月份的第二个星期五
最后交割日	最后交易日后的第三个交易日
交割方式	实物交割
交易代码	TF
上市交易所	中国金融期货交易所

3. 双向交易和对冲平仓

在期货市场中，采用双向交易的方式，交易者可以先买入期货（一般称为建仓、开仓）作为交易开端，也可以先卖出期货（也称为卖出建仓或者卖出开仓）作为开端。

相较于以买入期货作为开端，初学者往往难以理解先卖出期货作为开端。对此，可以将期货开仓交易视为签订远期合同的过程。假设开仓买入了一手三个月后交割（即交收现货）的期货，就相当于签订了一个三个月后到期的买入商品的远期合同；假如开仓卖出了一手三个月后交割的期货，就相当于签订了一个三个月后到期的要卖出商品的远期合同。无论先开仓买入，还是先开仓卖出，商品所有权在开仓时并没有转移。真正的所有权要在合同到期交割时才会发生转移。

由于在建仓时，并不发生商品所有权的转让，双方只需要缴纳一定数量或比例的保证金，因此买入建仓和卖出建仓的行为又称为"买空"和"卖空"。买方持有的期货头寸称为多头头寸，卖方持有的期货头寸称为空头头寸。

大多数交易者在建仓后并不会等到期货到期后通过交割来结束交易，而是通过对冲平仓的方式来了结期货交易。所谓对冲平仓是指期货交易者可以在最后交易日前的任何交易时间内，买入或卖出与其所持期货的品种、数量及交割月份相同但方向相反的期货，了结期货持仓的过程。例如，一个交易者卖出开仓的情况为：2 000 元卖出 10 手 2009 玉米期货（即 2020 年 9 月到期的玉米期货）。其后，期货价格上涨，交易者决定部分平仓。操作时打开交易软件，选择 2009 合约，选择买入平仓，平仓价位限定在 2 050 元 / 吨，平仓数量自行决定，如 8 手。简言之，对冲平仓可以理解为对原有的合同予以解除的过程。① 对冲交易的突出作用是丰富交易者类型、活跃市场和提高市场效率，使不愿交割的投机者能够在合约到期前及早离场，也使不愿意交割的企业在合约到期前及早平仓，在现货市场另觅交易对手（详见第四章）。

总之，双向交易和对冲平仓的设计机制给予了交易者两个方向的获利机会，即交易者可以在认为期货价格将要上涨时先买入，等期货价格上涨后卖出平仓；也可以在认为价格将要下跌时先卖出期货，等期货价格下跌后再买入平仓。当然，当期货价格出现不利变动时，交易者需要平掉先前的仓位，以及时止损。

4. 保证金交易

根据合约设计的保证金比率可以测算交易一手合约所需的最低保证金数额。这里以大连商品交易所的玉米期货为例介绍保证金的计算方法。在玉米期货合约中规定，一手玉米期货的交易量是 10 吨，交易保证金比例为合约价值的 5%。假如某一月份到期的玉米期货当前价格是 2 500 元 / 吨，那么一手合约的玉米总价值就是 2 500 元 / 吨 ×10 吨 =25 000 元。要达成交易或维持已有的头寸，无论多头还是空头需要缴纳的保证金都是 25 000 元 × 5%=1 250 元。

通过这个例子可以发现，保证金交易有两个特点。第一，只需要缴纳期货合约价值一定比例的保证金就可以交易该合约价值的期货。当期货价格变化之后，保证金金额也会随着合约价值的变化而变化。第二，保证金的设置使期货交易具有杠杆的特点。玉米期货交易缴纳 5% 的保证金相当于赋予交易 20 倍的杠杆，国债期货缴纳 2% 的保证金相当于赋予交易 50 倍的杠杆。这种杠杆特点使期货交易具有了高风险、高收益的特征。这种杠杆带来的高风险和高收益特征可以通过以下例子予以说明。

---

① 在很多情况下，对冲平仓实际是按照平仓价格将期货合约换手给其他交易者的过程。

【例 1-1】 保证金的计算

假设交易者以 2 500 元 / 吨开仓买入玉米期货后，玉米价格上涨 20%，则一手期货的总价值会变为 3 000 元 / 吨 ×10 吨 =30 000 元，这时玉米期货买方的账面增加值为 30 000−25 000=5 000 元。由于最初时 1 手玉米的保证金为 5%×2 500 元 / 吨 ×10 吨 = 1 250 元，因此，多头这时的收益率是（5 000÷1 250）×100%=400%。这就体现了保证金交易带来的高杠杆、高收益特征。当然，价格上涨会引发期货总价值变化，保证金也会因此发生变化。这时 1 手玉米期货的保证金就变为了 30 000×5%=1 500 元，而不是最初的 1 250 元。

当然，如果交易者买入玉米期货后，玉米价格下跌 2%，则这时一手期货的总价值变为 24 500 元。期货交易中，买方总计损失了 500 元，亏损的 500 元将从保证金账户中扣除。这样，原先 1 250 元的保证金在玉米价格下跌 2% 时，相当于亏损了（500÷1 250）×100%=40%。从这一点我们可以了解到保证金交易所具有的高风险特征。在价格下跌 2% 的情况下，买方要继续维持期货多头头寸，所需要的保证金应是 2 500×（1−2%）×10 吨 ×5%=1 225 元。如果遇到极端行情，价格出现连续跌停，买方如果保证金不足或为零，甚至倒欠期货公司的钱，这种状态可以通称为"爆仓"[①]。

以上例子探讨的是买方的保证金计算、盈亏和杠杆特点。卖方的保证金和杠杆特点与买方是一样的，所不同的是卖方在卖出期货后，如果价格上涨，账面会出现亏损；如果价格下跌，账面则会出现盈利。从这点看，买方和卖方的盈亏方向正好相反，因此期货交易实际上就是一个在买卖双方之间进行零和博弈的过程。

5. 当日无负债结算制度

在期货交易中，实行当日无负债结算制度，也称逐日盯市制度。我们可以从两个层面理解当日无负债结算制度的设计原理。

第一，对客户交易者来说，应实现当日无负债结算制度。期货公司的结算部门会在每个交易日闭市后结算交易者所有合约的盈亏、交易保证金及手续费、税金等。如果交易者的保证金账户余额低于规定的标准，则需要在规定的时间范围内追加保证金，以实现当日无负债。例如，在例 1-1 中，假设一开始保证金账户中只有 1 250 元保证金，那么在价格下跌 2% 后，期货多头就亏损了 500 元，而下跌后的保证金标准是 1 225 元，那么需要追加的保证金为 1 225−（1 250−500）=475 元。

对于一些有特定目的的交易者来说，可能需要持有期货合约到期，但又不想考虑期货保证金的追加问题，则可以根据一定的方法计算需要在保证金账户中备有准备的资金数量。更具体的计算方法可见专栏 1-2。

专栏 1-2
持有期货合约到期
需要多少保证金

第二，对于交易所的结算会员来说，需要满足结算准备金要求。每一交易日闭市后，期货交易所按当日结算价结算所有合约的盈亏、交易保证金及手续费、税金等费用，对应收应付的款项实行净额一次划转，相应增加或减少会员的结算准备金。例如，中国金融期货交易所规定，结算完毕后，结算会员的结算准备金余额低于最低余额标准时，该结算

[①] 中国金融期货交易所对"爆仓"的解释，是指投资者保证金账户中的客户权益为负值（见官网）。

结果即视为交易所向结算会员发出的追加保证金通知，两者的差额即为追加保证金金额。

可以看出，当日无负债结算制度设计目的就是用于防范违约风险，保障期货市场的正常运转。

▶ 三、商品成为期货品种的条件

1. 商品或资产成为期货品种的基本条件

商品要成为能上市交易的期货品种，至少需要同时满足以下四个基本条件。

第一，可较长期储存或不需储存。尽管期货市场中引入了平仓机制，但总有部分交易者选择到期交割。因此，期货合约在设计时就会要求商品具有可储存性，以确保在期货到期交割时商品不变质。另外，之所以要满足宜储存性，是因为被动交割的一方在接到货物之后能在期货市场进行再交割，再交割需要商品能储存较长时间。

在期货品种中，粮食、金属、能源产品等均具有宜储存这一特点。黄油、橙汁、五花肉等商品因为保鲜和冷藏技术的提升，也满足了宜储存的条件要求。另外，一些产品或者交易对象如电力、天气，则能随时生产或者始终存在，因此，市场出现了电力期货、温度指数期货、飓风指数期货等品种。除了这些商品或者交易对象，很多金融产品如债券、利率、各类指数，并不涉及储藏的难题，因此发达期货市场上开发出了国债期货、美国联邦基金利率期货、欧洲美元期货、外汇期货、股票指数期货、房地产价格指数期货，等等。

第二，交易对象具有同质性。所谓同质性实际上是指商品的品质易于细分，在质量方面可以进行客观评价。这一要求与期货合约的标准化有着密切的关系。如果能够确立交割等级、对商品的规格、质量进行量化和评级，则满足了交易对象成为期货的同质性条件。例如，粮食、金属很容易做到品质的细分和评价。相比之下，服装、电视、玉石不具备同质性条件，茶叶、烟酒则由于个人口味的不同，无法引入量化的评价指标，因此这些商品难以开发出相应的期货品种。

第三，不存在市场垄断或价格管制，价格波动剧烈且频繁。期货最初产生于规避价格风险的需要。如果商品与资产市场价格缺乏必要的波动，则这类商品和资产就无法被开发为期货品种，即使上市也会面临交易萎缩或退市的风险。例如，20世纪40—60年代布雷顿森林体系构筑了基于金本位的固定汇率制度，即美元与黄金挂钩，西方国家主要货币与美元之间的汇率挂钩。1971年布雷顿体系确定的固定汇率制度瓦解，汇率出现剧烈波动。为规避汇率风险，外汇期货在芝加哥商业交易所诞生。汇率的剧烈变化也导致了利率的波动性。随着美国利率市场化改革的日渐深入，利率波动日益剧烈，各种利率期货随之也被芝加哥商业交易所等在相互竞争中大量开发出来。

第四，市场规模足够大，有充足的现货供给量与需求量。这是因为如果现货市场规模小，就容易受到少数交易者的操控，并引发逼仓行为。所谓逼仓是指期货交易者利用资金优势和实物优势（主要还是资金优势），控制期货头寸甚至垄断可供交割的现货商品，故意拉高（即开展多逼空）或打压（即开展空逼多）期货市场价格，迫使交易对手方以不利的价格平仓、违约或交割，以牟取暴利的交易行为。在我国期货市场发展初期，由于市场规模小且交易制度不健全，屡屡发生以资金实力强行逼仓的事件。例如，1995年"国债327事件"中的交易对象是1992年发行1995年6月到期兑付的3年期国库券，该券发行总量是240

亿元人民币。面对多方对价格的大幅拉抬，作为空方的万国证券卖出了远远大于现券发行量的国债期货，导致当天在高位开仓的多头大量爆仓和市场剧烈动荡，几乎引发系统性风险。

当然，一个商品或某种资产能够上市交易或者成为成熟的交易品种，不仅需要满足上述四个基本条件，还取决于监管体制、合约设计水平、社会认识以及流通水平等一系列因素的影响和制约。

进入 21 世纪后，随着市场化改革的持续深入以及整个经济体制、社会认识的迅速转变，我国开发设计和上市交易了一系列新的期货品种。表 1-4 列出了我国四家期货交易所已经上市交易的期货品种。这些品种覆盖了我国金融和商品市场的主要领域，部分品种对相关产业的发展或市场效率的提升发挥着重要作用。

表 1-4　我国四家期货交易所的期货品种

期货品种 交易所	农产品	金属	能源、化工及其他	金融
上海期货交易所	—	（阴极）铜、铝、锌、铅、黄金、线材、螺纹钢、白银、热轧卷板、锡、镍、不锈钢	燃料油、石油沥青、天然橡胶、纸浆20号胶和原油（上海能源交易中心）	—
大连商品交易所	大豆（1号、2号）、豆粕、豆油、棕榈油、黄玉米、胶合板、纤维板、鸡蛋、玉米淀粉、粳米、生猪	—	聚乙烯、聚氯乙烯、聚丙烯、苯乙烯、焦炭、焦煤、铁矿石、乙二醇、液化石油气	—
郑州商品交易所	强筋小麦、普麦、油菜籽、菜籽油、菜籽粕、棉花、白砂糖、早籼稻、晚籼稻、粳稻、苹果、棉纱、红枣	—	动力煤、甲醇、玻璃、PTA、硅铁、锰硅、尿素、纯碱	—
中国金融期货交易所	—	—	—	沪深 300 股指、上证 50 指数期货、中证 500 指数期货、5 年期国债期货、10年期国债期货、2 年期国债期货

资料来源：笔者根据各交易所网站信息整理，截至 2020 年 3 月。

2. 期货合约的存续周期

期货品种的上市交易并不意味着长期存续。一个品种的存续周期长短往往要受到自然禀赋、技术变革、社会经济结构、产业组织和产业生命周期、消费结构等诸多因素的影响。例如，从美国农产品期货市场诞生到 20 世纪 20 年代开始的黄金创设期再到 20 世纪 80 年代期货市场走向成熟的过程中，有的农产品期货伴随着产业演变而迅速崛起，有的则随产业转型和消费结构变化而快速衰落。在这一阶段，美国有 180 多个期货品种退市，如燕麦、黑麦、啤酒大麦、麦麸、麦粉、高粱、棉籽、棉籽油、亚麻籽、苜蓿籽、烟草、真丝、胡椒、苹果、鸡蛋、羊毛、牛皮、猪油、牛脂等。很多期货品种从推出到退市仅 10 年左右，存续期超过 20 年的品种仅为 30% 左右。究其退市原因，主要表现为两个方面：第一，市场需求下降、技术变革或产业垂直整合完成。例如，林业期货品种在 20 世纪 60 年代初上市后迅速发展，但 20 世纪 80 年代后其重要性逐年下降，因而逐步退出期货市场。第二，产业生命周期结束。例如，芝加哥商业交易所于 1961 年推出冻猪腩期货，到 20 世纪 70 年代中期时达到了顶峰。但从 20 世纪 70 年代末起，美国牛肉消费量开始远高于猪肉，冻猪腩期货交易也就随之趋于平淡。

中国的期货品种在进入 21 世纪后迅速增加，这些期货商品顺应了国民经济和产业发展的需要。但从规律看来，随着经济结构的发展变迁，有些期货品种也会不可避免地逐渐退出历史舞台。

▶ 四、期货市场的基本功能

从广为流传的观点看，期货市场基础功能是套期保值和价格发现。这两个基本功能互相联系、紧密依存。套期保值是价格发现的基础，价格发现反过来也会推动套期保值。

1. 套期保值功能

套期保值功能是期货市场应具备的最基本的功能。如果期货市场长期不能发挥套期保值功能，实体产业会面临巨大的风险损失。所谓套期保值实际上是指交易者利用期货和现货的紧密价格关系，以期货头寸的潜在盈利对冲现货头寸的风险损失的市场操作（具体见第三章）。通常，企业借助套期保值能够在初期大致锁定商品或资产的价格，实现稳健经营和可持续发展。从一些大型跨国企业发展历程来看，期货市场在规模化经营、产业化发展过程中，确实发挥了不可替代的风险转移作用。在大大小小的经济危机中，一大批企业因为没有掌握或很好地运用期货来管理风险，最终被市场淘汰。

我国很多企业是在计划经济向市场经济转轨的过程中发展起来的。最初，企业风险管理的迫切性并不是很强。但是随着价格波动的日益频繁和剧烈，利用期货交易来实现套期保值已经成为一种企业的必然选择。在这方面，产业界曾有深刻的教训。21 世纪初，国内很多大豆压榨企业普遍不会运用期货管理风险。2003 年 8 月至 2004 年 8 月，国际大豆市场价格剧烈波动，很多国内大豆压榨企业在高位购买大豆后，面临大豆价格暴跌 36% 的巨大风险损失，整个压榨行业出现了严重亏损，有 50% 的企业破产，许多企业被外资低价收购。后来，压榨行业开始逐步呈现出集团化规模生产的格局，90% 以上的企业开始参与期货交易来管理风险。2008 年金融危机，大豆价格下跌幅度达 38%，但由于合理利用期货的套期保值功能，我国大豆压榨全行业的损失不及 2004 年的 1/4，再没有出现大范围的企业破产潮。

2. 价格发现功能

成熟发达的期货市场具有价格发现功能。通常，由于期货交易具有集中、公开、透明的特点，期货的价格能够充分反映现货商品供求关系、宏观产业变化以及各种预期信息。由于商品现货市场交易相对分散，或者反映供需关系的信息很难被搜集整理并发布，因此，期货市场价格往往就会成为大宗商品的重要定价基准，引导社会资源有序流动和合理配置。也就是说，在贸易领域，参考期货价格基准，同时考虑商品的多样性、可替代性，品质的差异性以及税收、运输成本等因素，进行升贴水处理后，就会形成我们日常生活中接触到的现货价格。在现代经济体系中，形成机制成熟的期货价格已被企业、政府、媒体广泛关注、传播和使用。对我国的商品期货市场特别是农产品期货市场而言，价格发现能力和期货价格在产业中的具体运用水平还需要进一步提高。

第二节　期货合约与行情信息

▶ 一、期货合约的基本内容

1. 交易品种与合约标的

交易品种或合约标的是期货合约中的一个重要元素，用于说明合约的交易对象。对于商品期货来说，交易对象易于理解，如玉米期货合约的交易标的就是玉米。这里着重说明中国金融期货交易所的股票指数期货和国债期货的合约标的。

中国金融期货交易所的沪深 300 股票指数期货合约中，合约标的是沪深 300 股票指数，即由沪深两市选取的 300 只蓝筹股计算形成的指数。交易者可以根据对未来某一月份的沪深 300 指数点位进行判断，然后报出指数点进行交易。例如，交易者认为 1 个月后交割的指数点位是 4 500 点，可以在这一点位下达卖出或者买入的交易指令。

国债期货的交易标的比较特殊，是面值为 100 万元人民币、票面利率为 3% 的名义中期国债。所谓名义中期国债实际上是由期货交易所交易的一种标准债券，这种合约标的是一种虚拟债券，没有与之直接对应的现货券种。可交割债券与标准债券通过期货交易所计算公布的转换因子建立市场联系（如交割券的选择、基差的计算等）。

2. 合约规模的设计

不同种类的期货合约具有不同的合约规模设计方式。在商品期货、股指期货和国债期货这三种不同期货合约中，就分别引入了交易单位、合约乘数和债券面值三种方式（见表 1-1、表 1-2、表 1-3），用以衡量每一张（通常称为手）合约的总价值。在商品期货中，1 手期货合约的价值就是交易单位乘以实际的交易价格。对于股指期货来说，交易的对象是股票指数。期货交易所为了衡量 1 手股指期货合约的实际价值，就在合约中人为规定了股指期货每个点位的价格，即合约乘数。在表 1-2 中，中国金融期货交易所沪深 300 股指期货的合约乘数是每点 300 元。这就意味着期货当前可成交的点位如果是 3 000 点，那么一手合约的当前价值就是 3 000×300=900 000 元。国债期货与以上期货不同，其交易对象是一个面值为 1 000 000 元的标准债券，其实际价值在交易中有涨跌变动。为了计算总价值，国债期货合约中规定了报价为百元净价报价（净价报价是不含应计利息的债券报价）。如果国债期货的市场报价是 96.570 元，则 1 手国债期货合约的价值就是 1 000 000×（96.570/100）=965 700 元。

在设计合约时，确定期货合约交易单位的大小需要考虑现货市场的规模、交易者的资金规模等多种因素。一般来说，市场规模较大，交易者资金规模较大，则合约的交易单位就可以设计得大一些，反之则小一些，这一点至关重要。2011 年，我国部分商品期货交易所对个别商品期货合约的规模进行了扩大调整。由于没有细致考虑交易者结构和资金条件限制，引发了相关品种流动性严重不足、交易量急剧萎缩等问题。

3. 报价单位和最小变动价位

报价单位是指在报价和交易过程中所使用的单位。最小变动价位则是指在期货交易所的竞价交易过程中，对合约每单位价格报价的最小变动数值。在交易中，每次报价的变动数值必须是最小变动价位的整数倍。最小变动价位乘以交易单位，就是一张合约的最小变动值。

报价单位的设计一般遵循符合现货交易习惯的原则。最小变动价位的确定通常取决于该合约标的物（现货商品、资产或指数）的种类、性质、市场价格波动情况和商业规范等。一方面，如果最小变动价位小，容易吸引投机者参与，增加市场活跃程度；但过小的最小变动价位，也会给交易带来不便，降低交易效率。另一方面，如果最小变动价位过大，也会导致每手合约的价值变动太大，不利于开展精准的套利和套期保值。

4. 合约月份

合约月份是指期货合约到期交割的月份。交易所会挂出多个不同交割月份的期货合约。交易者在交易时，必须注明所购买的是哪个交割月份的合约。应当注意，不同期货交易所、不同期货品种的合约月份并不相同（见表1-5）。例如，大连商品交易所玉米期货的合约月份是1月、3月、5月、7月、9月、11月，而中国金融期货交易所的金融期货的合约月份则引入了季月。所谓季月是指3月、6月、9月、12月这几个月份。在沪深300股指期货合约中，交割月份是当月、下月、随后两个季月。如果现在是4月1日，则上市交易的股指期货合约月份有4月、5月、6月和9月；如果现在是6月，则沪指期货合约的月份是6月、7月、9月和12月。

商品期货合约交割月份的确定受该合约标的商品的生产、使用、储藏、流通等方面特点的影响。例如，许多农产品期货的生产与消费具有很强的季节性，因而其交割月份的规定也具有季节性特点。金融期货交割月份则由期货交易所根据国际惯例和国内金融市场条件设定。

表1-5　不同交易所的合约月份设计

交 易 所	品　　　种	交割月设置
上海期货交易所	铜、铝、锌、铅、镍、锡、黄金、白银、螺纹钢、线材、热轧卷板、不锈钢、燃料油、20号胶、纸浆	1～12月
	原油	最近1～12个月为连续月份，以及随后8个季月
	天然橡胶	1月、3月、4月、5月、6月、7月、8月、9月、10月、11月
	石油沥青	24个月以内，其中最近1～6个月为连续月份合约，6个月以后为季月合约
大连商品交易所	黄大豆1号、2号、玉米、玉米淀粉	1月、3月、5月、7月、9月、11月
	豆粕、豆油	1月、3月、5月、7月、8月、9月、11月、12月
	鸡蛋	1月、2月、3月、4月、5月、6月、9月、10月、11月、12月
	棕榈油、聚乙烯、聚氯乙烯、聚丙烯、苯乙烯、焦炭、焦煤、胶合板、纤维板、粳米、乙二醇、铁矿石	1～12月

续表

交易所	品　　　种	交割月设置
郑州商品交易所	强筋小麦、普麦、一号棉花、白糖、菜籽油、菜籽粕、粳稻、早籼稻、晚籼稻	1月、3月、5月、7月、9月、11月
	苹果	1月、3月、5月、7月、10月、11月、12月
	红枣	1月、3月、5月、7月、9月、12月
	精对苯二甲酸（PTA）、甲醇、动力煤、棉纱、玻璃、锰硅、尿素	1～12月
	油菜籽	7月、8月、9月、11月
中国金融期货交易所	沪深300股指期货、中证500指数期货、上证50指数期货	当月、下月和随后两个季月
	2年期国债期货、5年期国债期货、10年期国债	最近3个季月

资料来源：笔者根据各交易所网站信息整理，截至2019年年底。

5. 交易时间

期货合约的交易时间是固定的。每个交易所对交易时间都有严格规定。一般每周营业5天，周六、周日及国家法定节、假日休息。每个交易日的日盘交易分为两盘，即上午盘和下午盘。对于商品期货而言，上午的交易分两节，分别是9:00～10:15和10:30～11:30。在很多发达市场体系中，期货交易所开展了夜盘交易，以吸引更多的全球投资者，扩大国际竞争力和影响力。为实现价格连续，并增强市场竞争力和影响力，我国各商品交易所也均开展了连续交易。我国商品期货市场连续交易最核心的体现是夜盘交易。在我国，对于已经开展夜盘交易的品种而言，一个期货交易日是自夜盘开始至下一日日盘结束，即21:00～15:00。各交易品种的夜盘交易时间设定（见表1-6）和调整可见期货交易所的安排。

表1-6　我国各期货交易所夜盘交易品种和交易时间

交易所	品　　　种	夜盘交易时间
上海期货交易所	螺纹钢、热轧卷板、燃料油、石油沥青、天然橡胶、纸浆、20号胶（上海国际能源交易中心）	21:00～23:00
	铜、铝、锌、铅、锡、镍、不锈钢	21:00～01:00
	黄金、白银、原油（上海国际能源交易中心）	21:00～02:30
郑州商品交易所	菜粕、菜油、棉花、白糖、动力煤、甲醇、PTA、玻璃	21:00～23:00
大连商品交易所	黄大豆1号、黄大豆2号、豆粕、豆油、棕榈油、玉米、玉米淀粉、粳米、聚乙烯、聚氯乙烯、聚丙烯、苯乙烯、焦炭、焦煤、铁矿石、乙二醇	21:00～23:00

资料来源：笔者根据各交易所网站信息整理，截至2019年年底。

6. 最后交易日

最后交易日是指某种期货合约在合约交割月份中进行交易的最后一个交易日。不同的交易所针对不同品种设置了不同的最后交易日。在玉米期货合约中，最后交易日为合约月份第十个交易日。沪深 300 股指期货的最后交易日为合约到期月份的第三个周五，而 5 年期国债期货的最后交易日为合约到期月份的第二个周五。在最后交易日前，不能参与交割的客户要平仓退出。过了最后交易日，未平仓期货合约将按交割规则进行交割。

7. 每日价格最大波动限制

每日价格最大波动限制，又称涨跌停板制度，是指期货合约在一个交易日的交易价格波动不得高于规定的最大涨跌幅度，超过该涨跌幅度的报价将被视为无效，不能报出和成交。我国期货交易所的涨跌停板以合约上一交易日的结算价为基准确定。例如，玉米期货合约规定，涨跌停板幅度为上一交易日结算价的 4%。

涨跌停板的确定主要取决于该种标的物市场价格波动的频繁程度和波幅的大小。一般来说，标的物价格波动越频繁、越剧烈，该商品期货合约的每日停板额就应设置得大一些。期货合约中设置每日价格最大波动限制条款的目的在于防止价格波动幅度过大造成交易者亏损过大，防范市场出现大范围的违约风险。但要注意，不是每个国家的每个期货交易所都会设置每日价格最大波动限制。在发达期货市场，往往没有涨跌停板制度。

8. 交割日期

交割日期是指合约进行交割的时间。由于交割制度不同，每个交易所的交割日期安排不一样。但是，合约都会规定最后的交割日。例如，玉米的最后交割日是最后交易日后第 3 个交易日，国债期货也是最后交易日后第 3 个交易日，沪深 300 股指期货的最后交割日就是最后交易日。

9. 交割等级

交割等级是指由期货交易所统一规定的、准许在交易所上市交易的合约标的物的质量等级。在进行期货交易时，交易双方无须对标的物的质量等级进行协商，进行实物交割时按交易所期货合约规定的质量等级进行交割。

对于商品期货来说，期货交易所在制定合约标的物的质量等级时，常常采用国内或国际贸易中最通用和交易量较大的标准品的质量等级作为标准交割等级。

一般来说，为了保证期货交易顺利进行，许多期货交易所在规定交割标准等级之外，还规定允许交割的替代品等级。交货人用期货交易所认可的替代品代替标准品进行实物交割时，收货人不能拒收。用替代品进行交割时，若品质高于标准品，则价格会有一定升幅，称为升水；若品质低于标准品，则价格会有一定降幅，称为贴水。升贴水标准由交易所统一规定，并根据情况适时调整替代品与标准品之间的升贴水标准。

表 1-7 列出了玉米标准品的品质技术要求。实物交割中还可以允许交割其他等级的替代品。期货交易所会计算和公布不同商品等级之间的升贴水。表 1-8 是在交割玉米时，买卖双方计算货款时需要考虑的交割品和标准品之间的升贴水。

表 1-7　玉米标准品的品质技术要求

容重 （g/L）	杂质含量 （%）	水分含量 （%）	不完善粒含量（%）		色泽、气味
			总量	其中：生霉粒	
≥ 675	≤ 1.0	≤ 14.0	≤ 8.0	≤ 2.0	正常

资料来源：大连商品交易所网站。

表 1-8 不同品质交割品的升贴水

项　　目	标准品质量要求	替代品质量要求	替代品扣价（元/吨）
容重/（g/L）	≥ 675	≥ 650 且 < 675	-40
水分含量/（%）	≤ 14.0	> 14.0 且 < 14.5	0
生霉粒（%）	≤ 2.0	> 2.0 且 ≤ 4.0	-50

资料来源：大连商品交易所网站。

10. 交割地点和交割仓库

交割地点是指由期货交易所统一规定的进行实物交割的地点。由于在商品期货交易中大多涉及大宗实物商品的买卖，因此统一指定交割仓库可以保证卖方交付的商品符合期货合约规定的数量与质量等级，保证买方收到符合期货合约规定的商品，防止商品在储存与运输过程中出现损坏等现象。一般来说，期货交易所在指定交割仓库时主要考虑的因素包括：指定交割仓库所在地区的生产或消费集中程度，指定交割仓库的储存条件、运输条件和质检条件等。有的品种可以在多个地点设交割库，有的则需要将交割地点集中起来。例如，为了避免疫情影响，鸡蛋期货应有足够的交割点，大连商品交易所鸡蛋期货的基准交割库集中在河南省、河北省、山东省和辽宁省。相比之下，大连商品交易所玉米期货的交割库则集中在辽宁省的大连市、锦州市和营口市。

交割仓库的位置不同，涉及的运输成本也不尽相同，交易所通常会规定异地交割的升贴水，来反映运输成本的差异。

11. 交易手续费

交易手续费是期货交易所按成交合约金额的一定比例或按成交合约手数收取的费用。交易手续费会根据市场条件变化进行调整。

12. 交易代码

每一期货品种都有交易代码。交易代码出现在行情表中，以便交易者识别。

▶ 二、行情信息

基础行情信息分即时行情信息和延时行情信息。在这些信息基础之上，市场还开发出其他一些重要的交易信息，如某一合约的指数、某一市场的期货行情指数。

1. 即时行情发布内容

在期货交易系统中会列出不同品种、不同到期时间的合约。表 1-9 中列出的是大豆一号期货合约行情。行情表中的信息如下：

（1）合约名称，如 a2001、a2003 等。a 是大豆一号的代码，2001 是指合约在 2020 年 1 月到期，开始交割。在交易所，通常挂牌交易的合约是 1 年内交割的合约。大连商品交易所交易的大豆 1 号合约有超过 1 年的合约。在国外，一些金融期货的合约月份很长。例如，芝加哥商品交易所的美国联邦基金利率期货的合约月份最长为 36 个月。也就是说，现在交易者最远可以交易 36 个月后交割的合约。

（2）开盘价，是指某一期货合约开市前五分钟内经集合竞价产生的成交价格。

（3）收盘价，是指某一期货合约当日交易的最后一笔成交价格。

（4）最高价，是指一定时间内某一期货合约成交价中的最高成交价格。

（5）最低价，是指一定时间内某一期货合约成交价中的最低成交价格。

（6）最新价，是指某交易日某一期货合约交易期间的最新成交价格。

（7）涨跌幅，是指某交易日某一期货合约交易期间的最新价与上一交易日结算价之差。

（8）最高买价，是指某一期货合约当日买方申请买入的即时最高价格。

（9）最低卖价，是指某一期货合约当日卖方申请卖出的即时最低价格。

（10）买量，是指某一期货合约当日交易所交易系统中未成交的最高价位申请买入的下单数量。

（11）卖量，是指某一期货合约当日交易所交易系统中未成交的最低价位申请卖出的下单数量。

（12）结算价，是指某一期货合约当日或当日某一时段成交价格按成交量加权的加权平均价。

（13）成交量，是指某一期货合约在当日交易期间所有成交合约的单边数量。

（14）持仓量，是指期货交易者所持有的未平仓合约的单边数量。

表 1-9　大连商品交易所行情发布

报价单位：元/吨　成交量和持仓量单位：手

合约	开盘价	最高价	最低价	最新价	涨跌	买价	买量	卖价	卖量	成交量	持仓量	收盘价	结算价	昨收盘	昨结算
a2001	3 473	3 473	3 422	3 437	−20	3 435	2	3 437	1	116 030	88 120	3 437	3 442	3 478	3 457
a2003	3 522	3 522	3 472	3 494	−30	3 491	2	3 515	3	202	204	3 494	3 494	3 537	3 524
a2005	3 848	3 884	3 832	3 876	50	3 876	5	3 877	46	196 652	173 164	3 876	3 860	3 848	3 826
a2007	3 917	3 917	3 917	3 917	47	3 917	1	3 926	1	2	46	3 917	3 917	3 885	3 870
a2009	3 911	3 939	3 895	3 939	49	3 935	6	3 939	37	5 128	16 084	3 939	3 919	3 917	3 890
a2011	3 838	3 838	3 834	3 834	−10	3 722	3	3 844	3	10	36	3 834	3 837	3 847	3 844

数据来源：大连商品交易所网站。

2. 其他行情信息

（1）连续合约信息。在期货软件行情里经常出现连续合约的概念。连续合约并非指某一个具体的合约，而是指诸如"××主力""××连续""××连三""××连四"等内容的行情信息。其中，"××主力"是主力合约的连续。主力合约指的是持仓量最大的合约，因为它是市场上最活跃的合约，也是最容易成交的合约。在我国农产品期货市场上，主力合约往往是1月份、5月份或9月份交割的远月合约。"××连续"就是当前交割月后的第一个交易合约，"××连三"是当前交割月后的第三个月交易合约，"××连四"指的是当前交割月后的第四个月交易合约。这样设置是因为，人们发现距离当前交割月份最近的一个月和三四个月后期货合约是价格最接近现货预期价格的，而且较为活跃。类似的设计还有沪深下月、沪深下季、沪深隔季。需要注意的是，并不是每一个期货品种都有类似的连续合约信息。

（2）期货指数。国际上知名的商品指数体系是路透商品研究局指数（commodity research bureau，CRB）。CRB指数在经济领域发挥着重要的指标作用。经济学家、各种商品期货投资者都关注这一指数。我国常见的期货指数有中国期货市场监控中心商品指数、易盛农产品指数、上海期货交易所的金属指数、南华商品指数等。中国期货市场监控中心商品指数体系内容丰富（见图1-2），其中的中国商品综合指数（CCCI）用以反映国内主要大宗商品整体运行情况，以中国农产品期货指数（CAFI）和中国工业品期货指数（CIFI）两个交易型实时期货指数作为投资跟踪标的。该类指数实时运行和发布，指数计算频率和发布频率均为1次/秒。商品综合指数的使用在我国处于起步阶段，关注度需要提高。通常，期货指数不仅对价格水平和宏观经济预测具有积极意义，而且有助于投资者进行投资决策。例如，在运用中，投资者可以对各个市场类群的指数与综合性指数进行比较，挑出最坚挺的市场类群，然后再挑出类群中最坚挺的合约做多；同理，投资者还可以挑出最疲软的市场类群中最疲软的合约做空。

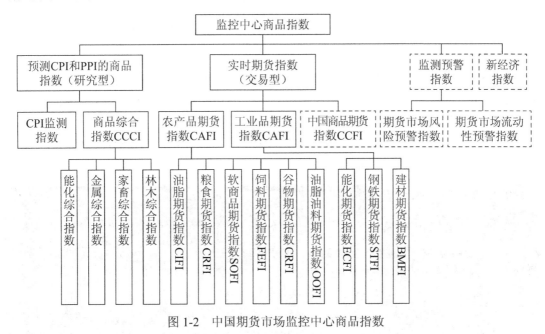

图 1-2 中国期货市场监控中心商品指数

资料来源：中国期货市场监控中心网站。

▶ 三、价格图表

1. 常用的图表类型

在进行技术分析时，必须要了解当前以及历史上该期货品种的期货价格变化。为了直观地了解期货价格变化，需要借助一定的图示表达方式。常见的图示方法包括闪电图、分时图、K线图和竹线图。

闪电图又称 Tick 图，是指将每一笔成交价都在坐标图中标出的价格表示方式。分时图则是指将每分钟的最新价格标出的价格表示方式。闪电图和分时图的好处是过程清晰，但其缺点是不适用于较长时间的分析。因而，这两种图通常只在日内交易时使用。

竹线图是指最高价和最低价之间为一条竖线段，开盘价以位于竖线左侧的短横线表示，收盘价以位于竖线右侧的短横线表示（见图1-3）。在我国市场中，交易者对竹线图的使用较少。

K线图，又称蜡烛图，是一条柱状的线条，由实体和影线组成。实体分阴线（见图1-4左）和阳线（见图1-4右），也称黑线和白线（交易系统中常用红色）。影线在实体上方的部分叫上影线，在实体下方的部分叫下影线。图1-4中包括了开盘价、最高价、最低价和收盘价的图形。

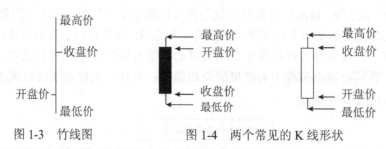

图1-3 竹线图　　　　图1-4 两个常见的K线形状

2. K线连接图

在观察交易行情时，可以分析不同周期或频率的K线图，如5秒、15秒、1分、5分、10分、15分、30分、45分、60分、1小时、日、周、月K线图，利用一定技术手段可以在一定程度上分析判断价格的后续走势。图1-5是大豆主力合约的日K线图。我们可以利用K线和K线组成的各种形态图来分析价格走势。需要注意，周期越短，价格的随机游走特征就越明显，分析预测走势就越难。

图1-5 大豆主力合约的日K线图

3. 移动平均线

移动平均线（moving average，MA）又称均线，是一定周期内的收盘价均值所形成的曲线。比如，日线MA5指5天内的收盘价之和除以5形成的曲线。在图1-5中，伴随着K线走势，分别有5日、10日、20日和60日均线。均线是分析价格变化简单有效的技术工具，期货交易者可以借助均线理论分析价格变化的趋势、阻力和支撑，也可以利用均线指标设计程序化系统开展交易。

第三节　期货交易流程

期货交易流程是交易过程中各环节的有机联系。期货交易者进行期货交易时需要处理的基本环节包括：开立账户、制订交易计划、入金、下单、成交，以及平仓或交割（见图1-6）。

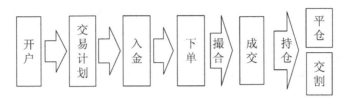

图1-6　期货交易的基本流程

▶ 一、开户、交易计划与入金

1. 开立账户

期货交易的场所是期货交易所。考虑到管理风险、提升效率等原因，交易所不允许普通交易者直接进入交易所开展交易，而是设计了经纪制度，由期货经纪机构代理交易者交易。期货交易者从事期货交易必须选择一家期货经纪机构进行交易。因此，在进行期货交易之前，期货交易者就要进行对比、判断，选择一个具备合法代理资格、信誉好、资金安全、运作规范、服务水平高的期货公司，然后向该期货公司提出委托申请，开立账户。开立账户通常又简称开户，实质上就是投资者（委托人）与期货经纪公司（代理人）之间建立的一种法律关系。

2. 制订交易计划

交易者在交易前需要制订交易计划，并严格遵守交易纪律。之所以需要制订交易计划是因为交易计划可以使交易者考虑一些可能被遗漏或没有给予足够重视的问题；可以使交易者明确自己正处于何种市场环境，将要采取什么样的交易方向，明确自己应该在什么时候改变交易计划，以应对多变的市场环境；可以使交易者选取适合自身特点的交易方法。交易计划需要把个人的交易方法、详细的资金管理和交易进出原则综合起来。一个切实可行的交易计划包括以下内容：

第一，选择自己最熟悉的期货品种。如果可投资的期货品种多，应根据客观的合意性判断，对可用的投资机会进行次序排列。这里的合意性包括预期利润、相关风险、启动交易需要的投资数额等因素。在制订计划过程中，交易者还需要根据交易量和持仓量判定合约的流动性，选择流动性高的合约。

第二，确定在某一时间可投入的风险资本。期货交易是一种高风险投资，投资者应在拥有一定的风险资本后再进行期货交易。一般不建议用超过总流动性储蓄的25%进行期货交易。投资额须限制在全部资本的50%以内。例如，如果账户的总金额是100 000元，那么其中只有50 000元可以投入交易中，剩下的一半是储备。投资者还需要在不同的交易机会间分配风险资本。任何一个市场群类（指各品种相关性高，具有相近的用途，如黄金和白银）上所投入的保证金总额必须限制在总资本的20%～25%以内。这一资金分配要领是比较通行的，可以对之加以修正，以适应不同交易者的具体需要。有些交易者大胆进取，往往持有较大的头寸。在资金分配和投资之间进行协调时，可采取多样化的投资形式或组合进行交易。

第三，掌握交易品种相关信息，利用各类分析方法对期货价格趋势进行分析判断。研究工作应由长期逐步过渡到短期，利用图表找准入市/出市点。选择适当的入市时机，未先买先思卖。可考虑在上升趋势中，乘跌买入；在下降趋势中，逢涨卖出。可考虑的建仓方法是金字塔法。利用金字塔法增加头寸时应遵循的原则包括：后来的每一层头寸必须小于前一层，只能在赢利的头寸上加码，不可以在亏损的头寸上增加头寸，把保护性止损指令设置在盈亏平衡点。

第四，确定盈利目标和最大亏损限度。制订交易计划时应考虑顺应趋势，让利润充分增长。同时，还需要评估能够接受的每一机会的损失许可水平。在期货交易中，止损至关重要，应始终为所有持有的头寸设置保护性止损指令。据统计，70%的止损是正确的。在交易计划中，按比例止损较为常见。一般来说，在任何单个市场上，总亏损金额必须限制在总资本的5%以内。止损方法还有很多，如根据技术形态和均线设定的技术止损，根据点位设置的绝对数止损，根据时间周期止损。在制订计划过程中，交易者应考虑选择合适的止损方式。

3. 入金

期货交易者可以根据自己的资金实力和交易计划，在交易前将资金划入保证金账户。入金（deposit）是交易者会员和客户交易者向自己的保证金账户存入资金的过程。出金（withdraw）则是指交易所会员和客户交易者从自己的保证金账户中提取资金的过程。我国各期货交易所均对会员的出金标准进行了规定。

期货交易者需要注意，不同交易所对交易账户资金的要求标准不尽一致。例如，中国金融期货交易所《金融期货投资者适当性制度操作指引》规定："期货公司会员为投资者向交易所申请开立交易编码，应当确认该投资者前一交易日日终保证金账户可用资金余额不低于人民币50万元。"

▶ 二、交易指令

交易指令又称交易订单（order）。一个交易指令的基本内容应当包括：交易品种、合约月份、方向、开平仓、数量、价格、客户编码、交易所等。不同的交易指令按照不同的规则撮合成交。当投资者发出买卖申请但还没有成交的时候，交易者还可以撤回指令，我们将这一过程称为撤单。国际期货市场已经开发出很多交易指令。简单的交易指令有市价指令、限价指令、止损指令、止损限价指令等。复杂的交易指令则五花八门。为开展算法交易[1]，一些软件供应商和公司开发了诸多复杂的指令，如跟踪止损指令、狙击手指令、冰山指令、交易百分比指令。这些不同的指令类型主要用于适时的交易实际选择、隐藏指令数量以及以更高的均价执行指令等。

随着期货市场的快速发展和创新需要，我国期货交易所的交易指令也逐渐增多起来。

---

[1] 算法交易请见本书第七章第二节。

交易者在下单前应先熟悉和掌握各种不同交易指令的规则安排。下面介绍几种最为常见的交易指令。

1. 限价指令

限价指令是指必须按照限定价格或更好的价格成交的指令。也就是说，限价指令在买入时，必须在其限价或者限价以下的价格成交；在卖出时，必须在其限价或者限价以上的价格成交。在限价指令中，客户必须明确指定具体的价位是多少。限价指令下达后，一般以价格优先、时间优先的原则进行排序和成交。限价指令的优点是，可以按预期价格或者更好的价格成交；缺点是成交的速度可能会比较慢，也可能没有机会成交。

限价指令可以附加立即全部成交否则自动撤销（FOK）和立即成交剩余指令自动撤销（FAK）两种指令属性。即时全部成交否则撤销指令属性是指限价指令中所有数量必须同时成交，否则该指令自动撤销。即时成交剩余撤销指令属性是指限价指令中无法立即成交部分自动撤销。中国金融期货交易所交易细则中指出，即时成交剩余撤销属性可以指定最小成交数量。当该指令成交数量大于或等于指定最小成交数量时，未成交部分自动撤销。若该指令可成交数量小于指定最小成交数量时，该指令全部数量自动撤销。这两类指令可能会在高频交易中发挥出意想不到的作用。

上海国际能源交易中心推出原油期货结算价交易（trade at settlement，TAS）指令。TAS 指令允许交易者在规定交易时段内，按照期货合约当日结算价或当日结算价增减若干个最小变动价位申报买卖期货合约。我国开发的 TAS 指令适用于开市集合竞价和交易日第一节交易时间（含连续交易时段）。TAS 指令已在国际成熟市场得到广泛使用，因此，在原油期货中开发这一指令有利于微观市场结构设计的进一步国际化。

2. 市价指令

市价指令是指交易者不需要标明具体价位，只需要按当时市场上可执行的最好价格（报价）成交的指令。大连商品交易所对市价指令的界定是："交易所计算机撮合系统执行指令时以涨（跌）停板价格参与交易的买（卖）指令。"市价指令有三个设计特点。其一，成交速度快，先于限价指令执行。中国金融期货交易所规定"市价指令只能和限价指令撮合成交，未成交部分自动撤销"等内容。其二，一旦指令下达后不可更改和撤销。其三，市价指令不参与开盘集合竞价。为便于进一步理解，表 1-10 对市价指令和限价指令进行了简单比较。

表 1-10　限价指令和市价指令比较

	市 价 指 令	限 价 指 令
执行效率	确定	不确定
执行时间	短期	不确定
执行价格	不确定	确定或者更优
重新提交指令	无须	成交前无限次更改
交易成本	高	低

3. 取消指令

取消指令又称撤单，是指交易者要求将某一指定指令取消的指令。

4. 止损指令

止损指令包括限价止损（止盈）指令和市价止损（盈）指令。限价止损（盈）指令是指当市场价格达到客户预设的触发价格时，即变为限价指令的一种指令。市价止损（盈）指令则是指当市场价格触及客户预先设定的触发价格时，指令立即转为市价指令。

5. 套利指令

期货交易所常对一些指定合约提供套利交易指令，交易所计算机撮合系统收到指令后将指令内各成分合约按规定比例同时成交。套利交易指令分为同品种跨期套利和跨品种套利交易指令。跨期套利指令指同时买进（卖出）和卖出（买进）两个相同标的物，但不同到期日期货合约的指令。跨品种套利指令是指同时买进（卖出）和卖出（买进）两个不同标的物期货合约的指令。套利指令不参与集合竞价。行情出现单方无报价时，交易者不能下达套利指令。

以上是我国期货交易所开发出的常见交易指令。表 1-11 列出了这些相关交易指令的种类和对每次下单数量的限制，可供进一步学习。当然，这些并不是全部指令，交易所的相关安排也不会是一成不变的。例如，中国金融期货交易所规定，"自 2017 年 4 月 5 日起，沪深 300、上证 50 和中证 500 股指期货各合约限价指令每次最大下单数量调整为 20 手，市价指令每次最大下单数量调整为 10 手；5 年期和 10 年期国债期货各合约限价指令每次最大下单数量调整为 50 手，市价指令每次最大下单数量调整为 30 手"。交易者需要在交易前熟悉交易所安排的各种交易指令种类和具体规则。

表 1-11 我国各期货交易所的交易指令汇总

大连商品交易所	郑州商品交易所	上海期货交易所	中国金融期货交易所
限价指令 市价指令 限价止损（盈）指令 市价止损（盈）指令 套利指令（同品种和跨品种指令）	限价指令 市价指令 取消指令 套利指令（跨期套利指令和跨品种套利指令）	限价指令 取消指令	限价指令（可以附加即时全部成交或撤销和即时成交剩余撤销两种指令属性） 市价指令（2011 年 8 月 8 日起，暂停接受后两个季月合约上的市价指令申报）
鸡蛋交易指令每次最大下单数量为 300 手。焦炭交易指令每次最大下单数量为 500 手。玉米交易指令每次最大下单数量为 2 000 手。其他品种每次最大下单数量为 1 000 手	期货交易指令每次最小下单量为 1 手，限价指令每次最大下单数量为 1 000 手，市价指令每次最大下单数量为 200 手	每次最大下单数量为 500 手	市价指令每次最大下单数量为 50 手，限价指令每次最大下单数量为 100 手（国债期货暂定 200 手）

资料来源：笔者根据各交易所交易细则整理。

注：交易所会根据市场发展条件和需要不断完善交易指令种类，并调整每次最大下单数量。本表仅供学习参考。

▶ 三、委托与成交回报

1. 下单

通常所说的下单就是下达开仓指令或平仓指令用以买卖期货的活动。

平仓是合约了结的过程。这种了结过程既可能具有主动性质，也可能是被动或强制性的。

主动平仓源于交易者了结头寸的主观愿望，也就是说无论盈利平仓，还是面临亏损的平仓出局都可归结为主动平仓。而强制平仓则是指期货交易所或期货经纪公司强行了结仓位持有者仓位的过程。平仓需要在交易系统中下达平仓指令。平仓下单的基本原理和注意事项与开仓一致。

2. 委托与指令下达方式

委托是交易者下达交易指令，将其委托于经纪机构进行交易的过程。交易者的下单方式有书面下单、电话下单和网上下单。其中，网上下单已成为我国期货交易中最普遍的方式。采取网上交易的客户，可以通过互联网，使用期货公司提供的专用交易软件收看、分析行情、网上交易下单。客户通过互联网，使用期货公司配置的网上下单系统进行网上下单。进入下单系统后，客户需输入自己的客户号与密码，经确认后即可输入下单指令。下单指令通过互联网传到期货公司后，通过专线传到交易所主机进行撮合成交。此外，投资者也可以通过期货公司的交易员下单进行交易。

客户如果选择电子化交易方式，期货经纪公司会要求客户在签署《期货经纪合同书》的同时，签署《电脑自助委托交易补充协议》《网上期货交易风险揭示书》《网上期货交易补充协议》等相应的协议。客户可以在期货公司的下单系统获得成交回报。

需要了解的是，随着计算机软件和硬件技术的发展，市场逐步发展出依靠计算机运算判断交易价位和交易数量，进行自动提单和下单的新型电子化交易方式。这种计算机自动下单对人工手动电子下单形成了挑战，二者甚至会产生利益方面的冲突。

关于交易指令传输方式的更多细节和新的路径见专栏1-3。交易指令传输方式的革新不仅体现在技术上，也体现在微观结构上。这些不仅影响着市场交易效率，也影响着市场公平性，是期货市场交易者和监管者应长期关注的重要内容。

专栏 1-3

交易指令的发送和传输

扫描此码 深度学习

3. 人工公开喊价与计算机撮合成交

无论是开仓还是平仓都要通过人工公开喊价或者计算机撮合成交的方式完成交易。

人工公开喊价属于传统的竞价方式，是指交易人聚集在交易大厅，通过互相叫喊进行报价的交易方式，又称为双向拍卖。公开喊价有连续竞价和一节一价制。其中，流行最广的是连续竞价。连续竞价交易是指出交易者在交易所的交易池内面对面公开喊价进行交易。随着信息技术的发展，计算机撮合成交方式成为日益普及的竞价方式。计算机撮合成交是根据公开喊价的原理设计的计算机自动化交易模式。在计算机撮合成交中，期货交易所的计算机交易系统按照一定的原则，对交易双方的交易指令进行撮合配对以促成交易。中国从20世纪90年代建立期货市场之初，经过快速的摸索实践，迅速推广了通过计算机自动竞价撮合的电子化交易。

期货市场的电子竞价可以分为开盘集合竞价和开市后连续竞价。交易者参与开盘集合竞价时，应注意两点。第一，如果该品种没有夜盘交易，开盘集合竞价在当日开盘价前五分钟进行。集合竞价前4分钟为期货合约买、卖指令申报时间，后1分钟为集合竞价撮合时间。第二，如果该品种有夜盘交易，通常开盘集合竞价在夜盘交易开市前5分钟内进行，日盘将不再进行集合竞价。若连续交易（夜盘交易）不交易，则集合竞价顺延至下一交易日的日盘开市前五分钟进行。

无论是开盘集合竞价还是开市后连续竞价，撮合成交均需要符合特定的原则（见第二章）才能完成。

4. 成交回报

交易指令在系统中校验通过后发出，参与竞价，一旦成交，交易者会在期货公司的下单系统获得成交回报，最终确认成交情况。成交回报记录单应包括成交价格、成交手数、成交回报时间等。

第四节　期货交割

交割是由期货交易所统一组织安排，在合约规定的交割日期，对未平仓合约以实物或现金交收的形式了结期货买卖义务的过程。尽管大多数期货交易者的交易不以交割为目的，期货的交割率也并不高，但交割至关重要，是确保期现货价格收敛的重要基础，是期货市场运行不可忽略的基础环节。为推动交割的完成和提高市场配置资源和市场运行的效率，各国期货交易所创设出了种类丰富的交割方式。

▶ 一、实物交割与现金交割

1. 实物交割

实物交割是指交易双方在交割日将合约所记载商品的所有权按一定流程、一定价格等规定进行转移、了结未平仓合约的过程。我国的商品期货和国债期货采用实物交割的方式进行交割。在商品期货中，交易所会在期货合约中确定标准的交割等级。例如，之前表 1-7 中列出了玉米标准品的品质要求。实物交割中还可以允许交割其他等级的替代品。期货交易所会计算和公布不同商品等级之间的升贴水。之前表 1-8 是玉米在交割商品时，买方支付的货款需要考虑交割品和标准品之间的升贴水。

与商品期货交割不同，国债期货交割的独特之处在于交易对象和交割对象之间存在着差异。例如，我国的 5 年期国债期货的交易对象是面值为 100 万元人民币、票面利率为 3% 的名义中期国债，这种国债是一种名义债券或者虚拟债券，现实中并不存在。在国债期货市场运作中，可用于交割的国债是距合约到期月首日剩余期限为 4 ～ 5.25 年的记账式附息国债，中国金融期货交易所会公布可交割债券的种类。表 1-12 列出了 10 年期国债期货 T2006 合约可交割国债及相关信息。由于可交割债券种类较多，卖方可以选择基差最小的国债或者隐含回购利率最大的国债品种来进行交割。[①] 这类债券通常被称为最便宜可交割债券（cheapest-to-deliver bond，CTD）。无论通过哪种方法来确定 CTD 债券，都需要了解转换因子的作用。转换因子的突出作用是将标准债券和可交割债券建立起可比较的联系。每个可交割债券都有自己对应的转换因子。关于转换因子的计算方法较为复杂，这里不予介绍。通常交易所在挂牌新合约时会公布不同债券的转换因子。转换因子在合约期内并不发生变化。

---

① 国债期货基差和隐含回购利率的含义与计算方法见第二章。

表 1-12 T2006 合约可交割国债和转换因子

国 债 全 称	银行间代码	上交所代码	深交所代码	到期日	票面利率	转换因子
2017 年记账式附息（四期）国债	170004	019558	101704	20270209	3.4	1.0240
2017 年记账式附息（十期）国债	170010	019564	101710	20270504	3.52	1.0322
2017 年记账式附息（十八期）国债	170018	019572	101718	20270803	3.59	1.0378
2017 年记账式附息（二十五期）国债	170025	019580	101725	20271102	3.82	1.0541
2018 年记账式附息（四期）国债	180004	019586	101804	20280201	3.85	1.0578
2018 年记账式附息（十一期）国债	180011	019593	101811	20280517	3.69	1.0483
2018 年记账式附息（十九期）国债	180019	019601	101819	20280816	3.54	1.0388
2018 年记账式附息（二十七期）国债	180027	019609	101827	20281122	3.25	1.0185
2019 年记账式附息（六期）国债	190006	019616	101906	20290523	3.29	1.0225

资料来源：中国金融期货交易所网站。

2. 现金交割

现金交割是指按最后结算价对未平仓合约进行自动平仓，然后将客户平仓的净盈亏在客户保证金账户中进行划转的过程。这类交割方法主要存在于无法实物交割的期货品种中，如沪深 300 股指期货就采用现金交割。对于一些商品期货而言，也会采用现金交割。例如，芝加哥商品交易所推动了瘦肉猪期货交割方式的变革，采用了基于其瘦肉猪指数的现金交割。

▶ 二、仓库交割与其他地点交割

在商品期货交割中，买卖双方并不是直接进行实物商品的交收，而是通过交收特定的仓单来实现商品所有权的转让。我国期货交易所针对不同商品的生产布局和流通特性设计了不同的交割方式。

1. 仓库交割

仓库交割是指卖方通过将指定交割仓库开具的相关商品的标准仓单转移给买方以完成实物交割的交割方式。标准仓单是由期货交易所指定交割仓库出具、经交易所认定、注册的标准化提货凭证。标准仓单经交易所注册后可以用于交割、转让、提货和质押。

2. 厂库交割

厂库交割是指卖方通过将指定交割厂库开具的相关商品标准仓单转移给买方以完成实物交割的交割方式。其中，厂库是经交易所批准可以为履行实物交割的现货生产的企业仓库。在厂库交割中，标准仓单是指需要交易所批准和按照交易所的指定程序签发，在交易所标准仓单管理系统中生成的实物提货凭证。

3. 车（船）板交割

车（船）板交割是指卖方在交易所指定交割计价点将货物装至买方汽车板、火车板或轮船板，完成货物交收的一种实物交割方式。交割计价点是指车（船）板交割时由交易所指定的用于计算双方各自应承担交割费用的地点。交易所在交割计价点设置指定交割仓库或者其他交割服务机构，买卖双方选择在交割计价点交割的，应通过以上机构开展，并需交付一定的费用。

4. 提货单交割

提货单交割是大连商品交易所设计的一种独特的交割方式，可用于铁矿石交割。其主要特点是，在交割月前一个月的规定时间内由买卖双方主动申请，采用提货单形式进行交割。所谓提货单是指在买方完成商品验收、确认合格、并经存货港口对物权转移确认后，卖方签发给买方的实物提货凭证。

5. 中转仓库交割

中转仓库交割是指卖方通过将中转仓库开具的相关商品中转仓单，转移给买方以完成实物交割的交割方式。这种交割方式被郑州商品交易所采用。表 1-13 总结了按照交割地点划分的我国商品期货交易所交割种类。

表 1-13　按照交割地点划分的我国商品期货交易所交割种类

交割地点 ＼ 交易所	大连商品交易所	郑州商品交易所	上海期货交易所
仓库交割	各品种通用（鸡蛋除外）	各品种通用（强麦、玻璃、动力煤除外）	各品种通用
厂库交割	豆油、豆粕、棕榈油、焦炭、焦煤、铁矿石、乙二醇、胶合板、玉米淀粉、鸡蛋、粳米	甲醇、菜粕、晚籼稻、粳稻、白糖、PTA、菜油、硅铁、锰硅、棉纱、尿素、动力煤、苹果、玻璃	螺纹钢、线材
车（船）板交割	鸡蛋	动力煤、普麦、强麦、菜籽、苹果	—
提货单交割	铁矿石	—	—
中转仓库交割	—	棉花	—

资料来源：根据各交易所网站信息整理，截至 2019 年年底。

▶ 三、集中交割和滚动交割

1. 集中交割

集中交割又称一次性交割，是指到期合约在交割月份最后交易日过后一次性集中交割的方式。上海期货交易所采用一次性交割。大连商品交易所的交割细则规定，交易所上市的所有商品期货合约使用一次性交割。郑州商品交易所和中国金融期货交易所（国债期货）则采用集中交割和滚动交割相结合的方式。为推动集中交割，各交易所均设计了不同特点的集中交割程序。大连商品交易所规定一次性交割在 3 个交易日内完成，分别为标准仓单提交日、配对日和交收日（最后交割日）。在合约最后交易日后，所有未平仓合约的持有者须以交割履约，同一客户号买卖持仓相对应部分的持仓视为自动平仓，不予办理交割。上海期货交易所则规定："实物交割应当在合约规定的交割期内完成。交割期是指该合约最后交易日后的连续五个工作日。该五个交割日分别称为第一、第二、第三、第四、第五交割日，第五交割日为最后交割日。"

集中交割的缺点是：交割时间短，容易引起巨量交割，导致交割库容压力大，使买方无法及时提取货物，卖方无法及时获取货款，降低资源配置的有效性与合理性。

2. 滚动交割

滚动交割是指在合约进入交割月以后，由持有标准仓单和卖持仓的卖方客户主动提出，并由交易所组织匹配买卖双方在规定时间完成交割的交割方式。大连商品交易所、郑州商品交易所和中国金融期货交易所等采用滚动交割。在大连商品交易所，黄大豆1号、黄大豆2号、豆粕、豆油、玉米、玉米淀粉合约使用滚动交割。郑州商品交易所和中国金融期货交易所国债期货则采用滚动交割和集中交割相结合的方式，即交易所在最后交易日对没有滚动交割的未平仓合约进行一次性集中交割。各期货交易所分别设计了具有各自特点的滚动交割流程。在中国金融期货交易所，国债期货采用滚动交割。表1-14是我国不同交易所的滚动交割流程设计，可供参考。

表 1-14　我国各期货交易所设计的滚动交割流程

交易所	流　程
大连商品交易所	1. 配对日闭市前：同时持有标准仓单和交割月单向卖持仓的客户通过会员提出交割申请，相应持仓和仓单予以冻结，卖持仓对应的交易保证金不再收取。买方申报意向。持有交割月单向买持仓的买方在交割月第一个交易日至最后交易日前一交易日闭市前可以向交易所申报交割意向 2. 配对日闭市后：交易所通过系统，按照"申报意向优先、含有建仓时间最早的持仓优先"原则，确定参与配对的买方持仓。对于选取的买卖双方，交易所先以仓库为单位汇总卖方申报交割的仓单数量，在卖方和仓库之间按照"最少配对数"原则进行配对，确定买方交割对应的仓库和在该仓库交割的数量；再将配好仓库的买方与申请交割且持有该仓库仓单的卖方以"最少配对数"原则进行配对，确定交割对应的买卖双方。配对结果一经确定，买卖双方不得变更 配对日闭市后，买方会员的配对买持仓的交易保证金转为交割预付款 配对日闭市后，配对持仓从交割月合约的持仓量中扣除，不再受持仓限额限制。《交割通知单》和配对结果等滚动交割信息随配对日结算单通过会员服务系统发送给买卖双方会员，会员服务系统一经发送，即视为送达。配对结果等信息通过相关公共媒体和信息商对社会公众发布 配对结果确定后，买方应及时向卖方提供有关增值税专用发票开具内容的事项，卖方在配对日后7个交易日内将增值税专用发票交付买方。交割增值税专用发票由交割的卖方客户向相对应的买方客户开具，客户开具的增值税专用发票由双方会员转交、领取并协助核实 3. 交收日闭市前。配对日后（不含配对日）第2个交易日为交收日。交收日闭市之前，买方会员须补齐与其配对交割月份合约持仓相对应的全额货款，办理交割手续 4. 交收日闭市后，交易所将卖方交割的仓单分配给对应的配对买方。交易所给买方会员开具《标准仓单持有凭证》，将货款的80%付给卖方会员，余款在卖方会员提交增值税专用发票后结清
郑州商品交易所	1. 第一日为配对日。在配对日，卖方申请交割（14:30前），买方响应 2. 第二日为通知日。双方通过会员服务系统确认《交割通知单》 3. 第三日为交割日。第三日，交割货款80%和仓单转让，增值税专用发票的流转

交 易 所	流　　程
中国金融期货交易所	客户申请交割的，交割在四个交易日内完成，依次为意向申报日、交券日、配对缴款日和收券日 1. 意向申报日。客户通过会员进行交割申报，会员应当在当日 14:00 前向交易所申报交割意向。收市后，交易所先按照客户在同一会员的申报交割数量和持仓量的较小值确定有效申报交割数量，再按照所有买方有效申报交割数量和所有卖方有效申报交割数量的较小值确定合约交割数量。交易所按照会员交割意向申报时间优先的原则确定进入交割的买方和卖方持仓，并将相应持仓从客户的交割月份合约持仓中扣除。未进入交割的意向申报失效 2. 交券日。卖方客户应当确保申报账户内有符合要求的可交割国债，交易所划转成功后视为卖方完成交券 3. 配对缴款日。交易所根据同国债托管机构优先原则，采用最小配对数方法进行交割配对，并于当日 11:30 前将配对结果和应当缴纳的交割货款通知相关会员。当日结算时，交易所从结算会员结算准备金中划转交割货款 4. 收券日。交易所将可交割国债划转至买方客户申报的国债托管账户

资料来源：笔者根据各交易所网站信息整理。

▶ 四、期货转现货交易

期货实物交割面临的普遍问题是：卖方要交割的产品不是交易所的注册品牌、买方在交割过程之中拿到不符合自己需要的品牌产品、距离交割地远的企业参与交割不方便，等等。为解决交割中的这些问题，期货交易所设计出了期货转现货交易（exchange for physicals，EFP），以下简称期转现。有些期货交易所还开展了期货转互换交易（exchange for swaps，EFS）。这里重点介绍期转现交易。

1. 期转现的基本原理

期货转现货交易是除对冲平仓、实物交割之外的第三种了结期货合约的方式，通常可以将其视为交割。具体而言，期转现是在期货合约规定的实物交割期之前，持有方向相反且同一月份合约的交易者，通过交易所，将期货头寸转换为现货头寸，并按照双方协商的交割条件进行实物交割。

期转现交易的基本步骤如下所述。

第一步，寻找交易对手。自行寻找或通过交易所寻找。

第二步，双方协商平仓价格和现货买卖价格。

第三步，向交易所提出申请。

第四步，办理手续，对冲平仓。

第五步，现货交易。

【例1-2】 **期货转现货交易**

在小麦期货市场，甲为买方，建仓价格为1 100元/吨，乙为卖方，建仓价格为1 300元/吨。如果卖方要通过期货交易所进行交割，那么就需要支付小麦搬运、存储、利息的交割成本60元/吨。双方商定的平仓价为1 240元/吨，小麦现货实际交收价格为1 200元/吨。

表1-15计算比较了买卖双方期转现交易较之于交割所能获得的好处。如果在期货市场上交割，甲方购买小麦的价格为1 100元/吨，通过期转现则需要1 060元/吨，每吨节省了40元/吨；乙方交割收入是1 300元/吨，但是扣除交割成本则实际上仅为1 240元/吨，相比之下期转现的收入则是1 260元/吨，较之于交割，买方通过期转现交易多收入了20元/吨。

表1-15 期转现业务中买卖双方收付情况的计算和比较

	甲方（买方）	乙方（卖方）
期货建仓价	买入价格1 100	卖出价格1 300
议定的期货平仓价	1 240	1 240
谈判的现货价	1 200	1 200
期货交割费用	—	60
期转现交易后双方实际的交/收价	现货买入价1 200－（卖出平仓价1 240－开仓买入价1 100）＝1 060元	现货卖出价1 200＋（卖出开仓价1 300－买入平仓价1 240）＝1 260
期转现较之于交割节省的费用	1 100－1 060＝40	1 260－（1 300－60）＝20

2. 期转现的分类

期转现可以分为标准期转现和非标准期转现。这里以大连商品交易所相关规定为例说明二者的差异。标准仓单期转现在申请当日审批，非标准仓单期转现在三个交易日内审批。标准仓单期转现收取交割手续费，非标准仓单期转现收取交易手续费。标准仓单期转现中，交易所负责买卖双方的仓单交收和货款支付；非标准仓单期转现中，交易所不负责货物交收和货款支付。

3. 期转现的发展

期转现虽是一种典型的非标准期货交割方式，但却是期货交易方式与现货交易方式最有效率的结合，有利于现货流通、满足买卖双方要求、促进期货与现货联系的制度安排。因此，期转现已经成为国际商品期货交易中通行的大宗商品期货交割方式。在国外，期转现不仅在商品期货交易中得到应用，而且在金融工具的交易中也得到广泛应用。芝加哥商品交易所几乎所有品种的期货均开展期转现。进入21世纪后，大连商品交易所、上海期货交易所和郑州商品交易所纷纷推出了商品期货转现货交易。2018年中国金融期货交易所修订了期货交易规则，也开始推出国债期货转现货交易，以降低交易策略执行成本，满足投资者协商议价、灵活交易等多样化需求，助力国债期货市场健康发展。

第五节 清算与结算

一、清算和结算的差异与联系

1. 清算和结算的差异

在前面的当日无负债结算和相关内容中，我们一再提到结算这一术语。事实上，与结算紧密相关的还有一个环节叫清算。我们这一节有必要对清算和结算的差异进行简单介绍。一般来说，清算（clearing）是指介于交易与结算之间，实时记录和评估投资者持有的头寸和头寸风险的中间阶段。结算（settlement）则是交易者最终完成资金划拨和实物交付的过程。[①]清算和结算是期货市场运作中至关重要、紧密衔接的两个环节，也是有机统一的整体。清算和结算虽然隐于期货市场交易的幕后，但却是市场运作的核心，关系整个期货市场运行的健康、高效和安全。

2. 清算和结算机构

虽然清算和结算并不一样，但是清算和结算活动通常都由清算机构推动进行。当然，对于从事期货清算和结算的机构而言，各国的名称并不完全一样。在国外期货市场中，使用最多的称谓是清算公司、清算所或清算协会。我国期货市场的清算和结算活动在期货交易所的内部结算机构进行。从期货交易所的结算细则看，我国期货市场并不常使用清算这一用语。但这不表示期货交易所的结算机构不从事清算活动。下面以上海期货交易所为例进行说明。

《上海期货交易所结算细则》中对结算的界定是：结算是指根据交易结果和交易所有关规定对会员保证金、盈亏、手续费、交割货款及其他有关款项进行计算、划拨的业务活动。结算机构的主要职责有：①控制结算风险；②登录和编制会员的结算账表；③办理资金往来汇划业务；④统计、登记和报告交易结算等情况；⑤处理会员交易中的账款纠纷；⑥办理交割结算等业务；⑦按规定管理保证金。由以上内容可以看出，虽然没有对清算进行专门的界定和说明，但结算细则中对结算界定和对结算机构的职责安排已经内含了清算内容。

总之，不管如何设置清算或结算机构[②]，期货清算（结算）机构的基本目的都是为期货交易提供清算和结算服务，以提高清算和结算效率，并控制期货交易风险，这与一般期货交易以投机、套利或套期保值为目标是迥然不同的。

二、我国期货结算机构的功能

1. 提升市场效率

在期货交易中，交易双方并不发生直接关系，结算机构主要是作为中央对手方来替代

---

① 参见 Admin. Difference Between Clearing and Settlement Difference Between Clearing and Settlement[OL]. https://www.differencebetween.com/difference-between-clearing-and-vs-settlement/。

② 关于结算机构的设置参见本书最后一章。

原始对手，成为所有合约卖方的买方，所有合约买方的卖方。通过中央对手方的设置，结算会员及其客户可以随时冲销合约而不必征得原始对手的同意，这样会大大提升交易双方的开平仓效率（见图1-7）。

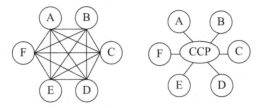

图1-7　不采用中央对手方的交易模式（左）和采用中央对手方的交易（右）

2. 担保交易履约

交易达成后，买卖双方缴纳保证金，结算机构开始承担每笔交易按期履约的责任。如果交易者一方违约，结算机构将代替其履约，以降低另一方面临的信用风险。

3. 结算交易盈亏

结算机构会在每一个交易日结束后对会员的盈亏进行计算。计算完成后，采用发放结算单或电子传输的方式向会员提供当日盈亏等结算数据，会员据此展开对客户的结算。

4. 控制市场风险

结算机构对市场风险的控制通过对会员结算准备金的结算和动态监控来实现。如果结算准备金不足，会员将收到追加保证金的通知。

▶ 二、常用结算术语

1. 开仓价与平仓价

开仓价是指期货建仓的价格，分为开仓买入价和开仓卖出价。平仓价则是平仓了结期货头寸的价格，分为平仓卖出价和平仓买入价。

2. 期货结算价

在期货市场，结算盈亏的价格并不是收盘价，而是结算价。结算价是当天闭市后计算未平仓合约的当日交易保证金及结算当日盈亏的基准价。不同交易所对结算价的规定并不完全相同。纽约商业交易所、洲际商品交易所、伦敦金属交易所采用最后两分钟成交量加权平均价的计算方式。郑州商品交易所、大连商品交易所和上海期货交易所规定，某一品种某一月份期货的结算价是当日成交价格按照成交量计算的加权平均价。中国金融期货交易所则规定，金融期货的结算价是当日某一合约的最后一小时成交价格按照成交量计算的加权平均价。

3. 结算准备金

结算准备金是交易保证金的一种。对于交易所会员（包括经纪会员和非经纪会员）来说，结算准备金是为了交易结算，在交易所专用账户预先准备的资金，是未被合约占用的保证金。期货交易所对结算准备金规定最低余额。结算机构每日都会计算结算准备金，如有不足会要求会员及时补足结算准备金。对于客户来说，结算准备金往往可以指可用资金，而交易保证金则成为实际意义上的保证金占用。

4. 交割结算价

交割结算价是交割时的计价依据。由于交易品种差异和交割方式差异，不同交易所设计的交割结算价计算方法会存在差异。表 1-16 列举了我国不同交易所针对不同交割方式和不同交易品种所设计的交割结算价计算方法，可供学习参考。

表 1-16　各期货交易所设计的交割结算价计算方法

交 割 方 式	交割结算价
滚动交割	DCE：配对日的当日结算价
	CFFEX：最后交易日之前的国债期货交割结算价为意向申报日的当日结算价。在最后交易日的国债期货交割结算价为该合约最后交易日全部成交价格按照成交量的加权平均价
	ZCE：交割结算价为期货合约配对日前 10 个交易日（含配对日）交易结算价的算术平均价
集中交割	SHFE：最后交易日的结算价，但是黄金和燃料油等品种除外
	CFFEX：股指期货是现金交割，交割结算价是沪深 300 指数期货合约的交割结算价为交割日最后两小时现货指数的算术平均价
	DCE：交割月第一个交易日起最后交易日的成交价格的加权平均价
期转现交易	期转现的结算价采用买卖双方协议价格

资料来源：笔者根据各交易所网站信息整理，截至 2019 年年底。

▶ 三、结算流程

期货市场的运作机制是委托—代理结构。我国期货交易所通行的结算流程是，期货交易所结算部门在每一交易日结束后，对结算会员的盈亏、交易收费、交易保证金等款项进行结算。经纪类的结算会员根据交易所结算部分的结算结果对每一客户进行结算，同样是结算盈亏、交易收费、交易保证金等款项。中国金融交易所的结算流程不仅包含了以上内容，还包含了结算会员对非结算会员和客户，非结算会员对客户结算等更为丰富的内容。

在结算体系中，交易所对结算会员的资金按当日盈亏进行划转，当日盈利划入结算准备金，当日亏损从结算准备金中扣除。当日结算时，若交易保证金超过上一日交易保证金，结算部门会从会员结算准备金中扣划；交易保证金如果少于上一日交易保证金，结算部门会把差额划回结算准备金。如前所述，当结算准备金低于交易所规定的最低余额标准时，会员必须在下一交易日前补至交易所规定的结算准备金最低标准。此外，交易过程中的手续费、税金等各类费用会从结算准备金中扣划出去。图 1-8 是大连商品交易所结算的基本流程和内容，可供学习参考。

期货公司对客户的结算流程也遵循以上结算原理，当客户保证金低于期货公司规定的最低交易保证金时，客户应按照规定追加保证金。在我国的期货市场运作体系中，期货公司会将客户的结算单传送到中国期货保证金监控中心，交易者可以从保证金监控中心查询期货交易结算的具体信息。

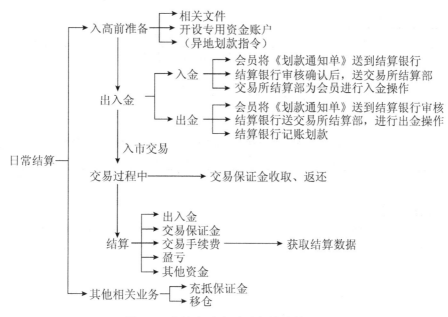

图 1-8 大连商品交易所交易结算流程

资料来源：大连商品交易所网站。

▶ 四、日常结算

1. 结算准备金的结算

结算机构的结算核心是对结算准备金的结算。结算准备金中包含了上一交易日结算准备金余额、上一交易日交易保证金、当日交易保证金、当日盈亏和出入金等内容。

结算准备金余额的计算公式如下：

当日结算准备金余额=上一交易日结算准备金余额+上一交易日交易保证金－

当日交易保证金+当日盈亏+入金－出金－手续费等

表 1-17 对不同期货的当日交易保证金、当日盈亏和出金计算进行了分类整理，后面我们重点介绍当日盈亏的结算。结算会员对客户或结算对象进行结算时也采用类似方法。

表 1-17 当日结算准备金余额计算公式细解

	种 类	计 算 方 法
当日交易保证金	商品期货	当日结算价×当日交易结束后的持仓总量×交易保证金比例
	股指期货	当日结算价×合约乘数×当日交易结束后的持仓总量×交易保证金比例
当日盈亏	商品期货	$\sum$［（卖出成交价－当日结算价）×卖出量］+$\sum$［（当日结算价－买入成交价）×买入量］+（上一交易日结算价－当日结算价）×（上一交易日卖出持仓量－上一交易日买入持仓量）
	股指期货	$\sum$［（卖出成交价－当日结算价）×卖出量×合约乘数］+$\sum$［（当日结算价－买入成交价）×买入量×合约乘数］+（上一交易日结算价－当日结算价）×（上一交易日卖出持仓量－上一交易日买入持仓量）×合约乘数

续表

种　类		计 算 方 法
出金	可出金额	中金所对出金控制的结算标准是：可出金额＝实有货币资金－交易保证金－结算准备金最低余额 三家商品期货交易所的出金结算标准则基本相同。当有价证券充抵保证金的实际可用金额大于等于交易保证金80%时，可出金额＝实有货币资金－交易保证金×20%－结算准备金最低余额；当有价证券充抵保证金的实际可用金额小于交易保证金的80%，可出金额＝实有货币资金－（交易保证金－有价证券充抵保证金的实际可用金额）－结算准备金最低余额

资料来源：笔者根据各交易所网站信息整理。

2. 当日盈亏结算

当日盈亏结算在日常结算中十分重要。当日盈亏包含平仓盈亏和持仓盈亏。平仓盈亏包括平历史仓盈亏和平当日仓盈亏。持仓盈亏包括历史持仓盈亏和当日开仓持仓盈亏。

当日盈亏的具体计算公式如下：

当日盈亏＝平仓盈亏＋持仓盈亏

平仓盈亏＝平历史仓盈亏＋平当日仓盈亏

平历史仓盈亏＝∑［（卖出平仓价－上一交易日结算价）×卖出平仓量］＋
　　　　　　　∑［（上一交易日结算价－买入平仓价）×买入平仓量］

平当日仓盈亏＝∑［（当日卖出平仓价－当日买入开仓价）×卖出平仓量］＋
　　　　　　　∑［（当日卖出开仓价－当日买入平仓价）×买入平仓量］

持仓盈亏＝历史持仓盈亏＋当日开仓持仓盈亏

历史持仓盈亏＝∑［（上一日结算价－当日结算价）×卖出历史持仓量］＋
　　　　　　　∑［（当日结算价－上一日结算价）×买入历史持仓量］

当日开仓持仓盈亏＝∑［（卖出开仓价－当日结算价）×卖出开仓量］＋
　　　　　　　　　∑［（当日结算价－买入开仓价）×买入开仓量］

股指期货合约的日常结算也与上一致，不同之处是需要将合约乘数放入计算公式中，与买卖数量相乘，以便计算具体的盈亏数额。

▶ 五、交割结算

交割结算包括交割货款的计算、交割货款的收付方式以及交割结算的盈亏处理等内容。

1. 交割货款的计算

交割商品货款以交割结算价为基础，加减相应的升贴水和包装款。包装款按交易所公布的标准结算。交割结算中，会员进行交割应当按规定向交易所交纳交割手续费。交割手续费从结算准备金中扣除。

国债期货的交割货款计算与商品期货不一样，其计算公式为

交割货款＝交割数量×（交割结算价×转换因子＋应计利息）×（合约面值/100元）

其中，应计利息为该可交割国债上一付息日至交割日之间的债券利息。例如，上次债券发行方支付利息是在110天前，那么债券持有者现在卖出债券时应得到这110天的利息，这部分利息就是应计利息。

2. 交割货款的收付

不同交易所交割货款的结算收付也不一定相同。例如，郑州商品交易所的交割货款结算实行一收一付，同时划转。上海期货交易所则实行"交割货款结算实行一收一付，先收后付的方式"，交割货款的收付可以选择使用内转或银行划转方式办理。

3. 交割结算的处理

不同交易所对此有不同的规定。郑州商品交易所规定：交割配对日结算时，交易所对会员交割月份配对持仓按交割结算价进行结算处理，产生的交割差额计入会员当日盈亏中。大连商品交易所规定：配对日结算时，交易所对会员该交割月份持仓按交割结算价进行结算处理，产生的盈亏计入当日平仓盈亏。

-------------------------【 **本章知识点回顾** 】-------------------------

期货是在期货交易所公开竞价交易的，由标准化合约标准化了的远期商品。标准化合约是指期货交易所制定的标准化的、用于在期货交易所交易大厅或者交易系统中公开叫价交易商品的远期合约。

期货交易有五个基本特征：交易集中化、合约标准化、保证金交易、双向交易和对冲平仓、当日无负债结算。成熟的期货市场具有套期保值功能和价格发现功能。

期货交易者进行期货交易时需要自行处理的主要环节是：开立账户、制订交易计划、入金、下单、成交，以及平仓或交割。最常用的交易指令是限价指令和市价指令。在电子化交易中，由计算机撮合指令。计算机撮合成交是根据公开喊价的原理设计的计算机自动化交易模式。

交割是由期货交易所统一组织安排，在合约规定的交割日期，对未平仓合约以实物（或现金）交收的形式了结期货买卖义务的过程。大多数期货交易者并不以交割为目的，期货市场的交割率不高。期货转现货交易是一种独特的交割方式，广泛存在于商品期货和金融期货领域。

清算和结算是期货交易的重要支撑。结算机构的功能是提升市场效率、担保交易履约、结算交易盈亏和控制市场风险。结算结构对结算会员的资金按当日盈亏进行划转，当日盈利划入结算准备金，当日亏损从结算准备金中扣除。结算会员对客户进行结算。

-------------------------【 **思考题** 】-------------------------

1. 期货交易的基本特征有哪些？
2. 细读本书中提及的期货品种合约，思考一下期货和期货合约的联系与区别是什么？
3. 回顾双向交易和对冲机制的基本原理，思考为什么可以卖空和买空期货？
4. 为什么期货交易是杠杆交易，试举例说明杠杆的来源和基本原理。

5. 商品或资产成为期货品种的基本条件有哪些？

6. 打开行情系统，观察一下 K 线走势和行情信息。

7. 总结期货交易的基本流程。

8. 期货交割的主要种类有哪些？分析实物交割和现金交割的差别和应用范围。

9. 结算机构的基本职责和功能有哪些？

10. 试阐述当日盈亏结算的基本原理。

【在线测试题】扫描书背面的二维码，获取答题权限。

第 二 章
期货价格的形成机制与产业应用

学习提示

　　期货价格由供求关系和交易决定。了解期货的市场价格形成机制离不开对期货理论价格模型的探讨。学习期货的价格形成理论不仅有助于掌握期现套利和基差交易，而且也是掌握市场运行机制和分析价格发现、合理使用期货价格的基础。本章将从实践和理论两个方面揭示期货价格的形成机制，探讨期货市场的价格发现功能及其应用。

内容提要

　　本章介绍关于期货价格形成的指令驱动机制、报价驱动机制与混合驱动机制，随机理论、预期理论与持有成本模型。基于市场价格和理论模型，为读者揭示期现价格关系和套利方法。最后，在阐述期货市场价格发现功能的基础上，介绍不同形式的远期定价合同。

学习目标

　　学习报价驱动机制和指令驱动机制的基本原理和发展方向，掌握期货价格形成的各项理论，掌握期货套利方法、套利关系以及不同期货品种的持有成本模型的内在关系和基本原理。了解期货市场的价格发现功能，熟悉基差的概念、变化特点和具体作用，掌握利用基差开展贸易定价的主要模式。

第一节 微观市场结构与价格形成

一般来说，期货价格是由投机者、套期保值者和套利者共同交易来形成的。但就具体的微观市场结构而言，不同期货市场会采用不同的驱动机制来形成价格和完成交易。下面简单介绍指令驱动机制、报价驱动机制和混合驱动机制的基本原理。

▶ 一、指令驱动机制：竞价与撮合

指令驱动机制又称"竞价制度"，指买卖双方直接或通过指定经纪商，把委托指令或交易订单传送到交易市场，以买卖价格为基准、按照竞价的原则，交易系统根据一定的指令匹配规则进行撮合，推动价格形成和达成交易的微观市场机制。我国大多数期货合约交易采用的是指令驱动制度。我国指令驱动机制运用在两个阶段：开盘集合竞价阶段和开盘后连续竞价交易阶段。

1. 开盘集合竞价报价规则与价格产生过程

开盘集合竞价用于产生当日的开盘价格。在我国期货市场中，开盘集合竞价的时间要依据是否开展夜盘交易而定。对于开设夜盘交易的品种，开盘集合竞价在夜盘交易时段开市前5分钟内进行，日盘交易时段不再集合竞价。对于未开设夜盘交易的品种，开盘集合竞价在日盘交易时段开市前5分钟内进行。集合竞价前4分钟为期货合约买卖指令申报时间，后1分钟为集合竞价撮合时间。

在开盘集合竞价过程中，通常采用四个基本的原则：

（1）最大成交量原则，在此价格成交能够得到最大的成交量；

（2）高于集合竞价产生的价格的买入申报全部成交；

（3）低于集合竞价产生的价格的卖出申报全部成交；

（4）等于集合竞价产生的价格的买入或者卖出申报，按照买入申报和卖出申报的数量较少的一方的申报量成交。

集合竞价产生价格的过程可以划分为两个紧密联系的阶段。第一，交易系统分别对所有有效的买入申报按申报价由高到低的顺序排列，申报价相同的按照进入系统的时间先后排列；对所有有效的卖出申报按申报价由低到高的顺序排列，申报价相同的按照进入系统的时间先后排列。第二，交易系统逐步将排在前面的买入申报和卖出申报配对成交，直到买入申报价低于卖出申报价无法成交时为止。如果最后一笔成交是部分成交的，则以部分成交的申报价为集合竞价产生的价格。如果最后一笔成交是全部成交的，可取最后一笔成交的买入申报价和卖出申报价的算术平均价为集合竞价产生的价格，该价格按期货合约规定的最小变动价位取整。大连商品交易所交易细则提出："若有多个价位满足最大成交量原则，则开盘价取与前一交易日结算价最近的价格。"交易系统自动控制集合竞价申报的开始和结束，并在计算机终端上显示集合竞价的过程。

【例 2-1】　　　　　开盘集合竞价

　　按照上述集合竞价的排列规则，我们在表 2-1 的第 1 张表中，将买入指令和卖出指令分别按照由高到低和由低到高的顺序进行了排列。

　　系统会首先将卖出价格为 1 270 的 30 手卖单和买入价格为 1 299 的 50 手买单配对，其后剩余 20 手买单，这样就形成了第 2 张表的排列。第 2 张表中，买入价位 1 299 的 20 手买单和卖出价位是 1 280 的 60 手卖单配对。之后，剩余的价格为 1 280 的 40 手卖单与价格为 1 290 的买单配对。配对依次进行，最终可以形成第 3 张表。这时，在 1 290 价格上的买入数量是 50 手，在 1 288 价格上的卖出数量是 120 手，卖出价低于买入价，因此依然可以配对。这时买入方可以全部成交，卖出方只可以部分成交。根据"以部分成交的申报价为集合竞价产生的价格"这一原则，可以确定集合竞价产生的开盘价为 1 288 元。

表 2-1　开盘集合竞价模拟

（1）

排　序	买　入		卖　出	
	价　格	手　数	价　格	手　数
1	1 299	50	1 270	30
2	1 290	90	1 280	60
3	1 285	100	1 288	120
4	1 281	150	1 295	150

（2）

排　序	买　入		卖　出	
	价　格	手　数	价　格	手　数
1	1 299	20	1 280	60
2	1 290	90	1 288	120
3	1 285	100	1 295	150
4	1 281	150		

（3）

排　序	买　入		卖　出	
	价　格	手　数	价　格	手　数
1	1 290	50	1 288	120
2	1 285	100	1 295	150
3	1 281	150		

另外，参与开盘集合竞价还需要注意三方面内容。第一，具体的报价规则安排和一些特殊的情况。开盘集合竞价中的未成交申报单自动参与开盘后的竞价交易。集合竞价未能产生成交价格，通常会以集合竞价后第一笔成交价作为开盘价。新上市合约开盘价可以取与挂盘基准价最近的价格（具体见表2-2）。第二，出于安全和收益角度考虑，建议普通交易者在日常情况下，不要轻易参加集合竞价。除和外盘关系密切的品种（如铜、锌、黄金等）以外，若隔夜外盘涨幅远高于国内涨停板幅度，那么对手上持有空单的投资者来说，出于控制风险的需要，可直接在开盘集合竞价开始时尽快在涨停板挂出平仓买单。反之，如果外盘隔夜大跌，持多单的投资者，可在开盘集合竞价开始时尽快在跌停板挂出平仓卖单。第三，还需要注意的是，对开盘价把握不大的合约，特别是冷合约，如果参加集合竞价，不要挂过高的买价或过低的卖价。

表2-2　开盘价形成过程中的相关规则和特殊情况

报价规则	集合竞价时间之前能否报单	不可以报单
	集合竞价时间能否报单、撤单	可以报单，可以撤单
	撮合时间能否报单、撤单	不可以报单，不可以撤单
	能否看到别人的报价	集合竞价时间，只能看到当下撮合价，看不到其他报价；撮合成交时间，除了看到当下撮合价，还能看到其他五档报价
	能否看到当下可撮合的价格	集合竞价时间，不可以看到当下可以撮合的价格 撮合成交时间，可以看到最终撮合的价格和成交量
特殊情况	有两个以上可撮合的价格	若有两个以上价格符合条件，取距上一交易日结算价较近的价格为成交价
	没有可撮合的价格如何确定开盘价	将开盘价空缺，将连续竞价后产生的第一笔成交价格作为开盘价
	如果撮合价刚好为涨停或跌停价	撮合价为涨停价时，同一价位的"空头平"买单优先撮合；撮合价为跌停价时，同一价位的"多头平"卖单优先撮合

2. 开盘后连续竞价

市场开盘后，计算机撮合系统将针对不同的交易指令，依据不同的竞价程序和原则对交易指令进行撮合配对。计算机撮合成交的基本原则和竞价程序有两个方面。第一，交易指令按照价格优先、时间优先的原则进行排序。以涨跌停板价格申报的指令，按照"平仓优先、时间优先"的原则撮合成交。第二，只有当买入申报价（BP）≥卖出申报价（SP）时，买卖指令才可以自动撮合成交，具体的撮合成交价应是买入申报价（BP）、卖出申报价（SP）和前一成交价（CP）三者中居中的一个价格，即

$$当BP \geq SP \geq CP，则：最新撮合成交价=SP$$

$$当BP \geq CP \geq SP，则：最新撮合成交价=CP$$

$$当CP \geq BP \geq SP，则：最新撮合成交价=BP$$

（1）限价指令的撮合。表2-3是限价指令的竞价撮合举例。在表2-3中，买入报价为2 450，卖出报价为2 448，前一成交价分别对应不同价位时，计算机会撮合确定最新的成交价。

表 2-3 撮合成交原理举例

买 入 报 价	卖 出 报 价	前一成交价	最新成交价
2 450	2 448	2 445	2 448
		2 449	2 449
		2 453	2 450
		2 448	2 448
		2 450	2 450

（2）市价指令的撮合。市价指令不标明具体价位，按当时市场上可执行的最好价格（报价）成交。这里以大连商品交易所的市价指令安排为例予以说明。

《大连商品交易所交易管理办法》中规定：市价指令是指交易所计算机撮合系统执行指令时以涨（跌）停板价格参与交易的买（卖）指令。其中，买入市价指令按照涨停价作买入申报价，卖出市价指令按跌停价作卖出申报价。市价指令遵循时间优先原则参与撮合竞价。例如，某合约涨停板价为 3 328 元 / 吨，前一成交价为 3 118 元 / 吨，当前卖方申报价为 3 228 元 / 吨，委托量为 8 手。如果交易者在该合约上报入 29 手买市价委托，则可以成交 8 手，成交价为 3 228 元 / 吨。这一价格是涨停板价 3 328 元 / 吨、前一成交价 3 118 元 / 吨、卖委托价 3 228 元 / 吨三者居中的价格。剩余未成交的 21 手买单，以涨停板价 3 328 元 / 吨挂盘成交或者等待成交。

交易者需要切记的是，市价指令不应用于交易清淡的合约交易上。这是因为在涨停位往往会有很多卖出限价指令，在跌停位也会有不少的买入限价指令。由于市价指令不标明具体价格，最终的成交价很可能就是停板价。也就是说，买入市价指令可能会以涨停价买入成交，卖出市价指令会以跌停价卖出成交。问题在于，当交易清淡合约的市价指令与停板价上的限价指令成交后，价格很可能会迅速恢复到停板价以内的正常价位上，这时市价指令的发出者会出现巨大亏损。在图 2-1 中出现的 2 727.0 成交价是中金所 IF1109 合约在 2011 年 6 月 7 日的跌停价。形成这一价格的原因是有交易者在这个成交清淡的合约上使用了卖出市价指令，市价指令最终与跌停位的买入限价指令撮合成交。

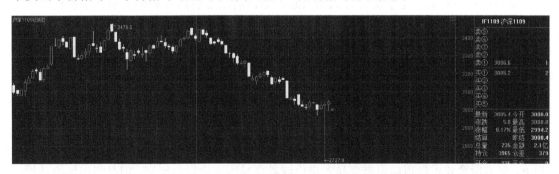

图 2-1 2011 年 6 月 7 日 IF1109 合约以市价指令和跌停位限价买入指令撮合成交

3. TAS 指令的撮合

上海能源交易中心的 TAS 指令的撮合方式具有独特性。如前所述，TAS 指令允许交易者在规定交易时段内，按照期货合约当日结算价或当日结算价增减若干个最小变动价位申报买卖期货合约。对 TAS 指令来说，交易时间为开市集合竞价和交易日第一节交易时间（含连续交易时段）。TAS 指令仅可与同一合约的 TAS 指令撮合成交。在集合竞价时段，TAS 指令采用最大成交量原则进行撮合。在连续竞价交易时段，TAS 指令采用价格优先、时间优先原则进行撮合。如果 TAS 指令只能以当日结算价报出，则只能按时间优先原则进行撮合。

▶ 二、报价驱动机制和混合驱动机制

1. 做市商的报价与价格形成

在期货市场和证券市场上还存在着另一种与指令驱动机制完全不同的微观市场结构设计：报价驱动机制。该制度又被称为做市商制度。做市商是证券期货市场上具备一定实力和信誉的证券经营法人，他们作为特许交易商，不断向公众投资者报出特定证券或期货的买卖价格，并在该价位上接受公众投资者的买卖要求，以自有资金及证券与投资者交易。做市商通过买卖报价差额来补偿所提供服务的成本，以实现一定利润。做市商制度的优点是能够保证市场的流动性，即投资者可随时按做市商的报价交易。做市商为了争取业务量，通常会与同行在报价上发生竞争，导致买卖价差缩小。一种合约的做市商数量越多，买卖价差就越小。

报价驱动机制和指令驱动机制存在着明显差异，我们可以将其总结在表 2-4 中。

表 2-4　报价驱动机制和指令驱动机制的价格形成差异

差 异 项	指令驱动机制	报价驱动机制
价格形成机制	交易指令通过竞价撮合而成	以做市商报出的价格成交
交易者关系	买卖双方直接形成价格	客户间不直接形成价格
交易对象的确定性	买卖双方互不相识，通过结算机构完成交易	买卖各方的交易对象都是做市商
价格形成动力	买卖双方的交易指令是推动价格运动和形成的根本动力	做市商的报价竞争影响着市场价格运动

2. 混合驱动机制

随着市场的发展和电子交易方式的兴起，做市商制度的内容和形式也在不断地演变。从国际市场的现状来看，做市商制度正在与报价交易驱动机制相脱离，逐渐发展成提高市场流动性的一种措施。有的采用报价驱动的市场开始引入竞价交易机制，采用指令驱动的交易所也引入做市商制度来活跃交易、满足投资者的不同需求。在这种混合驱动机制中，"所有客户都与做市商成交，客户之间不能成交"的做法已被抛弃。例如，在香港交易所的做市商制度中，做市商的双边报指令下达后，需要和其他投资者的指令一样按照竞价原则进行排序。做市商没有成交优先权，竞价是推动价格变化的决定性力量。做市商更大的作用体现在缩小价格差距、提高成交的可能性及满足投资者需求的即时性方面。在混合交易机制下，交易所会要求做市商根据交易者询价或者交易所询价报出价格，但是当市场流动性、交易量和持仓量达到一定标准时，或者报价风险很大时，也会豁免做市商的报价责任。

3. 我国期货市场的做市商制度与价格形成机制

自 2017 年开始，我国各期货交易所开始着手探索在指定期货品种中引入做市商制度（见表 2-5）。期货市场做市商是指经期货交易所认可，为指定品种的期货、期权合约提供双边报价等服务的法人或者非法人组织。做市商的双边报价分为持续报价和回应报价。持续报

价是指在交易时间内，做市商按照协议约定主动提供的持续性双边报价。回应报价则是指在交易时间内，做市商按照协议约定，对收到询价请求的合约进行双边报价。做市商的报价以限价方式申报，内容包括合约代码、买入价、卖出价和双边报价数量。在期货交易所，做市商的报单、交易同所有其他期货市场参与者一致，按照"价格优先、时间优先"的机制竞价撮合。

表 2-5　我国各期货交易所引入做市商交易的指定品种（2017—2019 年）

期货交易所	应　用　品　种
大连商品交易所	豆粕期货、玉米期货、豆二期货、铁矿石期货
郑州商品交易所	PTA 期货、动力煤期货、甲醇期货、棉纱期货、棉花期货、白糖期货
上海期货交易所	原油期货、镍期货、黄金期货、白银期货、天然橡胶期货、燃料油期货
中国金融期货交易所	2 年期、5 年期、10 年期国债期货

资料来源：各交易所网站。

▶ 三、市场操纵与信息滥用

在期货市场中，往往存在市场操纵、信息滥用等行为，这些交易行为会扭曲市场价格，使价格不能反映市场的真实供求关系。

1. 市场操纵

所有的市场操作都具有四个共同要素：操纵行为、操纵目的、因果关系和人为操纵的价格。操纵的本质是为了人为地形成价格。操纵的目的是形成人为的价格。因果关系是指操纵行为和人为价格之间的联系。市场操纵通常包括逼仓和轧空、微型操纵、打压和拉抬。这些市场操纵通常和市场的成熟程度和监管措施有关，部分市场操纵也和算法交易、高频交易有关。在市场操纵中，价格操纵者通常会借助投资者的心理预期或从众心理进一步推升或打压期货价格。专栏 2-1 是美国期货市场发展历史中的一起典型操纵案，建议读者阅读，以加深对操纵的认识和理解。

专栏 2-1

亨特家族对美国大豆期货的价格操纵

扫描此码　深度学习

（1）逼仓。逼仓是指交易一方利用资金优势或仓单优势，主导市场行情向单边运动，导致另一方不断亏损，最终不得不斩仓的交易行为。逼仓可分为多逼空和空逼多两种形式。多逼空是指当操纵市场者在期货市场建立足够的多头持仓以拉高期货价格，同时大量收购和囤积现货。这样当合约临近交割时，迫使空头要么以高价买回期货合约认赔平仓出局，要么以高价买入现货进行实物交割，甚至因无法交出实物而受到违约罚款。空逼多则是指操纵市场者利用资金或实物优势，在期货市场上大量卖出某种期货合约，使其拥有的空头持仓大大超过多方能够承接的实物量，从而使期货价格急剧下跌，迫使多头或以低价卖出平仓或接受违约罚款。无论哪一种逼仓形式，实际上都是试图在短期内制造巨大的价格波动，使一种商品的期货价格与内在价值出现严重背离。

（2）轧空。轧空和逼仓的差别在于两者对市场的控制程度不同。轧空时，多头囤积的现货不会导致用于交割的商品供应发生短缺。但是，当现货企业和投资者的囤货、发生干旱等其他各种原因导致现货出现短缺时，多头就可以通过超量持有多头期货头寸来故意轧空，进而操纵期货价格。

（3）打压和拉抬。打压和拉抬无法改变市场的长期趋势，但是可以改变短期价格，属于短期的市场价格操纵手段。打压和拉抬期货价格的方法有：大笔申报、连续申报、密集申报或者申报价格明显偏离申报时的最新成交价格；大量或者多次申报并撤销申报可能影响期货交易价格或者误导其他客户进行期货交易；通过计算机程序自动批量下单、快速下单影响交易所系统安全或者正常交易秩序；大量或者多次进行高买低卖交易等。

2. 市场信息滥用与其他

（1）市场信息滥用。市场信息滥用包括抢先交易和内部交易。抢先交易指的是利用所掌握的非公开信息抢先进行交易。这种交易的市场参与者的抢先能力与该交易中时间对现货价格的影响程度直接相关。内幕交易通常指的是利用未公布的行业政策信息、市场结构调整信息进行交易。抢先交易者和内幕交易者可以借助信息优势，提前建仓、减仓或平仓。这种交易可以通过一些高频交易策略对短期内的价格波动幅度造成冲击，并通过市场流动性和信息的最终发布影响期货价格。

（2）期货对敲。期货对敲指的是交易者为了制造市场流动性和价格假象，蓄意串通，按照事先约定的方式或价格进行交易或互为买卖，企图影响期货价格或者市场持仓量的行为。期货对敲的基本手法是通过预谋或者与他人事先约定，在同一时间内以相同的价格申报，一个账户高买低卖、明显亏损，另一个账户低买高卖、高额盈利，在两个关联账户之间转移资金。

（3）虚假交易。虚假交易是一种看上去善意的真实买卖交易，但实际上并没有发生利益关系或合约责任的交易和转移。虚假交易的主要特征是在同一账户里做完全相反的交易，即同一价格相互抵消，账户的净资金头寸为零。通过虚假交易，会给人一种市场流动性很好的假象。通过虚假交易可以形成虚假的报价，进而操纵市场的价格形成。

（4）预先约定的非竞争交易。这种交易通常是指交易双方根据事先约定进行的交易，和对敲存在一定的差异。也就是说，买卖双方预先约定，一方进行买入时，另一方会在同时、同一价位卖出相同数量的期货。当交易数量较大时，这种非竞争性的交易可能会影响市场交易者对价格走势的判断，引起竞价扭曲和价格短期失真。美国允许进行一些预先安排的期货交易，但是必须遵循相关监管法规。在我国，这方面的监管规则仍需要予以完善。

▶ 四、基差

基差（basis）是期货交易中非常重要的概念，它不仅是衡量期货价格和现货价格关系的基础指标，而且对发现期货价格、套期保值、套利和交割都具有十分重要的作用。

1. 计算方法

基差是某一个地点商品或资产的现货价格与相关联的期货价格之间的差值，其计算公式为

$$b = P - F$$

其中，b 为基差，P 为现货价格，F 为期货价格。

与商品期货和其他各类金融期货不同，在国债期货交易中交易的对象多是债券市场不存在的虚拟债券。因此，在计算基差时就需要考虑虚拟债券价格和可交割债券价格之间的可联系性。为解决这个问题，可以引入转换因子来计算国债期货的基差，具体公式如下：

$$b = P - F \cdot CF$$

其中，CF 是国债现券所对应的转换因子。

需要注意的是，以上是通行的基差计算方法。在某些时候，当涉及一些金融期货的基差计算时，可能用到的公式为

$$b = F - P$$

计算基差时，需要注意三个事项。第一，现货价格的选取要根据交易者的需要来判定。现货价格往往是重要的商品集散地、收购地等地点的价格。第二，期货价格一般选择离现货月份最近的期货合约为基础。但是，我国期货市场中主力合约很多都是远月合约，因此就需要基差的使用者根据基差的用途，具体判断该选择近月合约价格还是选择远月合约价格来作为计算基础。第三，在基差的计算中，现货和期货应是同一品种。如果现货没有完全对应的期货品种，则可以选择性质相近、价格高度相关的期货品种来计算基差。

2. 基差的特点

基差具有四个基本特点：波动性、区间性、季节性和趋零性。

（1）波动性。期货价格和现货价格都受到共同的基本面因素的影响。但是，由于期货市场和现货市场的构成主体并不完全重合，交易机制也存在巨大差异，因此两个市场对信息的反应程度也不一样，这也就造成了期货价格和现货价格变化的差异。这种差异使基差具有了不断波动的特征。

（2）区间性。尽管基差不断波动，但是在正常市场条件下它仍具有相对稳定性，即区间性。例如，从 1999 年 7 月到 2004 年 4 月，美国海湾地区大豆价格的变化达到了 500 美分，但同期基差的变化从未超过 50 美分，大部分时间的波动区间未超出 30 美分。这种稳定性可以从持有成本模型得到部分解释。在持有成本模型中，基差实际上就是在一段时间内持有或储存商品的成本，如储存费用、利息、保险费、损耗费等。这些成本在短时间内往往不会发生大的变化，在一定程度上确保了基差的相对稳定性。

（3）季节性。收获季节来临时，由于谷物供应充足，基差减弱；在收获季节以后，随着时间的推移，谷物供应量逐渐减少，基差会逐渐变强。例如，某地区的大豆基差在 10 月份收获季节时是 −10 美分，而到了农业年度末期则可能上涨到 20 美分。

（4）趋零性。这一点可以从持有成本和预期理论中得到解释。根据预期理论，随着交割期的临近，影响期货价格的不确定性因素越来越少，所以理性预期价格也越接近于现货市场价格。从持有成本的角度看，越靠近交割期，持有成本也就越低，期货价格也就越接近现货价格。总之，在期货合约逐渐到期时，无论是经历了正向市场还是反向市场，期货价格和现货价格会逐渐收敛并趋于零（见图 2-2）。

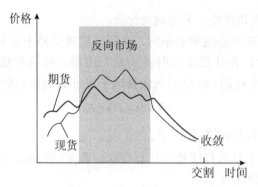

图 2-2　基差的趋零性

3. 基差的变化

从持有成本模型看，基差应为负数。但是，市场上的价格运动受到供求关系和交易者的心理预期影响，因而基差不仅并非一成不变，而且其变化具有一定的多样性和复杂性。一般来说，基差的变化有两种基本情况：基差增强和基差减弱。

基差增强是指基差数值由小变大的现象。例如，基差由 −30 变为 −15，由 −10 变为 5，由 10 变为 20 等。这其中包括正向市场向反向市场的转变。

基差减弱则是指基差数值由大变小的现象。例如，基差由 30 变为 5，由 5 变为 −25，由 −20 变为 −30 等。这其中也涉及反向市场向正向市场的转变。图 2-3 总结了基差增强与减弱，及其与正向市场和反向市场的关系。

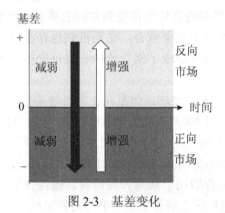

图 2-3　基差变化

4. 基差变化的影响因素

基差取决于现货价格与期货价格两者之间的关系，凡是可以影响这两者的因素最终都会影响基差，包括商品近远期的供给和市场需求情况、替代商品的供求和价格情况、运输因素、政治因素、季节因素、自然因素等。其中，对基差变化具有直接影响的因素是供求关系的跨期差异、持有成本的变化和投机差异。

（1）供求因素。一般而言，期货和现货均受供求因素的影响，但是由于二者存在着期限错配，因此也就存在变化方面的差异。如果现货市场上的供给量大于需求量，现货价格就会低于期货价格。如果现货市场出现供不应求，则现货价格就可能会超出期货价格。

（2）持有成本。通过持有成本模型可以看出，现货价格和期货价格的差值包括持有现货的仓储费用、商品运杂费、持有现货的机会成本、持有现货的收益和风险补偿等。因此，当这些因素发生变化进而引发持有成本变化时，基差也会发生变化。

（3）投机作用。在资金推动或者心理预期作用下，期货价格会出现过度反应或反应不足，导致基差在短期内大幅度变化。

5. 基差的用途

基差在期货交易和现货市场中具有极为广阔的用途。第一，基差可用于分析期现货之间的价格关系和期现货套利。第二，基差可用于分析套期保值的风险和收益。第三，基差可用于对商品贸易进行定价。第四，在国债期货交易中，基差可用来判定最便宜的可交割债券。通常，基差最小的债券就是可用于交割的最便宜债券。本书将在后续相关内容中介绍基差的使用方法。

第二节　期货价格理论

▶ 一、无风险利率

分析期货的价格理论，首先需要了解无风险利率的性质和种类。无风险利率代表着交易者融取低风险资金的成本或者进行低风险投资所能获得的收益。无风险利率与无风险资产有着紧密的关系。一般来说，被广为认可的无风险利率有银行间的同业拆放利率、国债收益率。但是，并不是所有的无风险利率都能在期货和金融衍生工具定价中得到有效的运用。下面介绍几种国内外常用的无风险利率。

1. 国际金融市场的无风险利率

（1）伦敦同业拆放利率。长期以来，伦敦同业拆放利率（London inter bank offered rate，LIBOR）代表着无风险利率，是全球场内外衍生品定价的基础利率。LIBOR 包括 15 个期限品种及英镑等 10 种货币。其形成过程是：第一，由英国银行家协会（British Banker's Association，BBA）从 240 多家会员中选择 16～20 家银行。第二，这些银行各自估算并报出在伦敦货币市场中能够获得的同业拆放利率。按照规定，各报价银行在报价时只能考虑在货币市场借款时的成本，不能考虑其衍生品交易情况和其他因素。第三，去掉价格最高的前 25% 的银行报价和最低的后 25% 的银行报价，将剩余 50% 报价银行的报价取均值，进而计算出某一货币某一时期内的一个平均利率。2008 年出现伦敦同业拆放利率 LIBOR 操纵问题后，全球开始探讨用新的利率替代 LIBOR。

（2）隔夜指数互换 OIS 利率。2008 年金融危机后，LIBOR 受到隔夜指数互换利率的挑战。隔夜指数互换利率是一段时期内与隔夜利率的几何平均值进行互换的固定利率。越来越多的投资者认为较之于 LIBOR 利率，隔夜指数互换利率更接近无风险利率。

（3）隔夜融资利率。在国际上，隔夜融资利率（secured overnight financing rate，SOFR）逐渐被接受成为一种新的无风险利率。2017 年美联储已用 SOFR 利率全面替代对 LIBOR 的使用。它是一种有担保的隔夜融资利率，这一利率是经过处理的回购利率，可作为美元市场的无风险利率。2018 年 4 月，美联储开始每日发布 SOFR。

（4）国债利率（收益率）。尽管国债具有良好的声誉，但是由于国际资本市场的国债利率较低，因而这一利率并不被广泛地作为无风险利率。

2. 中国的无风险利率

在中国的利率体系中，可以大致作为无风险利率的有上海银行间同业拆放利率（Shanghai Interbank Offered Rate，SHIBOK）、银行间回购定盘利率、国债到期收益率和 1 年期存款利率。这些利率可以在不同的期限范围内发挥基准利率的作用。

（1）上海银行间同业拆放利率产生于 2007 年，是由信用等级较高的银行组成报价团自主报出的人民币同业拆出利率计算确定的算术平均利率，是单利、无担保、批发性利率。每个交易日根据各报价行的报价，剔除最高、最低各 4 家报价行的报价，对其余报价进行算术平均计算后，得出每一期限品种的 SHIKOR，并于 9:30 对外发布。对社会公布的 SHIKOR 品种包括隔夜、1 周、2 周、1 个月、3 个月、6 个月、9 个月及 1 年。2013 年，隔夜 SHIBOR 飙升，引发稳定性质疑。2013 年 9 月 24 日，推出市场利率定价自律机制，每年将报价质量不高的银行淘汰。

（2）银行间回购定盘利率。银行间回购业务和回购利率在利率期货的定价和交易中发挥着重要的作用。银行间回购定盘利率是以银行间市场每天上午 9:00 ～ 11:00 间的隔夜回购（R001）利率、七天回购（R007）利率、14 天回购（R014）利率为基础编制而成的利率。回购定盘利率每天上午 11:00 对外发布。2016 年第四季度起，央行不断强调 DR 利率（即银行间存款类金融机构以利率债为质押的回购利率）的重要性，DR 利率基准性进一步提升。2017 年 5 月 31 日，我国推出基于 DR 的银行间回购定盘利率。银行间回购利率在市场中具有重要的引领作用，但是由于回购周期短，无法准确地衡量较长期限的无风险利率水平。

（3）国债到期收益率。国债有不同的到期期限，期限较短的国债到期后存在再投资风险，为了解决这一问题，可以把期限较长的国债看作是无风险产品。一般而言，可以把 10 年期国债的到期收益率视为无风险利率。但是，由于国债品种过少，期限结构不合理等原因，国债收益率并不具备为期货定价的最佳条件。

（4）1 年期存款利率。1 年期存款利率是中国人民银行公布的利率。由于期货的主力合约期限短于 1 年，因此利用这一利率确定期货理论价格并不精确。

▶ 二、连续复利

1. 连续复利含义与应用

在金融市场中，往往以年利率的形式表示利率。不同金融资产和负债的利率计量方式不尽相同，有的利率是一年复利一次，有的则是每年复利两次。复利的频率会对投资回报或融资成本产生不同的影响。

例如，年利率为 5%，一年复利 1 次，100 元在年终时是

$$100 \times （1+0.05）=105 元$$

如果年利率为 5%，一年复利 2 次，即每半年会有 2.5% 的利息收入，利息滚动计息，则 100 元在 1 年后会变成

$$100 \times （1+0.05/2）\times （1+0.05/2）=105.062\ 5 元$$

如果年利率为 5%，一年复利 4 次，100 元在 1 年后将是

$$100×（1+0.05/4）×（1+0.05/4）×（1+0.05/4）×（1+0.05/4）=105.094\,5 元$$

如果年利率为 5%，1 年复利 12 次，则 100 元在 1 年后的终值是

$$100×(1+0.05/12)^{12} = 105.116\,2 元$$

如果年率复利为 5%，1 年复利 365 次，则 100 元在一年后的终值是

$$100×(1+0.05/365)^{365} = 105.126\,7 元$$

以上的分析是基于 1 年期的不同复利频率的终值计算方法。我们可以计算出年利率为 r，年复利 1 次，本金数量 A 在 n 年之后的终值为

$$A(1+r)^n$$

如果年利率为 r，1 年复利 m 次，则 n 年之后的终值是

$$A(1+r/m)^{mn}$$

如果给定的年利率为 r，复利频率 m 非常大或者趋于无穷，则可以将这一利率称为连续复利。当 m 非常大或趋于无穷时，资金 A 的终值将变为

$$Ae^{rn}$$

这里的 e 是自然对数的底数，$e ≈ 2.718\,28$。

显然，按照连续复利的思想，我们可以推导出未来的一笔现金 A 的现值应是：

$$Ae^{-rn}$$

以上计算终值和现值的式子将在本书中广泛应用，用以计算资金成本和期货价格。

2. 连续复利的计算和转换

连续复利可以精确、连续地计算资金终值和现值，但是在现实中无法得到连续复利的报价。为了解决这一问题，可以用市场上现有的利率计算连续复利。假设连续复利为 R_c，R_m 是与连续复利等价的每年计息 m 次的年利率，则可以得出

$$A e^{R_c n} = A(1+R_m/m)^{mn}$$

将其变化形式后，可得

$$R_c = m\ln(1+R_m/m)$$

例如，年利率为 6%，年复利 2 次，我们可以计算与这一利率等价的连续复利年利率为

$$2\ln\left(1+\frac{0.06}{2}\right) = 0.059\,1$$

为了方便，本章后续内容在分析期货的理论价值时将不再对复利和连续复利进行转换计算。

▶ 三、远期合约定价

期货的理论定价在本质上源于远期合约的定价，这里先介绍远期合约定价的基本原理。在进行远期定价时，需要考虑不同商品和资产的内在差异，如资产在合约期内有无收益、

有无储藏成本等。因此，下面将分别介绍无收益资产（零息债券、不付股息股票）、商品、外汇和已知收益资产（附息债券、有股息股票）的远期定价原理。

1. 无收益资产的远期价格确定

这里先考虑如何确定合约期内没有收益，也没有储藏成本的商品或资产的远期价格，如无红利股票、零息债券等。为了给无收益资产进行定价，我们可以构筑两个可比较的组合：组合 A 是 1 单位资产的远期合约多头和一笔数额为 Fe^{-rT} 的现金，远期价格为 F；组合 B 是 1 单位标的资产多头组合。如果这两个组合的现值相等，则可以用一个资产为另一个资产定价。

组合 A：买入 1 单位资产的远期合约 +1 笔数额为 Fe^{-rT} 的现金

组合 B：1 单位的标的资产（现价为 S）

在组合 A 中，由于合约双方确定的 1 单位资产的远期价格为 F，因此买入者需要在当期将 Fe^{-rT} 的资金量作为无风险投资，这样期末就可以获得资金 F，通过履行合同进而获得 1 单位资产。

可以考虑，在远期合约到期时，两个组合的当前价值相等，即

$$Fe^{-rT} = S$$

我们可以得到远期价格公式为

$$F = Se^{rT}$$

这很符合常理。如果投资者在合约到期时需要持有 1 单位资产，可以选择现在就持有 1 单位现货资产，也可以选择持有 1 单位资产的远期多头（远期价格为 F），在合约到期时再获得资产。

我们可以从套利的角度，再分析以上远期定价公式的合理性。

如果交易对手报出的期限为 T 的远期合约交割价格大于现货价格的终值，即 $F > Se^{rT}$，则套利者可以借入资金 S，买入 1 单位标的资产，同时建立一个远期价格为 F 的远期合约空头。等到合约到期时，套利者可以将手中的资产交付出去，获得收入为 F。这时需要归还的资金为 Se^{rT}。那么，最后的套利利润将是 $F - Se^{rT}$。

同理，如果交易对手报出的 T 期限的远期合约交割价格小于现货价格的终值，即 $F < Se^{rT}$，则可以签订远期协议以 F 买入远期资产，并以 S 卖空标的资产，卖空资产的收益做无风险投资。在远期合约到期时，无风险投资的收益是 Se^{rT}。我们以其中一部分资金 F 交割买回卖空的资产。那么，最后的套利收益会是 $Se^{rT} - F$。

这样，在套利机制下，金融资产的远期公平价格在合约签订时确定为 $F = Se^{rT}$。

2. 商品的远期价格确定

持有商品需要一定的储藏费用 U，进行远期定价所构筑的可比较组合就会发生一定的变化。

组合 A：一份购买 1 单位商品的远期合约（远期合约中确定的 1 单位商品的远期价格为 F）+1 笔数额为 Fe^{-rT} 的现金

组合 B：1 单位现货商品（S）+ 商品储藏成本的现值 U

组合 B 中，购买 1 单位现货商品的支出有两部分，一部分是 S；另一部分则是储藏成本 U。

组合 A 和 B 在远期合约结束时均可以获得 1 单位商品，未来现货市场价值相等。在没

有套利机会的情况下，组合 A 和组合 B 的现值也相等，即 $Fe^{-rT} = (S+U)$。这样，1 单位商品的远期价格为

$$F = (S+U)e^{rT}$$

如果远期价格 F 和理论价格 $(S+U)e^{rT}$ 不相等时，交易者会进行套利交易：

（1）当 $F > (S+U)e^{rT}$ 时，套利者可借入资金买入现货商品进行储藏，同时卖出远期商品。在远期合约到期时，将手中的现货商品交割出去，连本带息归还购买现货商品和储藏商品所借入的资金［即 $(S+U)e^{rT}$］，所获得的利润是：$F - (S+U)e^{rT}$。

（2）当 $F < (S+U)e^{rT}$ 时，套利者可卖出手中的现货商品，将所得资金作为无风险投资，同时买入远期商品。在远期合约到期时，用投资所得资金交割买入现货。在此过程中，需要注意卖出现货商品后节约的储藏成本相当于增加了一份收入。因此，所获得套利利润是：$(S+U)e^{rT} - F$。

在套利交易的驱使下，等式 $F = (S+U)e^{rT}$ 终将成立。

3. 外汇的远期价格确定

外汇远期的定价有其独特之处。首先明确几个定义：假定某一标的货币的即期汇率为 S，远期汇率为 F，合约时间为 T，该货币的无风险利率为 r_f，购买该标的货币的计价货币的无风险利率为 r。为了考察远期汇率水平，我们可以构筑如下两个组合。

组合 A：一份购买 1 单位标的货币的远期合约（远期汇率为 F）+1 笔数额为 Fe^{-rT} 的计价货币现金

组合 B：数量为 $e^{-r_f T}$ 的标的货币（即期汇率为 S）

组合 B 和以前的类似组合的不同之处是数量为 $e^{-r_f T}$。这时进行无风险投资，在远期合约到期时得到标的货币的价值为 1 的现期价值。

在远期合同到期时，组合 A 可以以远期汇率 F 获得 1 单位的标的货币。而组合 B 则也可以获得 1 单位的标的货币。由于组合 A 和组合 B 在 T 时刻价值相等，均为 1 单位标的货币，那么在没有套利机会的情况下，现值也应相等，即 $Fe^{-rT} = Se^{-r_f T}$。这样，远期汇率的定价公式就为

$$F = Se^{(r-r_f)T}$$

4. 已知收益资产的远期价格确定

对于债券、股票、股指这些已知收益的金融资产的远期定价，也可以利用以上的基本原理构筑两个组合来进行定价。

组合 A：购买 1 单位资产的远期合约（远期价格为 F）+1 笔数额为 Fe^{-rT} 的现金

组合 B：1 单位资产（现价为 S）- 远期合约对应的到期日前 1 单位资产所获收益的现值 I

在组合 B 中，增加了一项内容，即 1 单位资产未来所获得收益的现值 I。与前述的无收益资产相比，有收益资产相当于未来收益的贴现值减少了现有的构筑成本，这样看来，组合 B 的当前价值是 $S-I$。

在组合 A 中，Fe^{-rT} 可以按照远期合约约定的价格 F 在期末买入 1 单位现货资产。

很明显，组合 A 和组合 B 的构筑从最终结果上看，均可以获得 1 单位的现货资产。这

两个组合在未来均是 1 单位现货资产，市场价值在未来相当。从现值看，价值也应相等。也就是说，$Fe^{-rT} = S - I$。这样远期价格应为

$$F = (S - I) e^{rT}$$

需要注意的是，如果远期合约交易的标的资产是债券，则 S 代表发票价格（现金价格），而不是市场上的净价报价，作为交割价格的 F 也是发票价格。这里的发票价格是指买方购买债券时实际要支付的价格，即发票价格 = 净价报价 + 应计利息。其中，应计利息是上一付息日至交割结算日之间的债券利息。例 2-2 是对国债远期定价和发票价格的简单介绍。

【例 2-2】 国债远期价格的计算

假如票面利率为 12% 的国债净价报价为 110.50 元，上一付息日是 99 天之前，下一付息日是 83 天之后。假设收益率曲线平坦，连续复利利率是 5%，国债远期合约到期时间还有 0.5 年。我们可以据此计算国债远期价格。

首先，计算买入债券的应计利息和发票价格 S。上次债券发行方支付利息是在 99 天前，那么债券持有者现在卖出债券时应得到这 99 天的利息。这 99 天的利息和票面利息、天数有关，具体的计算应为 $\frac{99}{182} \times 6 = 3.2637$ 元。这样，发票价格为 $110.50 + 3.2637 = 113.7637$ 元。

其次，债券在远期合约有效期内还会收到 1 次利息，每百元的利息收入是 6 元，现值为 $6e^{-rT} = 6e^{-0.05 \times \frac{84}{365}} = 5.9314$ 元。

在此基础上，我们可以计算国债远期价格为

$$F = (S - I) e^{rT} = (113.7637 - 5.9314)e^{0.05 \times 0.5} = 110.5621 \text{元}$$

不过，需要注意的是，这里计算的国债远期价格是发票价格，而非远期净价报价。

我们把以上各类资产的远期定价公式总结在表 2-6 中，这样不仅可以了解不同资产远期定价公式的内在一致性，而且有助于进一步学习期货的理论定价。

表2-6 不同标的资产远期合约的定价

远期合约	交割价格	备注
无收益资产（零息债券、无红利股票）	$F = S \cdot e^{rT}$	—
商品远期	$F = (S + U) e^{rT}$ $= Se^{(r+u)T}$	U 为单位现货在到期时支付的仓储成本的现值，u 为商品的储藏费用比率，即储藏费用占即期现货价格的比
股票远期	$F = Se^{(r-q)T}$	q 为股票的股息率，S 为标的指数值
外汇远期	$F = Se^{(r-r_f)T}$	r_f 为外币（外汇交易标的货币）的利率，S 为直接标价法下的外币汇率
付息国债远期	$F = (S - I) e^{rT}$	S 为债券的发票价格，远期价格 F 也为发票价格

▶ 四、期货的理论价格

从文献看，理论界研究总结了随机性理论、价格预期理论、持有成本模型三个不同的理论流派来解释期货价格的形成机制。

1. 随机性理论

随机性理论认为，期货的价格变化与有效市场假说有关。在强有效的期货市场中，价格能对各种有关价值的新信息做出迅速反应。由于各类信息随机出现，因此期货的价格也呈现随机的、不规则的变化。

随机性理论的贡献是摆脱了用供求解释价格变动的传统方法，转而强调未来信息对期货价格的影响。考虑到期货价格在短期内所呈现的无方向性的波动特征，这一理论也就表现出一定的现实解释能力。随机理论的不足之处是，认为未来的市场行情变化与以往的市场价格没有关系，也缺乏充分的理论根据和令人信服的数学描述。

2. 价格预期理论

预期理论认为，期货价格的形成不能局限于简单的成本和费用，还应包含各类交易者对未来不确定因素所做出的预期。期货价格预期理论可以分为传统预期理论和理性预期理论。

（1）传统预期理论。传统预期理论进一步可以分为简单性预期、外推性预期和适应性预期。

在简单性预期中，是把上一期的价格作为本期的期货价格，即

$$F_t^* = F_{t-1}$$

其中，t 为当前时刻。

外推性预期理论的主要思想是，根据价格变动趋势预测期货价格，其数学公式可以表示为

$$F_t^* = F_{t-1} + \alpha(F_{t-1} - F_{t-2})$$

其中，α 为预期系数。$\alpha > 0$，则与以前变化趋势方向相同；$\alpha < 0$，则与以前变化趋势方向相反。

在适应性预期理论中，现在的期货价格受到过去期货价格的连续影响，即

$$F_t^* = \beta F_{t-1} + \beta(1-\beta)F_{t-2} + \beta(1-\beta)^2 F_{t-3} + \cdots$$

其中，β 为适应性系数，$0 < \beta \leqslant 1$，β 决定着预期对过去误差的修正速度。

可以看出，在传统预期理论中，三种预期理论均汇集融入了过去的价格信息。但是，该理论没有考虑非价格因素和现货市场的影响，同时更为重要的是它缺少严谨的经济理论作为基础。

（2）理性预期理论。理性预期理论在 1961 年由美国经济学家约翰·穆斯提出，迅速被用于对期货价格形成的解释。期货价格形成的理性预期理论有三个突出的特征。第一，期货价格是对未来事件进行有信息依据的预测，理性的交易者将运用有关的结构信息来形成预期。其中，结构信息不仅包括历史价格信息，而且包括诸如政局变化、经济形势、投机心理、大户操纵、持有成本、突发事件、政策调整、偶发事件、仓储和流通等因素。第二，

期货市场价格实际上是市场上所有交易者预期的总和。第三，期货价格变量的预期不应限定为单一的预测值，而应看作是该变量未来值的一个完全概率分布。

我们可以用数学语言对期货价格形成的理性预期理论进行描述。假设 I_{t-1} 表示在 $t-1$ 时刻所能得到的所有信息，F_t 为 t 时刻实际的均衡价格，用 $f(F_t|\,I_{t-1})$ 表示期货价格的条件概率密度，F_t^* 表示 t 时刻根据 I_{t-1} 所做出的理性预期期货价格，则

$$F_t^* = E\left[F_t|\,I_{t-1}\right] = \int_a^b F_t f\left(F_t|\,I_{t-1}\right) dF_t$$

期货价格形成的理性预期理论继承了传统预期理论的精华，同时也对人们的预期形成给予了经济学上的行为分析和全面的数学描述。结合期货市场的运作规律可以发现，期货市场上的价格是交易者根据现有的信息进行理性预期后，通过公开竞价交易的结果。当影响供求的信息或者实际供需状况发生变化时，交易者的预期也会发生变化，价格也随着变化。基于这些原因，期货价格的理性预期理论是解释期货价格最具有说服力的理论。

3. 持有成本模型

持有成本模型的核心思想是期货价格等于买入现货所付出的总资金成本。在该理论中，期货价格和现货价格之间的连接因素是持有成本和便利收益。在市场不存在套利机会的条件下，期货的理论价格应为

期货价格 = 现货价格 + 现货仓储费用 + 买入现货的资金成本 + 交易成本 + 其他成本 − 持有现货的收益

如果用连续复利方法计算，持有成本模型可以用以下公式表示：

$$F = Se^{cT}$$

其中，F 为期货价格，S 为现货价格，e 为自然对数的底数，T 为期货合约剩余年数，c 为持有现货的成本比率。

由于期货种类不同，以上持有成本模型的具体内容也不相同。表 2-7 列出了不考虑交易成本的条件下不同期货品种的持有成本模型。这些期货价格模型中，消费性商品期货和国债期货的价格计算较为复杂。对于消费性商品期货，由于便利收益的存在和便利收益的主观性，人们往往无法精确地掌握和计算期货价格和现货价格的内在关系。

表 2-7　持有成本模型的分类

期 货 种 类	持有成本模型	相关内容解释
投资性商品（如黄金、白银）期货	$F = (S+U)e^{rT} = Se^{(r+u)T}$	U 为单位现货需要在期末支付的仓储成本的现值，u 为黄金的储藏费用比率，即储藏费用占即期现货价格的比例，r 为无风险利率
消费性商品（如小麦、铜、原油等）期货	$F = (S+U-Y)e^{rT}$	Y 为单位现货带来的便利收益的现值，具有不确定性
股指期货	$F = Se^{(r-q)T}$	q 为股指的平均股息率，S 为标的指数的市场点位
外汇期货	$F = Se^{(r-r_f)T}$	r_f 为外币（外汇交易标的货币）的利率，S 为直接标价法下的外币汇率

续表

期 货 种 类	持有成本模型	相关内容解释
国债期货	$F = [(S - I)\,\mathrm{e}^{rT} - 应计利息]/CF$	S 为最便宜可交割债券的现金价格（$S=$ 净价 + 债券上一计息日到净价报价时点的应计利息），I 为期货到期前债券支付利息的现值，CF 为期货交易所公布的转换因子

对于国债期货而言，期货和现货之间虽然没有便利收益的衡量难题，但是其理论价格的计算原理要更为复杂，这其中的主要原因有四点。第一，国债期货交易的对象是现实中不存在的标准债券或虚拟债券，交割的对象则是合约规定的各类可交割债券。这样，二者之间存在衡量和转换的问题。第二，国债期货的定价要通过转换因子将最便宜可交割债券和标准债券联系起来。所谓转换因子实际上是利用国债期货合约标准债券的虚拟息票现金流对可交割现券的息票现金流进行贴现的一种"标准化"折算。中国金融期货交易所的转换因子可以理解为单位化的用虚拟债券票面利率（3%）将可交割债券现金流贴现到合约到期日的净价。转换因子的作用是"抹平"国债期货合约的标的债券（标准债券）和不同的可交割债券之间的差异，从而使得不同可交割债券之间的比较成为可能。通常，国债期货乘以某一可交割债券的转换因子就得到了该债券的隐含远期价格（也可以理解为隐含期货价格），某一债券的价格除以该债券的转换因子就得到了该债券经过调整的市场价格。这两个转换在国债期货市场分析中具有重要的作用。第三，计算国债期货的理论价值要考虑计算最便宜可交割（CTD）债券的现金价格（发票价格）和净价报价的关系。但是，在有些时候最便宜可交割债券会发生调整，其他的债券可能成为最便宜可交割债券。第四，国债期货的卖方具有交割选择权，即交割对象的选择权（可选择最便宜债券交割）、交割日期的选择权（交割月份任意营业日）、交割时间的选择权。正是由于具有交割选择权，因此长期国债期货的理论价格应减去卖方选择权价值。

为了更好地理解期货价格与现货价格之间的关系，下面分别举例说明黄金期货、股指期货和国债期货理论价格的计算方法。以下案例在计算时暂不考虑交易成本问题。

【例 2-3】　　黄金期货价格的计算

假如黄金现货的价格是 245 元/克，储藏费用比率为每年 0.1%（国际上的黄金储藏费用比率通常为黄金价值的 0.05% ～ 0.1%），储藏费用立即支付，6 个月的无风险利率为 3.5%（假定该利率为 6 个月期的 SHIBOR，这一利率是连续复利利率）。根据这些条件，可以计算 6 个月后到期的黄金期货价格，即

$$F = (S+U)\,\mathrm{e}^{rT} = (245 + 245 \times 0.1\% \div 2)\mathrm{e}^{0.035 \times 6/12} = 249.449\,9 \text{ 元/克}$$

【例 2-4】　　股指期货价格的计算

考虑一个沪深 300 股票指数的 3 个月期货合约，指数的股息率为每年 2%，现货指数为 2 500，无风险利率为 4.45%（假定该利率为 3 个月期的 SHIBOR，利率同样是连续复利利率），则股指期货的价格应为

$$F = S\,\mathrm{e}^{(r-q)T} = 2\,500\,\mathrm{e}^{(0.044\,5 - 0.02)3/12} = 2\,515.4 \text{ 点}$$

【例 2-5】　　　　　　　外汇期货价格的计算

假设 3 月期的美元无风险利率为 5%，3 月期欧元的无风险利率 4.5%，欧元兑美元的即期汇率是 1.244 4，即 1 欧元 =1.244 4 美元，则 3 个后到期的欧元期货价格应为

$$F = S\,e^{(r-r_f)T} = 1.244\,4\,e^{(0.05-0.045)3/12} = 1.246\,0 \text{ 美元}$$

【例 2-6】　　　　　　　国债期货价格的计算

已知最便宜交割债券的息票利率是 6%，转换因子是 1.015 6。假定 5 年期国债期货 270 天后交割，上一次付息是在 60 天前，下次付息是在 122 天后，再下一次付息是在 305 天后。连续复利形式表示的贴现率是 4%，最便宜可交割债券的净价报价为 98 元。则该债券的标准债券期货的报价应是多少？我们可以分以下步骤予以计算。

第一步，根据公式 $F_{CTD} = (S-I)e^{rT}$，计算最便宜可交割债券对应的期货的现金价格。通常，最便宜可交割债券的现金价格计算公式是

现金价格 = 净价报价 + 上一个付息日以来的累计利息

因此，本例中最便宜可交割债券的现金价格计算如下：

$$S = 98+(6\div2)\times60/(122+60) = 98.989\,0 \text{ 元}$$

另外，在期货合约期内，持有最便宜可交割债券每 100 元可获得利息收入 3 元，其现值计算如下：

$$I = 3e^{-0.04\times\frac{122}{365}} = 2.960\,2 \text{ 元}$$

这样，我们就可以计算出最便宜可交割债券所对应的隐含远期（隐含期货）的现金价格，即

$$F_{CTD} = (S-I)e^{rT} = (98.989\,0 - 2.960\,2)e^{0.04\cdot\frac{270}{365}} = 98.912\,7 \text{ 元}$$

第二步，计算最便宜可交割债券的净价报价，即

$$F_{CTD}^* = F_{CTD} - \text{应计利息} = 98.912\,7 - 3\frac{148}{183} = 96.486\,4 \text{ 元}$$

第三步，通过转换因子，将最便宜可交割债券期货的净价报价转换为标准券期货的净价报价，即

$$F = \frac{F_{CTD}^*}{CF} = \frac{96.486\,4}{1.015\,6} = 95.004\,3 \text{ 元}$$

从持有成本模型中我们可以发现两个基本规律：期货价格理论上应高于现货价格，远月合约的价格应高于近月合约的价格。我们将符合以上两条规律的市场称之为正向市场（normal market 或 contango）。与正向市场条件相背离的则是反向市场（inverted market），即现货价格高于期货价格或者近月合约价格高于远月合约价格的市场状态，也称为"现货溢价"（backwardation）。

在市场运行中出现反向市场主要与现货存在的便利收益有关。便利收益反映了市场对商品未来的预期。当商品短缺时，人们需要持有现货以满足生产需要。即使此时期货价格比现货价格低，人们也不愿意通过购买期货放弃持有现货带来的便利。便利收益具有两个方面的特点。其一，如果商品短缺的可能性大时，人们就会认为便利收益要大一些；如果商品供应趋于充足，便利收益就会小一些。其二，便利收益总是存在，人们对便利收益的衡量具有主观性。这就影响了对一些商品期货价格衡量的准确性。

最后，需要注意的是商品和资产的可储藏性对于持有成本模型具有重要的意义。可储藏性影响现货和期货价格的关联性。对于活牛期货、生猪期货而言，由于活牛、生猪属于活性商品，不涉及储藏问题。因此，期货价格无法用持有成本模型进行解释。已经由很多实证研究表明，持有成本模型所描述的关系仅存在于可储存的商品现货和期货之间，不可储存的商品与期货则没有精准的联系。

4. 期货价格和远期价格的关系

以上持有成本模型可以统一表述为 $F = S e^{cT}$。最新的研究结果表明，期货价格与现货价格之间的稳定关系可以统一表达为新的定价框架：$F = S e^{\rho T}$，ρ 表示风险调整因子，隐含了期货市场对现货价格的定价效率和信息效率问题。显然，我们很难确定一个具体的风险调整因子数值和表达式，这就需要探寻如何通过计量方法来估算风险调整因子。

尽管我们对持有成本模型做了以上调整，但是需要注意的是期货交易和远期交易在本源上具有一致性，这也决定了期货价格和远期价格的内在一致性。也就是说，尽管在期货市场上的保证金制度、交易费用、逐日盯市制度等因素可能会使期货价格和远期价格并不完全一致，但如果仅考虑期限只有几个月的情况，可以忽略期货价格和远期价格的理论差异。但是国债的期货和现货价格是一个例外，国债远期价格是债券的远期价格，而国债期货则是标准券的远期价格，二者之间还需要引入转换因子这一要素指标。

第三节　期现货套利

上节中的期货价格和现货价格之间的关系是在无套利机会、无交易成本和市场高度发达、不存在买空卖空限制的条件下得出的。下面我们将逐步考虑在这些约束条件下，期货实际价格和理论价格不等时的期现套利手法。所谓期现套利是基于期货和现货价格之间的基差，利用期货、现货价格的背离，在同一资产的期货市场和现货市场建立数量相等、方向相反的交易部位，并以交割或平仓的方式结束交易的一种操作方式。期现套利是时间套利在期货市场的一个应用，它利用期货与现货价格的走势一致性和期货合约临近交割时期货价格与现货价格的趋同性来进行操作。

▶ 一、商品期货和现货套利

1. 投资性商品的期现套利

黄金、白银等商品的最大特点是占用空间小、具有投资属性，较之于消费性商品更容易开展期货和现货之间的套利。下面举例说明。

【例2-7】   **黄金期现货套利**

假如黄金现货的价格是245元/克，储藏费用比率为每年0.1%，即期支付，6个月的无风险利率为3.5%。我们可以计算出，6个月后到期的黄金期货价格应为

$$F = (245 + 245 \times 0.1\% \div 2)e^{3.5\% \times 0.5} = 249.4499 \text{ 元/克}$$

情形1：如果市场上6月后到期的黄金期货价格是270元/克。这时，套利者会设法套取期货和现货之间的价差利润。基本的手法如下：

第一步：借入资金，以245元/克的价格买入1 000克黄金并支付储藏费用，同时以270元/克的价格卖出6个月后到期的黄金期货。

在此过程中，需要借入的资金包含两个部分。一是借入245 000元用以买入黄金；二是借入245 000×0.1%÷2=122.5元的资金用以支付储藏费用。这样一共需要借入245 122.5元。

第二步：在期货到期时将事先买入的黄金交割出去，这样可以获得收入270 000万元（为方便分析，这里没有考虑交易佣金、交割成本、保证金成本等等内容）。套利者可以利用这笔收入偿还借入的资金。由于最初借入了245 122.5元，因此需要归还银行$245\,122.5 \times e^{0.035 \times 6/12} = 249\,449.8951$元。这时，可以获得的套利利润是$270\,000 - 249\,449.8951 = 20\,550.1049$元。

为了更好地展示以上套利过程，我们可以将其总结到图2-4的套利机制中。

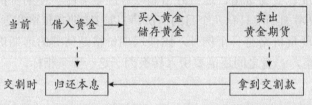

图2-4　黄金期货价格高于理论价格时的期现货套利机制

情形2：如果市场上的6月后到期的黄金期货价格是240元/克，套利者可以采用的套利方法如下：

第一步：以245元/克卖出1 000克黄金现货，将所获得的资金进行无风险利率投资；同时以240元/克买入1 000克的6个月后的到期黄金期货。

第二步：在期货到期时，交割买回黄金。

这笔套利的具体收益计算如下：

卖出1 000克黄金获得收入是245 000元，以无风险利率投资半年后的终值是$245\,000 \times e^{0.035 \times 6/12} = 249\,325.2325$元。由于卖出黄金，套利者节省的费用的终值是$122.5 e^{0.035 \times 6/12} = 124.6626$元。这相当于套利者在半年后的收入是249 449.8951元。套利者可以用这笔资金交割买回1000克黄金，最后可获取的利润是$249\,449.8951 - 240\,000 = 9\,449.8951$元。

通过以上分析，我们可以总结出期货实际价格F_0和理论价格$(S+U)e^{rT}$不吻合时的套利手法：

（1）当 $F_0 > (S+U)\mathrm{e}^{rT}$ 时，套利者可以借入资金买入现货，同时卖出期货。在期货到期时，将手中的现货交割出去，连本带息归购买现货和储藏现货所借入的资金，即 $(S+U)\mathrm{e}^{rT}$。所获得的利润是：$F_0 - (S+U)\mathrm{e}^{rT}$。

（2）当 $F_0 < (S+U)\mathrm{e}^{rT}$ 时，套利者可以卖出手中的现货，将所得资金做无风险投资，同时买入期货。在期货到期时，用投资所得资金交割买入现货。在此过程中，需要注意卖出现货后节约的储藏成本相当于增加了一份收入。所获得利润是：$(S+U)\mathrm{e}^{rT} - F_0$。

在套利交易的驱使下，将逐渐使等式 $F_0 = (S+U)\mathrm{e}^{rT}$ 成立。

以上套利过程，没有考虑保证金追加问题。在实践中，应考虑这一问题。

2. 消费性商品的期现套利

对于消费性商品来说，由于便利收益的存在，在期货和现货价格之间进行套利存在一定的困难。这时，期货和现货价格的联系往往不能通过持有成本模型得到充分解释。

▶ 二、外汇期货和现货套利

在外汇期现货套利中需要注意，买卖的外币是生息资产，因此在套利过程中需要考虑所买入或卖出的外币的利息。为分析这一问题，这里考虑以美元计价的欧元期货的期现货套利。

【例 2-8】　　　　　　　　外汇期现货套利

假设 3 月期的美元无风险利率为 5%，3 月期欧元的无风险利率为 4.5%，欧元兑美元的汇率是 1.244 4，即 1 欧元 =1.244 4 美元。按照公式可以计算得出，3 个月后到期的欧元期货理论价格应为

$$1.244\,4\,\mathrm{e}^{(0.05-0.045)\times0.25} = 1.246\,0\ \text{美元}$$

情形 1：如果 3 个月后到期的欧元期货在市场上的当前价格为 1.256 0 美元，很明显高出理论价格 100 个基点。这时，可以建立套利组合，等待交割获取套利收益。

第一步：建立套利组合。

· 卖空 1 手的欧元期货。

· 同时借入美元，买入一定数量的欧元现货。

现在，需要考虑买入多少数量的欧元现货。这里 1 手欧元期货的合约规模是 10 000 欧元。由于欧元是生息资产，且卖空欧元期货，因此只需要现在买入一定数量的欧元进行无风险投资，在未来期货交割时得到 10 000 欧元即可。这样，以无风险利率贴现计算现在需要买入的欧元数量，即 $10\,000\times\mathrm{e}^{-0.045\times3/12} = 9\,888.130\,5$ 欧元。为了购入这 9 888.130 5 欧元，需要从银行借入的美元数量是 9 888.130 5×1.244 4 =12 304.789 6 美元。

第二步：交割，结束套利。

· 将 10 000 欧元交割出去。

· 收取 12 560 美元，归还美元借款。

在套利结束时，需要归还的美元借款本息合计是：$12\,304.789\,6e^{0.05\times3/12}=12\,459.564\,7$ 美元。

这样，1手欧元期货的套利利润为：$12\,560-12\,459.564\,7=100.435\,3$ 美元。

该套利过程的具体示意见图2-5。

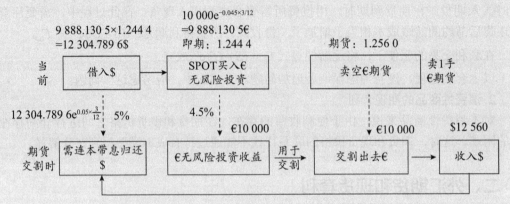

图2-5 外汇期货的市场价格高于理论价格时的期现货套利

情形2：如果3个月后到期的欧元期货在市场上价格（汇率）为1.234 8美元，该价格低于理论价格（1.246 0美元），这时可展开套利。

第一步：建立套利组合。

·买入1手欧元期货。

·同时借入欧元卖出，得到美元后做无风险投资，以备未来交割买回欧元使用。

现在需要计算需要借入多少欧元，以建立准确的套利组合策略。由于未来交割时，需要买入10 000欧元，支出美元12 348美元，因此现在需要卖出欧元得到美元的数量是$12\,348e^{-0.05\times3/12}=12\,194.610\,8$。按照当前的汇率计算，需要从银行借入的欧元数量则是$12\,194.610\,8\div1.244\,4=9\,799.590\,8$ 欧元。

第二步：交割，结束套利。

这时，交割可以获得的欧元数量是10 000欧元。银行借入欧元则应归还的数额是$9\,799.590\,8e^{0.045\times3/12}=9\,910.458\,6$ 欧元。

1手欧元期货的套利收益是：$10\,000-9\,910.458\,6=80.543\,2$ 欧元

该套利过程的具体示意见图2-6。

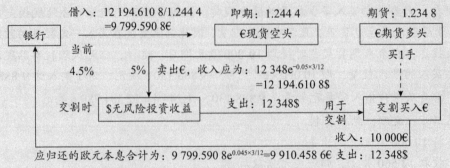

图2-6 外汇期货的市场价格低于理论价格时的期现货套利

▶ 三、国债期货和现货套利

1. 隐含回购利率

国债期货交易中最直观且便于操作的套利模式是期现套利。国债期货和现货套利的方法包括：隐含回购利率法套利和收益率曲线套利。这里主要介绍隐含回购利率法套利。

隐含回购利率（implied repo rate，IRR）指买入国债现货然后通过期货市场交割出去所能获得的收益率。计算隐含回购利率需要注意两方面内容。第一，对于国债来说，无论期货还是现货在市场上的报价均为净价报价，但是现货和期货的实际买入价或者卖出价则需要用现金价格来表示。净价报价和现金报价的关系是：现金价格 = 净价报价 + 上一付息日以来的债券应计利息。第二，需要通过转换因子将标准券价格转换为最便宜可交割债券的对应期货价格。这样，我们可以根据隐含回购利率的含义，推出隐含回购利率的计算公式为

$$IRR = \frac{F_t \cdot CF + AI_T - (P_t + AI_t)}{P_t + AI_t} \cdot \frac{365}{T - t}$$

其中，t 时刻可以理解为当前时刻，T 时刻是期货到期时刻，$T-t$ 表示国债期货从现在到到期时的天数。F_t 表示 t 时刻国债期货的价格，CF 为最便宜可交割债券的转换因子，AI_T 和 AI_t 分别为 T 和 t 最便宜可交割债券的应计利息，P_t 是最便宜可交割债券在 t 时刻的净价报价。

2. 国债期现货套利的基本方法

对于国债期货而言，是否有套利机会就要看隐含回购利率（IRR）与无风险利率（r）是否相等。如果隐含回购利率不等于无风险利率，投资者就会进行国债期现货套利。最基本的情形和对应的套利手法有两种：

（1）当 IRR > r 时，开展现货持有交易（cash and carry trade），即套利者可以建立等比例的国债现货多头、期货空头组合，在合约到期时将手中的国债交割出去，以获得无风险利润。

（2）当 IRR < r 时，开展反向现货持有交易（reverse cash and carry trade），即套利者可以构筑一个包含现券空头、期货多头的组合，在合约到期时交割，用拿到的现券多头对现券空头进行平仓。

在国债期现货套利过程中，有条件的机构交易者可以将其与回购业务结合起来。回购包括正回购和逆回购。正回购是一方以一定规模债券作抵押融入资金，并承诺在日后回购所抵押债券的交易行为。正回购可以理解为先借入资金，再归还资金的过程。正回购有利息支出。逆回购是购买债券，并约定在未来特定日期将债券卖还给原先卖方的交易活动，也就是将资金融给对方，并在一定时间后收回的交易活动。逆回购有利息收入。至此，我们可以将国债期现套利模式予以细化。

（1）当 IRR > r 时，通过正回购交易融入资金，将融入的资金买入 CTD 债券现货，同时建立相等面值的国债期货空头。期末，将 CTD 债券在期货市场上交割卖出，用所得资金结束回购交易。剩余部分即为期现货套利的收益。

（2）当 IRR < r 时，卖空 CTD 债券现货，用得到的资金进行逆回购操作；同时建立与

卖空 CTD 债券相同面值的国债期货多头。在期货到期交割时，套利者收回逆回购融出的资金，通过交割购买 CTD 债券。所得 CTD 债券用于归还期初卖空的 CTD 债券现货。投资者逆回购交易中收回的资金与国债期货交割支出的差额部分即为套利收益。下面举例说明。

【例2-9】 隐含回购利率套利

情形 1：国债期货还有 28 天到期，价格是 91.396 0 元。CTD 债券的转换因子是 1.065 1，收盘价是 97.307 9 元，现在 CTD 债券没有应计利息，在期货合约到期时 CTD 债券每百元的应计利息是 0.680 19 元。一个月期 SHIBOR 的年利率是 6.283 0%。

先计算隐含回购利率，判断是否有套利机会。具体如下：

$$\text{IRR} = \frac{F_t \cdot CF + AI_T - (P_t + AI_t)}{P_t + AI_t} \cdot \frac{365}{T-t}$$

$$= \frac{91.396\,0 \times 1.065\,1 + 0.680\,19 - 97.307\,9}{97.307\,9} \cdot \frac{365}{28}$$

$$= 0.096\,208$$

很明显，隐含回购利率高于一个月期的 SHIBOR，因此可以买入现券、卖出期货进行套利。

第一步：卖出 1 手国债期货（面值为 100 万元），同时在银行间市场做正回购交易融入 973 079 元资金，用这笔资金买入面值为 100 万元的 CTD 债券，融入资金的年化利率为 6.283% 的 SHIBOR 利率，融资期限为 28 天。

第二步：在国债期货到期时将 CTD 债券交割出去，获得的收入是

$$\frac{91.396}{100} \times 1.065\,1 \times 1\,000\,000 + \frac{0.680\,19}{100} \times 1\,000\,000 = 980\,260.069\,6\ \text{元}$$

这时，结束回购交易需要归还的资金是

$$973\,079 \times (1 + 6.283\% \times \frac{28}{365}) = 977\,769.080\,8\ \text{元}$$

这样，可以计算套利收益为

$$980\,260.069\,6 - 977\,769.080\,8 = 2\,490.988\,8\ \text{元}$$

情形 2：1 个月后到期的国债期货的价格为 91.740 元，最便宜 CTD 债券的现金价格为 98.223 元，转换因子是 1.0650，现在 CTD 债券没有应计利息，在期货到期时 CTD 债券的应计利息为每百元 0.680 10 元。1 个月的 SHIBOR 年利率为 4.500%。

同上，先计算隐含回购利率，判断是否有套利机会。具体如下：

$$\text{IRR} = \frac{F_t \cdot CF + AI_T - (P_t + AI_t)}{P_t + AI_t} \cdot \frac{365}{T-t}$$

$$= \frac{91.740 \times 1.065\,0 + 0.680\,10 - 98.223\,0}{98.223\,0} \cdot \frac{365}{30}$$

$$= 0.019\,844$$

由于隐含回购利率为 1.984 4%，低于 1 个月的 SHIBOR 利率 4.500%，可以开展反向现货持有套利交易。具体的手法如下：

第一步：在银行间市场进行逆回购操作，以 98.223 0 元的价格收到面值 100 万元的 CTD 债券，即融出 982 230 元资金，逆回购操作中的资金利率是 1 个月的 SHIBOR。将逆回购收到的 CTD 债券卖出，同时买入 1 手国债期货。

第二步：在期货到期时，交割买入 CTD 债券，用拿到的 CTD 债券结束逆回购。交割买入债券需要支付的资金是：$(91.740 \times 1.065\ 0 + 0.680\ 10) \times \dfrac{1\ 000\ 000}{100} = 983\ 832$ 元。结束逆回购，获得资金为 $982\ 230 \times \left(1 + \dfrac{0.045}{12}\right) = 985\ 913.362\ 5$ 元。

套利收益为 $985\ 913.362\ 5 - 983\ 832 = 2\ 081.362\ 5$ 元。

在国债期货和现货之间进行套利时需要注意两个方面的问题。

第一，很多国债现券没有流动性，因此会限制套利活动。这是因为国债的现券交易多集中在银行间市场，而这一市场为场外交易市场（over the counter，OTC），与采取集合竞价的期货交易相比，流动性明显要差出很多，有时候恰恰是最便宜可交割债券的流动性更差。另外，还需要注意，在期现货套利中，交割买入的债券并不一定就是最便宜可交割债券，这样就很容易形成国债现券空头和交割买入券种的不匹配。有研究者提出，可以用交易型开放式指数基金（exchange traded fund，ETF）替代现券。但是，该策略需要解决具体的配比关系与操作方法等技术问题，因此套利效果有待进一步评估。

第二，如果期货合约保证金发生变动，则会影响融资成本，从而影响最终收益。由于期货空头部分采用每日结算制度，如果期货价格大幅上涨，套利者就面临追加保证金甚至被强行平仓的风险，从而增加相应的融资成本。尽管如此，我们依然可以认为，国债期货和现货之间套利的风险还是比较小的，只要注意以上问题，期现套利的实际收益率与理论上的隐含回购利率差别并不会太大。

3. 国债期货的基差交易

基差交易与期现货套利既有相似之处，也有一定差异。期现套利是通过持有期货头寸直至交割来获利；而国债期货的基差交易则是通过基差变动来获利。基差交易分为买入基差交易和卖出基差交易。

（1）买入基差交易。当投资者认为当前基差小，未来将要扩大时，可采用买入基差交易。基本的操作手法是：在 t 时刻买入现券，同时建立期货空头，现货和期货的比例是 1：CF。其中，CF 是指转换因子。买入基差交易实际上也可以理解为：购买国债现券并卖出总值等于国债现券总量乘以转换因子的国债期货。例如，在我国的 5 年期国债期货基差交易中，如果国债现券是 1 000 万，则卖出的国债期货是 1 000 万 $\times CF$/ 每手 100 万 $=10 \times CF$ 手。

| 【例 2-10】 | 买入基差交易 |

假设现在是 2015 年 4 月 5 日，2015 年 6 月到期的国债期货的市场价格为 95.725 元，2019 年 11 月到期的国债净价报价为 95.970 元，息票率为 6%（按年支付），与国债期货

对应的转换因子为 1.002 3。14 天借入资金的利率为 4.0%。当前的价格条件计算的基差为

$$b = P - F \cdot CF = 95.970 - 95.725 \times 1.002\,3 = 0.025\ 元$$

投资者认为这一基差很窄，今后会扩大，于是决定开展买入基差交易。具体的交易如下：

4月5日，买入1亿元面值的国债现券，卖出100手国债期货。这时买入国债现券支出为 95.970×1亿÷100=95 970 000 元。

4月19日，卖出国债，同时将国债期货平仓。假设这时国债期货价格为 96.310 元，现货价格为 96.660 元，那么基差为 96.660-96.310×1.002 3=0.128 元，基差扩大。这时，套利者结束头寸的收益是（0.128-0.025）×1亿÷100=103 000 元。计算净收益时还要考虑借入资金的利息支出和持有债券的应计利息等（本题没有给出具体数据，则暂不考虑）。

买入国债所需资金的利息成本为

$$95\ 970\ 000 \times 4\% \times (14/365) = 147\ 241.644\ 元$$

持有债券的应计利息收入为

$$100\ 000\ 000 \times 6\% \times (14/365) = 230\ 136.986\ 元$$

通过上述买入基差交易，套利者获得的总的套利收益是 103 000+230 136.986-147 241.644=185 895.342 元。

从本例也可以发现，如果基差没有扩大甚至缩小了，套利交易也不一定亏损。因为持有债券有应计利息，这可能会对冲基差的不利变动。总体上看，买入基差套利可能风险较小而收益较好。

（2）卖出基差交易。这种交易适用于预计当前基差偏大，以后会缩小的情形。基本的操作手法是：在 t 时刻卖出国债现券，同时买入其转换因子倍数的国债期货合约。在 T 时刻，基差缩小后平仓（见例 2-11）。如果观测到某期货合约的 CTD 债券净基差为正，那么可以建立卖空基差交易仓位。卖出基差交易的不确定性在于，如果 CTD 券没有发生变化，那么期货合约的净基差收敛于 0，可以获得利润，但如果 CTD 发生变化，该交割券的净基差可能变大，卖空基差就会遭受亏损。

【例 2-11】 卖出基差交易

假设现在是 2015 年 4 月 5 日，2015 年 6 月到期的国债期货的市场价格为 95.610 元，2019 年 11 月到期的国债价格为 95.998 元，息票率为 6%（按年支付），与国债期货对应的转换因子为 1.002 3。逆回购利率为 5.0%。当前的价格条件计算的基差为

$$b = P - F \cdot CF = 95.998 - 95.610 \times 1.002\,3 = 0.168\ 元$$

投资者认为这一基差有些大，今后会缩小，于是决定开展卖出基差交易。具体的交易如下：

4月5日，卖出1亿元面值的国债现券，买入100手国债期货。这样，国债现券收入为 95 998 000 元，以逆回购的形式将资金融出。

4月19日，国债期货价格为 95.285 元，国债现货为 95.590 元，这时基差为 0.086 元。

基差缩小，交易者决定对国债期货卖出平仓，同时买入现券，结束逆回购。这时，卖出基差交易的收益为 $(0.168-0.086)\times1$亿$\div100=82\,000$ 元。

该套利过程，我们还要考虑卖出债券后的应计利息损失，即 $100\,000\,000\times6\%\times14/365=230\,136.986$ 元。

14 天逆回购的利息收入是 $95\,998\,000\times5\%\times14\div365=184\,105.753$ 元。

这样，该卖出基差交易的净收益为 $184\,105.753+82\,000-230\,136.986=35\,968.767$ 元。

▶ 四、股指期货和现货套利

1. 基本原理与程序交易

（1）当 $F_0 > Se^{(r-q)T}$ 时，套利者可以选择卖空股指期货，买入股票指数的成分股；

（2）当 $F_0 < Se^{(r-q)T}$ 时，套利者可以选择买入股指期货，卖出股票指数的成分股。

由于指数期现货之间的套利机会稍纵即逝，成份股的买卖也较复杂，交易者探索出了通过程序交易（program trading）进行指数套利的方法，即通过计算机系统来寻找交易机会并自动提单下单完成交易。

在套利过程中，交易者在涉及平仓或头寸了结方式时有三种选择。第一，持有头寸，直到交割。第二，如果在期货合约到期前，基差已经恢复到计算的理论价格范围内，套利者则可以提前对期货和现货头寸平仓。第三，如果在结束头寸前，发现下一个交割月期货的价格出现与套利头寸中的期货价格同方向的偏离，并且可以套利，套利者可以采取展期策略，即平掉前一个期货，在后一个月合约上建仓，现货头寸不予变动（这样可以节约现货成本）。这三种选择对于股指期货来说，第二种选择和第三种选择更适用一些。第一个则存在问题。这是因为股指期货是现金交割，不涉及实物交割，如果套利者持有头寸到期现金交割，就需要及时对现货头寸进行平仓。

2. 套利组合的构筑方法

股指现货的组合构成是金融工程需要解决的重要问题。很明显，在股指期货和现货套利过程中，不能不切实际地根据股指的构成买入或卖空全部的成分股，套利者需要探索高效的现货组合来模拟股票指数。

一种方法是用 ETFs 指数基金构建组合来代替指数现货。交易者需要利用高频数据分析指数基金的跟踪误差（tracking error，TE）和相关系数（ρ），在此基础上可以构筑一个 ETFs 指数基金组合。这里的相关系数是检验跟踪指数的投资组合与标的指数之间的相关性、衡量跟踪效果的重要指标。相关系数主要包括每日绝对价格的相关性和每日相对价格的相关性。跟踪误差是衡量跟踪指数的投资组合偏离标的指数的指标，可以用跟踪指数的投资组合收益率与标的指数收益率之差的平方和的均值平方根来进行界定。跟踪误差可由下式推导计算得出：

$$\text{TE} = \sqrt{\frac{1}{T}\sum_{t=1}^{T}(R_{Pt}-R_{It})^2}$$

其中，R_{Pt} 表示跟踪组合在 t 时期的收益率，R_{It} 表示目标指数即沪深 300 指数在 t 时期的收益率。在组合构筑中，跟踪误差越小表示拟合越好。这种界定方法可以回避在跟踪指数的投资组合收益率与标的指数的收益率之差为常数时导致跟踪误差为零的情况。

另一种方法是选择若干只股票替代指数。成份股的选择需要考虑两方面：①所选成分股是否具有代表性；②所选成分股的跟踪效果是否足够好。依据权重较高、β 值接近 1 以及流通股占总股本的比重（适用于中国国内）作为标准，国内外的实证研究均表明选取 40 ~ 60 支股票是比较合理的区间，其跟踪误差保持在可控范围之内，成本也控制在较低的水平。

3. 套利区间

在现实中，由于受到手续费、保证金水平、资金借贷利率等成本因素的影响，期货的价格并不能简单地用 $F = Se^{(r-q)T}$ 来表示，而是一个无套利机会的价格区间（见图 2-7）。只有在区间范围之外，交易者才有机会开展套利交易。

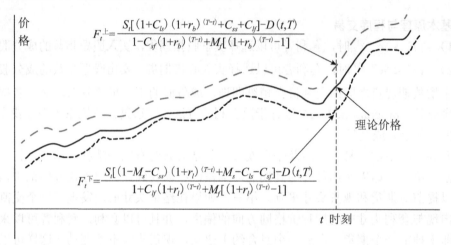

图 2-7　指数套利的价格区间

为方便分析，这里先对套利交易中的现金流进行界定。其中，C_{ls} 是买入指数现货的交易成本（%）；C_{ss} 是卖出指数现货的交易成本（%）；C_{lf} 是买入股指期货的交易成本（%）；C_{sf} 是卖出股指期货的交易成本（%）；M_f 是期货保证金比例（%）；M_s 是融券保证金比例（%）；r_b 是借入资金利率（%）；r_l 是借出资金利率（%）；$D(t,T)$ 是从 t 时刻到 T 时刻的股利现值。

我们可以从正向市场和反向市场分析无套利机会的价格上限和下限，先基于正向市场分析股指期货无套利区间的上限。表 2-8 列出了正向套利分别在 t 时刻和 T 时刻的现金流。

通过现金流测算，可以得出正向套利策略中现货头寸上的损益，即

$$S_T + D(t,\ T) - S_t\left[(1+C_{ls})(1+r_b)^{(T-t)}\right] - C_{ss}S_T$$

而在期货头寸上的损益为

$$F_t - F_T - F_tC_{sf}(1+r_b)^{(T-t)} - C_{lf}F_T - F_tM_f\left[(1+r_b)^{(T-t)} - 1\right]$$

现货交易和期货交易的损益一正一反，如果二者之和大于零，就说明存在套利机会。据此，可以计算得到股指期货的上限价格，即无套利区间的上限价格：

$$F_t^{\perp} = \frac{S_t\left[(1+C_{ls})(1+r_b)^{(T-t)} + C_{ss} + C_{lf}\right] - D(t,\ T)}{1 - C_{sf}(1+r_b)^{(T-t)} - M_f\left[(1+r_b)^{(T-t)} - 1\right]}$$

表2-8 正向套利策略的现金流

时 间 点	现 货		期 货	
	操 作	现金流	操 作	现金流
t 时刻	买入现货	$-S_t$	支出期货保证金	$-M_f F_t$
	买入现货交易成本	$-C_{ls} S_t$	卖出期货交易成本	$-C_{sf} F_t$
T 时刻	卖出现货	S_T	买入期货	$F_t - F_T$
	卖出现货交易成本	$-C_{ss} S_T$	买入期货交易成本	$-C_{lf} F_T$
	股利收入	$D(t,\ T)$	收入期货保证金	$M_f F_t$

如果当期货价格低于理论价格时，可以进行反向套利，即通过先卖空现货买入期货来建仓，以赚取收益。同理，我们可以计算出无套利区间的下限价格：

$$F_t^{\text{下}} = \frac{S_t\left[(1 - M_s - C_{ss})(1 + r_l)^{(T-t)} + M_s - C_{ls} - C_{sf}\right] - D(t,\ T)}{1 + C_{lf}(1 + r_l)^{(T-t)} + M_f\left[(1 + r_l)^{(T-t)} - 1\right]}$$

4. 股指期现套利失败现象

无论是否考虑交易成本，市场上的 F_0 和由现货数据计算的期货价格 F 通常都会非常接近。但是，市场行情的极端变化会对股指期货和现货之间的套利造成冲击，致使期货价格和现货价格严重背离。例如，1987 年 10 月 19 日美国爆发股灾，在这一天的大部分时间里，期货价格都明显低于指数（见图 2-8）。在收盘时，S&P500 指数为 225.06 点（一天下跌了 57.88 点），而 12 月份交割的 S&P500 指数期货的价格是 201.50 点（一天下跌了 80.75 点）。第二天，纽约股票交易所对程序化交易运作的方式采取了临时性的限制措施，结果使得股票指数与股票指数期货之间传统的联系不能继续下去。

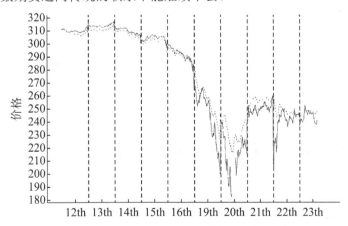

图 2-8 1987 年 10 月份 S&P500 指数期货价格（实线）和现货指数（虚线）5 分钟间隔走势

资料来源：Harris，L. The October 1987 S&P 500 Stock-Futures Basis[J]. The Journal of Finance，Vol. 44，No. 1（Mar.，1989）.

中国股市在 2014 年 12 月的暴涨行情和 2015 年 6 月至 9 月的崩盘行情中，也出现了沪深300股指期货和现货套利不易成功的情况。在2014年至2015年的指数区间和融资条件下，股指期货和股票指数的价差在10个点以上就可以正向套利，市场中很少会出现超过30个点的行情。在出现正向套利机会后，套利者会采取卖出股指期货和买入现货的组合方式进行套利。但是，在2014年12月4日和次日，股指期货和股指现货指数之间分别出现了90多点和100多点的价差。价差的扩大使套利者面临巨大的保证金压力和亏损风险。更为极端的情况出现在2015年6月的股市崩盘后，从收盘价看，股指期货由之前的升水迅速转为严重贴水（见图2-9）。在9月2日收盘后，IF、IC、IH均严重贴水。沪深300当月期货指数（IF1509）较沪深300指数贴水达到400点，幅度为12%；中证500当月期货指数（IC1509）较现货贴水745.55点，幅度12%；上证50当月期货指数（IH1509）较现货指数贴水235.83点，幅度10.5%。造成这种现象的原因十分复杂，如股票大面积停牌无法卖出，投资者只能在期货市场上卖出对冲；期货和股市交易时间存在差异（在当时，股指期货市场早于股市15分钟开盘，晚于股市15分钟收盘），导致股票无法卖出时，还可以在期货市场大量卖出股指期货，投机者利用以上市场状态和规则制度疯狂卖出股指期货来获利。在这种市场状态下，开展反向指数套利很容易出现巨额损失或较大的保证金追加风险。

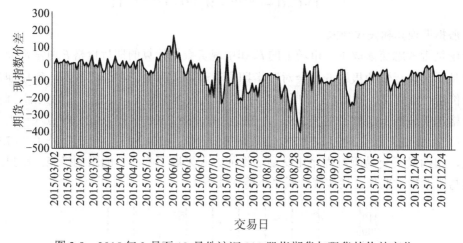

图2-9　2015年3月至12月份沪深300股指期货与现货的价差变化

资料来源：中信证券交易软件。

🐝 第四节　价格发现与产业定价

▶ 一、价格发现的含义与功能

（一）价格发现的基本含义

理论上讲，价格发现是投资者自由竞价的过程和结果，价格最终反映供求等基本要素变化；但价格在哪个市场上决定和产生，取决于哪个市场是主导市场；哪个市场能先反映价格调整，取决于哪个市场交易机制更优越。国内学者认为期货市场的价格发现是在公开、公平、高效的市场条件下，由大量交易者在有组织的、规范化的期货交易所的集中竞价交易，形成具有真实性、权威性、连续性和预期性的价格的过程。

（二）价格发现的功能

期货的价格发现功能集中体现在三个方面。一是真实性和权威性。由于参与者众多，自由报价，公开竞争，因此期货价格能够比较权威地代表商品真实价格。二是公开性，即期货价格是通过连续的公开竞价完成，依据信息披露制度向外传播。三是预期性。期货市场上汇集了大量买方和卖方对未来供求关系和价格变化趋势的看法，因此期货价格具有一定的预期性。

关于期货的价格发现功能存在着不同的理论解释。一种是基于预期理论的解释，另一种是基于信息效率和期现货价格关系的解释。

（1）基于预期理论的解释。人们通常认为，期货多头对未来期货价格看涨，期货空头对未来价格看跌。这样，由大量的买者和卖者共同竞价决定的期货价格自然也就反映了市场对未来期货价格的平均预期。由于合约到期时期货价格等于现货价格，因此期货价格就被认为是对未来现货价格的平均预期，可以发现未来价格。基于这一普遍认识，国内外大量的理论文献都尝试实证研究"当前期货价格是未来现货价格的理性预期或无偏估计"等观点，希望据此能够对"价格发现"功能进行判断。但是，从理论上看，只有当投资者的风险偏好是中性时[1]，或者现货资产的系统性风险为零时，当前的期货价格才是未来现货价格的无偏估计。但是在现实世界，大部分的投资者风险偏好都不是风险中性的，大部分资产的系统性风险也不会等于零，因此尽管理论结果日趋完美，期货对未来现货价格的预期功能在现实中也并不会十分明显。基于这一认识，有的学者提出了"如果说期货市场有价格发现功能，那是指期货市场可以更好地发现现在的现货价格，而不是未来的现货价格"。

（2）基于信息效率和期现货价格关系的解释。尽管新的研究表明，现实的期货市场并不充分具备对未来现货价格的预期功能，但不能就此否定期货市场的"价格发现功能"。期货市场的价格发现功能事实上体现在另外两个方面。第一，在规模和影响力都比较大的成熟市场体系中，由于期货市场具有低成本、高流动性、连续交易、公开竞价交易等优点，当新的市场信息出现时，投资者往往会先在期货市场上进行操作，使得新信息先在期货市场上得到反映，然后才传达至现货市场，从而使得期货价格具有引领同一时刻现货价格变化的信号功能。很多研究者意识到了商品价格的时间序列性质，开始使用协整的概念来研究期货市场的价格发现功能。第二，期货市场的价格发现依赖于其与现货价格之间的关联关系。这种相关性一方面体现在与持有成本模型紧密相关的套利机制方面，另一方面取决于现货定价对期货价格的依赖方面。总之，只有期货价格和现货价格之间存在着长期均衡并相互引导的关系，期货市场具有引领现货市场价格走势的能力，由两个市场共同形成的价格关系和形成过程才是真正的价格发现过程。

（三）价格发现功能在不同市场上的差异

价格发现功能在不同类的市场上表现出了很大差异。由于商品现货市场分散、无法形成权威定价的现状，使得集中统一的商品期货市场的价格发现主要表现为价格决定，作用

---

[1]　指投资者不关心风险，当资产的期望损益以无风险利率进行折现时，他们对风险资产和无风险资产同样偏好。

直接而明显。而对股票来说，集中的现货市场发挥了价格决定功能，期货市场的价格发现功能不是体现为价格决定，而是体现为价格先行。

一些研究发现了四点有意思的结论：第一，股指期货不是价格决定者，不会改变现货市场的定价主导地位；第二，股指期货是价格先行反映者，能够更快速地反映冲击影响；第三，股指期货价格发现功能不如商品期货那么显著，但这并不能否定股指期货在价格发现过程中的作用；第四，对于我国来说，由于缺乏充分的做空机制，股票现货市场的价格真实性至少在理论上会低于具有自由做空机制的股指期货市场的价格真实性。

（四）价格发现功能的基本条件

价格发现功能是期货交易快速融入各种信息，期现货市场价格相互引导的过程。因此实现期货价格发现功能需要期货市场和现货市场同时具备一定的条件。

首先，期货市场应设立合理的交易制度。期货交易制度的设立需要综合考虑在监管和市场效率之间寻求平衡，维持市场的规模和充足的流动性，防范交易违约风险、过度投机和市场操纵，优化交易者结构以减少交易的盲目性和非理性行为。

其次，现货市场需要更加成熟。关于这一点至少有三个方面需要理解：一是现货市场的竞争程度和发达程度决定着期货价格的真实性和权威性；二是现货市场的规模影响着期货价格和现货价格的拟合程度；三是现货价格在很大程度上也会影响期货价格的变化。

（五）价格发现的实证分析方法

实证研究期货价格发现功能所采用的方法与研究者对价格发现功能的认识有关。具体而言，常采用的方法有相关性分析、因果关系分析、基差分析和各种检验期货市场有效性的模型。国内学者主要运用 ADF 单方根检验、Johansen 协整检验与 Granger 因果检验法，以及误差修正模型和冲击反应模型来实证研究期货市场的价格发现功能。

（六）价格发现与定价权、定价中心

严格看来，定价权和定价中心并不是一类概念。定价权是微观主体对商品或资产定价的能力，其往往要依托于定价主体的谈判实力和对产业链的控制能力。"定价中心论"由常清在 1996 年提出。期货市场的定价中心论实际上可以理解为建立开放、发达的期货市场，使期货价格能够成为区域性或更大范围内实体企业和金融产业进行现货定价的依据。定价中心所依托的是期货市场的价格发现功能、开放程度、交易者结构等基本要素。

经过长期发展，世界上形成了以芝加哥期货交易所（CBOT）农产品、洲际期货交易所棉花、伦敦金属交易所有色金属和纽约商业交易所能源为主的全球商品定价中心。国际上几乎所有重要的大宗商品贸易定价都需要参考这些发达期货市场形成的价格。我国期货市场要成为国际大宗商品定价中心还需要付出艰苦的努力。

关于定价中心的形成和发展还需要注意一些新的动向。从 20 世纪 90 年代开始，及至 21 世纪后，全球各交易所竞争日趋激烈，传统期货交易所已经不再满足于仅利用期货市场来形成价格和发现价格，而是将目光投向于开发建立统一高效、相互联系的期货与金融衍生品交易平台，同时开发新品种。例如，芝加哥商品交易所（CME）研发了通过互联网直接接入 CME GLOBEX 平台和场外市场进行交易的 CME Direct。洲际期货交易所和芝加哥商品交易所分别向美国商品期货交易委员会申请成为互换执行设施（SEFs）。针对中国投

资者，伦敦金属交易所推出了迷你铜期货，芝加哥商品交易所推出了铁矿石互换合约等。这些市场整合和品种创新措施有助于提升老牌期货交易所的价格形成和发现能力，巩固全球定价中心的地位。

▶ 二、价格发现与商品定价

现代市场体系中，期货价格发现与现货商品定价具有紧密的联系。一方面，在期货市场具有价格发现功能的基础上，产业企业可以利用期货价格或者期现货价格之间的基差关系开展产销定价；另一方面，产业企业广泛运用期货价格为现货贸易进行定价又进一步推动期货市场和现货市场的联系，提升了期货和现货市场共同发现价格的效率。

下面主要介绍如何利用基差为商品贸易进行定价。利用基差进行贸易定价的思想源于基差的稳定性和期货价格的透明性、公正性。我们可以由基差的计算公式 $b=P-F$，得出现货价格的计算公式：$P=F+b$。这一定价思想具有广阔的应用空间，可以在不同的远期合同定价中采用不同的定价方法。

1. 固定基差定价

固定基差定价（fixed basis pricing）是一种农户在订单合同规定范围内能择机点价的定价方式。具体的机制是，买卖双方事先谈判确定未来某个月份农产品期货的基差；农户可以在合同规定的最后定价日前的任何一天，根据合约规定的参照月份期货的价格变化，选择有利于自己的价格；农户最后的卖出价格是最后选定的期货价格加上基差。

【例 2-12】　　　　　　固定基差定价合同

订单合同在 1 月初制定（表 2-9），其中规定以 5 月份的期货为定价依据和合同到期依据。这就给了农户 4 个月的时间确定价格。如果在 4 月 10 日，农户判断 5 月份的期货价格已经很高，如由最初的 2 000 元/吨，上涨到 2 600 元/吨，就会告诉买方有意固定价格。农户的收益将是在 4 月 10 日那天的 5 月期货合约的价格 2 600 再加上最初商定好的基差（-60）。当然，农户还可以将定价推迟一段时间。只要在 5 月份期货合约终止交易之前确定价格即可。

固定基差定价合同在给农户灵活定价权利的同时也给作为买方的企业带来了风险，为此买方需要利用期货市场交易对冲订单风险。

表 2-9　固定基差定价合同条款及市场操作

合同条款	时间	卖方（农户）定价和交易	买方的风险管理
• 商品、等级、数量、基差（合同定为 -60 元/吨）			
• 签约时间　　⟶	1 月 5 日 4 月 10 日	• 签约，基差 -60 元/吨 • 期货价格上涨到 2 600 元/吨，确定价格。最后的卖出价是 2 600+（-60）=2 540 元/吨	• 买入期货 • 卖出平仓
• 最后定价期限　⟶	5 月 8 日		

2. 延迟定价

与固定基差定价类似，延迟定价（delayed pricing）也属于事前签订订单合同，事后根据合同确定的某一月份的期货价格进行点价的定价方式。但不同的是，延迟定价的特点是先交货，后点价。也就是说，农户按订单合同要求，先把农产品运送到企业仓储库，然后在规定的最后期限前的任意一天，根据市场变动情况确定卖出价，作为买方的企业则按农户要求的价格付款。这种定价方式的突出优点是：农户可以灵活定价，避免农产品大量上市时不得不低价出售的风险；同时也可以节省仓储费用，转嫁农户自行存储期间货物变质的风险。基于这些优点，延迟定价成为美国农产品购销领域广为使用的方法。

当然，这种延迟定价方法也存在一定的不足之处。对农户来说，在交货时，货物所有权就发生了转移，但是只有在未来点价时才能收到货款。对于买方企业来说，如果被农户抓住了期货价格高点，就会因为高价买入面临比农户更大的风险损失。为解决这一问题，买方可在期货市场开展买入套保，并在农户点价时平仓（见表2-10）。

表 2-10 延迟定价合同条款及市场操作

合 同 条 款	时 间	农户定价和交易	买方的风险管理
· 商品、等级、数量			
· 合同日期 ———————▶	5 月 1 日	· 签约	
· 交货时间 ———————▶	6 月 1 日	· 农户交付现货	· 买入期货开展套保
	11 月 10 日	· 农户决定点价	· 卖出期货平仓
· 最后定价日 ———————▶	11 月 15 日		
· 付款时间 ———————▶	11 月 30 日	· 农户收款	

3. 远期再定价

远期再定价合同（forward delivery cash flex contract）借鉴了以上点价方法的优点，是对固定远期价格合同的一种优化。这种定价模式允许农户在最后交货日前根据合约规定的某一月份的期货合约行情变化重新制定卖出价，并与买方企业签署一个新的远期合同；或者允许农户取消原来的远期合同，中止交易。

由于远期订单赋予了农户价格调整的权利，因此买方必须进行多步骤的风险对冲。在最初签订合同时，买方可以购买看跌的期货期权[①]，在价格下跌后按照看跌期权的执行价格获得期货空头头寸，通过平仓获利来弥补价格下跌损失。如果在合约期内价格上涨，农户要求二次点价并重新签署远期定价合同时，买方需要在期货市场为新的订单合同进行卖出套期保值。

---

① 期权（options）是与期货截然不同的衍生工具。期权实际上就是以合约形式确定的，赋予购买者在未来某个时期或时点按照事先确定好的价格（即行权价格），买进或者卖出商品、资产或指数的一种权利。期权的购买者要获得按照行权价格交易的权利需要缴纳一定费用，即期权费。期权交易双方在合约中约定的买卖对象很多，如股票、股指、期货等。本案中的期货期权就是以期货为交易对象的期权。看跌的期货期权是期权的买方有权按照行权价格向期权卖方卖出期货的期权。看涨的期货期权则是期权的买方有权按照行权价格向期权卖方买入期货的期权。

【例2-13】　　　　　　　远期再定价合同

在表2-11中，远期再定价合同的制定日是1月15日，卖出玉米的交货时间是10月30日，再定价参考11月份交割的玉米期货价格，农户可以在最后定价日10月1日前任意一天要求重新定价。买方在签订远期合同时，先购买11月份的看跌期权，防止价格下跌造成不利损失。如果到了6月1日，期货价格涨到3 200元，农户认为这个价格更有利，要求重新定价，买方则按农户要求的价格（如3 200元/吨）购买。这时买方为防止农户10月份交货时玉米价格大跌，可以选择在期货市场上做卖出套期保值，在农户交付农产品时再买入平仓。如果届时期货价格下跌，买方可以通过平仓获利弥补现货市场上价格下跌造成的亏损。

表2-11　远期再定价合同定价条款及市场操作

合　同　条　款	时　　间	卖方（农户）定价和交易	买方的风险管理
• 商品、等级、数量、价格：2 700元/吨			
• 合同日期 ——————→	1月15日	• 签约	• 购买11月份看跌期权
	6月1日	• 农户重新定价，如3 200元/吨	• 卖出11月份期货套保
• 最后定价日 ——————→	10月1日		
• 交货日 ——————→	10月30日	• 交货	• 买入11月份期货平仓

总体上看，对于农户来说，远期再定价的优点是定价方式灵活，可根据市场情况重新修正售出价格；缺点是需要较高的服务费用，农户也可能在犹豫中找不到二次点价的好价位，错失良机。

4. 到期对冲定价

另一类与基差有关的定价方法是到期对冲定价（hedge-to-arrive，HTA）。在HTA合同中，未来的实际交货价格是某一月份的期货价格＋基差。但是，与固定基差合同相反的是，HTA合同事先并不确定基差；在合同开始时，双方会选择某一月份期货的即时价格作为未来的交货基准价。其中，基差通常是依据订单合同，选在交货日当天或者交货日之前的某时根据期现货市场价格确定。而期货价格的选择则是交货日后一个月份（或其后最近月份）的期货合约的即期市场价。

【例2-14】　　　　　　　到期对冲定价合同

在表2-12中，订单合同签订日是7月1日，交货时间是10月份，选择的合约月份是11月。如果签订合同时，11月期货价格是2 000元/吨。这时合同确定的交货基准价就是2 000元/吨。在交货前，基差变为10元/吨，农户的实际卖价是2 000+10=2 010元/吨。当然，如果基差变为-20元/吨，农户实际卖价就成了2 000-20=1 980元/吨。

表2-12 HTA合同条款及市场操作

合 同 条 款	时 间	卖方（农户）定价和交易	买方的风险管理
· 商品、等级、数量、合约月份、期货价格 · 合同日期 ——→ · 期货合约月份 ——→ · 交货时间 ——→	7月1日 11月份 10月10日 10月15日	· 期货价格：2 000元/吨 基差：10元/吨 · 基差扩大到10元/吨，决定定价，最终价格是：2 000+10=2 010元/吨。（如果基差是−20元/吨，则最终价格是1980元/吨）	· 卖出11月份期货 · 11月份期货平仓

利用期货市场的价格发现功能为远期商品交易进行定价是较为普遍的定价方法。在这种远期商品交易中，期货市场的价格通过不同途径融入现货市场中。以上的远期定价方法也为交易某一方带来了风险，要对冲掉这些风险就需要利用期货市场进行套期保值交易。我们将在下一章介绍如何开展套期保值交易。

-------------------------- 【本章知识点回顾】 --------------------------

期货市场的成交和价格形成机制需要特定的微观结构设计。我国所有期货品种均实行指令驱动机制，但是在交易所指定的一些期货品种上也引入了做市商制度。做市商的报单、交易同所有其他期货市场参与者一致，按照"价格优先、时间优先"的机制竞价撮合。

无论供求双方关系如何推动价格运动，期货的价格形成总有其内在规律。期货的市场价格不会长期脱离期货的理论价格。理论界形成了三个不同的期货价格理论流派，即随机性理论、持有成本模型和理性预期理论。深入了解这些理论有助于加深对期货市场运作机制的认识。

基差非常重要，不仅是衡量期货价格和现货价格关系的基础指标，而且对期货市场的价格发现、套期保值、套利和交割具有重要的用途。期现套利是通过观察期货和现货价格之间的基差，利用期货、现货价格的背离，在同一资产的期货市场和现货市场建立数量相等、方向相反的交易部位，并以交割方式结束交易的一种操作方式。通过期现套利，可以使期货价格和现货价格具有较为稳定的联系。国债期现之间、股指期现之间的套利策略构筑较为复杂。

成熟的期货市场具有价格发现功能。重要的远期合同创新有固定基差定价合同、延迟定价合同、远期再定价合同和到期对冲定价合同，这些合同的形成均依赖于期货价格。

-------------------------- 【思考题】 --------------------------

1. 计算机撮合成交的基本原则是什么？
2. 指令驱动机制和报价驱动机制有何区别？

3. 各种远期资产定价的基本原理是什么，它们有何差异？

4. 主要的期货价格理论有哪些？基本思想是什么？

5. 总结黄金期货和现货套利关系与持有模型的关系，思考能否将其直接用到消费型商品期货的套利中？

6. 分析总结外汇期货和现货套利的流程。

7. 在国债期货和现货之间进行套利时需要注意哪些问题？

8. 如何开展国债基差交易？

9. 如何构筑股指期现货套利的现货组合？

10. 什么是价格发现功能和定价中心？国际上主要的商品定价中心有哪些？

【在线测试题】扫描书背面的二维码，获取答题权限。

第 三 章
期货套期保值

学习提示

　　期货套期保值从原理上看简单易懂，但是在某些方面较为复杂。在学习时需谨记两点：①套期保值是期货市场存在的根基，如果没有或无法发挥套期保值功能，不仅期货市场的价格发现功能会受到挑战，而且市场最终会走向衰落；②套期保值业务在具体开展过程中往往会遇到各种现实难题，需要设计出严谨的套保方案、组织体系和评价体系。

内容提要

　　介绍卖出套期保值和买入套期保值的基本原理，分析基差变化对套期保值效果的影响。在阐述传统套期保值原则的同时，总结了其面临的现实问题和发展方向，详细介绍了最佳套期比率和动态套期保值的原理。此外，本章还介绍了量化分析套期保值风险的常用方法，以及评价套期保值效果的基本思路。

学习目标

　　掌握套期保值方法的适用情形和基本原理，掌握传统套期保值方法的基本原则。认识传统套期保值方法存在的问题，了解和掌握不同期货最佳套期比率（数量）的差异和动态套期保值的原则方法。了解分析套期保值风险的风险价值法和压力测试法。掌握评价套期保值效果的基本方法。

第一节　套期保值的基本原理

套期保值的目的就是利用期货市场的潜在收益对冲现货市场面临的可能亏损。根据期货头寸的建仓方向，套期保值活动通常可以分为买入套期保值和卖出套期保值。卖出套期保值以卖出期货为开端，又称空头套期保值；买入套期保值是以买入期货作为开端，又称多头套期保值。

▶ 一、卖出套期保值

1. 适用情形与基本原理

卖出套期保值适用于担心价格下跌对现货头寸造成不利冲击的情形。具体来说，可以分为三种情形。第一，担心持有的现货或资产价格下跌。这里持有现货的含义是会较长期地持有现货（如股票），但是担心现货价格会在一定时间内出现下跌，对业绩产生不利影响。第二，担心未来卖出现货时价格下跌，它可以分两种情况：一种是已经持有商品或者是其他现货，将来计划卖出；另一种是现在没有现货但是未来会生产并卖出。第三，签订了远期买入商品或资产的合同后，买方也会担心在合同到期时现货价格下跌，自己不得不履行合同并以高于市场价的合同价格买入现货，因此需要开展套期保值。

为了对冲以上风险，可以根据现货市场的计划安排设计套保周期，在开始时选择最优的价格卖空一定数量的适当月份的期货，然后在未来套期保值结束时平掉期货空头仓位（见图 3-1）。由于在健康市场中现货套利活动的广泛存在，期货和现货价格之间总是紧密相关，同向变动，因此一旦现货价格下跌造成不利损失时，期货市场的空头必然会有盈利产生。这样，期货空头的盈利可以对冲现货价格下跌带来的亏损。

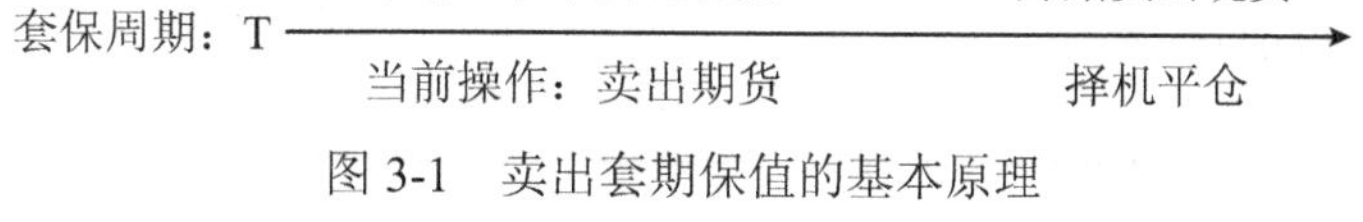

图 3-1　卖出套期保值的基本原理

【例 3-1】　　　　　　　　卖出套期保值

3 月初，铜价是 40 000 元 / 吨，一家铜冶炼加工企业 5 月初将会生产出 100 吨铜，但是担心 5 月初铜价会大幅下跌影响销售收入，于是决定开展卖出套期保值。假设企业以 40 090 元 / 吨卖出建仓，总计 20 手。到了 5 月初，企业开始卖出现货铜，市场铜价出现大跌，现货价格为 30 000 元 / 吨，期货价格为 30 090 元 / 吨。这时，这家企业卖出铜的总收入是 100 吨 × 30 000 元 / 吨 =3 000 000 元，相比于 3 月初 40 000 元 /

吨的价格相当于少收入了 100 吨 ×（40 000 元 / 吨 −30 000 元 / 吨）= 1 000 000 元。在期货市场上，企业则可以与现货销售同步，将期货头寸买入平仓。这时的收入是（40 090−30 090）元 / 吨 ×20 手 ×5 吨 =1 000 000 元。可以发现，期货空头的盈利正好对冲了现货销售的亏损。为了方便理解，表 3-1 对这一案例进行了详细描述。我们将取得这种盈亏恰好完全对冲的套期保值称为完全的套期保值。

表 3-1 卖出套期保值损益分析 I

时　　间	现　　货	期　　货
3 月初	40 000 元 / 吨	40 090 元 / 吨 卖出 20 手期货，每手期货 5 吨
5 月初	30 000 元 / 吨 卖出 100 吨	30 090 元 / 吨 将 20 手铜期货平仓
损益分析 I	收入 3 000 000 元，与 3 月初价格相比少收入 1 000 000 元	买入平仓后，总收益 1 000 000 元
盈亏总额	0	

在开展卖出套期保值后，也有可能在套保周期结束时，市场价格出现了上涨。这时，现货市场的销售收入较期初会有所增加，期货头寸则由于高价平仓而出现损失。表 3-2 是对这一情形的模拟。尽管如此，通常也可以将其视为完全套期保值。所不同的是，如果没有套期保值，企业所面对的现货采购活动可能会有更好的结果。在很多情况下，企业负责人往往会后悔开展卖出套期保值。但是谁又能在动荡的市场中，百分之百地预测出未来铜价的变化呢！

表 3-2 卖出套期保值损益分析 II

时　　间	现　　货	期　　货
3 月初	40 000 元 / 吨	40 090 元 / 吨 卖出 20 手期货，每手期货 5 吨
5 月初	50 000 元 / 吨 卖出 100 吨	50 090 元 / 吨 将 20 手铜期货平仓
损益分析 I	收入 5 000 000 元，与 3 月初价格相比多收入 1 000 000 元	买入平仓后，总计亏损了 1 000 000 元
盈亏总额	0	

2. 基差与卖出套期保值

由于市场价格运动的复杂性和剧烈性，以及期货交易员操盘水平有高低之分，因而企业在开展卖出套期保值后很难实现完全套保。也就是说，期货头寸的盈利并不能严丝合缝地对冲现货头寸的风险损失。我们可以模拟一下表 3-1 和表 3-2 案例中更常见的市场情形。

（1）情形 1：期货和现货价格均下跌，表 3-1 中的平仓价是 30 000 元 / 吨。这时，期货头寸的盈利就是（40 090−30 000）×5×20=1 009 000 元。很明显，期货头寸的盈利完全对冲了现货市场亏损的 1 000 000 元，并有一定的盈利。

（2）情形 2：期货和现货价格均下跌，表 3-1 中的平仓价是 30 200 元 / 吨。这时，期货头寸的盈利是（40 090−30 200）×5×2=989 000 元。期货头寸并没有完全对冲现货头寸亏损的 1 000 000 元。但是，结果也不错，套期保值交易大幅减少了经营亏损。

（3）情形 3：期货和现货价格均上升，表 3-2 中的平仓价为 51 000 元/吨，这时期货总亏损为 1 100 000 元。现货市场的销售较之于 3 月份则增加了 1 000 000 元。期货亏损比现货销售收入增加要更多一些。

（4）情形 4：期货和现货价格均上升，表 3-2 中的平仓价为 49 000 元/吨，这时期货总亏损为 900 000 元，这部分亏损在很大程度上抵消了现货市场增加的 1 000 000 元收入。

还有两种少见的情形是：现货价格下跌，期货价格上涨；现货价格上涨，期货价格下跌。这两种情形分别会给企业带来巨大的亏损和盈利。这种情况在现实中也存在。我们将在后续案例中予以介绍。

我们可以先对上面的情形 1 和情形 2 进行总结。对于卖出套期保值而言，如果期货价格下跌幅度大于现货价格下跌幅度，则套期保值构筑的期现货组合就会有一定的盈利（因为期货盈利大于现货亏损）；如果期货价格幅度小于现货价格下跌幅度，则套期保值构筑的期现货组合就会出现亏损（因为现货亏损大于期货盈利）。根据这一思路，用 F_1 和 F_0 分别表示期货的期末平仓价格和期初建仓价格，S_1 和 S_0 分别表示现货期末和期初的价格，b_1 和 b_0 分别表示期末和期初的基差。很明显，只有 $F_0−F_1 > S_0−S_1$ 时，套期保值组合才会盈利。我们将这一式子变换为 $S_1−F_1 > S_0−F_0$，即 $b_1 > b_0$。这样可以得出：当市场价格都下跌时，对于卖出套期保值来说，基差在套保结束时出现扩大，则套期保值会盈利，基差扩大的范围越大，套期保值的盈利越高；如果基差不变则是一个完全的套期保值；如果基差走弱，则说明套期保值出现"亏损"[①]。其实，如果将套期保值交易看作一个现货和期货组合的话，我们可以得出期货和现货市场价格均上涨、两个市场出现反向变动时的相同结论：基差扩大，卖出套期保值盈利；基差缩小，卖出套期保值亏损；基差不变，卖出套期保值盈亏持平。我们可以把基差与卖出套期保值的关系总结于表 3-3 中。

表 3-3　基差变化与卖出套期保值效果

基　差	套期保值效果
基差不变	卖出套期保值盈亏持平 实质：现货的实际卖出价格维持在期初价格水平上
基差走强	卖出套期保值盈利 实质：如果考虑期货的盈利（亏损），现货的实际卖出价比期初的卖出价格要高
基差走弱	卖出套期保值亏损 实质：如果考虑期货的盈利（亏损），现货的实际卖出价要比期初的卖出价低

通过以上分析，可以得出两个具有启示意义的基本结论。第一，卖出套期保值者应对价格进行预测，如果认为价格下跌概率大，则开展套期保值，如果价格上升的概率大则不宜开展大规模套期保值。第二，应深入分析基差的变化趋势造成的基差变动风险，降低套期保值风险。

[①]　这里所说的套期保值亏损是基于组合角度考虑，即指期货头寸（现货头寸）的盈利不足以弥补现货头寸（期货头寸）的亏损。

▶ 二、买入套期保值

1. 适用情形和基本原理

买入套期保值适用于担心价格上涨对现货头寸造成不利冲击的情形，可以分为三种基本情形。第一，未来将要买入现货面临的风险。对于将来要买入现货的企业来说，最担心的就是在未来实际需要买入现货时价格上涨，造成购入成本上升。第二，持有现货空头面临的风险。这种情况可能更多地体现在资本市场中。例如，借入股票卖空者最担心的是，一旦未来价格上涨，将不得已高价买回股票归还给出借人。第三，签订了远期卖出合同后面临着价格上涨的风险。这相当于卖出者以较低价格卖出了商品或资产。

为了应对这三种风险，可以在最初以合适（尽可能低）的价格买入与现货对应的期货。当未来进行现货交割时，则对期货多头平仓（见图3-2）。由于在健康的市场中，期货和现货价格之间总是紧密相关，具有同向变动的特点，因此一旦现货价格上涨造成不利损失时，期货市场的多头必然会盈利。这部分盈利可以对冲掉现货头寸的亏损。这就是买入套期保值的基本原理。

套保周期：T ——— 计划：未来购买现货　　　开始购买现货
　　　　　　　　　当前操作：买入期货　　　开始择机平仓

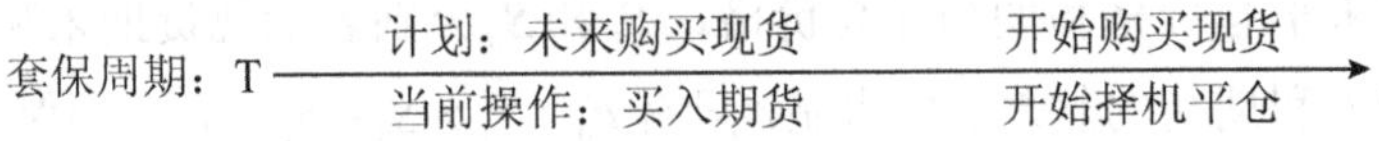

图 3-2　买入套期保值的基本原理

【例 3-2】　　　　　买入套期保值

3月初，铜价是40 000元/吨，一企业5月初需要购买10吨阴极铜用于生产。该企业担心铜价在未来两个月会出现大幅上涨。为了对冲铜价上涨的风险，该企业决定开展买入套期保值。基本的手法是在当前就买入2手6月到期的铜期货，建仓价为40 090元/吨。到了5月初，铜价开始出现大幅上涨，企业买入铜的现货价涨到了45 000元/吨。这样企业购入铜的价格实际上比3月初多了5 000元/吨，总的成本增加支出为5 000元/吨×10吨=50 000元。由于市场中期货价格和现货价格之间具有紧密联系，期货价格也会上涨，企业这时选择卖出平仓的价位是45 090元/吨。期货头寸的盈利是（45 590-40 000）×5吨×2手=50 000元。可以看出，通过套期保值操作，期货市场上盈利为50 000元，正好对冲了现货价格上升带来的成本增加损失50 000元。为了方便理解，表3-4对这一案例做了详细的描述。我们将这种期货市场上盈利恰好对冲现货市场亏损的套期保值称为完全的套期保值。

表 3-4　买入套期保值损益分析 I

时　间	现　货	期　货
3月初	现货价：40 000元/吨 计划5月初买入10吨阴极铜	期货价：40 090元/吨 买入2手期货，每手期货5吨
5月初	现货价：45 000元/吨 买入10吨	期货价：45 090元/吨 将2手铜期货平仓
损益分析	总支出450 000元，比3月初购买成本增加了50 000元	平仓收益50 000元
盈亏总额	0	

企业在开展买入套期保值后也可能会面临"难堪"情形，即市场价格在套期保值结束时出现下跌。我们在表 3-5 中对这种情况进行模拟和分析。可以发现，企业在现货市场节省的资金（我们可以将其视为一种收益）是 50 000 元，但是期货头寸则亏损了50 000 元。尽管如此，我们也将其视为完全套期保值。

表 3-5 买入套期保值损益分析 II

时 间	现 货	期 货
3 月初	现货价：40 000 元 / 吨 计划 5 月初买入 10 吨阴极铜	期货价：40 090 元 / 吨 买入 2 手期货，每手期货 5 吨
5 月初	现货价：35 000 元 / 吨 买入 10 吨	期货价：35 090 元 / 吨 将 2 手铜期货平仓
损益分析	总支出 350 000 元，比 3 月初的购买成本减少了 50 000 元	平仓亏损是 50 000 元
盈亏总额	0	

以上的价格上涨和下跌案例可以更好地解释套期保值的内在含义。我们发现无论价格上涨还是下跌，一个完全的买入套期保值结果都是使未来购买现货的成本维持在起初水平上。例如在表 3-4 中，期货市场最初的价格是 40 090 元 / 吨，后来上涨到 45 090 元 / 吨。企业的购入现货价格是 45 000 元 / 吨，但是由于期货有 5 000 元 / 吨的盈利，这就相当于把5 月初的现货购入价格拉回到 3 月初的 40 000 元 / 吨价格水平上。同理，对于表 3-5 中价格下跌的情形而言，企业通过套期保值交易，仍然将购入现货的成本维持在 3 月初的价格水平上。

2. 基差与买入套期保值

由于市场价格运动的复杂性和期货交易员的操盘水平等因素影响，企业在开展买入套期保值后，结果可能并不完美。也就是说，期货头寸的盈利并不能保证严丝合缝地对冲现货头寸的风险损失。我们可以模拟一下表 3-4 和表 3-5 中更常见的其他市场情形。

（1）情形 1：期货和现货价格均上涨，表 3-4 中的平仓价是 45 000 元 / 吨。这时，期货头寸的盈利就是（45 000−40 090）×5×2=49 100 元。很明显，期货头寸的盈利没有完全弥补现货市场亏损的 50 000 元。

（2）情形 2：期货和现货价格均上涨，表 3-4 中的平仓价是 45 190 元 / 吨。这时，期货头寸的盈利是（45 190−40 090）×5×2=51 000 元。期货头寸完全对冲了现货头寸多支出的 50 000 元，并有 1 000 元"结余"。这相当于将购入价格降到了 39 900 元 / 吨。

（3）情形 3：期货和现货价格均下跌，表 3-5 中的平仓价为 35 190 元 / 吨，这时期货总亏损为 49 000 元。现货市场买入铜少支出了 50 000 元。

（4）情形 4：期货和现货价格均下跌，表 3-5 中的平仓价为 35 000 元 / 吨，这时期货总亏损为 50 900 元。现货市场买入铜少支出了 50 000 元。

还有两种少见的情形是：现货价格下跌，期货价格上涨；现货价格上涨，期货价格下跌。这两种情形分别会给企业带来巨大的盈利和亏损，在此就不再详述。

同样，我们可以推出基差与买入套期保值效果的关系：如果基差走强，则套期保值亏损；如果基差走弱，则套期保值盈利；如果基差不变则套期保值中的两个头寸盈亏完全相抵（见表 3-6）。

表 3-6　基差变化与买入套期保值效果

基　　差	套期保值效果
基差不变	买入套期保值盈亏持平 实质：现货的实际买入价格维持在期初价格水平上
基差走强	买入套期保值亏损 实质：如果考虑期货的盈利（亏损），现货的实际买入价比期初的买入价格要高
基差走弱	买入套期保值盈利 实质：如果考虑期货的盈利（亏损），现货的实际买入价要比期初的价格低

▶ 三、交叉套期保值 *[1]

交叉套期保值是指如果在期货市场上没有与现货商品（资产）相同的交易品种，就利用与现货商品（资产）关系最密切的期货来开展套期保值交易。这里介绍的外汇交叉套期保值则是指利用两个货币对期货进行的一种套期保值活动，具体可以通过例 3-3 进行学习。

【例 3-3】　　　　　　　　外汇交叉套期保值

一家日本公司在 9 月 10 日确认，在 3 个月后将得到 1 000 000 英镑款项。公司面临收到英镑时英镑贬值、日元升值的风险，迫切需要利用期货对冲风险，但是市场上没有英镑兑日元的期货。一个可替代的方案是在芝加哥商业交易所卖出英镑期货（兑换买入美元），同时买入日元期货（兑换卖出美元）。

9 月 10 日，日元兑换美元的汇率是 128.50 日元/美元，英镑兑换美元的汇率是 1.533 2 美元/英镑，英镑兑换日元的交叉汇率是 128.50×1.533 2=197.02 日元/英镑；日元期货可成交价 7 800 点（即 128.20 日元/美元），英镑的期货汇率是 1.533 7 美元/英镑。

该条件下，该公司卖出的英镑期货数量是：1 000 000/62 500=16 手（名义收入 1 000 000×1.5337=1 533 700 美元）；买入日元期货的数量是：1 533 700×128.20÷12 500 000≈16 手。

12 月 20 日，日元兑换美元的汇率是 115.45 日元/美元，英镑兑换美元的汇率是 1.507 5 美元/英镑，英镑兑换日元的交叉汇率是 174.04 日元/英镑；日元期货的可平仓价位是 8 666 点（115.40 日元/美元），英镑期货的可平仓汇率是 1.508 2 美元/英镑。

12 月 10 日与 9 月 10 日相比，该公司在外汇即期市场上用英镑兑换日元的亏损是（197.02-174.04）×1 000 000=22 980 000 日元。英镑期货的平仓盈利是英镑（1.533 7-1.508 2）×62 500×16=25 500 美元。日元期货的平仓盈利是（8 600-7 800）×12.5×16=160 000 美元。期货头寸的总盈利为（160 000+25 500）×115.45=21 415 975 日元。

---

[1]　标注"*"内容为选讲部分。

🛩 第二节 传统套期保值的基本原则和现实问题

▶ 一、基本原则

传统套期保值理论由凯恩斯（1923）和希克斯（1946）提出。该理论提出了套期保值的四条基本原则：种类相同或相关原则，数量相等或相当原则，月份相近原则，交易方向相反原则。

1. 种类相同或相关原则

种类相同或相关是指在做套期保值交易时，期货和现货在种类上一致。因为相同种类的期货和现货在市场上价格关系更加密切，才能确保以一个市场的盈利对冲另一个市场的亏损。

在现实中，有的现货商品或资产没有相对应的期货品种，套期保值者可以选择一些在价格上具有较强相关性的期货，这种套期保值称为"交叉套期保值"。在交叉套期保值中，作为替代物的期货品种最好是该现货商品的替代商品，两种商品的相互替代性越强，套期保值交易的效果就会越好。实践表明，如果期货和现货不是同一类商品，或者是同一类商品但存在某种形式的市场分割（如国外期货市场和国内现货市场），套期保值的效果可能就会比较差。

2. 数量相等或相当原则

数量相等或相当原则是传统静态套期保值的核心原则。具体是指，买卖的期货规模必须与风险暴露商品或资产的规模相等或相当。传统套期保值观点认为，只有数量相等或相当，才能使一个市场上的盈利额与另一个市场上的亏损额相等或接近。

3. 月份相近原则

月份相近原则是指在做套期保值交易时，期货的交割月份最好是现货交收月份的下一个月份或现货交收月份后的最近一个月份。例如，现货交收月份是 6 月份，则需要选择 7 月份交割的期货。如果交易所没有 7 月份交割的合约用于交易，则可以选择之后最近月份的合约开展套期保值交易。

需要注意的是套期保值合约选择是月份相近原则，而不是月份相同原则。这是因为如果现货交收月份和期货到期交割月份一致，会使套期保值面临多种风险。例如，在交割月份期货持仓量大幅减少，价格波动剧烈，导致套期保值头寸面临平仓困难；进入交割月后保证金比例有较大提升，容易对企业造成现金流压力，还可能会发生被动交割。

4. 交易方向相反原则

交易方向相反是指持有现货多头时应卖出期货，可以通过持有期货空头头寸来套期保值；如果持有现货空头，则应持有期货多头头寸进行套期保值。如果签订远期买入合同，则持有期货空头头寸对冲风险；如果签订远期卖出合同，则持有期货多头头寸对冲风险。

需要注意的是，对于一些企业来说，未来要买入现货，套保的手法就是买入期货。在此很难用方向相反原则进行简单的解释。为防止对初学者产生误导，这里可以不使用"交易方向相反"这一说法，而使用"交易方向正确"这一提法。判断建仓方向正确与否，最简单的判别方法是判断所担心的风险暴露商品或资产的价格变化方向（见图 3-3）。若担心价格下跌会对现货头寸造成不利影响，就选择事先卖空期货的方式进行套保；若担心价格上涨会造成不利影响，就选择事先买入期货进行套保。基于这种思想，在套期保值实践中还形象地总结出了"预买"和"预卖"概念和交易思路。其含义是：当计划未来要购入现货时，往往担心价格会上涨，为此可以预先买入期货（等套保周期结束时再平仓或者交割）；当未来要出售现货时，往往担心价格会下跌，为此可以预先卖出期货（在套保周期结束时平仓或者交割）。

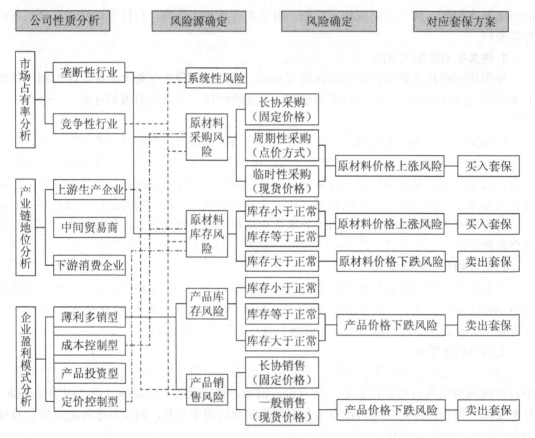

图 3-3 产业的风险来源和套保方向选择

资料来源：南华期货公司课题组.企业套期保值风险度量与控制 [R].上海期货交易所，2010.

▶ 二、套期保值业务的灵活处理

1. 灵活处理

第一，分时套保。企业不一定在所有时段上进行套保。只有当现货价格风险较大，超出企业承受能力时，才有必要进行套期保值操作。如果市场价格较为稳定，那就不需进行套期保值。

第二，分批套保。企业在制订套期保值方案时，不一定针对所有批次的现货业务，可以分批套保，或者对一定比例的现货业务进行套期保值。

第三，套保调整。保值者可以根据基差变动，多次中止或恢复套期保值。这种操作旨在确保降低风险的基础上，获取一定的利润。但是难点在于究竟该如何对期货套期保值行为和性质进行合理判断。

第四，结合风险敞口系数调整。统计企业产供销的数据，计算企业风险敞口（净头寸），针对全部或非全部风险敞口进行套期保值管理。在不同的形势下，灵活调整套期保值策略。各类企业风险敞口计算方法如表 3-7 所示。

表 3-7　各类企业风险敞口计算方法

	生 产 企 业	贸 易 企 业	加 工 企 业
现货净头寸	产能＋库存－销售订单	采购订单＋库存－销售订单	采购订单＋库存－采购需求
说明	产能是核心，上涨时对冲原料成本风险，下跌时锁定产能价值	库存是核心，上涨时控制进货成本，下跌时锁定库存价值	采购需求是核心，上涨时对冲原料风险，下跌时锁定加工利润

资料来源：郑宗豪 . 有效套期保值模式的探讨——以钢铁企业为例 [R]. 盛达期货，2018.

第五，权衡套保。在不做套期保值所承担的风险与套期保值操作需要的费用之间进行权衡。

2. 展期交易

在实践中，套期保值周期可能会很长，而活跃期货合约的存续时间则较短。为了解决这一矛盾可以尝试采用展期交易的方式。所谓展期交易是在期货市场上不断用平旧续新的方式，对冲现货价格风险的过程，具体如图 3-4 所示。

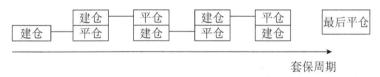

图 3-4　展期的操作机制

需要注意的是，不同种类商品或资产的展期需求可能并不一致。例如，我国农产品期货的主力合约多为远期月份合约，选用这种合约可能并不需要对期货头寸进行展期。对于股指期货来说，主力合约是近月合约，在套期保值周期较长的情况下，需要较为频繁的展期交易才能对冲股票组合的风险。

在展期交易中需要注意，只有在下月合约交易量上升，流动性变大时，才是展期的好时机；反之，在下月合约流动性不足时，盲目展期，极易陷入流动性陷阱。为了解决这一问题，可以采用两种方法：其一，是时间域上按成交量滚动展期，即随着当月合约到期日的临近，在期货合约换月期内（大约一周时间），当月合约成交量逐渐减少，下月合约成交量逐渐增大，投资者逐渐把当月合约上的头寸转移至下月合约；其二，是可以利用当月合约和下月合约价差的均值回复特性，对价差进行类似低买高卖的操作，在套保的同时，赚取价差。

▶ 三、传统套期保值的不足和改进

1. 传统套期保值策略的不足

（1）缺乏灵活性。传统套期保值是一种"保完即忘策略"，也就是说，套期保值所需要的期货头寸一旦建立后就不再对其进行调整，只需要等到套期保值周期结束时平掉期货仓位即可。很明显，这种套期保值策略只能被动接受基差变化的不利影响，存在灵活性不足的缺陷。

（2）合约月份的选择难题。尽管传统套期保值策略可以不拘泥于与现货交收相同月份的期货合约，但是其后月份的合约也可能存在流动性不足的问题。如果流动性强的合约是更为远月的合约，那么套期保值交易就可能面临较大的基差风险。

（3）由于基差变化疏忽不定，期货和现货之间 1 ∶ 1 比例对于套期保值者来说并不一定就是最优套期比率。在实际操作当中，固定期现货比例很容易导致风险扩大化的不利局面。

2. 套期保值理论的发展——基差逐利型套期保值理论

基于传统套期保值存在的不足和问题，一些学者认为现实生活中并非所有的套期保值行为都能够消除风险，完全保值只是一种十分偶然的经济现象，同时他们也发现套期保值者的动机并非纯粹的风险最小化，于是相继研究并提出了一系列新理论，如沃金的基差逐利型套期保值理论。

沃金（1953）很早就提出，套期保值者并不应被当作纯粹的风险最小化者，而应将其看作预期收益最大化者。因此，传统套期保值原则中的数量相等或相当原则就不完全适用。为此，沃金提出了基差逐利型套期保值理论，其核心思想是通过有生产关系的不同品种的现货与期货之间、期货与现货之间的不同时间跨度合约的套期图利行为，以规避一段时间范围内的风险。该理论的交易特点不再像传统套期保值理论那么刻板，要求的品种不必完全相同，但必须有关联性，且必须数量相等、方向相反。在这种意义上，套期保值是一种套期图利行为。套期保值者只有认为有获利机会时，才会去进行套期保值，因此，套期保值是投机的一种，但它不是投机于价格，而是投机于基差。

该套保理论适合于期货市场的金融属性较强、产业链链条长、企业单位利润率较低的领域。比如，压榨企业可在大豆、豆油、豆粕出现压榨利差时，通过买入美国大豆、卖出国内豆粕和豆油，建立一个虚拟的期货头寸，而真正的利润需要通过实物及生产过程产生。由于利差的正锁定，价格对于企业已经不再重要，企业可随时在美国点价交易买入大豆，从而将采购、运输、生产加工整个过程的风险加以锁定，实现套期保值的效果。

3. 套期保值理论的发展——现代套期保值理论

现代套期保值理论是 Johnson（1960）、Ederington（1979）等人在马科维茨（Markowitz）的投资组合理论基础上发展起来的，主要分为风险最小理论和效用最大理论。该理论的核心思想是：交易者进行套期保值实际上是对现货市场和期货市场的资产进行组合投资，套期保值者根据组合投资的预期收益和风险，确定现货市场和期货市场的交易头寸，实现效用最大化。其交易特点是更加灵活，品种不尽相同，数量不尽相等，方向相反，适用于较成熟或市场化的期现市场。目前，市场利用该理论设计出宏观保值策略，如利用升水商品编制价格指数，以对冲固定资产投资风险；利用贴水商品编制价格指数，以对冲通胀风险。

套期保值理论发展的三个阶段，分别呈现出如下特点：第一阶段，同品种、同数量、方向相反，解决了系统性风险问题；第二阶段，品种相关、同数量、方向相反，解决升贴水问题；第三阶段，品种不尽相同、数量不等、方向相反，解决价格趋势问题。随着期货市场套期保值要求越来越细，套期保值理论也不断创新升级，以适应市场的变化与风险管理的需求。

4. 我国实体企业的套保实践

进入 21 世纪后，我国一些实体企业不再局限于以传统四原则进行简单的套期保值，而是基于理论的发展和风险管理的实需，对套期保值操作进行了优化，在精细化套保和专业化套保方面展开了具有行业特色和企业特色的探索。其中，在精细化套保中，企业根据风险管理的需求进行套保设计，具体表现在套保运用、套保操作、头寸管理及风险管理等方面。在专业化套保中，企业利用自己的产业优势、研究优势和套保经验为客户提供打包好的现货方案，以满足客户的风险管理需求。实际上，专业化套保是一种"将专业事情交由专业的人做"的套保行为。应当说，每家开展专业化套保服务的公司其业务都不尽相同。专栏 3-1 介绍了一家物产公司所开展的专业化套保业务及其成效。

专栏 3-1
E 物产公司的专业化套保

第三节　最优套期比率和动态套期保值

在套期保值的实践演变和理论探索过程中，最优套期比率的计算和动态套期保值策略显得十分重要。基于此，本节将介绍在商品期货和金融期货领域常见的套保优化原理和交易策略。

▶ 一、最优套期比率分类

由于基差的存在，套期保值（特别是交叉套保）很难完全对冲价格风险。为此，Johnson（1960）、Stein（1961）、Ederington（1979）等提出采用 Markowitz（1952）的组合投资理论来确定最优套期保值比率以提升套期保值效果。最优的套期保值比率实际上就是寻找期货头寸和现货头寸之间的最佳比率。现代最优套期保值比率的计算可以划分为两类：一类是风险最小化模型，这是本节的重点内容；另一类是同时考虑组合资产收益和收益方差，从效用最大化的角度研究均值—风险套期比率的预期效用最大化模型，本节只进行初步介绍。

1. 风险最小化模型

风险最小化模型的基本思想是寻找期货头寸和现货头寸之间的最佳比率，使得现货和期货组合的风险最小化。风险最小化套期比率主要的估算方法有 OLS、ECM、GARCH 等。

Johnson（1960）提出了最小二乘法 OLS 模型，该模型的基本思想是将期货与现货价格的差分进行线性回归以达到最小平方拟合。OLS 模型是一种简单实用的模型，但是没有考虑到金融时间序列的协整效应，存在"伪回归"问题。

为克服 OLS 模型的缺陷，学者们提出了 ECM 模型。ECM 模型考虑了期现价格之间的协整关系，揭示了期现货价格的长期均衡。OLS 模型和 ECM 模型假定方差为常数，没有考虑到方差实际上具有的时变性，因而 OLS 模型和 ECM 模型都是静态的套期保值模型。

Bollerslev（1986）提出了 GARCH 模型，GARCH 模型考虑了金融时间序列的动态波动特征，因而可以得出动态的最优套期保值比率。此后，对套期保值比率的研究大都使用 GARCH 模型来估计时变的套期保值比率。

2. 预期效用最大化模型

风险最小化模型仅考虑了风险，忽视了投资者择时的需求——当预期后市较差时进行套保，否则放弃套保。效用最大化模型将投资者的预期纳入到模型中，综合考虑组合的风险与收益，增加了套保模型的适用性。效用函数是用来表示投资者对投资结果的个人偏好的，不同的投资者会有不同的效用函数。最优套保比率就是使套期结束时财富的期望效用最大的套保比率。

显然，要想求出最佳套保比率需要知道效用函数的具体形式及收益率的联合分布函数。预期效用最大化模型的主要代表有 Sharpe 套期比、Kahl（1983）的 Mean-Variance 分析法等。Howard（1984）从 Sharp（1965）提出的证券市场线出发，在效用函数最大化的条件下，给出了最优套期保值比率的计算方法，即 Sharpe 套期比。Mean-Variance 法的基本思想是综合考虑收益和风险的平衡，该方法假定套期保值者的预期效用函数为收益率服从正态分布的二次函数，通过最大化套期保值者的效用函数就可以得到最优套期保值比率。

▶ 二、最优套期比率

1. 商品期货套期比率

Johnson（1960）提出了风险最小化套期保值比率模型，套期保值者可以通过方差分析，求解现货和期货组合的最优比率，其基本原理如下。

假设 S_t 和 F_t 分别表示在 t 时刻的现货价格和期货价格，h 表示套期比率，R_t 表示 t 时刻的组合收益，则

$$R_t = \Delta S_t - h\Delta F_t$$

其中，$\Delta S_t = S_t - S_{t-1}$，$\Delta F_t = F_t - F_{t-1}$

组合收益的方差为

$$\mathrm{Var}(R_t) = \mathrm{Var}(\Delta S_t - h\Delta F_t) = \mathrm{Var}(\Delta S_t) + \mathrm{Var}(h\Delta F_t) - 2\mathrm{Cov}(\Delta S_t, \ h\Delta F_t)$$

令

$$\mathrm{Var}(\Delta S_t) = \delta_s^2 \quad \mathrm{Var}(\Delta F_t) = \delta_f^2 \quad \frac{\mathrm{Cov}(\Delta S_t, \Delta F_t)}{\delta_s \delta_f} = \rho$$

则

$$\mathrm{Var}(R_t) = \delta_s^2 + h^2\delta_f^2 - 2\rho h\delta_s\delta_f$$

要使方差最小化，则令

$$\frac{\mathrm{dVar}}{\mathrm{d}h} = 2h\delta_f^2 - 2\rho\delta_s\delta_f = 0 \quad \frac{\mathrm{dVar}^2}{\mathrm{d}h^2} = 2\delta_f^2 > 0$$

即

$$h = \rho \frac{\delta_s}{\delta_f}$$

其中，δ_s 为现货价格变化的标准差，δ_f 为期货价格变化的标准差，ρ 为期货价格变化和现货价格变化的相关系数。

在计算出最优套期保值比率后，就可以计算对冲现货所需的期货合约数量。假设拟对冲现货的数量为 N_s，期货头寸的数量是 N_f，合约单位是 Q_f，所需合约数量为 N^*，则

$$\frac{N_f}{N_s} = h \quad N_f = N^* Q_f$$

由此可以得出

$$N^* = h N_s / Q_f$$

2. 股指期货套保比率

从理论上看，无论是一只股票还是一个高度分散化的股票组合都可以利用股票指数期货来对冲风险。股指期货套期保值的基本原理是：若股票（组合）价格下跌对投资者不利，则开展卖出套保；若股票（组合）价格上涨对投资者不利，则开展买入套保。当然，显而易见的是，股指期货套期保值与商品套期保值存在一定的差异，即被套保的股票或股票组合的构成成分与股指的成分股并不完全一样，这样股票或股票组合的收益也就不一定与指数的收益一致。因此，股票套期保值比率要相对复杂一些，这时就需要引入资本资产定价模型中的 β 值。

由资本资产定价模型得出：

股票（组合）期望收益率-无风险利率=β（指数收益率-无风险利率）

其中，股票的 β 值是股票收益率与指数收益率的标准协方差除以市场收益率的方差。股票组合的 β 值是组合中各股票 β 的加权平均数。β 的计算公式如下：

$$\beta = \frac{\text{Cov}(r_i, \ r_m)}{\text{Var}(r_m)} = \frac{\sigma_{i,m}}{\sigma_m^2}$$

当 $\beta = 1$ 时，股票（组合）收益与市场收益完全一致；当 $\beta > 1$ 时，表明股票（组合）收益在无风险利率上的收益 > 市场在无风险利率之上的收益；当 $\beta < 1$ 时，表明股票（组合）在无风险利率上的收益 < 市场在无风险利率之上的收益。

可见，β 值等于 1 时，股票（组合）和股票期货指数具有相同的敏感度，此时与股票（组合）同等价值的股票指数期货可以完全对冲股票（组合）的风险。例如，如果有 10 000 000 元市值的股票组合需要对冲风险，就需要 10 000 000 元的股票指数期货。假设一手合约的价值当前为 1 000 000 元，这时就需要卖出 10 手股指期货。

假设 β 值等于 2，说明股票（组合）收益率变动敏感，是 $\beta = 1$ 股票（组合）对市场敏感度的 2 倍。这时，要对冲这一股票（组合）的风险，就需要卖出两倍数量的合约。例如，

要对冲 $\beta = 2$，价值为 10 000 000 元股票组合，就需要价值为 20 000 000 元的股指期货。同理，假如股票组合的 $\beta = 0.5$，仅需要卖出 0.5 倍的股指期货合约。

通过以上思路，我们可以得出股指期货套期保值的最佳套期保值合约数量计算公式为

$$N^* = \beta \frac{S}{F}$$

其中，S 为股票（组合）的价值，F 为一手股指期货的价值。

【例3-4】　　　　　　　股指期货套期保值

假设利用 4 个月的沪深 300 指数期货对冲一个股票组合未来三个月的风险。股票组合的价值为 2 040 万元。沪深 300 指数为 4 000 点，期货指数为 4 026.8 点，3 月期的无风险利率年化利率是 4%，指数的年股息收益率是 2%，股票组合的 β=1.5，合约乘数是 300 元 / 点。很明显，要对冲股票组合面临的价格下跌风险，需要判断卖出的股指期货合约数量，即

$$N^* = \beta \frac{S}{F} = 1.5 \frac{20\,400\,000}{4\,026.8 \times 300} \approx 25$$

我们还可以模拟三个月后指数下跌 10% 时股票组合的损益和套期保值的具体效果。

根据资本资产定价模型，可以计算股票组合的收益。在资本资产定价公式中，3 个月期的无风险利率为 $4\% \times \frac{1}{4}$，3 个月期股指的股息率是 $2\% \times \frac{1}{4}$，这样 3 个月后股票组合的期望收益率计算结果为：3 个月后股票组合的期望收益率 $= 4\% \times \frac{1}{4} + 1.5(-10\% + 2\% \times \frac{1}{4} - 4\% \times \frac{1}{4}) = -14.75\%$。这就是说，如果股指下跌 10%，股票组合的价值将会下跌 14.75%，即亏损 3 009 000 元。

现在再看期货头寸的盈亏。首先，计算 3 个月后股指期货在股票现货指数下跌 10% 的情况下的收益。其次，预计股票指数三个月后是 $4\,000 \times 90\% = 3\,600$ 点，根据持有成本模型则可以估算出股指期货在三个月后是 $3\,600\mathrm{e}^{(0.04-0.02)\frac{1}{12}} = 3\,609.0$ 点。最后，股指期货的收益为（4 026.8-3 609.0）$\times$ 300 元 / 点 $\times$ 25 手 =3 133 500 元。可以看出，股指期货头寸上的收益可以完全对冲股票组合的损失。

3. 国债期货的套期比率

久期在债券领域具有关键的作用，也影响着国债期货套期保值比率的确定。所谓债券久期实际上是指债券持有者在收到现金付款之前平均等待多长时间。n 年期限的零息票债券的久期是 n 年。n 年期限的附息票债券的久期小于 n 年，因为持有者在第 n 年之前就收到一些利息了。准确来说，久期是债券在未来产生现金流的时间加权平均。这样，如何测算付息债券的久期至关重要。这里直接给出债券久期的定义公式：

$$D = \sum_{i=1}^{n} t_i \left(\frac{c_i \mathrm{e}^{-yt_i}}{B} \right)$$

其中，c_i 为 i 时刻产生的现金流，y 为贴现利率，t_i 为从现在到 i 时刻收到现金的所需等待的时间，以年表示。$B = \sum_{i=1}^{n} c_i \mathrm{e}^{-yt_i}$，是所有未来现金流的贴现值之和。$\frac{c_i \mathrm{e}^{-yt_i}}{B}$ 实际上就是时间 t_i 的权重。

以上是单只债券的久期计算方法。对于债券组合的久期，则可以定义为构成债券组合的每一个债券的久期的价格加权平均值。

需要说明的是，以上久期建立在连续复利基础之上，如果贴现率 y 是 1 年复利 m 次的年利率，则久期公式修正为

$$D^* = \frac{D}{1 + y/m}$$

其中，D^* 称作修正的久期。

【例 3-5】	久期的计算

假设有一面值为 100 元、附息票利率为 10% 的 3 年期债券。假定债券年收益率（连续复利）为 12%，息票每 6 个月付息一次。为简化计算，这里直接用收益率代替贴现率。表 3-8 中给出了详细的计算久期的步骤，最后得出该债券的久期是 2.654 年。

表 3-8　久期的计算

时间（年）	付款金额（元）	现　值	权　重	时间 × 权重
0.5	5	4.709	0.050	0.025
1	5	4.435	0.047	0.047
1.5	5	4.176	0.044	0.066
2	5	3.933	0.042	0.084
2.5	5	3.704	0.039	0.098
3	105	73.256	0.778	2.334
合计	130	94.213	1.000	2.654

计算久期之后，我们探讨对债券或债券组合套期保值的比率。在一个完美的套期保值交易中，要求利率波动引起的债券价值损失恰好等于期货头寸的价值变动的收益，即

债券组合的价值变化=每张期货合约的价值变化×套期保值比率（数量）

这样，可以推出：

$$最优的套期保值比率（数量）= \frac{债券组合价值变化}{每张期货合约的价值变化}$$

假设 ΔB 和 Δy 是 B 和 y 的微小变化，则可以通过 $B = \sum_{i=1}^{n} c_i \mathrm{e}^{-yt_i}$ 得出 $\Delta B = -\Delta y \sum_{i=1}^{n} c_i t_i \mathrm{e}^{-yt_i}$，

如果把久期放入该式，可以得出一个近似成立的公式：

$$\Delta B = -B \cdot D \cdot \Delta y$$

这一公式同样适用于期货价格的变化，即：

$$\Delta V_F = -V_F \cdot D_F \cdot \Delta y$$

其中，V_F 是国债期货合约的价值，ΔV_F 是国债期货合约价值的变化，D_F 是最便宜可交割债券在期货到期月首日的久期。

这样就可以得出，收益率出现一个微小变动（Δy）时，用于对冲债券（组合）的最优期货合约数量为

$$N^* = \frac{B \cdot D}{V_F \cdot D_F}$$

利用这一套期保值比率，可以对冲债券价格或利率风险。

我们还可以利用基点价值来计算对冲比率。所谓基点价值（通常用 DV01 表示）是指收益率变化 1 个基点（即 $\Delta y = 0.01\%$）所引起的价格变化绝对值，即

$$DV01 = \left| -B \cdot D / 10\,000 \right|$$

这样，国债期货的对冲比率可以改为

$$N^* = \frac{\text{组合的DV01}}{\text{期货的DV01}}$$

其中，期货的 DV01 = 最便宜可交割债券在期货到期月首日的 DV01 / 最便宜可交割债券的转换因子。

【例 3-6】　　　　　久 期 对 冲

假设 8 月 2 日，基金管理者持有 1 千万美元的政府债券。基金管理者预计未来 3 个月内利率变动十分剧烈，决定运用 12 月份到期的长期国债期货对债券组合开展卖出套期保值。现在期货价格是 93.062 5 美元。每一合约要交割的面值为 10 万美元。债券组合的平均久期是 6.8 年。期货合约到期时最便宜债券的久期为 9.2 年。

开展套期保值所需要卖空的合约数量是：$N^* = \dfrac{B \cdot D}{V_F \cdot D_F}$ $\dfrac{10\,000\,000}{93\,062.50} \times \dfrac{6.80}{9.20} \approx 79$ 张。

如果 11 月 2 日利率出现下降，债券组合价值从 10 000 000 美元上涨到 10 450 000 美元。国债期货可成交报价为 98.500 美元。

这时平掉期货仓位，损失为：$79 \times (93\,062.50 - 98\,500) = -429\,562.50$ 美元。

套期保值头寸的净改变量为：$450\,000 - 429\,562.50 = 20\,437.50$ 美元。

套期保值者可能会后悔做了套保。但是，降低风险的同时也会减小收益。

利用久期对冲需要注意三点。第一，必须估计哪一个债券最可能是最便宜可交割债券，然后计算其久期。当利率环境变化引起最便宜可交割债券的变化时，套期保值需要根据新的最便宜可交割债券的久期，改变套期保值比率。第二，当有多种国债期货时，最便宜可

交割债券的久期应尽可能与被对冲债券的久期接近。例如，对冲久期为 7 年的债券组合时，可以选中期国债期货，也可以选长期国债期货。具体选择哪一种国债期货的基本标准是国债期货标的物的久期是否接近于 7 年。第三，基于久期的套期保值策略有个关键假设：所有利率变化幅度相同，即利率期限结构图中只允许平行移动。实际上短期利率比长期利率变动剧烈，并且期货标的债券和套保对象债券的久期有时会显著不同，因此套保的效果可能逊于预期的效果。

▶ 三、动态套期保值原理

1. 微调矫正套期保值比率

在计算出最佳套期保值比率后，套期保值者要想利用期货完全对冲现货市场价格风险，还可动态微调套期保值比率。

在商品期货套期保值中，可以引入尾随对冲方法调整套期比率，最佳的期货合约数量可用下式表示：

$$N^* = h \frac{V_S}{V_F}$$

其中，V_S 是被套保商品的实际货币价值，由商品的数量和价格计算得出；V_F 表示一手期货合约的货币价值，即合约规模乘以期货价格。很明显，现货价格和期货价格有时会有较大出入，这时就需要微调一下期货头寸。

需要注意，对于股票指数期货的套期保值而言，β 实际上并非一成不变。个股的 β 变化较大；组合的 β 变化相对较小，但是组合自身的调整变化也会引起 β 的变化。因此，套期保值所需要的合约数量也需要随着 β 值的变化进行调整。例如，股票组合最初的 β 为 1.5，套期保值所需的合约数量是 $1.5 \times \dfrac{20\,400\,000}{4\,026.8 \times 300} = 25$ 手。当 β 变为 1.2 时，所需的合约数量则应是 $1.2 \times \dfrac{20\,400\,000}{4\,026.8 \times 300} = 20$ 手。

对于国债期货套期保值而言，实现完全对冲所需要的合约数量也需要根据变化进行调整。为了达到较好的套期保值效果，就需要根据利率水平、收益率曲线的扁平或者陡峭程度对套期保值比率进行调整。常用的方法是收益率 β 系数法。具体的做法是建立被保值债券的收益率与最便宜可交割国债收益率之间的回归式：

$$r_b = \alpha + \beta \cdot r_{\mathrm{CTD}} + \varepsilon$$

由此估计出的 β 表示保值债券与最便宜可交割债券收益率之间的相对变动率。以此为基础，再对套期保值比率进行调整，调整后的套期保值比率为

$$h' = h \cdot \beta$$

其中，h' 为调整后的套期保值比率，h 为利用久期计算的套期保值比率。

2. 风险收益型动态套保

套期保值者可以根据自身风险偏好，灵活调整套期保值比率。在市场看跌时，卖出套

期保值者可以提高套期保值比率，即增加期货空头头寸；买入套期保值者则应降低套期保值比率，甚至取消套保。同理，市场看涨，卖出套期保值者应降低套期保值比率，甚至取消套期保值；买入套保者应提高套期保值比率，即增加期货多头头寸（见表3-9）。

表 3-9 动态套期保值的基本操作

	卖出套期保值	买入套期保值
市场看跌	提高套期保值比率	降低套期保值比率
市场看涨	降低套期保值比率	提高套期保值比率

追求风险收益型套期保值需要注意三点。其一，频繁调整期货头寸可能会出现交易成本难题和资金管理难题。尤其是当期货价格频繁波动的情况下，交易成本和所需要的流动资金可能会非常高。其二，动态套期保值对套期保值者的价格预测能力要求较高。一旦价格预测错误，出现方向性错误，动态套期保值将出现较大亏损。其三，交易所会对套期保值期货头寸和现货头寸的比例予以限制。例如，中国金融期货交易所规定："交易所依据套保方案对买入套期保值额度使用的合理性进行综合评估。""原则上，股指期货卖出套期保值持仓合约价值不得超过股指期货所有品种标的指数成分股、股票 ETF 和 LOF 基金市值之和。但是，也存在一定的客观原因导致股指期货与现货资产价值出现小幅偏离。例如，期货结算价与股票的计算方式存在差异等。为此，将期现资产配比要求调整为 1.1 倍。"

▶ 四、最优套保数量的更多运用 *[1]

1. Alpha 策略和可转移 Alpha 策略

对于证券或证券组合而言往往存在 Alpha 收益。Alpha 收益是一种超额收益率，用公式可表示为

$$\alpha = R_i - R_f - \beta_{i,\,m}\left(R_m - R_f\right)$$

其中，R_i 是证券 i 的实际收益率，R_f 表示市场的无风险利率，$\beta_{i,m}$ 是证券 i 的 β 值，R_m 是市场收益率（可换为自行设定的基准指数的收益率）。

Alpha 收益往往源于专业分析、信息渠道、特殊优惠、实地调研。在投资中，可以通过股指期货对冲基准指数的负面变化的影响，对 Alpha 超额收益进行分类。

可转移 Alpha 策略是基于市场不同、收益不同展开的一种交易策略，下面举例说明。

【例 3-7】　　　　　　可转移 Alpha 策略

一家资产管理机构决定将 10 亿元按照 7：3 的比例配置于基于上证 50 指数的股票组合和债券组合，该股票组合的 $\beta=1.2$，$\alpha=0.58\%$，上证 50 股指期货主力合约的建仓价格是 3 000 点。该机构认为基于上证 50 指数的该股票组合 Alpha 收益太低，一个选择是从 7 亿元中分离出 2 亿元投资于 Alpha 收益高的小盘股，但又不想放弃原先组合的战略

---
[1]　标"*"内容属于选学部分。

配置模式,于是决定采用可转移 Alpha 策略。具体的方法(见图 3-5)包括:第一,投资于价值 2 亿元的上证 50 指数期货,以维持对大盘蓝筹股的战略投资,预计保证金账户需要 5 000 万元;第二,将剩余的 1.5 亿元配置于中证 500 指数成分股的高 Alpha 收益股票组合,$\alpha=3.87\%$,$\beta=1.3$。这时,中证 500 指数期货主力合约的建仓价格是 4 900 点。为了实施该策略,机构需要测算上证 50 的建仓数量和对冲股票组合风险的期货数量,具体如下:

买入与 2 亿元股票组合等值的上证 50 指数期货,建仓数量为 $\beta\dfrac{S}{F}=1.2\times$

$\dfrac{200\,000\,000}{3\,000\times300}\approx267$ 手。

卖出中证 500 股指期货对冲小盘股组合风险,以实现高 Alpha 收益,期货建仓数量为

$\beta\dfrac{S}{F}=1.3\times\dfrac{150\,000\,000}{4\,900\times200}\approx199$ 手。

考虑到基于大盘股还有 5 亿元的股票资产配置,该机构可根据对市场的判断衡量是否需要在部分时段开展卖出套期保值。

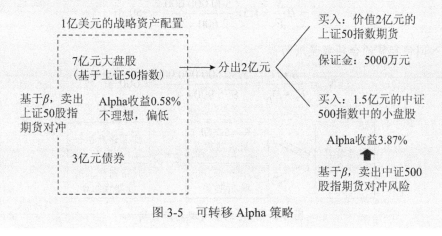

图 3-5 可转移 Alpha 策略

2. 投资替代与资产转化

国外基金公司往往依靠持有股指期货多头头寸来替代股票组合,这种策略一般称为投资替代策略。中国金融期货交易所的解释是:"投资替代是指因现货持有需要,通过买入金融期货,替代现货持仓。"在前述的可转移 Alpha 策略中就隐含着利用上证 50 指数期货开展投资替代的交易策略。在实践中,投资替代是风险管理的一种,下面举例说明其常见模式。例如,某养老基金从投保人手中获得了新的资金,准备建立 1 亿元的沪深 300 指数组合,有两个选择。其一,将 1 亿元直接购买基于沪深 300 指数的股票组合。其二,依据最优套期保值数量计算公式,购买对应于 1 亿元市值的沪深 300 股指期货,2400 万元用于支付保证金,将剩余的 7600 万元购买无风险或低风险证券(短期国库券、货币市场产品等)。第二种投资方式是对第一种投资方式的替代,持有的无风险或低风险证券可以理解为对期货头寸的担保。国际上通常使用的投资替代策略规则有 12% 的资金用于支付保证金、保留 12% 的额外现金用于追加保证金和基金的申购赎回、76% 投资于 3 年期国债。

基金经理计划将股票组合转换为国债,有以下两个选择。其一,卖出股票,买入债券。如果规模大,会造成一定的市场冲击。其二,利用做多国债期货,卖出股指期货作为替代,

这样就将股票组合资产转换成了一个股票组合和期货组合（见图 3-6）。同理，基金经理也可将债券资产转换为股票组合，方法也有两个：其一，卖出债券，买入股票组合；其二，做空国债期货，做多股指期货，这样就将原先的债券组合转换成了一个债券组合和期货组合。在利用期货实现资产转换过程中，需要利用最优套期保值数量构筑合理的期货组合，具体见例 3-8。

【例 3-8】   **资 产 转 换**

    假设现在是 11 月 11 日，某基金经理有个股票组合，当前市值为 5 亿元。考虑到市场变化，基金经理计划在未来 3 个月将股票组合转换为国债组合。股票组合的 β 为 1.5，沪深 300 股指期货 1703 合约的当前指数点位是 2 600。1703 国债期货合约的价格为 97.590 元，最便宜可交割债券的久期是 4.5 年，债券组合的平均久期是 5.3 年。

    在资产转换过程，卖出股指期货的合约数量应与最优套期保值数量相等，即

$$N^* = \beta \frac{S}{F} = 1.5 \times \frac{500\,000\,000}{2\,600 \times 300} \approx 960 \text{ 手}$$

买入国债期货的合约数量则为：

$$N^* = \frac{B \cdot D}{V_F \cdot D_F} = \frac{5.3 \times 500\,000\,000}{975\,900 \times 4.5} \approx 600 \text{ 手}$$

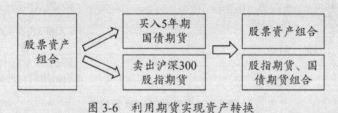

图 3-6   利用期货实现资产转换

第四节   套期保值的风险与管理

▶ 一、套期保值的风险种类

    在套期保值过程中，常常会面临各种风险，如市场风险、财务压力、交割风险、市场流动性风险、操作风险、决策风险等。

1. 市场风险

市场风险是指来自市场价格变化带来的风险，主要包括基差风险和展期风险。

    基差风险是套期保值过程中面临的常态风险。基差风险的产生与期货和现货的相关性有关。如果期货和现货价格之间呈现很强的正相关关系，套期保值的基差风险就会大大减少。但是，如果期货和现货价格之间的相关性低或者出现降低，套期保值活动就会面临较大的

风险。例 3-9 是中盛粮油利用 CBOT 豆油对冲国内现货风险出现亏损的案例。通过这一案例进一步表明，套期保值可能存在风险，企业需要谨慎应对和处理。

【例 3-9】　　　　　　　　中盛粮油套保亏损

中盛粮油是一家从事豆油压榨业务的企业，在国外采购毛豆油后加工生产成品豆油。2005 年 2 月，中盛粮油决定在国际市场上采购毛豆油后，在 CBOT 市场卖出豆油期货，目的是通过卖出豆油期货对冲国内豆油销售价格下跌的风险。在中盛粮油卖出豆油期货后，CBOT 的大豆和豆油价格由于巴西干燥和美国农业部预测减产而出现节节攀升，豆油现货市场则因为中国国内由于春节过后豆油消费转淡、大豆和豆油又集中到港出现连续下跌（见图 3-7）。这种基差的猛烈降低使中盛粮油不得不面对套期保值的巨额亏损。这种亏损的特殊性使企业同时在期货和现货两个市场面临亏损。

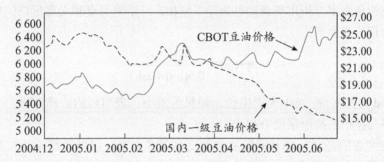

图 3-7　中盛粮油套期保值过程中的国内豆油现货价格和 CBOT 豆油期货价格变化

资料来源：孙才仁. 套期保值理论与实务 [M]. 北京：中共中央党校出版社，2012.

展期风险是套期保值者在展期过程中平仓价和新建仓价格之间无法做到良好衔接造成的风险。例如，对于卖出套期保值来说，买入平仓价是 3 200 元 / 吨，新开仓的卖出价则为 3 100 元 / 吨，这中间的价差就是套期保值者承担的损失。

2. 财务压力

企业在开展套期保值时会面临分配套期保值的现金流和日常经营的现金流的难题。在一些时候，套期保值活动可能会面临不断追加保证金的问题，如果现金流无法满足逐日盯市制度的要求，套保的期货头寸就可能面临被强行平仓的风险。不断增加的保证金也可能会启用日常经营所需的现金流，引发股东或者银行的担忧，最终促使企业不得已平仓。

【例 3-10】　　　　　　　　MG 公司套期保值亏损

20 世纪 90 年代初，德国 MG 公司签订卖出 5 ~ 10 年热油和汽油的巨额远期合约。为了防止原油价格成本上升，MG 公司开展了买入套期保值。但是，在套保过程中，原油价格出现下跌，MG 公司需要不断追加保证金，导致现金流压力不断加大。最后迫于内外压力，MG 公司不得不结束套期保值，解除远期合约，为此损失了 13.3 亿美元。

3. 交割风险

有些时候，交割可能对企业更有利。但是，当企业进行交割套保时，可能会由于运输紧张、交割库容有限、货物不符合交割标准等原因而面临无法交割的风险。也有些套期保值者并不想交割，但是可能会面临在交割月不得不被动交割的风险。当然，被动交割的风险相对小些，预防此类风险的最好方法是在进入交割月前及早平仓。

4. 市场流动性风险

市场流动性风险是指套期保值者无法选择有利价格建仓或平仓。产生市场流动性风险的原因有很多，诸如所选择的合约不是主力合约或者不再是主力合约、市场处于极端的单边行情（即涨停时不易买入平仓、跌停时不易卖出平仓）、建立的期货头寸数量太大等。

对市场流动性的衡量有不同的方法。套期保值者可以通过市场的广度、深度和弹性判断期货市场的流动性。市场的广度是市场交易者类型是否众多，市场的深度是指市场中经常交易量的体量，市场的弹性则是指突发的市场变化后价格迅速调整的能力。套期保值者也可以从微观的角度来分析市场流动性风险。例如，可以用买盘和卖盘盘口的价差来衡量。价差的具体计算公式如下：

$$\text{spread} = \frac{\text{bid} - \text{ask}}{0.5(\text{bid} + \text{ask})}$$

其中，bid 为买入价，ask 为卖出价。如果价差小，表明合约流动性强。当然，运用这一指标时最好与盘口的挂单量结合起来。

最后需要注意的是，一些套期保值者的交易量非常大，可能市场无法立刻满足其流动性需要，因而需要在套期保值时分批建仓和平仓。

5. 操作风险

套期保值的操作风险是指套期保值计划失误、工作流程出现问题、风险控制系统出错、员工有意或无意的操作失误、信息和交易系统故障等引发的风险。操作风险看似不起眼，但造成的损失可能非常大，必须予以高度重视。

6. 决策风险

套期保值依赖交易者对市场趋势的判断。套保主体可能会因为预测和决策失误面临经营或投资上的损失。在实际操作中，除了确定套保方向，对期货市场的进入时机和进入点的判断也非常重要，有时即使只相差一两天，套期保值的效果也会有很大差别。

▶ 二、套期保值的风险管理与控制

1. 杜绝风险的事前三原则

在管理套期保值风险时，必须把握三个基本原则。第一，对于要对冲风险的企业来说，只能从事套期保值交易，不应投机，特别要防止把套保变成投机。第二，期货的持仓量不应超出企业的正常交收能力。第三，必须加强对市场行情走势的研究分析，并且根据市场形势变化对保值方案进行持续优化，绝对不能以保值为理由忽视甚至回避对市场走势的研究判断。

专栏 3-2 介绍了联合石化在 2018 年开展套期保值过程中出现巨额亏损的案例。在案例中，联合石化套保存在一系列问题：缺乏对原油价格走势的充足判断，危机应对和风险管理方面的制度建设不完善，内部管理纪律松散，不能有效地于事前杜绝风险。

专栏 3-2
联合石化套期保值风险事件
扫描此码　深度学习

2. 风险管理和控制的流程

套期保值面临诸多风险，也并非一件容易的事情。在套期保值过程中，应该设计好风险管理的流程体系，确保能够做到事前分析、事中监控、风险处置和事件回溯（见图 3-8），做好对风险的全面把控。

（1）事前分析包括风险识别和风险评估。风险识别是风险管理的前提，包括感知风险和分析风险。成功的套保风险管理有两个基本规则：第一，明确面临的风险是什么以及风险的大小，以确保所有可能的结果事先已被预期；第二，在评估基差风险时，应该特别关注有可能导致巨大亏损的小概率事件风险。

（2）事中监控包括风险度量和风险监测两部分。风险度量是指通过数量化的指标和风险计量技术，以定性和定量的方法测算风险状况。风险监测有两层含义：一是监测各种可量化和不可量化的风险因素变化动态；二是对出现的风险进行及时的量化和评估，并提出应对措施。

（3）风险处置是对发现的风险进行分散、转移、对冲、规避和止损等措施的过程。例如，基差风险偏高时，应降低套期保值比例。套期保值有两种止损策略：一是利用历史基差模型，确定正常的基差幅度区间，一旦基差突破历史基差模型区间，表明市场出现异常，应该及时止损；二是确定最大的可接受亏损额，一旦达到这一亏损额，及时止损。风险的处置需要建立完善的风险制度体系和层级架构。

（4）事件回溯包括事后分析和风险总结。通过事件回溯可以为风险控制流程优化和下次的风险处置提供改进意见。

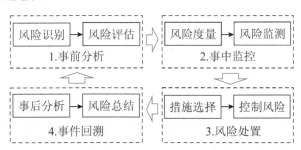

图 3-8　套期保值的风险控制流程和内部模块

▶ 三、套期保值的风险评估方法

在实践中，普遍使用风险价值法和压力测试法等方法来量化套期保值的风险。

1. 风险价值法

VaR（value at risk）通常称为在险价值，可用于正常市场条件下的风险监测。我们可以将其描述为"有 α（百分数表示）的把握，在一定时段内，损失不会大于 VaR 值"。具体来说，VaR 可以用图 3-9 和下页式表示：

$$\text{Prob}(\Delta P < \text{VaR}) = \alpha$$

其中，Prob 表示概率，α 表示给定的置信水平，VaR 表示给定置信水平下的在险价值，即最大损失。ΔP 表示风险头寸在一定持有期限内的价值损失额。例如，一个风险头寸的 VaR 是 100 万元，在未来 1 天内的 α 是 95%，可以理解为未来 1 天内风险头寸的损失不超过 100 万元的概率是 95%，损失超过 100 万元的概率是 5%。

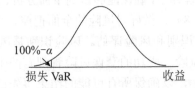

图 3-9   在时间 T 内的在险值与损益概率分布

基于以上原理，VaR 可以用于套期保值的风险评估。考虑到套期保值的特殊性和风险压力，可从两个角度分析套期保值的在险价值。一是期货和现货组合的风险。在险价值对于不同的套期保值类型可能会有不同的含义。对于多头套期保值来说，价格上升，期货市场收益可以对冲现货市场上的损失，这时尽管会因不完全套保造成一些损失，但是在套保者的风险承受范围内。对于空头套期保值来说，同理，套保者也能承受价格下跌造成的少量损失。二是期货价格出现不利变动的保证金追加压力。尽管套期保值可以由现货的盈利对冲期货价格不利变动的亏损，但是对于套期保值主体来说，追加保证金所需现金流的压力足以冲击套期保值活动。因此，计算期货的在险价值成为套期保值风险评估的重点。

2. 压力测试法

风险价值法不适用于分析极端事件。压力测试技术可以弥补风险价值法的不足，分析套期保值在极端市场环境下的风险。作为一项风险管理的技术，压力测试在企业套期保值过程中的应用受到国外企业的高度重视，也越来越引起国内企业的关注。王海峰（2009）将压力测试的对象分为期货头寸与现货头寸的套保资产组合、企业的财务系统两个子系统，并按照以下五个步骤设计了套期保值压力测试。

第一步，选择度量系统运行状况的量化指标。针对套期保值组合系统来说，基差会在极端市场情况下冲击组合盈亏，因此应当将基差作为量化指标，基差的计算与之前一样，$b = S - F$。对财务系统来说，与套期保值联系最紧密的是流动性和短期偿债能力，因此可以选取企业的流动比率作为量化指标，流动比率 CR = 流动资产 / 流动负债。

这时，我们可以列出两个风险指标公式：

$$b = S - F$$

$$\text{CR} = 流动资产 / 流动负债$$

第二步，识别主要风险敞口。对于套期保值来说，主要的风险敞口来源于期货市场。期货市场的风险会给企业财务系统造成风险压力，因为期货价格出现不利变动时需要追加大量的保证金。在套期保值过程中，还应注意债务偿还也会对企业的流动性带来影响。

第三步，构建极端情境。极端情境的构造有两种方式。一种是"历史情境法"，将曾经发生的极端情境和现时的财务状况结合起来评估套期保值的风险。这种方法相对简单，但是情境的设定比较单一。另一种是"假设情境法"，通过假设或预测有更多的潜在不利事件发生，来评估套期保值的风险指标变化。无论采取何种情境构造方法，最终的情境都必须体现在风险因子中。在各种极端情境下，期货价格、现货价格以及企业的流动资产和流动负债等风险因子也将被赋予相应的极端值。

第四步，根据各种情境下相应的风险因子值，计算出不同情境下的基差和流动比率。根据计算的结果，分析人员需要对企业在各种极端情境下承受压力的状况以及承受压力的能力进行说明和评价。此外，分析人员还需要重点指出系统运行出现重大问题时的情境，如在什么情况下企业可能无法补足期货交易保证金等。

第五步，结合压力测试的结果，针对可能出现的重大问题提出相应的应对方案。方案的内容应该包括对系统的调整，如对套保方案的调整和对企业财务安排的相应调整等，还可以针对各种极端情境设计出相应的操作方案，如适量的减仓操作等。

需要提示的是，如果将压力测试的结果与 VaR 值计算结合起来，给每个情景赋予一定的概率，可能会得到更好的结果。约翰·赫尔在其著作《风险管理与金融机构》中提出了精细的估计场景概率方法，读者可阅读学习。

第五节 套期保值的效果评价

对于套期保值者而言，效果评价至关重要。效果评价不仅仅是对套保行为的再回顾和对相关业务人员的业绩考核，更重要的是其是整体经营绩效评价或投资效果评价的重要环节之一，影响着未来套期保值业务的安排和调整。

▶ 一、套期保值效果分类

1. 完全性套期保值
一个市场的损失正好被另一个市场的利润所抵消，现货和期货价格的变动方向一致，幅度相同，现货市场上的损失（盈利）与期货市场的盈利（损失）完全相等。

2. 过度补偿性套期保值
过度补偿性套期保值是指现货价格与期货价格变动的方向一致，但程度不同，期货价格的变动大于现货价格，现货价格变化效果不仅被期货价格变化效果完全抵消，而且得到过度补偿。期货价格变动超过现货价格变动的部分，即净收益或净损失。

3. 不足补偿性套期保值
不足补偿性套期保值是指期货价格与现货价格变动的方向一致，但期货价格变动程度小于现货价格变动程度，现货价格变化的效果只能被期货价格变化效果部分抵消，现货市场交易者仍有部分损失或盈利，盈亏多少就取决于期货价格和现货价格变化的差异程度。

4. 恶化性套期保值
恶化性套期保值是指由于现货价格与期货价格变动的方向相反，套期保值产生了额外的损失或利润。例如，在多头套期保值时，现货价格提高，而期货价格下降，使得套保者在两项交易中都承担损失。在这种情况下，套期保值者若不从事期货交易的话，情况会更好。但是，这里的"恶化性"并不意味着恶性影响。例如，在多头套保中，当现货价格下跌，而期货价格上涨时，套保者就会获得双份收益。

5. 中性套期保值

中性套期保值是指期货价格保持不变，现货价格变动的方向决定着套期保值交易效果的情况。这时套期保值交易唯一要考虑的因素是交易成本。

6. 确定性套期保值

确定性套期保值是指在现货价格保持不变的情况下，套期保值效果依赖于期货价格变动的情况。

▶ 二、套期保值效果评价的基本原则

套期保值效果评价需要遵循的基本原则包括损益加总原则、目标实现原则、预测与效果评价无关性原则、整体性原则和利润无关性原则。

1. 损益加总原则

套期保值业务涉及期货和现货两个市场的业务。在正常的市场情况下，一个市场盈利的同时另一个市场会出现亏损。套期保值的基本思想就是利用盈利对冲亏损。因此，对套期保值效果进行评价，基本的出发点就是判断期货损益和现货损益加总后的总损益。

2. 目标实现原则

目标实现原则是衡量套期保值效果是否达到预期目标的基础。在套期保值效果评价过程中，只要实现了套保决策时的目标，就可以认为套期保值取得了成功。

3. 预测与效果评价无关性原则

开展套期保值需要对未来的价格走势进行预测和判断，这是套期保值能否真正推进经营效率的基础。但是，一旦企业开展了套期保值交易，不能从事后的角度将最初的市场判断作为评价套期保值效果好坏的基准。

4. 整体性原则

企业套期保值绩效评价是企业套期保值的重要组成部分，对企业套期保值绩效的系统性、完整性的评价必须要嵌入企业套期保值治理的框架之内。

5. 利润无关性原则

这一原则与整体性原则有一定的联系。在对套期保值评价时应注意，套期保值的基础目标是对冲现货风险，因此不能简单地以获得期货头寸利润为衡量标准。也就是说，尽管期货头寸可能会有较大的盈利，但是不能简单地以盈亏衡量套保效果。

▶ 三、套期保值效果评价方法

1. 风险最小化评价方法

最常见的套期保值效果评价方法是由 Ederington（1979）提出的风险最小化方法。这种方法的核心思想是有效降低开展套期保值后的价格风险，衡量的切入点是考虑收益率的方差。具体地说，风险最小化评价方法的基本思想实际上是比较套保和不套保的收益方差问题。

假定现货价格是 S_t，期货价格是 F_t，未参与套期保值的方差 $\mathrm{Var}(U_t)$ 为

$$\text{Var}(U_t) = \text{Var}(\Delta \ln S_t) = \text{Var}(\ln S_t - \ln S_{t-1})$$

参与套期保值收益的方差 $\text{Var}(H_t)$ 为

$$\text{Var}(H_t) = \text{Var}(\Delta \ln S_t) + h^2 \text{Var}(\Delta \ln F_t) - 2\text{Cov}(\Delta \ln S_t, \ \Delta \ln F_t)$$

由此可以得出一个套期保值的绩效指标：

$$H_e = \frac{\text{Var}(U_t) - \text{Var}(H_t)}{\text{Var}(U_t)}$$

H_e 反映了进行套期保值较之于不进行套期保值时的风险降低程度，H_e 越接近于 1 说明套期保值越好。

当然，我们也可以直接用 $\text{Var}(H_t)$ 衡量套期保值效率。很明显，$\text{Var}(H_t)$ 越大，套期保值的风险越大，效果也就越差；$\text{Var}(H_t)$ 越小，套期保值的风险也就越小，效果也就越好。

2. 预期效应最大化保值比率评价方法

预期效应最大化保值比率评价方法的代表是 Mary Lindahl 在 1991 年提出的均值—方差法。Mary Lindahl 的套期保值效率评价方法可以定义为完全套期保值组合的收益减去相应无风险利率的差值的均值和方差。差值的均值越接近于零，方差越小，套期保值就越有效。

3. 经营目标评价方法

经营评价是与企业制定套期保值策略时预期的被套期保值部分的现货单位产品目标利润率相比较，体现了套期保值绩效同其内部预期值的比较。为简化分析，这里假设开展一次卖出套期保值，产品只有一次购买和出售。这样可以得到一个简单的经营目标评价公式：

$$\frac{F_0 - F_1 + P - C_1 - C_0}{C_1} \geqslant R$$

其中，F_0 为初始的卖出建仓价格，F_1 为期末的买入平仓价格，P 为商品的卖出价格，C_1 为买入成本，C_0 为其他摊入成本，R 为企业设定的利润率。

如果套期保值部分现货的最终单位目标利润率超过了企业原先设定的目标利润率，从经营评价的角度来看企业的套期保值绩效是较好的，否则就较差。

4. 市场评价方法

市场评价方法是经过套保的商品或资产的实际买卖价格与某一段时期的期货加权平均价格相比较的方法。基本评价标准是买入套保所形成的最终买入价格是否低于市场平均价格，卖出套期保值形成的最终卖出价格是否高于市场平均价。市场平均价的计算周期可以是套保周期或者套期保值者设定的其他周期。

具体来说，买入套期保值形成的实际买入价、卖出套期保值形成的卖出价和市场平均价的计算公式分别如下：

$$P_b = P_1 - (F_1 - F_0)$$

$$P_s = P_1 + (F_0 - F_1)$$

$$F_A = \sum_{i=1}^{n} F_i \cdot \frac{V_i}{\text{VOL}}$$

其中，P_b 为经过套保后的买入价，P_1 为在现货市场上的买入价，F_0 是期货市场的建仓价，F_1 是期货市场上的平仓价，F_A 是期货市场在一定时期内的加权平均价，F_i 是第 i 日期货的指数，V_i 是第 i 日期货指数对应的交易量，VOL 是计算周期内商品期货的总成交量。

---------------------------------【本章知识点回顾】---------------------------------

套期保值可以分为买入套期保值和卖出套期保值。传统套期保值理论由凯恩斯和希克斯提出，核心原则包括：方向相反，数量相等，品种相同，交割月相同或相近。由于传统套期保值策略的不足，基差逐利性套期保值和基于投资组合的现代套期保值理论应运而生。

现代套期保值理论的一个核心问题是如何确定最优套期保值比率。现代最优套期保值比率的研究主要有两类：一类是风险最小化模型；另一类是预期效用最大化模型。关于最优套保比率的原理也有其他一些运用领域，如 Alpha 策略和可转移 Alpha 策略、投资替代与资产转化。

套期保值存在风险，需要完善风险评估方法。通常使用风险价值法和压力测试法等方法来量化套期保值的风险。

对于开展套期保值交易的主体而言，效果评价至关重要。套期保值评价需要遵循的基本原则包括：损益加总原则、目标实现原则、预测与效果评价无关性原则、整体性原则、利润无关性原则。套期保值效果评价方法有：风险最小评价方法、预期效应最大化保值比率评价方法、经营目标评价方法和市场评价方法。

----------------------------------【思考题】----------------------------------

1. 试总结空头套期保值和多头套期保值的基本原理和适用情形。
2. 基差变化会对套期保值效果产生什么样的影响？
3. 传统套期保值的基本原则和主要问题有哪些？
4. 现代组合套期保值理论的特点是什么？最优套期比率的主要计算方法有哪些？
5. 分析商品、股指和债券的最优套期保值比率（数量）公式有何内在联系？
6. Alpha 策略和可转移 Alpha 策略的基本原理是什么？
7. 什么是投资替代与资产转化策略？
8. 套期保值活动的常见风险有哪些？
9. 简述用风险价值法和压力测试法量化分析套期保值风险的基本原理。
10. 套期保值效果评价的基本原则和具体方法有哪些？

【在线测试题】扫描书背面的二维码，获取答题权限。

第 四 章
期货价差套利

学习提示

与期现货之间的价格套利不同，期货价差套利是指具有紧密相关性的期货之间的价格套利。期货价差套利对于维系期货之间合理价差关系和为期货市场提供流动性具有基础性的影响。本章将介绍传统的期货价差套利操作方法，并在此基础上介绍统计套利的基本原理，以便为期货价差套利提供新的分析视角。

内容提要

本章内容包括：期货价差套利的基本原理，跨期、跨市、跨品种套利的操作方法，统计套利的基本思想和主要模型等。

学习目标

了解套利和投机的区别，掌握跨期套利、跨市套利和跨品种套利的基本原理和应用范围，了解和学习价差套利过程中可能面临的各种风险，了解统计套利的基本思想和模型。如学有余力，可深入学习收益率曲线套利和跨币种套利。

✈ 第一节　期货价差套利的基本原理

▶ 一、期货价差与价差套利

期货价差套利是指在相关期货合约上建立数量相等但交易方向相反的头寸，通过合约间的价差变化来获利的交易活动。一般来说，期货价差套利有以下两个特点。

第一，相关期货合约具有内在的经济联系或市场联系。例如，品种相同但处于不同市场上的商品期货，品种相同但是到期交割月份不同的期货，具有相互替代性的商品、原材料及其产成品，具有产业链关系的期货品种等。由于这些期货合约之间有紧密的关系，根据无套利定价原理，价差应保持在一定的区间内。一旦期货价差出现异常，就可以开展套利交易。可见，对期货价差的变动特点与变动规律的研究，直接关系着套利活动的成败。

第二，期货价差套利由数量相等，但方向相反的多头和空头头寸构成。套利者必须同时在相关合约上进行方向相反的交易，这是套利交易的基本原则。套利交易中，在相关期货合约上建立的多头和空头部位被称为套利的"腿"（legs，也称为"边"或"方面"）。这是因为如果缺少了多头部位或空头部位，就像一个人缺了一条腿一样无法正常行走。总之，套利交易通常会涉及两个或两个以上方向相反的期货合约，或者说需要构筑两条或两条以上的"腿"。

▶ 二、价差的计算和变动

1. 价差的计算

计算价差一般用建仓时价格较高的一"边"减去价格较低的一"边"。例如，某套利者买入5月份铝期货合约的同时，卖出6月份的铝期货合约，价格分别为17 160元/吨和17 260元/吨，因为6月份价格高于5月份价格，因此价差为6月份价格减去5月份价格，即100元/吨。同理，如果5月份和6月份铝期货合约价格分别为17 560元/吨和17 360元/吨，因为5月份价格高于6月份价格，价差就用5月份价格减去6月份价格，即200元/吨。

在计算持仓阶段或平仓阶段时的价差时，为了保持可比性，减数和被减数所在"边"保持不变，即仍用最初建仓时价格较高的那个"边"减去建仓时价格较低的那个"边"，而不管两边价格高低关系是否已经发生了变化。例如，某套利者买入5月份铝期货合约的同时，卖出6月份的铝期货合约，价格分别为17 160元/吨和17 260元/吨，价差为6月份的价格减去5月份的价格，即100元/吨。过了一段时间后，5月份铝期货价格上涨至19 440元/吨，6月份涨幅相对较低，为19 300元/吨，则此时的价差仍用6月份的价格减去5月份价格，即-140元/吨。只有计算方向前后一致，才能正确地比较价差的变化和分析套利的盈亏。

2. 价差的变动

价差的变动包括价差扩大（widen）、价差缩小（narrow）和价差不变三个方向。如果当前价差大于建仓时价差，则价差是扩大的；反之，则价差缩小。在表4-1中，最初的价差为1 000元/吨，后来变为1 200元/吨，说明价差扩大了200元/吨。在表4-2中，最初的价差是1 000元/吨，后来变成800元/吨，则说明价差缩小了200元/吨。

表4-1 价差扩大的例子

	A 期货合约	B 期货合约	价　差
建仓（元/吨）	3 000	4 000	1 000
当前阶段（元/吨）	4 000	5 200	1 200
价差变动（元/吨）			扩大 200

表4-2 价差缩小的例子

	A 期货合约	B 期货合约	价　差
建仓（元/吨）	3 000	4 000	1 000
当前阶段（元/吨）	4 000	4 800	800
价差变动（元/吨）			缩小 200

此外，还有一种情形：若当前阶段价差为负数，说明价差由正转负，可不必计算直接得出价差缩小的结论。

▶ 三、买入套利和卖出套利

套利交易建立在对价差变动的预期的基础上。根据对价差的预期，交易者可以展开买入套利或卖出套利交易。

1. 买入套利

操作手法：买入价格较高的一"边"，同时卖出价格较低的一"边"；过一段时间后同时将两个方向的仓位平仓。

盈利前提：当前价差相对较小，未来价差要扩大。

盈亏来源：价差扩大，则获利；价差缩小，则亏损。价差的变动幅度就是盈亏幅度。

表4-3是一个买入套利的简单案例总结。从中可以看出，当前价差是900元/吨，过一段时间后，价差出现变化，扩大到1 100元/吨，交易者将套利头寸平仓。A期货亏损1 100元/吨，B期货盈利1 300元/吨，这样套利收入200元/吨。从这个例子中我们还有更重要的发现，这200元/吨的套利收益实际上就是价差的扩大幅度（即1 100−900=200元/吨）。

表4-3 价差扩大与买入套利

	A 期货	B 期货	价　差
建仓（元/吨）	3 000（卖出）	3 900（买入）	900
平仓（元/吨）	4 100（买入）	5 200（卖出）	1 100
盈利（元/吨）	−1 100	1 300	扩大 200

应特别注意的是，买入套利的收益来源于价差的扩大，与期货价格的涨跌没有因果关系。图4-1左侧显示的是价格上涨后价差扩大变化，a期货盈利，b期货亏损，a的盈利大于b的亏损，故总体实现盈利。由此得出，当价格上涨时，只要价差扩大，该买入套利的持仓在账面上出现盈利。在图4-1右侧，则是期货价格下跌、价差扩大的情形，b期货盈利，a期货亏损，但是b价格下跌幅度更大，因此b的盈利要比a期货的亏损要多。同理，在价格下跌时，只要价差扩大，该买入套利的持仓在账面上出现盈利。因此，当价差扩大时，买入套利盈利。当然，如果价差没有扩大，反而出现缩小，则该买入套利会出现亏损。图4-2左右分别描述了价格上涨和下跌两种情形的价差变化，读者可以由此判断出亏损的来源。

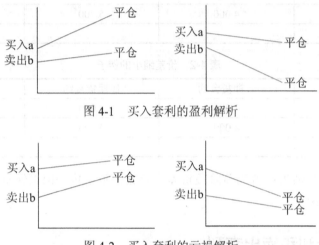

图4-1 买入套利的盈利解析

图4-2 买入套利的亏损解析

2. 卖出套利

操作手法：卖出价格较高的一"边"的同时，买入价格较低的一"边"。待价差缩小时，同时将两个方向的合约平仓。

盈利前提：当前价差较大，在未来会出现缩小。

盈亏来源：价差缩小，则获利；价差扩大，则亏损。价差的变动幅度就是盈亏幅度。

表4-4是开展卖出套利后价差缩小的一个案例，表中数据显示，交易者在套利建仓初期价差为1 100元/吨，在平仓时价差缩小为700元/吨，则套利收益是1 100−700=400元/吨。这400元/吨的收益实际上是由B期货1 400元/吨的盈利和A期货1 000元/吨的亏损加总得到的。

表4-4 价差缩小与卖出套利

	A期货合约	B期货合约	价 差
建仓（元/吨）	4 000（买入）	5 100（卖出）	1 100
平仓（元/吨）	3 000（卖出）	3 700（买入）	700
盈利（元/吨）	−1 000	1 400	缩小400

很明显，卖出套利的收入来源也只和价差的变化有关，与期货价格的涨跌没有任何关系。当然，如果卖出套利开始后，价差没有缩小反而扩大了，这时卖出套利就会亏损，亏损额是价差的扩大幅度。图4-3和图4-4有助于更好地理解卖出套利的盈亏来源与价差的关系。

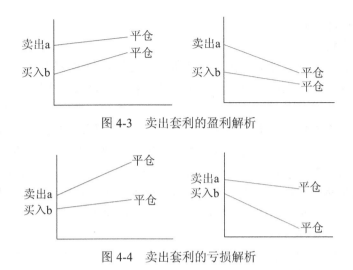

图 4-3　卖出套利的盈利解析

图 4-4　卖出套利的亏损解析

▶ 四、期货套利与期货投机的区别

期货套利与期货投机的目的虽然都是为了获得投资收益，但在操作方式上存在着本质上的区别。

1. 利润来源不同

期货投机交易是利用单一期货价格的波动赚取价格涨跌利润，而套利是利用相关期货合约之间的价差变化赚取价差变化利润。这样，投机者关心和研究的是单一期货价格的涨跌，套利者则不关注期货绝对价格的高低，而是只关心和研究相关合约价差的变化方向和变化大小。

2. 建仓方向不同

期货投机交易在一段时间内对单一期货合约只建立多头或空头头寸，套利交易则在同一时间对相关期货合约分别建立多头和空头头寸。

3. 风险大小不同

套利交易比期货投机交易承担更小的风险。期货投机交易承担单一期货合约价格变动风险。而套利交易承担价差变动风险，由于相关期货合约价格变动方向具有一致性，因此价差变动幅度要小于单一期货合约价格变动幅度。

4. 交易成本不同

套利交易一般要涉及两个或两个以上期货合约的买卖。期货交易所为了鼓励套利交易，对其收取的佣金通常高于一个单盘交易的佣金费用，但要低于一个回合单盘交易的两倍。此外，由于套利风险小，收取的保证金少于期货投机，这就大大减少了资金的占用。例如，大连商品交易所的保证金收取标准是：套利保证金标准 =Max［ 买方向持仓交易保证金，卖方向持仓交易保证金 ］。大连商品交易所每日向市场公布保证金优惠组合及标准。

▶ 五、套利操作应注意的问题

市场上经常会出现套利机会，但是盈利则是一个难题。要想获得良好的盈利机会，就需要在套利操作中注意以下基本问题。

1. 了解价差变化

从事套利交易首先应有能力掌握不同期货之间的价差变化规律。在进行具体的套利交易前，应对相关期货合约之间的价差进行了解和分析。通常可制作价差图表，将历史上价差变化特点进行分析总结。价差的分析可以分为两个途径。当两个合约价格相差不大时，以价差来观察两个合约的强弱会很直观。当两个合约价格相差比较大时，以价差来观察两个合约的强弱有较大偏差，以比值来观察则比较准确。通过价差分析或比例分析确定合理价差区间后，就可以根据当前价差变化状态判断是否存在套利机会。在价差分析中，需要注意不同种类的期货价差所受的影响不尽一致。例如，季节性因素对商品期货价差具有重要的影响，对金融期货的影响则要弱得多，甚至不产生影响。

2. 坚持同进同出原则

切忌因某条"腿"的盈利或亏损而提前将其平仓，使得剩下的"腿"变成了纯粹的投机头寸，使套利者承担过大的风险。为了避免建仓和平仓的非同步性，一些期货交易所开发出了专业的套利交易指令，套利者在交易前应掌握相关指令的使用方法。

3. 重视防范风险

由于操作的双边性，期货价差套利的风险要小于投机流动性风险。但是，从严格意义上讲，并没有一种完全无风险的套利策略。由于不同市场存在着基本面发生异常、交易制度的差异、市场运行情况复杂难测、相关政策可能出现调整和变化等一系列复杂的因素影响，套利活动会面临不同程度的风险。例如，2020年4月20日，美国WTI原油期货5月份合约流动性急速下降，收盘结算价达到-37.63美元/桶，跌幅55.90美元/桶（305.97%），而6月合约价格收盘下跌4.60美元（18.0%）。很明显，5月合约和6月合约的价差异常变化有个发展过程，如果一开始出现异常后就开展套利，投资者会在收盘时面临巨大的风险损失。因此，在套利中，风险是需要考虑的一个至关重要的环节，套利者需要在制定套利策略时加强对各种风险要素的综合考虑。也只有如此，才能提高套利的成功率和收益水平。

4. 熟悉规则和做好计划

实际操作中必须熟悉品种特性、交易细则、交割细则。入市前进行严谨的分析，制订周密的计划。计划中应包括可能出现的未知情况分析和具体措施，套利环境和条件变化后的处理等。计划制订后应严格执行，忌随意操作。

5. 资金管理和止损

套利风险虽然小，但忌满仓操作。在套利时需要分析不同品种的特性，并进行不同的仓位决策。套利并非百分之百会盈利，判断出现错误后需要承认错误，并执行止损操作。套利止损除了因价差不利变动达到止损点位外，时间止损、成交量止损、持仓量止损等止损方式也能达到很好的效果。

第二节　跨期、跨品种与跨市套利

期货价差套利具体可以分为跨期套利、跨品种套利和跨市套利。跨期套利是在同一交易所、同一期货品种、不同交割月份期货合约间的套利。跨品种套利是在两种或两种以上不同品种、但是具有紧密的经济相关性的期货之间的套利。跨市套利则和一价定律有关，是不同市场上的同品种期货之间的套利交易。

▶ 一、跨期套利

跨期套利与持有成本模型有关。例如，3个月后到期的期货价格＝现货价格＋持有3个月现货的所有成本，5个月后到期的期货价格＝现货价格＋持有5个月现货的所有成本。这样，3个月后到期的期货价格和5个月后到期的期货价格之间的关系就由持有成本来决定。这样，如果不同月份的价差由于噪声交易①或者主力移仓换月而出现异常，交易者就会通过买入一个月份并卖出另一个月份的期货来进行跨期套利。

在学习这些套利方法之前，需要注意两点。第一，识别正向市场和反向市场。如果远月合约价格大于近月合约价格，则称为正向市场（持仓费市场）；如果近月合约价格高于远月合约价格，则称为反向市场（逆转市场）。在正向市场中，只要不同月份期货的价差不等于正常的持有成本就会有套利者开展套利。但在反向市场中价差没有范围限制，价差关系取决于供求关系。第二，考虑到持有成本模型的应用范围，生猪期货、活牛期货等品种不适合于做跨期套利。

跨期套利十分常见，主要有牛市套利、熊市套利和蝶式套利。下面分别进行介绍。

1. 牛市套利

基本手法：买入较近月份的合约同时卖出远期月份的合约。

适用条件：预计较近月份的合约价格上涨幅度大于较远期合约价格的上涨幅度，或者较近月份的合约价格下跌幅度小于较远期合约价格的下跌幅度。因为这两种情形均代表近期合约比远期合约走势要强，所以称为牛市套利。

盈利来源：分析盈利来源需要判断市场处于正向市场状态还是反向市场状态。首先，在正向市场上，价差缩小牛市套利会盈利。因为这时卖出的远月合约价格高于近月合约的价格，因此可以将牛市套利视为卖出套利。前面已经提及，卖出套利中，价差缩小时盈利。其次，在反向市场上，价差扩大时牛市套利才会盈利。因为反向市场中近月合约价格高，牛市套利也就成为了买入套利，而买入套利在价差扩大时会出于盈利状态。具体的盈亏分析见表4-5，下面通过两个案例展开进一步的分析。

表4-5 牛市套利的盈亏分析

	买入近月合约，卖出远月合约
正向市场	属于卖出套利。价差缩小盈利，价差扩大亏损
反向市场	属于买入套利。价差扩大盈利，价差缩小亏损

---

① 噪声交易是证券期货市场的常见现象。所谓噪声可以理解为不准确、不可观、不真实的信息，噪声交易就是基于这类信息开展的交易。经济学家发现，噪声和噪声交易不仅大量存在，而且对市场价格和投资收益具有很大影响。

【例4-1】 　　　　　　　　　**正向市场中的牛市套利**

　　1月5日，2月份黄金期货价格为256.25元/克，4月份黄金期货价格为258.50元/克。两个合约的价差是2.25元/克。投资者认为2月合约和6月合约的价差会缩小，于是开展卖出套利，即卖出较高价格的4月黄金期货，买入较低价格的2月黄金期货。很明显，这是一个正向市场的牛市套利。到了1月15日，2月合约的价格为269.85元/克，4月合约的价格为271.05元/克，价差变为1.2元/克。套利者将套利头寸平仓。在套利过程中，价差降低了1.05元/克，这就是该牛市套利的盈利。具体的盈亏分析可见表4-6。

表4-6　正向市场中的牛市套利盈亏分析

	2月合约	4月合约	价　差
1月5日	256.25元/克（买入）	258.50元/克（卖出）	2.25元/克
1月15日	269.85元/克（平仓）	271.05元/克（平仓）	1.20元/克
盈（+）亏（−）	13.6元/克	−12.55元/克	1.05元/克

【例4-2】 　　　　　　　　　**反向市场中的牛市套利**

　　1月5日，2月份黄金期货价格为256.25元/克，4月份黄金期货价格为255.80元/克。两个合约的价差是0.45元/克。投资者认为最近现货市场需求旺盛，2月合约和4月合约的价差会扩大，于是开展买入套利，即买入2月合约卖出4月合约。很明显，这是一个反向市场的牛市套利。到了1月15日，2月合约的价格为269.85元/克，4月合约的价格为266.05元/克，价差变为3.8元/克。套利者将套利头寸平仓。在套利过程中，价差扩大了3.35元/克，这就是该牛市套利的盈利。具体的盈亏分析可见表4-7。

表4-7　反向市场中的牛市套利盈亏分析

	2月合约	4月合约	价　差
1月5日	256.25元/克（买入）	255.80元/克（卖出）	0.45元/克
1月15日	269.85元/克（平仓）	266.05元/克（平仓）	3.8元/克
盈（+）亏（−）	13.6元/克	−10.25元/克	3.35元/克

2. 熊市套利

　　基本手法：买入远月合约，同时卖出近月合约。

　　适用条件：预计较远月份的合约价格上涨幅度大于较近期的上涨幅度，或者较远月份的合约价格下降幅度小于较近期的下跌幅度。由于这两种情形均代表近期合约比远期合约走势要弱，所以称为熊市套利。

　　盈利来源：在正向市场条件下，熊市套利可以视为买入套利，因此只有价差扩大时才能盈利。如果在反向市场条件下，熊市套利则是卖出套利，因而只有价差缩小时才能盈利。具体总结见表4-8。考虑到学习的多样性，下面将以国债期货为例来说明熊市套利的盈亏来源。

表 4-8　熊市套利盈亏分析

	卖出近月合约，买入远月合约
正向市场	属于买入套利。价差扩大盈利，价差缩小亏损
反向市场	属于卖出套利。价差缩小盈利，价差扩大亏损

【例 4-3】　正向市场中的熊市套利

假设现在是 1 月 5 日，3 月份国债期货价格是 97.630 元，9 月份国债期货价格是 98.672 元，价差为 1.042 元。一个投资者认为经济将在前期基础上逐渐好转，短期市场利率会继续上升，这将导致近月的国债期货价格下跌幅度可能要大于远月的国债期货价格下跌幅度，于是投资者决定开展熊市套利，即卖出 3 月合约，买入 9 月合约。很明显，这个熊市套利是一个买入套利，只有价差扩大才会盈利。

到了 2 月 1 日，市场利率逐渐上升，导致国债期货价格全面变化，3 月份国债期货价格降为 96.512 元，9 月份国债期货价格降为 98.000 元，价差为 1.488 元，比原先增加了 0.446 元。这就是套利的收益（具体见表 4-9）。尽管看上去套利收益不多，但是应注意的是国内中期国债期货交易面值是 1 000 000 元，这时如果平掉套利头寸，1 手国债期货的套利收益是 $\frac{0.446}{100} \times 1\,000\,000 = 4\,460$ 元。

表 4-9　正向市场中的国债期货熊市套利盈亏分析

	3 月合约	6 月合约	价　差
1 月 5 日	97.630 元	98.672 元	1.042 元
2 月 1 日	96.512 元	98.000 元	1.488 元
盈（+）亏（−）	1.118 元	−0.672 元	0.446 元

【例 4-4】　反向市场中的熊市套利

我们同样可以分析一下反向市场中的国债期货熊市套利。假设现在是 1 月 5 日，3 月份国债期货价格是 97.630 元，6 月份国债期货价格是 96.572 元，价差为 1.058 元。一个投资者认为近月合约价格上涨空间不如远月合约价格上涨空间大，于是决定卖出 3 月国债期货并买入 6 月份国债期货进行熊市套利。这当然又是一个卖出套利。在卖出套利中，如果价差缩小，套利会有盈利。

到了 2 月 1 日，3 月份国债期货价格上涨至 98.112 元，9 月份国债期货价格降为 98.100 元，价差为 0.012 元，比原先价差减少了 1.046 元。这个减少的价差部分就是套利的收益（具体见表 4-10）。如果套利过程中一个边的数量是 1 手，则该套利的收益实际为 $\frac{1.046}{100} \times 1\,000\,000 = 10\,460$ 元。

表4-10 反向市场中的国债期货熊市套利盈亏分析

	3月合约	6月合约	价　差
1月5日	97.630 元	96.572 元	1.058 元
2月1日	98.112 元	98.100 元	0.012 元
盈（+）亏（−）	−0.482 元	1.528 元	1.046 元

3. 蝶式套利

蝶式套利是由共享居中交割月份的一个牛市套利和一个熊市套利构建的跨期套利组合。由于近期月份和远期月份的期货合约分居于居中月份的两侧，形同蝴蝶的两个翅膀（见图4-5），因此我们可以形象地将其称为蝶式套利。

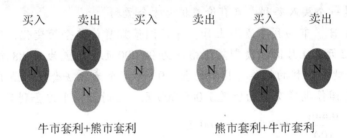

图 4-5　蝶式套利结构

基本手法：买入（或卖出）近期月份合约，同时卖出（或买入）居中月份合约，并买入（或卖出）远期月份合约，其中居中月份合约的数量等于近期月份和远期月份数量之和。这相当于近期与居中月份之间的牛市（或熊市）套利和居中月份与远期月份之间的熊市（或牛市）套利的一种组合。

适用条件：当认为可以在近月合约和较近月合约之间做牛市套利（熊市套利），但是担心风险较大时，就可以在较近月合约和远月合约上再同时做个熊市套利（牛市套利）。

盈利来源：牛市套利组合和熊市套利组合的盈亏之和。

下面以股指期货为例来说明蝶式套利的基本原理。

【例4-5】　　　　　　股指期货蝶式套利

假设现在是4月2日，沪深300指数期货4月份合约是3 392点，5月合约是3 410点，6月合约是3 419点。一投资者对市场进行了分析，认为5月合约的价格偏高，4月合约和5月合约，5月合约和6月合约的基差均不合理。于是决定开展蝶式套利，即买入1手4月合约，卖出2手5月合约，买入1手6月合约。到了4月7日，4月份、5月份、6月份合约分别为3 412点、3 425点、3 435点，基差趋于合理，套利者决定平掉套利头寸。为了清晰地说明该蝶式套利的盈亏情况，这里将具体的过程和结果呈现在表4-11中。

表 4-11　股指期货蝶式套利盈亏分析

4月2日	买入1手4月股指期货，点位为3 392	卖出2手5月股指期货，点位为3 410	买入1手6月股指期货，点位为3 419
分解	相当于在4月与5月间建立牛市套利1手（即正向市场的1手卖出套利），同时在5月与6月间建立熊市套利1手（即正向市场的1手买入套利）		
建仓价差	4月与5月间价差为18点，6月与5月间价差为9点		
4月7日	卖出平仓4月股指期货，价位是3 412点	买入平仓2手5月股指期货，价位是3 425点	卖出平仓1手6月股指期货，点位是3 432元/吨
平仓价差	5月与4月间价差为13点，价差缩小5点，牛市套利（正向市场的卖出套利）的盈利为：5×300=1 500元 6月与5月间价差为7点，价差缩小2点，熊市套利（正向市场的买入套利）的亏损为：2×300=600元 盈亏：1 500−600=900元		
盈亏	盈利20点 具体收益为：1手×20点×300元=6 000元	亏损15点 具体亏损为：共2手×15点×300元=9 000元	盈利13点 具体收益为：1手×13×300=3 900元
净盈亏	6 000−9 000+3 900=900元		

如果仅做 4 月与 5 月间的牛市套利，该套利者的盈利为 1 500 元，明显多于碟式套利的盈利。套利者之所以要做蝶式套利，是考虑到 4 月与 5 月合约牛市套利活动中价差会发生不利变化，这样将导致套利亏损。为了弥补这一亏损，就需要同时构筑一个 5 月与 6 月间的熊市套利。

4. 跨期套利的一个变化

在前述的跨期套利中都采用以平仓的方式来结束套利头寸的模式。在一些跨期套利中，还存在着交割式跨期套利。下面以国债期货的跨期套利进行简要说明。

（1）牛市套利。如果在 t 时刻发现近月合约价格低估，远月合约价格相对高估时，则买入近月合约（F_{1t}）并卖出远月合约（F_{2t}）。具体交易原理是：在 T_1 时刻，对近月合约进行交割，支出交割款为 $F_{1t} \cdot CF_1 + AT_1$，获得最便宜可交割债券；在 T_2 时刻，则将最便宜可交割债券再交割出去，获得收入为 $F_{2t} \cdot CF_2 + AT_2$（见图 4-6）。

在牛市套利中，从交割过程的资金流来看，套利收益应是 $F_{2t} \cdot CF_2 + AT_2 - (F_{1t} \cdot CF_1 + AT_1)$。但是，在此套利过程中还会有其他的收益和成本支出。例如，在 T_1 时刻获得最便宜可交割债券后，在 T_2 时刻交割之前，债券持有人还可能获得票息，这一部分收入也应算作套利收益。

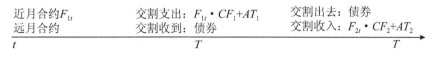

图 4-6　持有到期的牛市套利

（2）熊市套利。如果在 t 时刻发现近月合约价格高估，远月合约价格相对低估，则卖出近月合约（F_{1t}）并买入远月合约（F_{2t}）。基本的套利机制是：在 T_1 时刻，将最便宜可交割债券交割出去，并在 T_2 时刻交割买回最便宜可交割债券。潜在的问题是 T_2 时刻交割买回的最便宜可交割债券可能不是最初的卖出券种。

▶ 二、跨品种套利

跨品种套利是在两种或两种以上品种不同、但是具有紧密的经济相关性和统计相关性的期货之间的价差套利。跨品种套利必须具备三个基本条件。第一，两种期货品种之间应具有关联性与相互替代性。第二，价格受相同因素的制约。第三，构成套利组合的期货应具有相同的交割月份。跨品种套利可分为两种情况：一是相关期货品种间的套利；二是原料与成品间的套利。

1. 相关品种套利

跨品种套利的关键在于捕捉不同期货品种之间的价格差异。适合于做相关品种套利的期货类别很多，既有商品类期货，又有金融类期货。例如，小麦和玉米均可用于食品加工及饲料，价格有相似变化趋势，可进行跨品种套利；玉米与大豆是生产上的替代品，也可以进行跨品种套利。在工业领域，燃料油、取暖油等相关商品间，存在一定的合理价差，当价差脱离了它们之间的合理水平时也可以开展套利。此外，在发达金融期货市场中，国债期货的跨品种套利也十分流行，当然较之于商品期货套利也更为复杂。国债期货的跨品种套利有针对收益率曲线形状变化的套利交易，也有针对不同品种之间的信用利差套利（如国债期货和金融债期货）。在芝加哥期货交易所，普遍存在的跨品种套利是 10 年期国债期货和长期国债期货之间的套利、5 年期国债期货与长期国债期货间的套利、5 年期国债和 10 年期国债之间的套利、市政债券期货和长期国债期货间的套利。中国金融期货交易所的 5 年期和 10 年期国债期货也可以开展跨品种套利。

【例 4-6】　　　　　　　　　　**国债期货跨品种套利**

　　假设 5 月 4 日，12 月份到期的 5 年期国债期货的价格是 97.850 元，10 年期国债的期货价格是 96.050 元。在国债和国债期货市场上，长期国债对利率变化十分敏感。一个投资者分析认为，央行将要降低利率，这势必会对 5 年期国债和 10 年期起国债的期货价格变化产生不同影响，即 10 年期国债期货价格相对上涨幅度要大于 5 年期国债期货价格的相对上涨幅度，因此决定开展卖出套利，即买入 12 月份到期的 10 年期国债期货、卖出 12 月份到期的 5 年期国债期货。很明显，这是一个反向市场上的卖出套利。

　　到了 7 月份，央行开始降低利率，5 年期国债价格为 98.000 元，10 年期国债期货价格为 97.265 元，上涨幅度明显高于 5 年期期货价格，套利者就可以及时将套利头寸平仓。具体盈亏分析可见表 4-12。

　　当然，由于这是一个卖出套利，因此当价差缩小后就会获得盈利，盈利的大小由价差的缩小幅度来决定。

表 4-12　国债期货跨品种套利盈亏分析

	5 年期国债期货	10 年期国债期货	价　　差
5 月 4 日	97.850 元（卖出）	96.050 元（买入）	1.800 元
7 月 2 日	98.000 元（平仓）	97.265 元（平仓）	0.735 元
每百元的盈亏	−0.150 元	1.215 元	1.065 元

2. 原料和成品套利

在产业链中，原料和成品之间往往具有紧密的价格关系和经济联系。例如，大豆、豆油和豆粕，油菜籽、菜籽油和菜籽粕，螺纹钢、焦炭和铁矿石，原油和取暖油（或汽油），鸡蛋、豆粕和玉米等（见表 4-13）。在这些产业链品种中，都可以开展跨品种套利。这种原料与成品间的套利主要是利用原料和产成品之间的价差变化来进行套利。在通常的条件和既定技术水平上，某一数量的原材料经过加工所得到的产成品的数量是比较稳定的，因此毛利润也是基本稳定的。如果按照原材料及产成品的期货价格计算得出的毛利润较大地偏离了产业的平均利润水平，就可以开展原料和成品套利。

表 4-13　国内常见的产业链套利模式

期 货 类 别	产业链套利模式	涉及的期货品种	套利依据的计算公式
黑色产业链期货	钢厂利润套利	螺纹钢、铁矿、焦煤	螺纹钢期货价格 =1.6× 铁矿石期货价格 + 0.5× 焦煤期货价格 + 其他成本
	焦煤套利	焦煤、焦炭	炼焦利润 = 焦炭期货价格 −1.4× 焦煤期货价格 − 其他成本
能源化工套利	甲醇之 PP 利润套利	甲醇、聚丙烯	聚丙烯期货价格 =3× 甲醇价格 +800 元 / 吨（加工费）
农产品期货	大豆提油套利	大豆、豆粕、豆油	压榨利润 = 豆粕期货价格 ×80%+ 豆油期货价格 ×20%− 大豆期货价格 − 加工成本
	鸡蛋利润套利	鸡蛋、豆粕、玉米	鸡蛋期货价格 =2.03× 玉米价格 +1.01× 豆粕价格 +437 元 / 吨

资料来源：笔者根据东方证券研究报告《商品期货套利策略实证》相关内容整理所得。

这里以大豆、豆油和豆粕之间的套利予以进一步说明。在我国豆油压榨领域，进口大豆和国产大豆的出油率存在较大差异，因此计算行业的压榨利润也存在一定的差异。一般情况下，进口大豆出油率为 19% ～ 22%，出粕率为 78% ～ 79%；国产大豆出油率为 16% ～ 17%，出粕率为 79% ～ 80%，大豆压榨的加工成本一般为每吨 100 ～ 120 元。计算行业压榨利润应对此予以区分[①]。计算压榨利润的基本公式如下：

压榨利润 = 豆粕价格 × 出粕率 + 豆油价格 × 出油率 − 加工成本 − 大豆价格

需要说明的是，这一计算公式十分简单，在实际运用中可以设法利用期货价格计算行业的平均压榨利润。

[①]　现在国内 1 号大豆一般不用来压榨，很大一部分是由国外进口大豆压榨而成，所以直接用上面的出油率和出粕率来估计 1 号大豆、豆粕和豆油之间的关系并不是精确，但是 1 号大豆，豆粕，豆油的价格走势仍然具有很强的相关性，我们可以根据实际价格建立它们之间的回归模型，再依据回归模型进行统计套利。

如果原材料及产成品对应的期货价格关系发生变化，使得按照毛利润公式得到的数值超过了正常的利润区间，交易者可以在卖出产成品期货的同时买入原材料期货进行套利。对于套利者来说，这种套利通常称为大豆提油套利。大豆提油套利的操作手法对于压榨企业具有十分重要的作用。第一，压榨企业可以充分利用对行业的敏感度，获取套利利润。第二，大豆压榨企业在大豆提油套利中买入大豆期货的同时卖出豆油和豆粕的操作，事实上还可以对冲原材料价格上涨或产成品价格下跌的风险。

与大豆提油套利不同的是反向提油套利。反向提油套利的基本适用条件是大豆期货价格大幅上涨而豆油市场价格不振，即大豆与豆油价格倒挂的情形（见图4-7）。在反向提油套利活动中，套利者可以采取卖出大豆期货，同时买入豆油和豆粕的操作手法进行套利。对于大豆压榨企业来说，也可以将反向提油套利和生产结合起来。例如，当出现反向提油套利机会时开展反向提油套利，同时缩减生产，减少豆油和豆粕的供应量。当三者价格趋于均衡时，期货市场上的盈利可以弥补现货市场的亏损。大豆反向提油套利具有一定的投机性，本质上属于跨品种的投机型套利。这就要求控制好头寸，谨记止损的重要性。

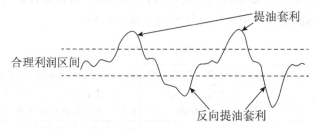

图4-7 提油套利和反向提油套利机会

【例4-7】 大豆提油套利

大连9月大豆期价2 700元/吨，9月豆粕期价2 400元/吨，9月豆油期价5 500元/吨；假设压榨比例约1:0.8:0.2，压榨成本为100元/吨，则每吨的压榨利润为

1吨×0.2×5 500元/吨+1吨×0.8×2 400元/吨-1吨×1×2 700元/吨-100元/吨=220元/吨

而正常情况下，这一压榨收益应为150元左右。因此，投资者可以通过买大豆、卖豆粕、卖豆油的方式进行提油套利。

假设套利时，大豆、豆粕、豆油的建仓比例按压榨比例约1:0.8:0.2进行操作。后市发生压榨收益回归到正常水平时进行平仓操作。具体建仓价位、建仓比例以及平仓价位、盈亏情况见表4-14。

情况1：假设套利建仓后价格上涨，如大豆、豆粕和豆油价格分别上涨到2 900、2 500和5 600元/吨，按此价格可以得出压榨利润为120元/吨，套利者可以平仓。由于大豆、豆粕和豆油的合约单位是10吨/手，所以计算得出总的套利利润为5 000元。

情况2：假设套利建仓后价格下跌，如大豆、豆粕和豆油价格分别下跌到2 600、2 250和5 300元/吨。按此价格可以得出压榨利润为160元/吨，接近行业压榨利润水平，套利者决定平仓。平仓后的收益是3 000元。

表4-14　大豆提油套利的案例模拟

		大豆多头	豆粕空头	豆油空头	压榨收益
建仓过程	建仓价位（元/吨）	2 700	2 400	5 500	220
	建仓数量（手）	5	4	1	—
价格上涨模拟	平仓价位（元/吨）	2 900	2 500	5 600	120
	每手平仓盈利（元/吨）	200	−100	−100	—
	平仓数量（手）	5	4	1	—
	期货头寸的盈亏（元/吨）	10 000	−4 000	−1 000	
价格下跌模拟	平仓价位（元/吨）	2 600	2 250	5 300	160
	每手平仓盈利（元/吨）	−100	150	200	—
	平仓数量（手）	5	4	1	—
	期货头寸的盈亏（元/吨）	−5 000	6 000	2 000	

3. 跨品种套利的进一步深化 *[1]

这里就金融期货中具有内在相关性的跨品种套利（如跨币种套利、收益率曲线套利）做进一步的介绍。

（1）跨币种套利。同一货币计价的不同货币期货价格可能出现不同走势，造成两个期货货币汇率扭曲，也就为跨币种套利提供了可能。也就是说，套利者可以买入一种货币期货，再卖出交割月份相同的另外一种货币期货，在合约到期前，同时结束两个期货头寸。

在做跨品种套利之前，交易者需要了解两个期货货币的交叉汇率关系。在套利时，根据期货汇率测算期货货币的交叉汇率，分析是否处于正常区间内。如果期货交叉汇率不合理，则买入汇率较低的货币，卖出汇率较高的汇率。为了保证套利的效果，两个货币期货能兑换的计价货币的数量应该相等。

【例4-8】　　　　　　　跨币种套利

在芝加哥商业交易所，英镑期货合约的交易规模是 62 500 英镑，加元期货合约的交易规模是 100 000 加元。假如，6 个月到期的英镑期货价格是 1.514 1（USD/GBP），加元期货价格 0.815 0（USD/CAD）。加元和英镑的交叉汇率等于 0.815 0/1.514 1=0.538 2（GBP/CAD），即 1 加元兑换 0.538 2 英镑。

交易者认为 0.538 2（GBP/CAD）的汇率偏低，即加元汇率偏低，英镑汇率偏高，于是决定买入加元期货，并卖出英镑期货。具体策略的构筑需要考虑：如果卖出 1 000 手英镑期货，在交割时实际支付的资金是 94 631 250 美元。按照加元期货汇率，这 94 631 250 美元可以兑换 94 631 250÷0.815 0≈116 111 963.190 2 加元，即交割买入 161 手加元期货。这时，就可以把跨币种套利的期货建仓数量测算出来，即卖出 1 000 手英镑期货，买入 1 161 手加元期货。

假设一段时间后，市场汇率出现变化，6 月份的英镑期货汇率为 1.562 3（USD/

---

① 标"*"内容属于选学部分。

GBP），6 月份的加元期货汇率为 0.873 8（USD/CAD），交叉汇率是 0.559 0（GBP/CAD），交易者认为，这一汇率达到加元兑英镑的真实水平，则平掉仓位。

空头英镑期货在平仓后的损益为（1.514 1−1.562 3）×62 500×1 000=−3 012 500 美元。

多头加元期货在平仓后的损益为（0.873 8−0.815 0）×100 000×1161=6 826 680 美元。

套利的净收益为 6 826 680−3 012 500=3 814 180 美元。

（2）收益率曲线套利。收益率曲线套利是通过收益率的期限结构、债券的久期、凸率构筑国债期货组合的交易方式。这种套利有平坦化交易和陡峭化交易两种基本交易方式。平坦化交易是预期收益率曲线在长短期利差缩小，即扁平化情形下的交易方式。具体来说，平坦化交易的操作方式是卖出短期国债期货，买入长期国债期货。例如，卖出 5 年期国债期货，买入 10 年期国债期货。陡峭化交易是预期收益率曲线在长短期利率扩大，即陡峭化情况下的交易。具体的交易方式是买入短期国债期货，同时卖出长期国债期货。例如，买入 5 年期国债期货，同时卖出 10 年期国债期货。下面分析平坦化交易的操作和收益来源，陡峭化交易同理。

在平坦化交易中，需要考虑收益率曲线在 T 时相对初时 t 时刻平行移动 Δr 个基点的问题。其中，$\Delta r = r_T - r_t$。

假设长短两个国债期货的基点价值分别为 BPV_l 和 BPV_s。如果收益率曲线向上平移，则短期债券期货空头收益是 $BPV_s \cdot |\Delta r|$，长期债券期货多头收益是 $-BPV_l \cdot |\Delta r|$，很明显套利组合的总收益为 $BPV_s \cdot |\Delta r| - BPV_l \cdot |\Delta r|$。如果短期国债期货的基点价值小，则该组合出现亏损。如果收益率曲线向下平移，则短期债券期货空头收益是 $-BPV_s \cdot |\Delta r|$，长期债券期货多头收益是 $BPV_l \cdot |\Delta r|$，该组合的收益则为 $-BPV_s \cdot |\Delta r| + BPV_l \cdot |\Delta r|$。因此，为了消除收益率曲线平行移动造成的潜在亏损问题，这里令 $BPV_s \cdot |\Delta r| \times k = BPV_l \cdot |\Delta r|$，则持有的长短期国债期货比率为 $1:k$。

也就是说，在长短期国债期货的 $1:k$ 建仓比率中，如果 $k = BPV_l / BPV_s$，则可以消除收益率扁平移动造成的潜在亏损。因此，如果收益率曲线出现平坦化，$\Delta r_s > \Delta r_l$，则该套利组合的收益是 $\Delta V = -BPV_l \cdot \Delta r_l + k \cdot BPV_s \cdot \Delta r_s$。由于收益率曲线扁平化，所以该组合的收益将大于零。

▶ 三、跨市套利

1. 跨市套利的基本原理

在期货市场上，许多交易所都交易品种相同或相似的期货商品，如芝加哥期货交易所、大连商品交易所都进行大豆期货交易，伦敦金属交易所、上海期货交易所和纽约商业交易所都进行铜、铝等有色金属交易，纽约商业交易所、伦敦国际石油交易所、新加坡纸货交易市场都进行石油交易等。根据经济学中的一价定律，如果不考虑交易成本、运输费用等条件，这些不同市场的同种商品价格应该相同。如果价格出现差异，就会有跨市套利活动。

具体来说，跨市套利是在不同交易所同时买入和卖出品种相同、交割月份相同的期货合约的套利方式。

与前述的各种期货价差套利不同，跨市套利有交割和平仓两种了结方式。

（1）交割式跨市套利，又称实盘跨市套利。一般来说，同一期货品种在不同交易所的期货价格大致相等。这是因为合约到期后要进行实物交割，如果两个交易所同种商品的期货价差不合理，套利者就会从价格相对较低的交易所买入期货，同时在价格相对较高的交易所卖出期货，然后等合约到期时进行实物交割，将低价买入的商品高价卖出，从而获利。随着这种套利操作的不断进行，两个交易所的价差将会逐渐缩小，直至价差等于从一个交易所转移商品至另一个交易所交割的费用以及其他交易成本总和时，套利机会才会消失。

（2）平仓式跨市套利，又称虚盘跨市套利。在跨市套利的具体操作实践中，套利者并不需要持有合约至到期进行实物交割，而是在两个市场建立相反头寸之后待价差发生有利变化时进行平仓。具体来说，如果套利者认为两个市场的同种商品期货价差过大时，交易者可以买入价格较低的交易所的期货同时卖出价格较高的交易所的期货，待价差缩小时将两个合约同时平仓以获利。同样，当两个市场的同种商品的期货价差过小时，交易者可以通过卖出价格较低的交易所的期货同时买入价格较高的交易所的期货，待价差扩大时将两个合约同时平仓以获利。

【例 4-9】　　　　　平仓式跨市套利

从统计数据看，在 2014 年 5 月至 2015 年 4 月期间，沪铜主力合约价格和 LME3 月铜的比价平均值为 7.16。如果其后一段时期内，比值远大于 7.16，套利者就有机会进行跨市套利。假设在 5 月 5 日，人民币对美元的汇率为 6.200 0，LME 铜价为 6 429 美元 / 吨，沪铜主力合约的价格是 45 010 元 / 吨，那么沪铜和伦铜的比价为 7.00。由于 7.00<7.16，套利者可以开展跨市套利。跨市套利的基本方法是买入沪铜，卖出伦铜。

到了 5 月 6 日，人民币对美元的汇率为 6.210 0，伦铜价格跌至 6 386 美元 / 吨，沪铜价格变为 45 720 元 / 吨。这时二者比价是 45 720/6 386=7.16，比价恢复正常，套利者决定平掉在两个交易所的多空仓位。两市的平仓收益是 [（6 429-6 386）×6.210 0+（45 720-45 010）]=958.4 元 / 吨。

假设在两个交易所交易的保证金利息成本共计 50 元 / 吨，佣金费共计 80 元，则可以计算出跨市套利的收益为 828.4 元 / 吨。

本案例简化了保证金利息的计算。在计算保证金利息时需要注意：伦铜和沪铜的合约单位和保证金设置存在差异，应根据汇率进行详细计算，两个交易所和对应的期货经纪机构的佣金费率也要考虑进来。

---

2. 跨市套利注意事项

跨市套利在操作中应特别注意以下因素：

（1）贸易成本。贸易成本包括运输费用、税收成本等。其中，运输费用是决定同一品种在不同交易所间价差的最主要因素。一般来说，离产地越近的交易所期货价格较低，离产地越远则价格较高，两者之间的正常差价为两地间的运费。投资者在进行跨市套利时，应着重考虑两个交易所的价差与两地间运输成本的关系。关税与增值税的高低与税收有关。

（2）保证金和佣金成本。跨市套利需要投资者在两个市场交纳保证金和佣金，占用的保证金成本和佣金费用要计入投资者的成本之中。而且需要注意，由于跨市套利是在两个市场进行交易的，其交易成本一般要高于其他套利方式。只有当两市间套利价差高于上述成本时，投资者才可以进行跨市套利。

（3）交割品级的差异。跨市套利虽然是在同一品种间进行，但不同交易所对交割品的品质级别有不同的规定。以大豆期货为例，不同交易所对可交割大豆的标准品级的纯粮率、出油率、水分、杂质等各项指标的规定都不尽相同，这就会在一定程度上造成该品种在各交易所间的价格差别。总之，套利者在进行跨市套利时，应对各交易所间上市品种交割品级的差别有充分的了解。

（4）交易单位与汇率变动。投资者在进行跨市套利时，可能会遇到不同交易单位和报价体系问题，这将会在一定程度上影响套利的效果。如果在不同国家的市场进行套利，还要承担汇率变动的风险。投资者在进行套利前应对可能出现的损失进行全面估量。例如，正常情况下在国内套利头寸是亏损的，而在美元标价的海外头寸是盈利的。如果恰逢美元大幅贬值，则国外头寸盈利会迅速缩水，不足以弥补国内头寸亏损。因此，在做跨市套利时，最好的汇率环境是固定汇率制度。如果是浮动汇率制度，则需要利用外汇期货对冲汇率风险。

（5）交易时差风险。不同国家和地区的期货市场交易时差能达到10个小时以上，这会给跨市套利的建仓和平仓操作造成很大不便。当然，全球期货市场上实行的延长交易时间，实现全天候交易对降低交易时差风险具有一定的积极意义。

（6）涨跌幅差异风险。不同国家的涨跌停板制度设计存在很大差异，对于触及涨跌停板后的减仓处理方法也不尽相同，这些制度安排会使跨市套利在极端行情下面临巨大的风险。例如，我国期货设置的涨跌停板幅比较小，欧美国家设置的涨跌停板幅较大，甚至根本不设涨跌停板。如果市场处于剧烈动荡中，套利者就很可能恰好在涨跌停板幅度大甚至不设涨跌停板的市场上面临巨大亏损，而在涨跌停板幅度小的市场上获得较小收益。例如，2008年10月13日，伦敦铜出现罕见暴跌，期价从3 100美元/吨的高位跌至2 800美元/吨下方。10月14日，上海期货铜开盘后价格降至跌停板，其中主力0412合约收报28 700元/吨，跌680点。上海铜跌幅只相当于伦敦铜跌幅的四分之一。如果套利者恰好在10月13日建立了"买伦敦铜、卖上海铜"跨市套利头寸，那么多头头寸的亏损就会是空头头寸盈利的四倍。另外，还需要提及的是，我国风险扩大时可能被交易所强制减仓。如果套利头寸被强制减仓，将对跨市套利造成更为严重的冲击。

专栏4-1
期货套利交易中的常见问题与解决技巧
扫描此码　深度学习

（7）资金处置难题。将跨市套利资金一分为二，一半放在海外市场，另一半放在国内市场，以便建立数量相对应的套利头寸。在行情缓慢发展的时候，一般能够将盈利一边多余资金调出，去弥补另一边头寸亏损，以维持两个市场套利头寸基本平衡；但如果出现快速单边行情，资金调度会面临调度时差，使亏损头寸面临保证金追加不及时的难题。

（8）噪声交易风险。对于跨市套利而言，正常情况下价差应该在经验判定的合理区间内波动，若价差突破了合理区间就出现了套利机会。当遇到大规模炒作等噪音交易行为，价差结构可能长时间无法恢复正常，那么套利就会面临亏损。

关于如何处理好期货套利面临的以上问题，可以进一步阅读和学习专栏4-1。

🛩 第三节 统计套利

统计套利产生于 20 世纪 80 年代，最初是通过匹配组合方式买卖相关股票的交易方式。统计套利策略背后的基本思想就是均值回归，也就是说如果两个相关性很高的投资标的的价格之间存在着某种稳定性的关系，那么当它们的价格出现背离走势的时候就会存在套利机会。虽然 2000 年至 2004 年证券市场上的统计套利曾遇到无法获得收益的问题，但是算法交易的技术进步再次导致了统计套利复苏和繁荣发展。统计套利可以为一些期货价差套利提供新的视角和方法。这一节介绍可用于期货价差套利的统计套利原理。

▶ 一、统计套利的规则和原理

期货统计套利的基本思想暗含着三个基本的规则，即预测规则、反向交易和多重交易。事实上，本章第一节的介绍中已经涉及了预测规则和反向交易问题。这里再用简短的文字予以描述，以便进一步展开统计套利的基本原理。所谓预测规则实际上是指用简单的数学表达式描述价差或以其图形外观进行套利的模式。例如，A 期货和 B 期货的价差通常在 1 900 元和 2 300 元之间（见图 4-8）。在价差达到 2 300 元时，卖出 A，买入 B，当价差回落至 2 000 元时平仓。反向交易则是在预测规则基础之上的套利模式。例如，当前期货价差是 1 900 元，套利者预测未来价差扩大，就可以开展买入 A 期货，卖出 B 期货的套利。多重交易则是价差不断波动条件下的多次套利活动。

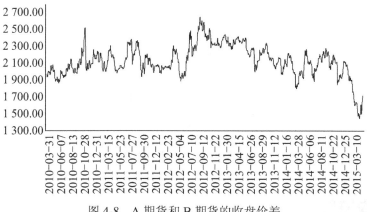

图 4-8　A 期货和 B 期货的收盘价差

上述期货价差套利中的核心问题是数据的整理和挖掘。套利者可以从历史数据中寻找价差的均值和价差变化的极值范围。具体步骤是：搜集历史数据计算期货的价差，然后再计算价差均值和价差的标准差，在此基础上目测或根据经验判定基差范围，即均值加减若干个标准差。

计算价差的公式很简单，如下：

$$\Delta S_{AB,\,t} = S_{A,\,t} - S_{B,\,t}, \quad t \in [1,\ T]$$

式中，T 是观察数据的总数，这个数据应足够大。通常需要选择 2 年的数据。

价差的均值为

$$E[\Delta S_t] = \frac{1}{T}\sum_{t=1}^{T}\Delta S_t$$

标准差为

$$\sigma[\Delta S_t] = \sqrt{\frac{1}{t-1}\sum_{t=1}^{T}(\Delta S_t - E[\Delta S_t])^2}$$

在此基础上，假设以两个标准差为基础计算价差区域，则 τ 时刻，如果

$$\Delta S_\tau = S_{A,\ \tau} - S_{B,\ \tau} > E[\Delta S_t] + 2\sigma[\Delta S_t]$$

则卖出 A 期货，买入 B 期货。

如果

$$\Delta S_\tau = S_{A,\ \tau} - S_{B,\ \tau} < E[\Delta S_t] - 2\sigma[\Delta S_t]$$

则买入 A 期货，卖出 B 期货。

一些文献中提出，两个证券之间的统计关系其实是随机的或者是"伪"的。然而，可以肯定的是，基于经济联系的证券或商品统计套利是具有较好获利能力的。特别是，期货价差套利由于有持有成本、一价定律、替代关系或产业链关系等作为支撑，因此在运用统计套利方法时的可靠性要高很多。

在统计套利中，还需要了解一个被称为"爆米花过程"的现象（见图 4-9）。也就是说，虽然价差会在均值上下系统性地波动，但是在一些时候会受到突然干扰的影响，出现一个大幅度向上的动作（向很远的顶点移动），其后可能在返回均值后向另一个顶点移动，或者连续进行两次向下的运动。

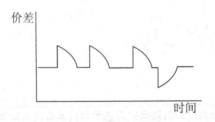

图 4-9　爆米花过程

▶ 二、结构模型

为提高分析的深度和广度，我们从简单地观测扩展到正式的统计模型。较为流行的统计模型有指数加权移动平均模型、波动率模型、因子模型和随机共振模型等。考虑到在期货价差套利中的适用性和模型的通俗性需要，下面仅简要介绍指数加权移动平均模型和波动率模型。

1. 指数加权移动平均模型

指数加权移动平均模型是对全部的历史数据赋予随指数递减的权重值。在指数加权移动平均模型中，越是近期的数据对当前的估计和影响越大，其公式为

$$x_t = (1-\lambda)y_{t-1} + \lambda x_{t-1}$$

其中，y_t 是时间 t 对应的观察值，x_t 是指数加权移动平均的估计值，λ 为贴现因子，取值为 [0，1]，它决定了目前的值变得与过去的观测值不相关的速度。λ 一般取值为 0.04，其计算结果与 60 天的移动平均结果非常接近。

　　一般情况下，当价差遇到跳空变化或出现明显趋势时，回归方法失效，而指数加权移动平均模型调整会非常简单。通常情况下分析重大预测误差发生背后的原因后，做出是否结束交易的决定，然后密切关注接下来几天价差的变化，如果价差开始在之前的范围往回移动，则不需要采取任何行动，但价差如果继续围绕着新的水准移动，那么应对模型进行改进，此时使用指数加权移动平均模型调整会非常简单，仅需在一段期间内增加贴现因子，预测值便可以迅速建立新的标准，这表明指数加权移动平均模型更加具有弹性，可迅速判断价差跳空或价差趋势，有效解决回归方法失效的难题。

　　如何确定新的贴现值呢？一个简单的方法是从一组价差的历史数据中，将价差发生变化的那个点挑选出来，接着利用某个范围内几个不同的干预贴现因子，分别代入数据进行试验，直到找到能涵盖所有情况的、适当的预测模式出现为止。但是也会有这样的情形，价差会经过几个交易日的移动之后，才到达一个新的评级，而不是由一次性的、巨大的跳跃来实现的，此时使用的指数加权移动平均模型调整规则是：以基本的指数加权移动平均为中心，可取贴现因子为 λ，只要价差连续几天超出正负一个标准差的边界值，就使用更高的贴现因子进行快速调整。

　　当市场处于明显的上涨或下跌趋势中，指数加权移动平均模型可以给出清晰的买卖信号，但当市场进入横盘状态，价格忽上忽下轻微变动时（如一种非常规则类似正弦曲线变动状况），指数加权移动平均模型给出的信号常常互相矛盾、十分模糊，此时无法准确判别交易时机。

2. 波动率模型

　　在统计套利中，波动率模型应用于简单价差模型。波动率模型包括：

　　（1）估计原始数据的方差，这部分决定了回报的大小，以及潜在的交易机会数量的多少。

　　（2）交易存续期间，通过波动率计算逐日的损益变动情况。我们下面简单探讨价差波动率及其在反转策略中的运用。

　　前面已经提及的反转现象实际上是指两个期货的价格分开之后靠拢，或者是两只期货的价格非常靠拢之后再分开的现象。价格移动可由期货的波动率进行计量。所谓价差波动率实际上就是指期货之间相对价格变动的波动率。价差波动率公式为

$$\sqrt{V[S]} = \sqrt{V[A-B]} = \sqrt{V[A] + V[B] - 2V[A, B]}$$

其中，符号 $V[\cdot]$ 表示方差，$V[\cdot, \cdot]$ 表示协方差。

　　通过分析上面的公式可以得出结论：如果两个期货的波动率比较接近，其价差波动率会比个别期货的波动率大 40% 左右；对于两个完美正相关的期货，其价差波动率等于零；当两只期货完全负相关时，价差波动率是单个期货波动率的 4 倍。利用价差模型可以得到一个计量反转策略的基本方法：当价差大于或小于某个极限值时，预测会有反转现象。此时可进行两笔交易，买进其中一只期货，卖出另外一只期货。

　　我们可以根据价差波动率的平均水平来推断反转的机会，采用恰当的"时间—频率"

分析方法，对反转移动的数量进行精确的量化，可以运用波动率模型预测未来的价差波动水平。

在波动率模型中，具有重要地位的有广义自回归条件异方差模型与随机波动率模型。广义自回归条件异方差模型是在线性回归模型的基础上，加上了一个误差方差项，用以代表非线性的影响。这个误差方差在基本的回归函数中被定义为误差项的线性函数。例如：

$$y_t = \beta y_{t-1} + \varepsilon_t, \quad \varepsilon_t \, N(0, \ h_t)$$

$$h_t = \alpha_0 + \alpha_1 \varepsilon_{t-1}^2$$

这里假设随机误差项 ε_t 服从均值为 0，方差为 h_t 的随机正态分布。

通过波动率模型，可以将预测值与实际结果之间的差距直接传递到随后的预测差异中，当预测值与实际结果之间存在较大的差距时，波动率模型可以预测出即将到来的较大的波动。

对于一些需要包含更大后缀结构的模型，即更多的 ε_{t-k} 项，波动率模型的应用成功率较低，所以波动率模型的应用受到了限制。在一般情况下，波动率模型要求较低的后缀结构。

▶ 三、统计套利注意事项

投资者经常在两个品种间的价差达到或接近历史极限区域时进行套利交易，这在经验上是统计套利的一种。从历史角度来说，价差或比价的上下限之间是低风险的安全区域。但历史总是在变化，目前以及未来的价差或比价可能因新的因素出现而大幅突破原来的极限区域，使得历史经验不再灵验。

市场上的很多套利策略模型的设计都基于统计套利原则，这种套利策略模型在运行过程中，不可避免地会遭遇"黑天鹅"。当价差或比价偏离正常时，应更多地依赖基本面的分析。当市场已经发生新的变化使得价差发生位移时，投资者就要勇于否认原来的模型，并对其进行一定的修改。

-------------------------- 【本章知识点回顾】 --------------------------

期货价差套利是指在相关期货合约上建立数量相等但交易方向相反的头寸，通过合约间价差变化获利的交易活动。根据对价差的预期，交易者可以展开买入套利和卖出套利。具体到品种差异，期货价差套利又可分为跨期套利、跨品种套利和跨市套利。

统计套利源于证券市场上的配对交易，其背后的基本思想就是均值回归，其中暗含着三个基本规则，即预测规则、反向交易和多重交易。统计套利的基本模型是加权移动平均模型、因素分析模型、波动率模型等。统计套利可以为期货价差套利提供新的视角。统计套利应防范"黑天鹅"事件。

套利与期货投机的目的虽然都是为了获得投资收益，但在操作方式上存在着本质上的差异。在套利操作中需要注意的基本问题是：了解价差变化、坚持同进同出原则和重视防范风险。

------------------------------ 【思考题】 ------------------------------

1. 期货价差套利的基本特点是什么？

2. 比较分析买入套利和卖出套利的适用背景、操作手法、盈利前提和盈利来源。

3. 期货价差套利和投机的区别体现在哪里？

4. 在进行期货价差套利时需要注意哪些重要的事项？

5. 比较分析牛市套利和熊市套利的适用背景、操作手法、盈利前提和盈利来源。

6. 尽管利润较低，为什么有的交易者会进行蝶式套利？

7. 比较收益率曲线套利中平坦化交易和陡峭化交易的差异。

8. 如何开展跨币种套利？

9. 说明跨市套利的基本原理和注意事项。

10. 简单说明统计套利的原理和规则。

【在线测试题】扫描书背面的二维码，获取答题权限。

第 五 章
期货交易的基本面分析

学习
提示

　　基本面分析用于探索供求关系变化及相关因素对价格涨跌的影响。如果市场价格低于基本面决定的内在价值，就做多买入。如果市场价格高于基本面决定的内在价值，就做空卖出。在学习基本面分析时应注意两点。第一，基本面分析面临着信息量大的问题。这就需要分清主次，抓主要矛盾。第二，基本面分析侧重于分析市场价格运动的前因，但是在有些时候基本面分析的敏感度不高。历史上一些最为剧烈的牛市或者熊市开始的时候几乎找不到经济基本面变化的信息。

内容
提要

　　本章分别介绍商品期货、股指期货、国债期货和外汇期货的基本面分析方法。

学习
目标

　　掌握不同种类期货的基本面分析方法，了解美林投资时钟中不同期货品种的投资机会和方向。

第一节　商品期货价格分析

商品种类繁多，对商品期货价格进行基本面分析的落脚点是供求关系。在供给方面，交易者可分析的基础指标是当年产量、进口量和年初库存量。在需求方面，交易者应分析当年需求量、出口量和期末库存量。交易者不仅需要关注以上信息的披露和预测，同时更需要围绕着供求关系的相关影响因素展开对基本面的分析。通常，主要的分析切入点包括：经济周期和经济波动、金融变量变化、财政政策和货币政策、季节性等自然因素、商品比价关系、政治与战争、投资群体的整体心理和行为等（见图5-1）。当然，每类商品特性不一样，因此在分析供求变化时还应立足于行业自身特点。

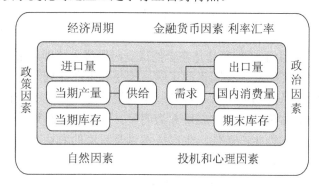

图 5-1　商品期货的基本面分析框架

资料来源：大连商品交易所。

▶ 一、供给量和需求量的构成与分析

在基本面分析方法中，有平衡表法、回归分析、指数模型。平衡表法应用广泛，它不仅总结了当期供给和消费的核心组成部分，还有和上一期的比较。在平衡表法中，需要分析以下供给和消费的各个组成部分的变化，以分析和预测价格变化的方向。

1. 商品的需求量分析

商品市场的需求量通常由国内消费量、出口量及期末商品结存量三个部分组成。如果考虑到商品交易存在的金融需求，这里所说的需求量更准确地说应该是消费量。

（1）国内消费量。商品国内消费量并非是一个固定不变的常数，而是受各种因素影响而变化的。影响国内消费量变化的因素有：消费者购买力的变化、人口规模及消费结构的变化、政府收入与就业政策等。一般来说，这些因素的变化对期货商品需求及价格的影响要大于对现货市场的影响。

（2）出口量。在产量一定的情况下，某种商品出口量的增加会减少对国内市场的供应；相反，出口量减少，会增加国内市场供应量。因此，商品出口量的变化会引起国内市场商品供求状况的变化，从而对该商品价格产生影响。

（3）期末商品结存量，是分析期货商品价格变化趋势最重要的数据之一。一般来说，如果当年年底商品库存量增加，则表示当年商品供应量大于需求量，下年的商品期货价格就有可能下跌；如果当年商品库存量减少，表示当年商品需求量大于供应量，则下年商品价格将会上升。因此，必须及时了解本国有关商品的生产国和进口国的商品期末结存量。

2. 商品市场的供给量构成

商品市场的供给量主要由前期库存量、当期生产量和当期进口量三部分组成。这三方面的供给对期货价格的影响不可忽视。

（1）前期库存量。这一指标是指上一期积存下来可供社会消费的商品实物量，是构成总供给量的重要部分。根据存货持有者身份的不同，可分为生产者存货、经营者存货和政府存货。前期库存量的多少，体现着供应量的紧张程度，供应短缺将导致价格上涨，而充裕的供应将导致价格下跌。因此，对于能够储藏的小麦、玉米、大豆等农产品以及能源和金属矿产品等，研究前期库存是非常重要的。

（2）当期生产量。由于期货商品是在合约成交时刚投入或即将准备投入生产的产品，在此期间，商品生产者可能受各种因素的影响，改变其生产计划可能会使其实际产量计划发生大的变化，因此产品的当期产量本身是一个变量。这一点对于受自然因素影响大的农产品，尤其是某些不能储藏的商品，表现尤为明显。对于农产品期货，必须注意分析研究播种面积、气候情况和作物生产条件、生产成本以及政府的农业政策等因素的变动情况，这样才能较好地掌握当期生产量。

（3）当期进口量。某种商品的进口数量越多，占整个国家社会消费总量的比重越大，则进口量的变化对市场商品供给和商品价格的影响也就越大。商品的实际进口量往往会因政治或经济的原因而发生变化。因此，应尽可能及时了解和掌握国际形势、价格水平、进口政策和进口量的变化情况。

在现实中，期货的价格走势分析均可从以上角度进行分析。有一个案例值得思考。2020年4月20日，美国WTI5月原油期货价格在开盘短短一个半小时内连续跌破0美元后，不断下挫，最终结算价收于−37.63美元/桶，每桶下跌55.90美元，降幅305.97%。这是1983年纽约商业交易所开始交易石油期货后首次出现负数价格的情况。究竟是什么原因造成了这一价格异常？我们可以从库存、生产和消费多个角度寻找答案。

专栏5-1
美国WTI原油
期货结算价收
于−37.63美元/
桶的原因分析
扫描此码　深度学习

当然，分析商品的供给量和需求量是十分复杂的。由于商品属性存在差异，可能需要从不同的方向和重点来展开分析。图5-2梳理了影响大豆期货供求关系的各种因素，可在基本面分析时使用。后面的各个部分将围绕着这个供求关系图或者潜在的平衡表做进一步的介绍。这些相关因素的介绍虽然无法直接反映在平衡表或者其他模型中，但是确实是交易者在交易时经常考虑或者必须考虑的问题。

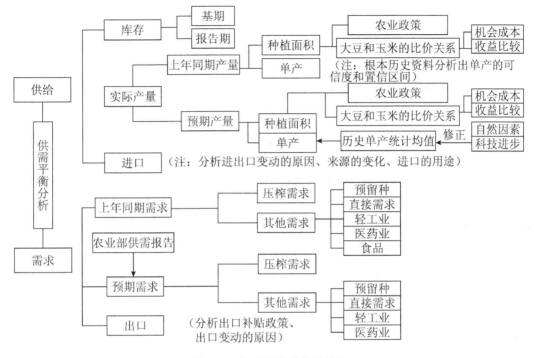

图 5-2　大豆的供需分析结构

▶ 二、经济周期波动

在经济周期的不同阶段或者经济处于波动过程中，商品的供求关系总是在不断变化。如果把经济周期分为复苏、过热、滞涨和衰退四个阶段（见图 5-3），商品价格会呈现出周期特征。

1. 复苏阶段

在复苏阶段，中央银行通常在前期基础上继续保持宽松政策，这时国内生产总值（GDP）增长率开始逐渐上升。商品市场率先复苏，大宗商品价格指数与居民消费物价指数（CPI）走势相反，金属板块复苏快于农产品板块和能源化工板块。

2. 过热阶段

在过热阶段，经济扩张进入后期，企业生产能力增速减慢，通胀抬头。大宗商品成为最佳投资选择。在此阶段，大宗商品价格与 CPI 保持同涨，CPI 的涨幅大于大宗商品市场，其中金属板块较强，甚至可能出现飙涨。

3. 滞涨阶段

在滞涨阶段，经济开始进入收缩的早期，经济放缓牵引大宗商品市场价格下跌。在衰退阶段，产业需求不旺，商品价格持续下跌，其中金属会领先下滑。

4. 衰退阶段

衰退阶段，经济增长停滞，超额的生产能力和下跌的大宗商品价格驱使通胀率更低。金属领先下滑，CPI 的跌幅较深。

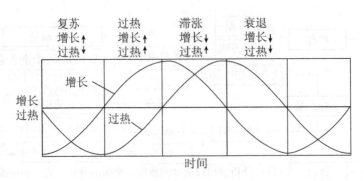

图 5-3　经济周期变化的增长与物价变化特点

▶ 三、金融货币因素

金融货币因素体现在货币供应量、汇率和利率三个相互作用的变量方面。

1. 货币供应量

物价上涨最直接的金融影响因素无外乎货币因素。当货币供给量增多时，商品价格就会上涨；如果货币供给量下降，则商品价格会出现下降。期货投资者需要考察的主要指标是广义货币供应量 M2 的增减变化和货币流通速度。如果 M2 增长加速，则商品价格有上涨的趋势；反之，亦然。如果货币供应量没有变化，货币流通下降速度降低或者货币流通速度上升则意味着经济中的货币周转加速，货币供给出现了潜在的增加，这时商品价格也会上升。在分析 M2 的影响时需要将其和 GDP 联系起来。用 M2/GDP 的比值变化可以更好地衡量货币是否超发，是否会引发资金投机于商品。

为了分析货币供应量变化，商品期货投资者需要关注银行准备金率、外汇占款、央行的公开市场业务动向等。准备金率下降会使 M2 的数量加倍上升。外汇占款是我国货币发行的主渠道，如果资本外流，则外汇占款下降，可能促使央行决心降低准备金率。公开市场业务是央行吞吐货币的基础工具。期货分析者应注意的是正回购和逆回购业务、央行票据发行等一系列工具的运用规模、周期和方向。

2. 汇率

汇率对商品价格的影响是多方面的。考虑到全球 50% 的大宗商品定价用美元来计价，因此商品期货交易者应着重考察美元汇率的走势。如果美元升值，则商品价格通常会下跌；如果美元贬值，则商品价格升值。在国际商品市场上，商品价格和美元在很多时候呈现出反向变动的关系。在所有商品中，黄金最为奇特，既有货币属性，可以对货币进行避险，又具有商品属性。因此，在国际商品市场上，黄金与美元的关系通常呈现反向变化关系，有时也会呈现同向变化关系。对于非美元国家来说，美元汇率变化对本国商品价格的影响可以通过固定汇率制度进行传导。

期货交易者观察美元比值的基本指标是美元指数。美元指数越高，说明美元币值越高，商品价格越低；反之，亦然。

最后需要注意的是，浮动汇率制度也会影响一个国家的商品价格。例如，如果本币贬值，在进口时需要花更多的钱来购买以外币计价的商品，这必然会影响到本国市场上的价格，使国内商品期货价格上扬。

3. 利率

利率对商品价格的影响是复杂且多方面的。从表面看，当一个国家提高利率，会导致货币供应减少，进而引发商品价格的回调。但是，事实上利率可能在其他方面对期货价格发挥作用。例如，在持有成本模型中，利率上升会提高持仓成本，进而在一定程度上会提升商品价格。

需要重点关注的是，本国利率高于外国利率引发的资本投机性流入会增强商品期货的投机性，拉升期货价格。例如，金融危机后美国利率达到零利率边界，非常规货币政策放出的大量货币向全世界流动寻找投资机会。由于中国实行固定汇率制度、利率高，最终使大量的投机资本流入中国，使中国商品价格迅猛上涨有了充裕的流动性支持。

在分析利率的影响时需要判断主要国家的基准利率、收益率曲线和政策利率变化动向。这里所说的主要国家的基准利率是指对全球有重要影响的国家的利率，如美国的联邦基金利率。收益率曲线是现代利率体系中的关键内容，是指不同到期期限债券和金融产品利率所形成的利率曲线或利率期限结构。收益率曲线的移动和变化可以较好地预测和判断宏观经济增长、物价、经济周期的变化，进而有助于判断期货价格的变化。期货交易者可以分析 10-2 息差（10 年期国债和 2 年期国债收益率的差值）与期货价格的关系。图 5-4 中显示，在 1994 年、2000 年和 2005 年至 2006 年，利率曲线上的低点对应金属价格以及整个商品市场价格的下跌。

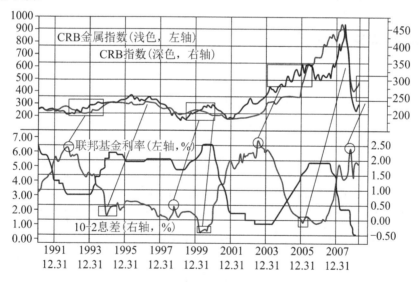

图 5-4　10-2 息差与商品期货价格的关系

资料来源：Laidi，A.How Yield Curves Signal Metal Moves[J].Futures，2009（5）.

▶ 四、政策因素

各类产业发展和流通政策对商品期货具有重要的推动或抑制作用。

1. 产业政策

由于发展阶段不同，每个产业可能会面临不同的发展政策指引。对于处于弱势的农业来说，政府的补贴和减税会增加农产品供给和降低价格。供给侧政策调整则对产能过剩行业具有出清作用，会引发行业所涉及大宗商品的价格上扬。此外，对所有商品来说，进口税收的设置和贸易壁垒的设置均影响着商品价格的形成。

产业发展的技术支撑政策往往是提高生产效率、增加产量的重要途径。因此，任何新技术的产生和运用都可能拉低商品期货价格。在产业发展过程中，物流技术的引进和提升都会降低商品流通成本，进而降低期货价格。

2. 储备政策

储备政策是影响商品供求关系的又一重要因素。通常来说，储备可以分为商业储备和战略储备。战略储备较少会被用到，因此不会频繁影响期货价格。但是一旦大国的战略储备开始投放，将对上涨的商品价格起到平抑作用。当然，对于一些需要轮换的储备物资如粮食，则需要认真对待。粮食期货交易者需要探讨国家战略储备的轮换方法和轮换周期，战略物资轮换规模的大小对市场的影响程度不一。

当然，对期货价格影响更多的是商业储备和政府临时收储变化。我国建立起了种类丰富的国家大宗商品储备体系，投资者需要注意国家发展改革委的储备调控动向和国家产业安全政策动向。最为明显的一个现象是，在国家强大的储备粮干预下，中国国内粮食期货价格波动幅度要明显小于国际市场。投资者需要关注的国内储备机构有：国家物资储备局、中国储备粮管理总公司、中国储备棉管理总公司。

▶ 五、商品供求的区域特征

由于资源禀赋的差异，国际上的商品生产和需求区域往往不对称。这一特征在经济全球化条件下对于商品期货价格具有不可忽略的影响。由于需求在短期内具有相对稳定性，那么期货交易者就需要紧密关注商品主要生产国的产量变化。例如，大豆期货交易者需要密切关注美国、巴西和阿根廷等国家的大豆生产条件和产量变化（参见图5-5）。

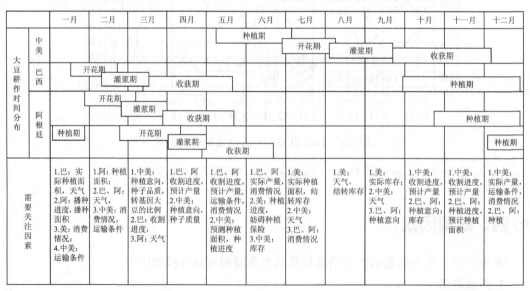

图5-5　世界大豆主产国的生产循环

在商品全球化的背景下，期货交易者还需要特别关注一些国家对某些商品的需求偏好。例如，中国是全球最主要的黄金消费国，在春节期间和黄金期货价格下跌阶段会出现需求增加的情况，进而引发黄金价格阶段性上涨。印度不仅是主要的黄金消费国，同时也是最重要的白银消费国。在进行白银期货投资时，需要考虑到印度市场的白银供求关系对全球白银价格的影响，因为白银是印度的贵金属首选。在投资钯金时，则需要关注日本经济，因为钯金是日本的首选贵金属，日本经济增长会推高钯金价格。

▶ 六、自然环境和气候变化

农产品是很容易受到自然环境和气候变化影响或冲击的商品。期货交易者都应知道农产品主产地的旱涝、温度变化、雨雪等极端天气、病虫害等都会对农产品的生产和流通产生影响，进而引发价格上升。在贸易和套利作用机制下，商品期货价格具有全球联动特征，因此期货交易者应能够全面关注交易对象的主要生产国的自然环境和气候变化对农产品供给的具体影响。对于肉类期货来说，同样需要关注气候变化特点。例如，温度低会造成动物吃得多，长得慢，进而使成本上升，供给减少，最终造成肉价上升。而活牛等生物受到气候的影响小于室内圈养的生猪。

自然环境和气候变化对其他商品期货也具有影响。异常寒冷的冬季无疑会提升原油、天然气、燃油、电力、煤炭等期货的价格。炎热的夏季则会提升用于制冷的能源价格，如电力。

▶ 七、季节变化

1. 季节变化对粮食期货的影响

由于季节变化与气候变化具有相关性，因此受季节变化影响较大的依然是农产品、牲畜和能源期货。当农作物收割前市场可能会弥漫着"害怕恶劣天气"的情绪，如果遇到气候突发变化，可能会导致期货价格暴涨。在没有气候意外的情况下，农作物收割后的价格往往下跌，并进入当年的谷底。之后随着供应的减少，价格会逐渐上升，在淡季或者新作物上市之前达到一个顶峰。有研究发现，2002—2013年期间，初期尤其是春节前后月份的价格比较高，8月、9月比较低，但自2006年开始，季节特征逐渐演变和清晰化。例如，小麦的价格在6月和10月达到两个季节高点，3月为季节低点。籼稻价格的季节波峰主要出现在2月，即春节前后，谷底初期在6～8月。玉米价格的波峰主要为10月和1月，即玉米收获的季节和春节前，两个波谷主要为6月和8月。大豆的季节特征是波峰在3月，波谷在12月。

2. 季节变化对牲畜的影响

牲畜期货也会遇到季节性因素的影响。例如，在生猪出栏前的3月、4月为小淡季，5月、6月是小旺季，7月、8月、9月为淡季，10月至春节是旺季。这种特征与生产的社会化程度有关。夏季时猪肉消费少，冬季天冷时猪肉消费多。这些现象说明生猪期货价格具有季节性特点。从国外文献看，美国的猪肉需求和价格会在夏季达到高峰。

3. 季节变化对能源期货的影响

能源对于抵御严寒和酷暑具有重要的作用。因此，冬季时用于取暖的能源价格会上扬，夏季时用于制冷的能源价格会上升。需要注意的是，有些能源会在季节过渡前就会逐渐上升，这主要是消费者在消费旺季之前提早储备，而储备也构成需求的一部分。

4. 季节变化对棉花的影响

棉花的销售量也具有很高的季节性变化。例如，夏季期间，棉花的销量就会降低大约 30%，到秋季后棉花的销量会增加 20%。这样的变化还是比较大的。如果了解棉花的季节性销售特点，就会准确预估棉花的销售量数据。

▶ 八、政治角逐与军事战争

期货市场价格对国际国内政治关系、相关政策的变化十分敏感。通常，政治因素主要指国际国内政治局势、国际性政治事件的爆发及由此引起的国际关系变化、战争、各种国际性经贸组织的建立及有关商品协议的达成、政府对经济干预所采取的各种政策和措施等。例如，产油国地区的战争或者政治经济角逐会对全球油价的上扬产生猛烈的推动作用。例如，两伊战争、海湾战争、阿拉伯国家石油禁运等都是政治对石油价格产生影响。当然，贸易禁运、战争也会冲击国际粮食市场、金属市场等。例如，铜是一种"战争金属"，在国防预算增加的时候，铜价会在需求大幅增长的背景下出现大涨。再如，2018 年中美贸易摩擦导致中美大豆期货价格多次背离，期间美国大豆期货价格下跌，中国大豆期货价格上涨。

▶ 九、相关性商品价格

在多种因素推动下，很多商品有着经济或统计上的相关性，这就使得相关商品的价格变化可以作为分析其他商品价格变化的参考依据。例如，从传统上看，对于大豆与玉米、小麦与稻谷等具有相互替代作用的粮食来说，一个价格上涨往往会带动其他品种价格上涨。

此外，随着能源结构的变化，玉米可以生产汽车用燃料乙醇以在原油价格上升时替代汽油。因此，当原油价格上涨时，玉米价格也会上涨。投资者或许应考虑玉米价格上涨对其他粮食价格上涨的推动作用。表 5-1 是各类商品价格的相关性统计，对期货交易者具有一定参考价值。不过很显然，不同时期商品价格变化的相关系数并不稳定。交易者在分析价格时应予以谨慎处理。

表 5-1　主要商品价格变化的相关系数（1960—2007 年）

	玉米	小麦	稻谷	咖啡	棉花	铜	铝	铁矿石	黄金
小麦	0.91								
稻谷	0.82	0.81							
咖啡	0.70	0.45	0.63						
棉花	0.83	0.80	0.82	0.82					
铜	0.75	0.55	0.71	0.35	0.75				

续表

	玉米	小麦	稻谷	咖啡	棉花	铜	铝	铁矿石	黄金
铝	0.70	0.46	0.63	0.37	0.76	0.41			
铁矿石	0.72	0.49	0.63	0.36	0.76	0.00	0.34		
黄金	0.69	0.00	0.65	0.54	0.80	0.00	0.44	0.00	
原油	0.72	0.55	0.65	0.58	0.81	0.00	0.48	0.00	0.83

资料来源：世界银行网站。

▶ 十、投机和心理影响

在期货市场中有大量的投机者，他们参与交易的目的就是利用期货价格上下波动来获利。当价格看涨时，投机者迅速买进合约，在期货价格上升时抛出获利，而大量投机性的抢购，又会促进期货价格的进一步上升；反之，当价格看跌时，投机者迅速卖空，当价格下降时再补进平仓获利，而大量投机性的抛售，又会促使期货价格进一步下跌。在期货市场中，大投机商经常利用某些消息或价格的波动，人为地进行买空和卖空，从而对期货价格的变动起着推波助澜的作用。2000 年，"投机交易者"在纽约商品交易所所持原油期货交易合约占该市场合约总量的 37%，到 2008 年原油价格达到 147 美元 / 桶的历史最高价时，投机者的持仓比例已大幅攀升至 71%，"商业交易者"持仓比例则大幅下降。有研究提出投资机构的持仓与期货价格无关。该结论虽然在理论探讨上可行，也能表明投机者无法左右价格，但是忽略了投机者对期货价格的助推作用。图 5-6 是基金净多持仓与芝加哥期货交易所（CBOT）大豆价格走势对比关系图，更直观地解释了投机者与期货价格之间的关系。基金净多明显和期货价格关系紧密，在金融危机爆发前二者正相关，金融危机爆发时基金开始逐渐做空 CBOT 大豆，大豆期货价格暴跌。

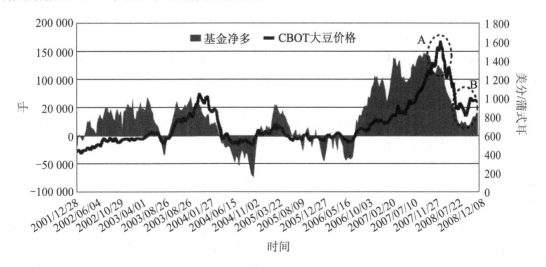

图 5-6 基金净多持仓与芝加哥期货交易所（CBOT）大豆价格走势对比

与投机因素相关的是心理因素，即投机者对市场的信心。当人们对市场信心十足时，即使没有什么利好消息，价格也可能上涨；反之，当人们对市场失去信心时，即使没有什么利空因素，价格也会下跌。当市场处于牛市时，人气看好，一些微不足道的利好消息都会刺激投机者的看好心理，引起价格上涨；当市场处于熊市时，人心向淡，往往任何利好消息都无法扭转价格疲软的趋势。

投机因素和心理因素对商品期货价格的影响同样可以反映在股票期货价格、利率期货价格和外汇期货价格中。下文将不再赘述。

🕊 第二节　股票期货价格分析

股票期货包括股指期货和单一股票的期货，这里重点介绍股指期货的价格分析。股指期货的基本面分析的基本出发点是对股票指数的各种影响因素进行分析，对股票指数的整体运行情况和未来走势进行综合判断。这种分析方法相对简单易懂，但是并不容易分析清楚各种复杂因素对指数的综合作用结果究竟如何。还有一种切入角度是对指数主要成分股的未来股价进行预测，以此来计算分析指数的合理估值。这类分析需要一定的量化分析，较为复杂，对使用者的量化分析能力要求更高。这里重点介绍影响股指期货的基本面因素。

▶ 一、经济周期和金融周期

1. 经济周期

从经济周期的角度看，企业在繁荣期盈利增加，每股收益会增加，因此股票价格会上涨，因而股指期货价格上涨；企业在经济衰退期，盈利减少甚至会亏损，每股收益会受到冲击，股票价格会下降，这样股指期货价格也会下降。

为了更好地分析经济周期对股指和股指期货的影响，可以借助先行指标、同步指标和滞后指标，以多指标相互印证来对我国的宏观经济进行综合分析。

（1）先行指标对经济周期变化具有预测力，可以分析经济的扩张和收缩趋势。其主要的指标包括：金融机构新增贷款、企业订货指数、房地产业土地购置面积、土地开发面积、采购经理人指数、新订单数量、存货水平等。

（2）同步指标具有描述功能，可以证明经济运行实际所处的峰谷状态。其主要的指标包括：国内生产总值、工业总产值、社会消费品零售总额等。

（3）滞后指标具有验证功能，由于其晚于经济所处状态变化出现，滞后指标有助于分析经济循环中的某一状态是否结束。主要的滞后指标包括：财政收入、工业企业实现利税总额、城市居民人均可支配收入等。

表 5-2 是判断美国经济周期的先行指标、同步指标和滞后指标。这些指标与我国的指标不尽相同。在现实中，美国还有不少研究和预测商业周期的主要机构会公布经济周期的特定指标，如美国国家经济研究局的商业周期测定委员会、美国经济咨商会、芝加哥联邦储备银行、亚特兰大联邦储备银行、费城联邦储备银行等。交易者可以寻找相关信息进行分析参考。

表 5-2 判断美国经济周期的先行指标、同步指标和滞后指标

领 先 指 标	同 步 指 标	滞 后 指 标
（1）制造业平均每周工作时间 （2）平均每周首次申领失业救济金的人数 （3）制造业新增订单、日用消费品和原材料 （4）卖方业绩、延缓交货扩散指数 （5）制造商新增订单、非防务性资本货物订单 （6）建筑许可证、新私人住宅数量 （7）股票价格（S&P 指数） （8）货币供应量 （9）10 年期国债收益率减联邦基金利率的息差 （10）消费者期望指数	（1）非农就业人口 （2）扣除转移支付的个人收入 （3）工业生产指数 （4）制造业和贸易销售额	（1）平均失业周期 （2）库存 / 销售比率 （3）制造业每单位产出的劳动力成本变化 （4）银行平均优惠利率 （5）商业和工业贷款余额 （6）消费者分歧付款信贷与个人收入的比率 （7）服务业的消费物价指数

注：这些指标构成分析经济周期的基础指标。在分析股指期货基本面时，作为领先指标的股票价格指数显然不合适，应当剔除不予考虑。

2. 金融周期

金融周期不同于经济周期，较少被研究，但重要性日渐显现。所谓金融周期可以理解为信用和房地产扩张和收缩的交替、反复出现。国际清算银行认为，金融周期的核心指标是信用和房地产。在扩张阶段，信贷扩张，房价上涨；在收缩阶段，信贷放缓，房价下跌。从金融周期的运行看，其有三个特点：①金融周期比经济周期更长、波动幅度更大；②金融周期的顶峰往往伴随着银行业危机或显著的金融抑制；③在金融全球化背景下，不同经济体的金融周期往往同步。有研究认为，我国金融周期的表现日益明显，信用周期长度约为 3 ～ 4 年。在近些年的金融周期中，我国出现了两次股市动荡与系统性风险。一次是 2015 年 6 ～ 9 月我国爆发的股灾，另一次是 2018 年 10 月（国庆后）股市异常波动，这些都值得予以深入地关注。

▶ 二、货币政策与财政政策

货币政策和财政政策的松紧和松紧搭配对股票指数和指数期货具有重要的影响。

1. 货币政策

货币政策影响股指期货基本的原理是：宽松的货币政策会给市场注入流动性，引发通货膨胀预期或物价实质性的上涨，进而对企业盈利和股价上扬产生一定的促进作用；紧缩的货币政策则会提高货币借贷成本，给企业经营造成困难，导致股价和股指下跌。例如，2008 年美国金融危机后采取的量化宽松政策不仅推动了本国股市的上扬，而且由于货币的流动还造成了诸多国家的股市繁荣。但是应特别注意，经济和市场运行往往具有十分复杂的运行机理，除了考虑货币政策的变动，还要考虑政策时滞、社会心理和其他各种因素。例如，2020 年 3 月，美联储将联邦基金利率的目标利率降至 0 ～ 0.25%，并实施大规模量化宽松政策，但美国股市和股指期货并没有受到提振，反而因其他原因而重挫，出现了巨大幅度的下跌[①]。此外，在分析货币政策对股指期货的影响时还需要考虑货币政策效果在国际间的传递问题。

---

① 更多内容可见第八章价格限制制度中的专栏 8-2。

2. 财政政策

财政政策的松紧对股指和股指期货具有同方向的影响，即财政政策宽松，则股指和股指期货价格上扬；财政政策紧缩，则股指和股指期货价格下跌。但是，财政政策对股指和股指期货的影响途径与货币政策不一样。宽松和积极的财政政策包括增加政府支出、降低税收等。增加政府支出会刺激社会总需求，进而提升企业的盈利能力并导致股指上升。降低税收则会使企业的盈利能力得到改善，也可能会使居民的收入增加（增加消费需求），进而提升股价。紧缩的财政政策对股市的影响则与宽松政策相反。需要注意的是，大国财政政策也会通过债券价格变化和利率变化影响其他国家的资金供求，进而影响其他国家的股市。

▶ 三、利率

利率有金融市场利率和货币当局调控利率两个基本内容，这两类利率紧密相关。无论哪种利率都对股市和股指期货具有影响。利率可从两个渠道影响股指。一个是企业渠道，利率会影响企业的融资成本，降低利率，企业融资成本下降，利润会上升，股指会上扬；提高利率，则企业利润下降，股指会下降。另一个渠道是从资本流动角度考虑，如果利率上升，资金会从股市流出，股指会下降；如果利率下降，资金会流向股市，股指会上扬。

通常人们在分析利率对股市的影响时应注意金融市场利率和货币当局调控利率之间的关系。金融市场利率有时会独立于货币当局利率，甚至具有超前含义。股指交易者可以分析常见的市场利率，如同业拆借利率或类似利率（LIBOR、SHIBOR、美国联邦基金利率等）、隔夜指数互换利率、收益率曲线等。这些利率往往是货币当局调控的对象。货币当局的利率也极为重要，尽管有些时候是被动应对市场利率变化的结果。期货交易者在分析货币当局利率时需要注意的指标或内容有央行的利率维持目标（如再贴现率、央行票据利率、回购利率，在我国还有1年期存贷款利率等）、央行的利率承诺，等等。对于中国而言，货款基础利率也值得关注。货款基础利率以公开市场操作利率的加点方式发布，期限包括1年期和5年期两个期限。该利率受央行公开市场业务影响，是贷款合约定价的新锚，股指期货交易者也可关注。

最后，还需要注意两点。第一，央行的利率调整对股市实际产生的效果要比前面介绍的复杂得多。央行提高利率通常可以抑制股市上扬，但是在整个市场处于亢奋期时，股市可能并不会理睬利率上升的影响，而会继续上扬；如果在经济衰退期，央行降低利率，股市并不会随之上扬，反而可能会在一定时期内出现下挫。这主要与投资者预期以及整个社会群体在不同经济阶段表现出的社会投资心理有关。第二，降息是积累风险泡沫的开始，但不是泡沫的"盛宴"；降息会推升债务杠杆，也会透支未来的宽松手段；降息不会迅速带来繁荣，反而可能是经济衰退的预兆。

▶ 四、汇率和汇率制度

通常一个国家的货币出现贬值，会增加出口，使企业利润增加，进而造成股指上升；

货币升值，则出口减少，使企业利润下降，进而造成股指下降。然而，需要注意的是，本国货币对股指的影响并不仅限于此。投资者还需要注意：汇率变化对进出口产生实质性的影响有一个"J曲线效应"，即存在时滞，同时汇率是否对进出口产生影响还要受到马歇尔-勒纳条件的约束。

本国货币贬值导致资本外逃，资本外逃过程中会抛出本国资产，并造成金融动荡和股指下挫；如果本币币值处于上升过程，资本会加速流入国内资本市场进行投资，这时容易导致股指上扬。

币值的变化预期同样对股指具有不可忽略的影响。例如，当预期一个国家汇率将升值时，资本会大量流入该国资本市场，进而推升股指；当预期一个国家汇率将贬值时，资本会大量流出该国资本市场，进而打压股指。

汇率制度可能通过一定的机制影响股票指数。例如，在实行固定汇率制度的国家，国际热钱可以通过制度保障有效地防范汇率风险，进而自如地投入或撤出该国资本市场。此外，在固定汇率制度下，国际热钱还可以借助经济形势的变化投机攻击股指，造成股指的大幅度波动。

▶ 五、物价水平

物价上涨对股指的影响体现在两个不同的层面。一个层面是常说的"通胀无牛市"，这一观点更多地适用于较高通货膨胀的经济状态。因为在较高的物价水平下，生产资料上涨，人力成本上涨，而且政策防控通胀会导致利息上涨，企业经营成本大增，导致公司的盈利普遍下降，所以企业的估值会受到影响，导致股票价格和股指受到压制。当然，在以高增长和高物价为特征的经济高度繁荣中，并不排除股市的火爆（如2006年至2008年期间的中国股市）。但是，股市"盛宴"之后股指终将会回落。通货膨胀对股指的另一种作用则是刺激。在温和的通货膨胀条件或通货膨胀预期下，企业销售收入会有所增加，进而导致股价和股指上扬。

另外，与通货膨胀相反的是通货紧缩。在通货紧缩和通货紧缩预期下，企业的销售收入会下降，股价和股指则会下挫。

为了考察物价对股指的影响，需要分析物价指标。通常的物价指标有两个，一个是居民消费物价指数（CPI），另一个是生产价格指数（PPI）。CPI是反映与居民生活有关的商品及劳务价格统计出来的物价变动指标。一般来说，当CPI有超过5%的增幅时，就出现了严重的通货膨胀。与CPI不同，PPI的主要的目的是衡量企业购买的一篮子物品和劳务的总费用。通常认为，由于企业最终要把它们的费用以更高的消费价格的形式转移给消费者，因此PPI是CPI的现行指标。也有国内学者发现，无论是从短期还是从长期看，PPI和CPI互为因果；这表明PPI和CPI具有相继变化的特点，如果出现这些则预示着物价的全面变化。因此，通过PPI和CPI可以观察股价是否会发生实质性变化。如果PPI和CPI均持续高企，则可能意味着"通胀无牛市"。反之，如果均负增长则意味着企业盈利提升面临阻碍，股指也会受到打压。

▶ 六、成分股变化

构成股指的成分股的盈利状况、权重变动和成分股的调整都对指数具有一定的影响，可以较为直观地分析重要成分股盈利变化和权重变动对股指的影响。投资者可以简单地判断影响权重板块和龙头股票的股价因素，判断股指可能出现的变化。但是正如前文所述，成分股分析法需要的专业要求较高，研究难度较大，更适合于专业的投资者进行量化分析。

第三节　国债期货价格分析

国债期货价格变化的基本面因素众多，归结起来有经济因素、政治因素、流动性因素等，具体包括国内外利率、货币政策、物价水平、宏观经济走势、财政政策及市场政策调整等内容。

▶ 一、国内外利率

在所有期货品种中，国债和利率具有最为紧密的联系，二者呈现反向变动。国债价格会通过收益率影响市场利率，市场利率变化对国债价格产生影响。基于这一原理，利率对国债期货价格具有决定性的作用。相比之下，其他因素大都是通过改变人们对利率的预期来影响国债价格。因此，国债期货交易者在交易国债时先要考虑市场上的各种基准利率变化趋势和央行对利率的调节意图。

国债期货交易者需要关注国内金融市场的重要基准利率，如 SHIBOR、银行间的回购定盘利率、收益率曲线、利率互换曲线的变化。

▶ 二、货币政策

货币政策会通过不同路径影响国债和国债期货价格。如果央行实行紧缩的货币政策，即无论是提高再贴现率、通过公开市场业务收缩的货币还是提高法定准备金率，都会导致市场利率体系的整体上扬，进而打压国债期货价格。如果采取宽松的货币政策，则国债期货价格上扬。

当然，投资者也会发现物价水平和货币政策对国债期货价格的影响具有内在联系。例如，物价上升，央行货币紧缩，利率上升，则国债期货价格下跌。这种分析结果和"物价上升，国债票面收益受损，国债期货价格下跌"的分析结果一致。这也提示国债期货交易者可以物价变化这一领先于货币政策变化的指标作为是否投资于国债期货的依据。这种分析具有一定的依据。因为货币政策目标如果盯住的是物价，那么往往在物价发生变化后才会做出强烈反应。

在我国，需要注意央行的主要政策手段包括：正回购与逆回购、法定准备金率、定期存款利率等内容。

▶ 三、物价水平

对于利率固定的国债而言，最能影响票面利息收入的是通货膨胀率。通货膨胀率上升会侵蚀债券持有者的收益，因此持有国债达不到理想收益。这样，当预期通货膨胀率上升时，国债持有者会抛出国债，进而打压国债和国债期货价格。

观察物价水平的基本指标是 CPI 和 PPI。在观察这些指标时，也应考虑其中的权重商品。例如，2019 年受非洲猪瘟影响，中国 CPI 高企；但是去掉猪肉这一选项后，中国 CPI 则具有很大的下跌压力。

▶ 四、宏观经济走势

国债期货同样受到宏观经济形势的影响。在经济扩张期，投资和消费需求旺盛，市场利率会上升，国债期货价格会下降。在经济危机阶段，投资和消费需求大量萎缩，这时利率会猛烈下降，国债期货价格则会迅速上升。

如果与股指期货对比的话，投资者会发现在很多情况下国债期货和股指期货的价格涨跌具有"跷跷板效应"，也就是经济形势不好时国债期货价格上升，股指期货价格下跌；经济好转过程中，国债期货价格下跌，股指期货价格开始上升。当然，需要注意的是股市和债市的关系也不是始终如一的反向变动关系。在一些特殊时期，股市和债市也会同处于熊市或者牛市。

另外，股指期货价格和经济周期的关系与商品期货价格和经济周期的关系也不相同。表 5-3 是经济周期不同阶段商品、股票、债券和现金的收益情况。这种变化特点通常被总结为美林投资时钟，期货投资者可以作为投资参考。但是，在运用美林投资时钟时需要注意两点。第一，不同国家的美林投资时钟的有效性可能并不相同。表 5-4 显示，美林投资时钟在中国应该是大致适用的，但是在国债投资方面并不存在明显的周期差异。即使是在美国，美林投资时钟也并非总是适用。第二，在运用美林投资时钟时要考虑货币政策、投资者预期、国际大环境，这些因素会影响美林投资时钟的有效性。例如，2008 年美国开始推动非常规货币政策，从而导致投资时钟失效。

投资者最重要的应是能综合判断出经济周期或经济形势的变化趋势。投资者可以选取能反应经济周期形势的货币发行量、工业增加值、制造业投资经理人指数、贸易数据、通货膨胀水平等指标作为参考。

表 5-3　1973 年 4 月至 2004 年 7 月美国不同资产在经济周期不同阶段的年均收益率（%）

经济周期阶段	债　券	股　票	大 宗 商 品	现　金
衰退	9.8	6.4	−11.9	3.3
复苏	7.0	19.9	−7.9	2.1
过热	0.2	6.0	19.7	1.2
滞胀	−1.9	−11.7	28.6	−0.3
长期平均回报	3.5	6.1	5.8	1.5

资料来源：Greetham，J.，M. Hartnett.The Investment Clock[R]. Merrill Lynch，2004（11）.

表 5-4　2001 年至 2016 年中国不同资产在经济周期不同阶段的年均收益率（%）

经济周期阶段	债　券	股　票	商　品	现　金
Ⅰ衰退	3.76	−23.96	−23.04	2.36
Ⅱ复苏	3.28	68.07	−0.83	1.82
Ⅲ过热	3.57	8.14	15.65	1.95
Ⅳ滞胀	3.59	−3.14	−10.70	2.21

资料来源：任泽平 . 新周期 [M]. 北京：中信出版集团，2018：254.

▶ 五、财政政策

国债期货与财政政策也有紧密的关系，因为政府才是国债的真正供给者。这样，分析国债期货价格走势需要跟踪财政政策。财政政策对国债期货价格的影响机理相对简单易懂。当国家需要大量使用资金时会发行国债，国债供给大规模增加，进而引发国债和国债期货价格下降（国债现货价格向国债期货价格传导）。如果政府出现盈余，则可能会回购或者提前兑付国债，进而使国债供给减少而需求相对增加，最终会导致国债和国债期货价格上升。

▶ 六、市场政策调整

市场规范政策的出台及市场交易制度的变革同样会对债券的供求关系产生影响，进而影响国债期货价格。例如，市场规范对债券投资范围、持有期限、持有规模、质押比例的限制或要求，对债券作为资产的风险计提的要求，对债券发行方式、投资比例、分销方式规定的改变等都会影响债券投资者对债券的配置及其交易行为，进而对债券期货价格产生影响。

以上只是列举了部分影响国债期货价格的主要基本面因素。需要注意的是，各种影响因素之间往往相互作用，共同决定国债期货价格的走势。

🎁 第四节　外汇期货价格分析

汇率的变化也可以简单地归结为供求关系。如果一种货币供给增加，则该货币贬值或汇率下降。但是，如果深入分析就会发现，汇率变化实际上是十分复杂的金融现象。金融和经济学家研究了大量的汇率理论用以揭示汇率的变化原因和变动规律，我们可以从这些理论和模型中，寻找出一些分析外汇期货价格变动的基本因素和这些因素对外汇期货价格的影响机制。应该注意的是，在外汇和外汇期货交易中，虽然汇率的短期变化难以预测，但宏观经济学模型依然有效且常用。

▶ 一、物价变化

从购买力平价理论看，汇率是由两个国家的物价总水平来决定的，即

$$E = P_d / P_f$$

其中，E 是外汇的汇率，即一单位外币兑换多少单位本币，P_d 是本国的物价总水平，P_f 是外国的物价水平。如果一个国家的物价总水平要高出外国物价总水平很高，则代表外汇的比值会较高。为了更好地判断汇率的变化，可以利用相对购买力平价理论，即

$$E_1 = E_0 \cdot \frac{P_{d1}/P_{d0}}{P_{f1}/P_{f0}}$$

从相对购买力平价理论来看，外汇期货投资者需要判断哪个国家物价上涨幅度大，进而判断外汇期货的大致变化方向。例如，本国 CPI 上涨 5%，外国 CPI 上涨 2%，则 E_1 上升，即外币升值，本币贬值。

运用购买力平价理论可以粗略判断外汇期货的走势。但是，投资者需要注意以下两点内容。第一，每个物价总水平指标的构成因素不一定一样，这样由购买力平价理论分析汇率变化方向可能并不准确。第二，购买力理论更多的是从贸易角度考虑问题，投资者还需要从资本流动的角度考虑汇率的变化。

▶ 二、利率变化

利率变化会影响各国的资本流向，资本流向反过来又会影响汇率变化。外汇期货交易者需要考虑利率变化对汇率变动的影响。一般来说，如果一个国家提高利率则会使资本流入进行套利，这样以外币形式流入的资本增加会导致外币供给增加，结果外币比值会相对下降，本币比值会相对上升。降低利率则会对汇率变化有反作用，即降低本币比值，相对提升外币比值。但是，投资者还需要注意，提高利率虽然会提升本币近期币值，但是如果从长远看，在浮动汇率制度下，流入的资本最终会流出，资本的流出又会导致外币减少、币值上升，本币供给增加，币值下降。

外汇期货投资者应该对利率平价理论有深刻的认识。利率平价理论分为有抵补的利率平价理论和无抵补的利率平价理论，二者的表现形式相似，但作用不同，前者用于解释远期利率的形成机制，后者用于解释预期的远期汇率的形成机制。

如果按照连续复利计算的话，利率平价理论所确定的远期汇率为

$$F_1 = F_0 e^{(r_d - r_f)T}$$

其中，F_0 为当前时间一单位外币兑换的本币，即外币的汇率，F_1 为 T 年之后的远期汇率，r_d 和 r_f 分别为 T 时刻本国货币和外国货币的年利率。可以看出，如果本国利率上升会导致远期的 F_1 上升，即外币升值。

基于利率平价理论，外汇期货交易者在进行交易时还可考虑两国收益率曲线的差异影响。假如两国收益率曲线平行，则未来外汇期货价格不会出现大的变动［见图 5-7（a）］。如果两国的利率期限结构曲线相互分离，即距离越来越大，则高利率的货币加速贬值［见图 5-7（b）］。如果两国的利率期限结构曲线逐渐趋同或越靠越近，则高利率的货币的贬值速度就会减慢［见图 5-7（c）］。当然这种分析还要考虑的一个前提条件是资本能够自由流动。

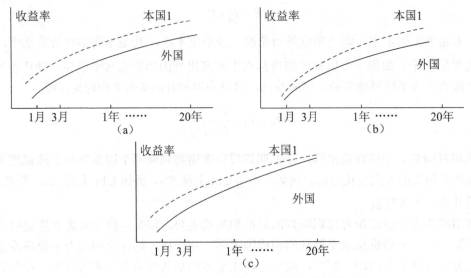

图 5-7 本国和外国收益率曲线变化差异

▶ 三、国际收支

国际收支对汇率的影响与购买力平价理论和利率平价理论中所隐含的贸易收支和资本流动具有紧密的关系。国际收支平衡表的核心项目是经常项目和资本项目。如果一国净出口大于零或资本净流入，则说明该国收入外汇。考察国际收支对汇率的影响应当考虑资本项目和经常项目中所能带来的资金净流入或净流出的增减变化。如果以外国货币表示的资金处于净流入状态，则外币贬值，本币升值；如果以外国货币表示的资金处于净流出状态，则外币升值，本币贬值。

分析国际收支平衡表内容的变化对汇率变化的影响应该注意三个方面。第一，应判断国际收支平衡表中的错误与遗漏项，这一项的异常变化往往隐含着热钱的流动。第二，关注外汇储备的规模。如果外汇储备规模巨大，则一国具有强大的汇率干预能力，这种干预对汇率具有重要影响。第三，通过国际收支考察汇率变化，虽然没有利率和物价的影响那么敏感，但是却对汇率变化具有重要的确认作用，这种确认有助于判断未来汇率的进一步变化方向。

▶ 四、宏观经济变量

货币供应量和 GDP 对汇率的影响源于购买力平价理论所推导出的弹性价格货币模型。弹性价格货币模型可以下式表示：

$$S_t = \left(m_s - m_s^* \right) - a\left(y - y^* \right) + b\left(i - i^* \right)$$

其中，S_t 是以自然对数表示的外汇汇率，m_s 是以自然对数表示的货币供应量，y 是以自然对数表示的收入水平（如 GDP），i 表示的是利率，* 代表国外。

外汇期货交易者对此式也应当予以关注。可以发现，如果本国货币供应量相对增加，则外汇汇率上升,本币贬值;如果本国货币供应量相对降低,则外汇汇率下降,本币升值。GDP 的作用正好相反:如果本国 GDP 增长幅度大于外国,则外汇汇率下降,本币升值;如果本国 GDP 增长弱于外国,则外汇汇率上升,本币贬值。不过,与通常认识不同的是,弹性价格货币模型认为利率上升会推动本币贬值,外币升值。这里有其内在的理论推导依据,投资者可不必深究。

这样为了更好地分析外汇期货的走势,交易者可以进一步分析和判断央行货币政策对货币供应量的调节能力。如果央行对货币供给的控制能力强,则关注央行的货币供给调节动向。如果央行对货币供给的控制能力较弱,货币供给的内生性强,则应关注货币供给的内生动力及其变化方向。外汇投资者通常需要关注的是央行的公开市场业务、准备金率、利率等对货币供应量的影响,在危机阶段或经济萧条阶段还需要关注央行所推出的各类非常规货币政策以及在经济复苏后的非常规货币政策的推出对货币供应量的影响。

交易者对于 GDP 这一宏观经济变量的考虑则可以通过构成 GDP 的投资、消费和进出口等三个基础方面进行判断,并跟踪影响 GDP 变化的基础指标变化,如劳动人口与失业率、工业增加值等。

以上只是大致给出了分析汇率变化的一些理论和视角。外汇期货交易者应始终注意以下两点。

(1)汇率变化极为复杂,往往是商品市场和资本市场上的各种因素共同作用的结果。而且,在交易过程中要注意不同市场对外部冲击的反应不同可能会对汇率产生复杂的影响。因此,在汇率变化中会有汇率超调和汇率低调现象。所谓汇率超调是指:当出现一个外部扰动,资产市场价格(如利率、汇率等)瞬间调节,短期内商品市场的价格却具有黏性,调整滞后,购买力平价在短期内不能成立,资产市场会通过过度调整来对其进行弥补,这就解释了为什么短期内汇率容易出现波动。通常,汇率的超调是与资本的高度流动一起产生的,在没有资本流动的情况下,则会产生汇率低调(undershooting)现象,交易者需要对此予以关注。

(2)在存在货币替代和预期的情况下,汇率可能会出现加速调整和变化。例如,货币替代率高的国家,如果人们预期本币贬值,则会大量用外币替代本币,导致货币替代率进一步上升,进而加速本币的贬值。

在本章结尾,我们还需要对基本面分析者和交易者给予一些重要的提示。

第一,在基本面分析时会面临一定的风险。在预测和现有的市场情况一致的情况下,如果预测越不精确,交易者越有可能坚信他们初始的预测。那些严格按照基本面进行交易决策的交易员,将会发现他们可能在最不正确的地方的仓位最重,并可能出现灾难性的损失。问题不在于基本面分析的有效性,而在于分析者没有认识到基本面分析存在不足。基本面通常有两大陷阱:①意料之外的发展因素很多,分析者很难将其全部纳入分析当中;②基本面分析面临着信息量大的问题。分析者有时会遗漏一些变量,也会分不清主次,抓不到主要矛盾。

第二,经济环境、市场要素关系往往都是混沌的。经济间的相互关系、市场中的相互关系常常会受到小的、但是非常关键的细节的影响,这种细节可能改变一切,但人们很难予以分析或猜测。

第三,基本面分析侧重于分析市场价格运动的前因。有些时候基本面分析的敏感度不高。历史上一些最为剧烈的牛市或者熊市开始的时候几乎很难找到经济基本面变化的信息。即使分析准确，但基本面分析并不能提供时点信息。

第四，基本面变化有长期影响和短期反应。永远不要过于死板地坚持基本面观点。交易者可能需要通过技术分析，找到交易的切入时点。更有效的交易方法应该包括基本面分析、技术分析、现金管理和市场心理（行为）分析。

-------------------------【本章知识点回顾】-------------------------

基本面分析包括：经济周期和经济波动、金融变量变化、财政政策和货币政策、季节和自然因素，政治与战争等。但是，不同的影响因素在不同期货中的表现也不尽相同。经济周期的不同阶段，商品、股指、国债和外汇的交易方向不尽相同，在某些时候国债和股指的价格呈现跷跷板效应。利率对商品的影响很复杂，不易判定，但是对于国债期货的影响则简单有力。在期货交易分析中还要注意心理和投机者行为变化。

美林投资时钟被广为流传，期货投资者常将其作为投资参考。但是，在运用美林投资时钟时需要注意两点。第一，不同国家的美林投资时钟的有效性可能并不相同。第二，在运用美林投资时钟时要考虑货币政策、投资者预期、国际大环境，这些因素会导致美林投资时钟的有效性降低。

基本面变化有长期影响和短期反应。基本面分析侧重于分析市场价格运动的前因，但是在有些时候基本面分析的敏感度不高。历史上，一些最为剧烈的牛市或者熊市初期几乎找不到经济基本面变化的信息。永远不要过于死板地坚持基本面观点，更为有效的交易方法应该包括基本面分析、技术分析、现金管理和市场心理（行为）分析。

----------------------------【思考题】----------------------------

1. 经济周期在基本面分析中的作用是什么？
2. 比较分析利率、物价对不同期货价格的影响差异。
3. 总结基本面分析的各种经济和金融指标。
4. 深入思考基本面分析的不足之处。

【在线测试题】扫描书背面的二维码，获取答题权限。

第 六 章
期货交易的技术分析

**学习
提示**

技术分析是不同于基本面分析的又一类市场分析方法。对于期货交易来说，技术分析同样至关重要。技术分析方法众多，但是没有哪一个方法能完美诠释市场，所以技术分析和基本面分析一样都不是万能的分析方法。随着计算机技术的进步和广泛应用，需要大量计算的技术分析方法开始相继问世。一些机构投资者通过计算机建模，在肉眼尚不能识别技术形态的时候入场交易。

**内容
提要**

本章在介绍期货技术分析的一般性和特殊性基础上，介绍传统的 K 线理论，价格运动的支撑、阻力和趋势，主要的形态理论、道氏理论、均线理论、波浪理论，以及价格分析指标等内容。

**学习
目标**

了解期货结束分析的特殊部分，读懂 K 线，掌握支撑线、阻力线和趋势线的基本用法，掌握反转突破形态和持续整理形态的基本原理，了解道氏理论、波浪理论的基本原理，掌握均线分析方法和各类技术分析指标的使用范围。

✈ 第一节　期货市场技术分析的特殊性

▶ 一、期货技术分析的一般原理

1. 期货技术分析的含义与理论基础

技术分析是以图表和指标为主要手段对市场行为和价格走势进行预测的方法。常用的技术分析方法有 K 线理论、趋势理论、形态理论、均线理论、波浪理论、指标分析等。有观点认为 K 线理论预测效果不好。不过，由于市场的复杂性，很明显没有哪一种理论能够对价格走势进行准确无误的判断，交易者需要通过实践使用多种方法相互验证，来提高对市场行为和市场价格走势预测的准确性。

技术分析与基于供求关系的基本面分析不同。传统技术分析著作认为，技术分析的理论基础与三个假设紧密相关：①市场行为包容消化一切；②价格以趋势方式演变；③历史会重演。其中，"市场行为包容消化一切"构成技术分析的基础，是指期货价格中能够包容可包容的所有信息。既然影响市场价格的所有因素最终会通过市场价格反映出来，那么研究图表上的价格运动也就足够了。"趋势"概念是技术分析的核心。"价格以趋势方式演变"的主要思想是，坚定不移地顺应既成的价格变化趋势，直至出现反向的征兆为止。"历史会重演"将技术分析和人类的心理和行为进行了初步结合，其核心是人类心理从来就是"江山易改本性难移"，因此将来的价格运动在一定程度上是过去的一个翻版。

以上三个假设是技术分析方法的理论支撑；但需要注意的是第一个假设可能面临一定的认知困境。第一个假设和有效市场假说具有内在一致性，但有效市场假说将有效市场分为了三种形态：弱势有效、半强势有效和强势有效。有效市场假说认为，即使在弱势有效市场中，技术分析也会失去作用。这一点需要读者特别注意。

除此之外，技术分析可能还有其他假设，如"沙滩会留脚印"，即精明的交易者尽管可能掌握信息优势，但其交易行为难以藏身，其脚印会留在价格、成交量和未平仓头寸上。

2. 技术分析与基本面分析的结合

很多交易者要么说自己是技术派，要么说自己是基础派。事实上，绝大多数交易者既进行技术分析，也进行基本面分析，主要有以下两个原因。

第一，技术分析与基本面分析的使用范围不完全重合，甚至在很多场合中，两者的分析南辕北辙。人们往往发现，当一场重要的市场运动初露端倪的时候，两者的分歧很大。历史上一些最为剧烈的牛市或熊市在开始的时候，几乎找不到表明经济基础已改变了的信息，等到好消息或坏消息纷纷涌现时，新趋势早已滚滚向前了。等趋势发展一段时间之后，两者对市场的理解又协调起来，可这时对于交易者来说已经来不及下手了。

第二，即使基本面分析者能够判断出价格变化趋势，也需要利用技术分析选择合理的价位或时机进入市场。这是因为价格呈现波浪运动的特点，如果不能有效分析价格变化，交易者会在上升趋势中的价格下跌阶段做多，在下跌趋势中的价格反弹阶段做空。这种操作似乎没错，但是需要注意的是，做多后价格可能会继续下跌，做空后价格还会继续反弹，这对实行保证金交易的期货交易者来说很可能是致命的。因此，期货交易者为了长期立足于期货市场，也要加强技术分析，找到准确的入市点位。另外，由于期货有到期日，并且是保证金交易，因此"买了走着瞧"的交易策略在期货市场行不通。总之，对于期货交易而言，时机决定一切，必须先分析市场趋势，后选择入市时机。正确判定市场方向仅仅是解答了问题的一小部分。有时入市相差一天，甚至几分钟就可能决定成败。

▶ 二、期货技术分析的必要性和特殊性

技术分析的绝大多数原理在期货、股票、外汇、利率市场是可以通用的。但需要注意的是，期货技术分析也有其独特之处。

1. 期货市场技术分析周期短

期货合约都有失效日期，很多期货品种合约存续时间不超过 1 年，合约的活跃时期多则 4 ～ 5 个月，少则 1 ～ 2 月。因此，期货交易者往往想知道的是下周、明天乃至几个小时后的形势如何，所以就需要提炼出一些具有即时有效性的工具。从这点来看，就与股市上很多人所做的长期分析存在很大差异。例如，移动平均线在股市分析中用 5 日、10 日、20 日和 60 日的平均线组合；而在期货市场最为流行的移动平均线组合是 4 天、9 天和 18 天。

2. 广泛性技术信号在期货市场用得较少

股市分析中广泛性技术信号很重要，如涨跌线、新高新低指数、空头动向比等，但它们在期货市场中并不流行。这倒不是因为它们的理论和实践不适合期货，只是迄今为止作用不大，也许有一天期货种类大为增加，就有必要借助这些广泛性指标来判断市场总体运动了。

3. 综合分析持仓量和交易量

和证券市场一样，期货技术分析也要求量价配合。成交量的基本规则是：在重要的上升趋势中，成交量往往在反弹时相对较高，在下降时或在交易区间（盘整）内相对较低；在重要的下降趋势中，成交量往往在下降时相对较高，在反弹时或在交易区间（盘整）内相对较低；在重要的顶部和底部时，成交量往往急剧放大。

期货市场的独特之处是其不仅研究成交量规则，还需要分析持仓量。一般认为，如果交易量和持仓量均上升，则当前价格趋势很可能按照现有方向继续发展（无论是上涨还是下跌）。如果交易量和持仓量都下降，则当前价格趋势或许即将终结。具体的分析组合和市场状态如下，表 6-1 对此进行了总结。

第一，交易量和持仓量随价格上升而增加。交易量和持仓量增加，说明新入市交易者买卖的合约数超过了原交易者平仓合约数。市场价格上升说明市场上买方力量压倒卖方力量，市场处于技术性强市，新交易者正在入市做多。

第二，交易量和持仓量增加而价格下跌。这种情况表明不断有新交易者入市，且卖方力量压倒买方，因此市场处于技术性强势，价格将进一步下跌。

第三，交易量和持仓量随价格下降而减少。交易量和持仓量减少说明市场上原来的交

易者平仓买卖的合约超过新交易者买卖的合约。价格下跌说明市场上原买入者在卖出平仓时，其力量超过了原卖出者买入补仓的力量，即多头平仓了结离场意愿更强，而不是市场主动性的增加空头。因此，未平仓量和价格下跌表明市场处于技术性弱市，多头正平仓了结。

第四，交易量和持仓量下降而价格上升。交易量和持仓量下降说明市场上原交易者正在对冲了结其合约。价格上升表明市场上原卖出者在买入补仓时，其力量超过了原买入者卖出平仓的力量。因此，这种情况说明市场处于技术性弱市，主要体现在空头回补，而不是主动性做多买盘。

表 6-1　期货市场分析的量价关系

价　格	交 易 量	持 仓 量	市　场
上涨	增加	增加	强势特征，趋势不变
上涨	减少	减少	弱势特征，反转先兆
下跌	增加	增加	强势特征，趋势不变
下跌	减少	减少	弱势特征，反转先兆

第二节　K 线分析

一、K 线分析的法则和组合

1. K 线分析的基本法则

K 线有长有短，其不同形态为价格分析提供了思路。在 K 线分析中，最基本的三个法则是：一看阴阳[①]，二看实体大小，三看影线长短。在表 6-2 中，对各种不同 K 线形态的含义进行了初步的分类解释。

表 6-2　不同 K 线形态的含义

名　称	形　态	含　义
长实体和短实体		长实体表现当天价格的大幅度移动。短实体表示价格所覆盖的区域较小，一般发生在交易不活跃的时候
纺轴线		纺轴线是有上影线和下影线的小实体 K 线。影线比实体长得多，这表明多空双方的不可靠性。纺轴线实体的颜色和影线的实际长度并不重要，同影线相关的小实体是构成纺轴线的主体

①　关于何为阴阳，读者可回顾第一章第二节中对 K 线的解释。

名　称	形　态	含　义
无实体线		当 K 线的实体小到开盘价和收盘价相等的程度时，就被称为无实体线。需要注意的是，依靠无实体线还不足以预测价格趋势改变，仅仅是即将到来的趋势改变的警告
墓碑线		当没有下影线或下影线很短的时候，就会出现这种 K 线。当上影线十分长，墓碑线有强烈的下降含义
蜻蜓线		开盘价和收盘价处在全天最高点的时候。通常出现在市场的转折点。在后续部分可以看到，蜻蜓线是上吊线和锤形线的特殊情况

2．K 线形态组合

K 线以不同形态组合在一起的信息含义要比单个 K 线信息含义更丰富一些。分析期货价格走势需要掌握一些常见的 K 线形态组合。

K 线形态组合有价格上升过程中的见顶组合、下降过程中的见底组合和持续组合。见顶组合（或许是阶段性）有"三只乌鸦"（又称"暴跌三杰"）、"射击之星""穿头破脚"（熊市鲸吞型）、"倾盆大雨""淡友反攻""乌云盖顶""钳子顶"（平顶）、"射击之星""黄昏十字星"和"黄昏之星"，等等。这些 K 线形态组合出现后，价格见顶出现价格下跌的概率较大。见底组合有"红三兵""好友反攻""穿头破脚"（牛市鲸吞型）、"旭日东升""曙光初现""钳子底"（平底），等等。这些 K 线形态组合的构成方式和含义在表 6-3 中进行了较为细致的讲解。

表 6-3　常见的 K 线组合形态

序号	名称	图　形	特　征	技术含义	备　注
1	早晨之星		1.第一天的实体颜色与趋势方向一致。早晨之星是阴线，黄昏之星是阳线 2.第二天的星形线与第一天之间有缺口，颜色不重要 3.第三天的颜色与第一天相反 4.第一天是长实体，第三天基本上也是长实体	见底信号，后市看涨	信号不如早晨十字星强
	黄昏之星			见顶信号，后市看跌	信号不如黄昏十字星强

序号	名称	图　形	特　征	技术含义	备　注
2	锤形线		1. 小实体在交易区域偏上的部分 2. 实体的颜色是不重要的 3. 下影线的长度应该比实体的长度长得多。通常是 2～3 倍 4. 没有上影线或者非常短	见底信号，后市看涨	锤头实体与下影线比例越悬殊，越有参考价值。如锤头线与早晨之星同时出现，见底信号就更加可靠
	吊颈线			见顶信号，后市看跌	实体与下影线比例越悬殊，越有参考价值。如上吊线与黄昏之星同时出现，见顶信号就更加可靠
3	倒锤线		1. 小实体在价格区域的较低部分形成 2. 不要求有缺口，只要在一个趋势之后下降就可以 3. 上影线的长度一般超过实体长度的 2 倍 4. 下影线短到可以认为不存在	见底信号，后市看涨	实体与上影线比例越悬殊，信号越有参考价值，如倒锤线与早晨之星同时出现，见底信号就更加可靠
	射击之星		1. 在上升趋势之后，以向上的价格缺口开盘 2. 小实体在价格区域的较低部分形成 3. 上影线的长度至少是实体长度的三倍 4. 下影线短到可以认为不存在	见顶信号，后市看跌	实体与上影线比例越悬殊，信号越有参考价值，如射击之星与黄昏之星同时出现，见顶信号就更加可靠
4	牛市鲸吞型		1. 本形态出现之前一定有相当明确的趋势 2. 第二天的实体必须完全包含前一天的实体 3. 前一天的颜色反映趋势，黑色是下降趋势，白色是上升趋势 4. 鲸吞型的第二条实体的颜色最好与第一天的颜色相反	见底信号，后市看涨	
	熊市鲸吞型			见顶信号，后市看跌	

序号	名称	图 形	特 征	技术含义	备 注
5	牛市孕育型		1.长实体之前有合理的趋势存在 2.第一天长实体的颜色最好是反映市场趋势的颜色 3.长实体之后是小实体，它的实体被完全包含在长实体的实体区域内 4.小实体的颜色最好与长实体的颜色相反	反转为期不远	十字星是更强烈的反转信号
	熊市孕育型			反转为期不远	十字星是更强烈的反转信号
6	曙光初现		1.第一天是反映继续下降的长黑实体 2.第二天是白色实体，它的开盘低于前一天的最低点 3.第二天的收盘在第一天的实体之内，但是高于第一天的实体的中点 4.刺穿线的两根线都应该是长实体	见底信号，后市看涨	第二根线穿入第一根线的幅度越大，越像是一次成功的反转
	乌云盖顶		1.第一天是继续反映上升趋势的长阳线 2.第二天是开盘高于第一天最高点的阴线 3.第二天阴线的收盘低于第一天阳线实体的中部	见顶信号，后市看跌	第二根线穿入第一根线的幅度越大，越像是一次成功的反转
7	好友反攻		1.出现在价格下跌途中 2.由一根阴线和一根阳线组成 3.第一根大阴线，第二个阳线低开，高走收于阴线收盘价附近	见底信号，后市看涨	转势信号不如曙光初现
	淡友反攻		1.出现在价格上涨途中 2.由一根阳线和一根阴线组成 3.第一根阳线调控高开，第二个阴线高开，低走收于阳线收盘价附近	见顶信号，后市看跌	转势信号不如乌云盖顶

序号	名称	图　　形	特　　征	技术含义	备　　注
8	旭日东升		1. 出现在价格下跌途中 2. 由一根阴线和一根阳线组成 3. 先是一个大阴线或中阴线，其后一根高开的大阳线或中阳线，阳线收盘价高于阴线开盘价	见底信号，后市看涨	信号效果强于曙光初现，阳线收的越高效果越好
	倾盆大雨		1. 出现在价格上升途中 2. 由一根阳线和一根阴线组成 3. 先是一个大阳线或中阳线，其后一根高开的大阴线或中阴线，阴线收盘价低于阳线开盘价	见顶信号，后市看跌	见顶信号强于乌云盖顶，阴线收的越低信号效果越好
9	红三兵		1. 三根连续的长阳线，每天出现更高的收盘价 2. 每天的开盘价应该在前一天的实体之内 3. 每天的收盘价等于或接近当天的最高价	见底信号，后市看涨	作用较强，投资者应该引起高度重视
	三只乌鸦		1. 连续三天长阴线。每天收盘价出现新低 2. 每天的开盘价在前一天的实体之内 3. 每天的收盘价等于或接近当天的最低价	见顶信号，后市看跌	作用较强，投资者应该引起高度重视
10	钳子顶		1. 钳子顶在上涨途中出现，钳子底在下降途中出现 2. 由两根或两根以上的K线组成 3. 钳子顶的最高价处在同一水平位置，钳子底的最低价处在同一水平位置	见顶信号，后市看跌	
	钳子底			见底信号，后市看涨	

续表

序号	名称	图　形	特　征	技术含义	备　注
11	低档五阳线		1. 出现在价格下跌行情中 2. 连续拉出五根小阳线	见底限号，后市看涨	低档五阳线也可能是六根或是七根小阳线
	高档五阳线		1. 出现在价格上涨行情中 2. 连续拉出五根小阴线	见顶信号，后市看跌	高档五阴线也可能是六根或是七根小阴线

▶ 二、K 线分析的应用

1. 注意事项

分析 K 线时需要注意两方面内容。第一，敏感性。K 线的敏感性体现在其往往先于其他西方技术分析信号。但是，由于它过于灵敏，也容易传递伪信号。第二，主观性。和其他技术分析一样，K 线不存在严格、具体的规则，因此在分析时，不同的交易者对 K 线信息的看法可能不同甚至完全相反。

2. 综合分析

图 6-1 是一张小麦期货的日 K 线图，图中的数字代表了不同 K 线点。我们可以通过这张图总结分析一下 K 线形态含义，以便把前面较为抽象的 K 线分析具体化。

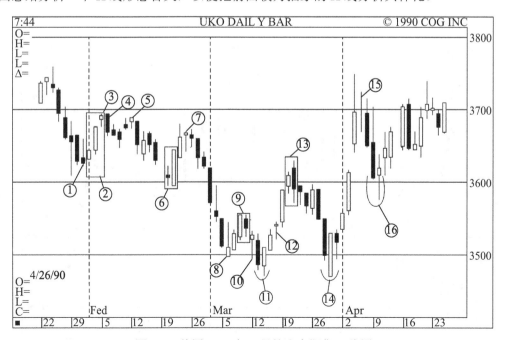

图 6-1　美国 1990 年 5 月的小麦期货 K 线图

资料来源：Steve Nison.Japanese Candlestick Charting Techniques[M]. New York Institute of Finance，1991.

①是一根看涨的倒锤子线。下一日的开盘价较高，并且形成了一根阳线，进而验证了"倒锤线"的信号。

②是一个停顿信号，意味着市场向上的努力陷入困境。

③是出现的一条"吊颈线"，虽然不典型，但依然为价格运动抹上了疲软的色彩。

④是证实了"吊颈线"的信号，和③放在一起还形成了个"钳子顶"，也大致形成了一个吞没形态。价格短期见顶的可能性进一步增强。

⑤是又一条"吊颈线"。

⑥是出现较为明显的一个看涨的吞没形态（牛市鲸吞型），可能出现一波上涨行情。

⑦是再出现的"吊颈"，下影线很长表明看跌明显。

⑧是"倒锤线"，价格上涨信号出现。

⑨是连续三日上涨后出现了熊市孕育形态，价格可能下跌。

⑩是长下影线的K线，代表着前期的下跌可能结束。它和⑧联系起来，可以进一步表明较长期的下跌会结束。

⑪ 是一个经典的"曙光初现"，与前面连续出现的"锤子"和"倒锤子"结合起来，意味着价格确实可能会出现有效反转。

⑫ 是又一条"吊颈线"，但是含义不明显。前面出现的⑧⑩⑪三个上涨信号，强于这一个不良信号。

⑬ 是熊市鲸吞型，价格看跌。

⑭ 是下跌后"曙光初现"，长阴后一根更长的阳线低开高走，穿越阴线中间，看涨意味强烈。

⑮ 是"黄昏十字星"，高位危险的十字星，看跌。

⑯ 是"早晨之星"，价格看涨。

图6-2是原油期货的日K线图。

图6-2　原油期货的K线图

资料来源：Steve Nison.Japanese Candlestick Charting Techniques[M]. New York Institute of Finance，1991.

①是"钳子底"，价格看涨。

②是"乌云盖顶"，价格看跌。

③是缺口，价格低开，形成向上的价格阻力。

④是"早晨之星"。虽然它不太典型，但这里有两个特点：第一，是对以前价格的试探，与①形成一个双底；第二，第二天价格高开，明显将价格向上推动。

⑤是"小钳子顶"，与③结合起来表明，向上突破的阻力仍存。

⑥是"倒锤线"，形态含义不明显，需要后市确认。

⑦是"熊市孕育"形态，但事后看是个误判形态。

⑧是黑色大阴线之后形成的一个孕育，市场出现运动方向的动力。

⑨是"锤形线"，它和⑧一起表明价格下跌的结束。

⑩是"十字星"，代表顶部结束将要来临。

⑪是顶部结束的孕育形态。

⑫是"乌云盖顶"。

⑬是短期下跌后的一条"锤形线"，但形态不好，可能出现一个短期的上涨。

⑭是孕育下跌。

⑮是两个连续跳空低开，形成了有力的价格上升阻力。

⑯是"倒锤线"。

⑰是在前期的缺口处遇到阻力，这段行情夭折。

⑱是下降过程中的孕育，当前的下跌行情可能终结。

⑲是"乌云盖顶"，后市不妙。

第三节　支撑、阻力与趋势

技术分析中，趋势是核心。在期货市场上，应"永远顺着趋势交易"。在通常情况下，市场不会朝任何方向直来直去，市场运动的特征就是曲折蜿蜒，轨迹酷似一系列波浪，具有明显的波峰和波谷。市场趋势正是由这些波峰和波谷依次上升、下降或横向盘整所构成的价格运动状态。不同的趋势有不同的交易选择。这一节将介绍与趋势紧密相关的支撑、阻力、趋势线、通道、盘整、突破等一系列内容。

▶ 一、支撑与阻力

在趋势分析中，支撑和阻力十分重要。支撑有支撑点和支撑线；阻力有阻力点和阻力线。

这里先介绍支撑点和阻力点。如何寻找支撑点和阻力点牵涉到不同的视角和不同的技术分析理论。通常，支撑点是前期的价格低点。当价格下降，通常会以支撑点为依据进行调整（见图6-3）。支撑点在形成过程中的成交量越大则支撑作用越强。击穿支撑点需要强大的市场力量。阻力点是前期的价格高点，在价格上涨过程中会在此点形成阻力。如果在阻力点形成过程中的成交量很大，则阻力的作用也越强。从交易者的心理和行为角度看，惶恐情绪使价格下跌过程中击穿支撑点要比价格上涨过程中突破前期阻力点更容易一些。

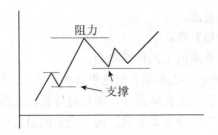

图6-3　价格波动中的支撑与阻力

在寻找支撑点和阻力点时，市场上的交易者往往也会倾向于在习惯数（如10、20、25、50、75、100等整数）附近观察价格上升或下跌是否会停止。这些数字有时称为重要的心理关口。突破重要的心理关口会创造交易机会。根据这个常识，交易者可以在市场接近某个重要习惯数时建立或了结仓位。

除此之外，还有各种理论用以解释支撑和阻力，如均线、斐波那契回撤等。

这里介绍一下斐波那契回撤。斐波纳契回撤是建立在斐波那契发现的数字逻辑推论基础上的技术分析理论。在斐波那契数列中，每一个数据都是前两个数字的总和，即1、1、2、3、5、8、13、21、34、55、89、144、…可以发现，每个数据约等于前一个的1.618倍，且每个数据相当于后一数据的0.618。由这些数字可以推导出一系列数字：0.0%，23.6%，38.2%，50%，61.8%，100%，161.8%，261.8%和423.6%。斐波纳契回撤就与这些数字有关。斐波那契回撤的价位与建立在价格端点基础上的若干水平线有关。例如，最高点向下或者最低点向上，可按照0.0%、23.6%、38.2%、50%、61.8%、100%、161.8%、261.8%和423.6%等比率画出9条水平线。这些水平比率线在一定程度上构成了价格运动的支撑或阻力。在图6-4、图6-5中绘制出的比率为38.2%，50%，61.8%。当价格下跌时，如果23.6%线支撑不住，则不要急着补进，因为它向下寻求下一条线即38.2%线的概率很大。如果要补，就要等到23.6%线有支撑了再说，否则应该在38.2%线附近进场更合适。但如果38.2%线还支撑不住，那就等待下一条线，以此类推。相反，反弹时，如果可以突破上位线则可看高（一般有回抽确认过程）。如果突破不了，掉头向下，就卖出。

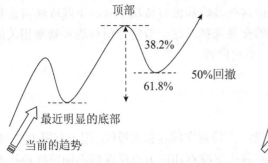

图6-4　上升趋势中的斐波那契曲线

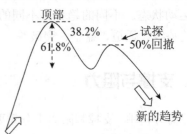

图6-5　趋势改变的斐波那契曲线

▶ 二、趋势线和通道线

趋势线是所有图表工具中最受欢迎的一种。趋势线的最终目标是：确定市场趋势，顺势而为。由趋势线的方向可以明确地看出价格的趋势。趋势线可以分为两个基本类型：上升趋势线和下降趋势线。在上升趋势线中，市场价格往往会朝着比低点更高、高点也更高的方向变化。下降趋势线的特征就是比价格的高点更低、低点也更低。要注意观察价格的变化是怎样由一系列更高的高点/更高的低点，或者是更低的高点/更低的低点组成的。

在牛市或者说上涨的市场中，趋势线的画法是将更高的低点连成一条直线，因此至少两个点才能确定。在熊市或者下降的市场中，趋势线就是两个价格高点的连线。要确认一条趋势线是否有效，需要注意：画出直线后，还应得到第三个点的验证才能确认（见图 6-6）。另外，这条直线延续的时间越长，就越具有效性。趋势线越陡峭，通常也就越短，它的持续时间也更短。

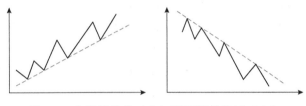

图 6-6　上升趋势线（左）和下降趋势线（右）

通道线又称轨道线或管道线，是趋势线方法的延伸。在得到趋势线后，通过第一个峰和谷可以做趋势线的平行线，这条平行线就是轨道线（见图 6-7）。

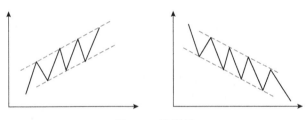

图 6-7　通道线

盘整区是指包含了一个长时期价格波动的水平走廊（见图 6-8）。尽管存在获利的方法（如震荡指标），但从总体上而言，在盘整区内很难进行投机和套利，对于盘整区最好的交易策略就是减少不必要的进场次数。

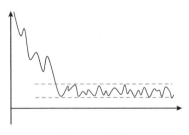

图 6-8　盘整

最后应记住：趋势线和通道线确实有用，但是其重要性经常被夸大，因为现实中的市场并不会总是有规则地变化。不是所有的市场都会按照趋势线来变化，也没有哪个市场始终按趋势线变化。由于人类在投机过程中的疯狂和恐惧天性，趋势途中很可能会出现急剧或毫无意义的反转。从长远看，这就产生了错误的趋势线和反转信号。出现转折的趋势线（价格变化低于上升趋势线或高于下降趋势线）是表明趋势已经反转的一个危险信号。当上升趋势线出现转折时，多头应当已经离场，而新的空头已经建仓。如果下降趋势线出现转折，空头则一定在做完全相反的事情。许多交易员把止损点设立在上升趋势的下方或者下降趋势的上方，以便退出市场。

▶ 三、突破

支撑或阻挡的力度通常由三个方面的因素决定：第一，价格在某个支撑或阻挡区逗留的时间越长，该区域就越重要；第二，该区域交易量越大，则支撑或阻挡的力度就越大；第三，交易活动发生的时间越近，支撑或阻力的力度越大。

然而，支撑和阻力的关系并非一成不变，当市场力量足够大，能够打破原有的支撑或阻力时，支撑和阻力的角色就会发生变化，即支撑水平被强大的市场空头力量打破，并穿越到一定程度之后，就转化为阻挡水平（见图6-9）。当阻力水平被强大的多头力量突破，则原来的阻力会变成强大的支撑。

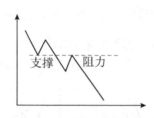

图6-9　支撑和阻力的转换

如上所述，出现转折的趋势线（价格变化低于上升趋势线或高于下降趋势线）是表明趋势已经反转的一个危险信号。当上升趋势线出现转折时，多头应当已经离场，而新的空头已经建仓。如果下降趋势线出现转折，空头则一定在做完全相反的事情。但是，在此过程中需要严防阻力点或支撑点被虚假突破。投资者会在止损价位迅速甩掉头寸，市场迅速反转到最初的方向。盘整后的突破是体现潜在趋势变化的强烈信号。因此，识别假突破就十分重要。价格从支撑或阻力水平弹开的距离越大，则该支撑或阻挡的重要程度也就越强。

专栏 6-1
在盘整后的突破行情中交易的6条规则
扫描此码　深度学习

当支撑和阻挡被穿越从而发生角色变换时，这种距离特点尤为突出。有些分析师以穿越幅度达10%作为标准，尤其是在碰到重要的支撑和阻挡水平的时候。短线的支撑和阻挡区域可能只需要非常小的穿越幅度，如3%～5%就可以确定。需要注意的是，国债期货的突破比率可以设在2%。突破的确认还需要由时间来验证。例如，突破达到百分比原则界线且在3个交易日以上。

对于在盘整后的突破行情中的交易，可以关注6条十分有用的规则。笔者将其总结在了专栏6-1中。

▶ 四、扇形原理

扇形原理是趋势线的另一种用法：当上升趋势线被突破后，价格先是下跌，然后再反弹，回到原上升趋势线的下边（该线此时已成为阻挡线了）。在图 6-10 中，价格跌破 a 线后，再度弹升到 a 线下边，但是未能向上穿越 a 线。此时，我们可以做出一条新的趋势线（b 线）。随后 b 线也被向下突破了，然后价格又一次弹回，向上试探 b 线未果，于是可以得到第三条趋势线（c 线）。第三条趋势线若再次被突破，通常就意味着价格将下跌了。第三条趋势线被突破是趋势反转的有效信号。

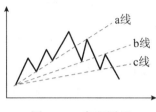

图 6-10　扇形原理

第四节　形态分析

价格曲线的形态可以分成持续整理形态和反转突破形态。前者保持平衡，价格在整理后继续按照原先的方向前进；后者打破平衡，价格会出现与之前方向完全相反的走势。

一、持续整理形态

持续整理形态是趋势发展过程中的暂时休止状态，主要的形态有三角形、矩形、旗形、楔形等。

1. 三角形

三角形是持续整理的常见形态之一。三角形形态有对称三角形（见图 6-11）、上升三角形和下降三角形（见图 6-12）。

对称三角形情况大多发生在一个大趋势（上升或下降）进行的途中，表示原有的趋势暂时处于休整阶段，之后还要沿着原趋势方向继续行动。一般来说，在整个形态的二分之一至四分之三左右突破，所呈现的指示信号最为准确。突破必须以收市价突破形态的百分之三（视品种特性而定）作为确认条件。越接近三角形的尖端，未来突破的冲击力也就越小。如果过了四分之三仍在反复，并走到形态的尖端才突破，所呈现的买卖信号就没有太大意义了。

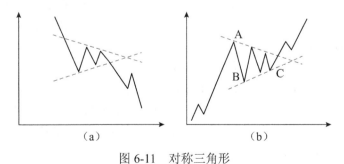

图 6-11　对称三角形

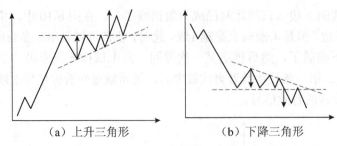

图6-12　上升和下降三角形

上升和下降三角形是对称三角形的变形体。与对称三角形相比，上升三角形有更强烈的上升意识，多方比空方更为积极；下降三角形有更强烈的下降意识，空方比多方更为强大。通常以三角形的水平线被突破作为这个持续过程终止的标志。

2. 矩形

矩形又叫箱形，也是一种典型的整理形态。价格在两条横着的水平直线之间上下波动，做横向延伸的运动，分为上升矩形和下降矩形（见图6-13）。矩形在形成之初，多空双方全力投入，各不相让。空方在价格高上去后，在某个位置就抛出，多方在价格下跌后到某个价位就买入。时间一长就形成两条明显的上下界线。随着时间的推移，双方的战斗热情会逐步减弱，市场趋于平淡。如果原来的趋势是上升，那么经过一段矩形整理后，会继续原来的趋势，多方占优势并采取主动，使价格向上突破矩形的上界。如果原来是下降趋势，则空方会采取行动，突破矩形的下界。

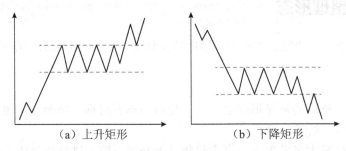

图6-13　矩形

3. 旗形和楔形

旗形和楔形是两个最为著名的持续整理形态。在价格图上，这两种形态出现的频率最高，一段上升或下跌行情的中途，可能出现好几次这样的图形。

旗形是一个上倾或下倾的平行四边形，分为上升旗形和下降旗形（见图6-14）。旗形大多发生在市场极度活跃、价格运动剧烈、近于直线上升或下降的情况下。由于上升、下降过于迅速，市场必然会有所休整，旗形就是完成这一休整过程的主要形式之一。旗形有测算功能。旗形被突破后，价格将至少要走到形态高度（平行四边形中上下两边的垂直距离）的距离；多数情况是走到旗杆（快速上升或下降的长度）高度的距离。

在进行旗型分析时需要注意，旗形持续的时间不能太长。如果时间一长，保持原来趋势的能力就会下降。从经验来看，一般短于3周。旗形形成之前和被突破之后，成交量都很大。在旗形的形成过程中，成交量从左向右逐渐减少。

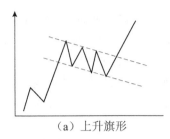
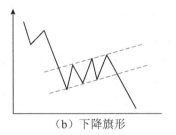

（a）上升旗形　　　　　　（b）下降旗形

图 6-14　旗形

如果将旗形中上倾或下倾的平行四边形变成上倾和下倾的三角形，我们就会得到楔形，分为上升楔形和下降楔形（见图 6-15）。从图 6-15 中看出三角形的上下两条边都是朝着同一个方向倾斜。这与前面介绍的三角形形态不同。在形成楔形的过程中，成交量是逐渐减少的。在楔形形成之前和突破之后，成交量都很大。

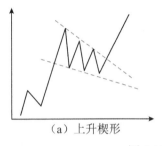
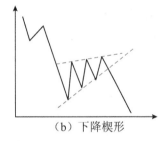

（a）上升楔形　　　　　　（b）下降楔形

图 6-15　楔形

▶ 二、反转突破形态

1. 双重顶（底）

双重顶出现在价格上涨过程中，双重底出现在价格下跌过程中。双重顶和双重底在实际中出现得非常频繁。这里只需说明双重顶，读者可自行理解双重底的原理。

在图 6-16（a）中，在上升趋势过程末期，价格在 A 点形成新高后出现回落调整，但受上升趋势线的支撑，价格会大致停在 B 点。其后继续上升，但是力量不够，在与 A 点几乎等高的 C 点遇到压力后价格向下。以 B 点作平行于 A、C 连线的平行线，就得到一条非常重要的直线——颈线。颈线和水平线之间的高度称为形态高度。

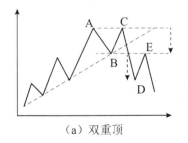
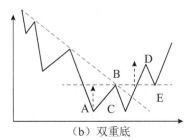

（a）双重顶　　　　　　　（b）双重底

图 6-16　双重顶和双重底

双重顶形成以后，可能有以下情形：一是未突破 A 点的阻力位置，价格在 A、B、C 三点形成的狭窄范围内上下波动，演变成矩形这种持续整理形态；二是突破 B 点的支撑位置继续向下，这种情况才真正表明出现了双重顶反转突破形态。

需要注意的是，双重顶的形成需要确认。确认的方法是跌破颈线的 3%（视品种而定，如国债期货的确认可以是 2%）。颈线被向下突破后，预估的最小跌幅为形态高度。

2. 头肩形态

头肩顶和头肩底是最著名和最可靠的反转突破形态之一。这种形态一共出现三个顶，中间的高点称为头，左右两个相对较低的高点称为肩。在上升趋势中，不断升高的各个局部的高点和低点保持着上升的趋势，其后在某一个地方上涨势头将放慢。图 6-17（a）中 A 点和 B 点还没有放慢的迹象，但在 C 点和 E 点已经有了势头受阻的信号，说明这一轮上涨趋势可能出现了问题。最后，价格走到了 G 和 F 点，这时反转向下的趋势已势不可当。值得注意的是，头肩顶形态完成后，向下突破顶线时，成交量不一定扩大，但日后继续下跌时，成交量会放大。

考虑头肩形态的重要性，本书将头肩形态的交易方法做了进一步的总结归纳，具体见专栏 6-2。

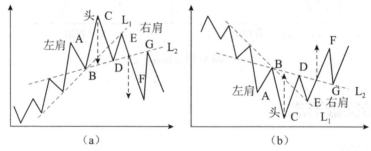

图 6-17　头肩形态

3. 三重顶和三重底

三重顶（底）形态是头肩形态的一种小的变形体，由三个一样高或一样低的顶或底组成（见图 6-18）。与一般头肩形最大的区别是，三重顶（底）的颈线和顶部（底部）连线是水平的，这就使得三重顶（底）具有矩形的特征。比起头肩形来说，三重顶（底）更容易演变成持续形态，而不是反转形态。另外，如果三重顶（底）的三个顶（底）的高度依次从左到右是下降（上升）的，则三重顶底就演变成了直角三角形态。这些都是我们在应用三重顶（底）时应该注意的地方。

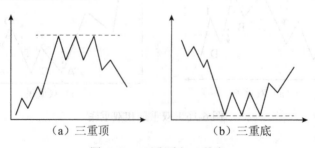

（a）三重顶　　　　　（b）三重底

图 6-18　三重顶和三重底

另外还需要注意的是，三重顶的顶峰与顶峰，或底谷与底谷的间隔距离与时间不必相等，同时三重顶的底部也不一定要在相同的价格形成。三个顶点价格不必相等，差异在3%以内就可以。三重顶的第三个顶，成交量非常小时，即显示出下跌的征兆。

4. 圆弧形

圆弧形在实际中出现的机会较少，但是一旦出现则是绝好的机会，它的反转深度和高度往往深不可测。这一点同前面几种形态有一定区别（见图6-19）。

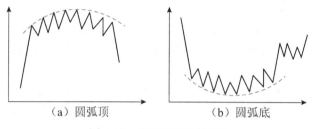

（a）圆弧顶　　　　　　　（b）圆弧底

图 6-19　圆弧顶和圆弧底

5. V形

V形出现在市场剧烈的波动过程之中，它的顶或底只出现一次，这一点同其他反转形态有较大的区别（见图6-20）。V形的反转一般事先没有明显的征兆，我们只能从别的分析方法中得到一些不明确的信号，如已经到了支撑、压力区等。V形是一种失控的形态，在应用时要特别小心。

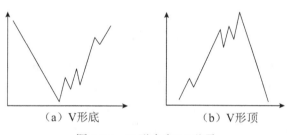

（a）V形底　　　　　　　（b）V形顶

图 6-20　V 形底和 V 形顶

6. 岛形反转

岛形反转分为顶部岛形反转和底部岛形反转。图6-21是一个顶部岛形反转，可以看出岛形反转是一个顶部区域在左侧和右侧都有缺口的技术形态。

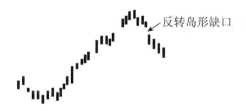

反转岛形缺口

图 6-21　顶部岛形反转

7. 钻石形态

钻石形态是一种比较特殊且非常罕见的形态，通常出现在顶部，它大多充当反转突破形态，而较少作为持续整理形态出现。在该形态中，先是两根边线逐渐分离，然后再逐渐聚拢，围成了与钻石非常相像的形态，故称钻石形态（见图 6-22）。

钻石形态在形成过程中，价格变化所对应的交易量形态是，在形态前一半，交易量逐渐扩张，在形态后一半，交易量逐渐缩小。在钻石形态的后半部分，当下边的上升趋势线被向下突破后，形态完成。一般在其向下突破时，会伴有交易量的增加。

从投资者的心理角度看，扩散三角形和收窄三角形正好揭示了两种不同的状态。市场在形成扩散三角形的时候，往往反映参与的投资者变得越来越情绪化，使得行情的震荡逐渐加剧。而当行情处于收窄三角形整理阶段，由于市场暂时正在等待方向的选择，导致越来越多投资者转向观望。因此，当钻石型形态出现时，说明市场正由一个比较活跃的时期逐渐萎缩。也因为这个阶段的市场参与者在不断减少，使得行情经过钻石型调整后大多时候选择了向下调整。

钻石形态的最小价格目标的测算方法与其他形态的测算方法大致相同。先测出该形态最宽部分的竖直距离，然后，从突破点起向下投射相等距离。有时候也会出现反扑现象，价格回到下方的阻挡线附近，但新趋势应从这里恢复运行。

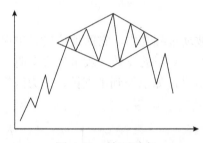

图 6-22　钻石形态

最后需要回顾和注意的是，交易量一般应该顺着市场趋势的方向相应增长，这是验证所有价格形态完成与否的重要依据。任何形态在完成时，均应伴随着交易量的显著增加。在底部反转过程中，交易量的相应扩张绝对必需。交易量在验证向上突破信号时十分重要。如果当价格向上突破的时候，交易量形态并未呈现出显著增长的态势，那么整个价格形态的可靠性就会大打折扣。在趋势的顶部反转过程的早期，交易量并不如此重要。一旦熊市潜入，市场习惯于"因自重而下降"。技术分析者当然希望看到在价格下跌的同时，交易活动也更为活跃，不过在顶部反转过程中，这并不是关键。

第五节　指标分析

▶ 一、移动平均线

移动平均线（moving average，MA）是指将一定时期内的价格取均值，并把不同时期的平均值连接起来形成的曲线。MA 的基本思想是消除价格随机波动的影响，寻求价格波动的趋势。它具有追踪趋势、滞后性、助涨助跌性和支撑线及压力线的特性。移动平均线的规则可以简易地编成计算机程序，然后由计算机自动地生成各种买入或卖出信号。

1. 移动平均线的种类

移动平均可分为算术移动平均线、加权移动平均线和指数平滑移动平均线（exponential moving average，EMA）三种。算术移动平均线是数个交易日收市价格的算术平均线。有些分析者认为，距当前越近的日子的价格变化应当具有越大的权重。为此有人提出了"线性加权移动平均值"的概念。在这种算法中，如果以 10 天的平均值为例，那么第 10 天的收市价要乘以 10，第 9 天乘以 9，第 8 天乘以 8，依此类推算出总和。然后，把总和除以上述乘数的和（在本例中为 55，即 10+9+8+…+1=55）。但是线性加权平均值法依然没有解决前一个问题，仍然仅仅包含平均值移动区间内的价格。"指数加权移动平均值"试图解决简单平均值法所面临的问题，计算公式繁复，需要借助计算机来完成。看似指数加权平均是个不错的指标，但是事实不完全如此。

在实际应用中常使用指数平滑移动平均线，但美林公司研究部门在进行大量研究后发现：就整体而言，简单移动平均值方法既胜过线性加权平均值法，也胜过指数加权平均值法。在 13 个品种的期货市场中，有 10 例是简单平均值法最佳，有 2 例是线性加权平均法最优，而指数加权平均值中选择的情况只有 1 例。但这也说明，没有哪种移动平均线在所有市场都表现得最佳，每个市场都有自己独有的优越移动平均线，具体市场应具体分析。

2. 利用 4—9—18 天移动平均线系统

根据计算期的长短，MA 又可分为短期、中期和长期移动平均线。通常以 5 日线、10 日线观察期货市场的短期走势，称为短期移动平均线；以 30 日、60 日线观察中期走势，称为中期移动平均线；以 13 周、26 周研究判断长期趋势，称为长期移动平均线。由于短期移动平均线比长期移动平均线更易于反映行情价格的涨跌，所以一般又把短期移动平均线称之为"快速 MA"，长期移动平均线则被称为"慢速 MA"。最常用的移动平均值天数为 5 天、10 天、20 天和 40 天，或者是这些数字的某种变通（如 4 天、9 天和 18 天）。

在上升趋势中，合理的排列应当为：4 天均线高于 9 天均线，而后者又高于 18 天均线。在下降趋势中，顺序正相反，4 天均线最低，9 天均线次之，18 天均线居上。在下降趋势中，当 4 天均线同时向上越过了 9 天和 18 天均线后，则构成买入预警信号。随后，一旦 9 天均线向上越过 18 天均线，则预警就得到验证，说明买入信号成立。在市场调整时，也许会有三线绞混的情况，但上升的趋势不变。有些交易者在三线绞混的过程平仓获利，也有人将其作为买入机会，这取决于交易者的交易风格。

当上升趋势反转为下降趋势时，4 天均线向下跌破 9 天均线和 18 天均线，就出现了卖出预警信号。有人会利用这个交叉信号，开始卖出平仓。随后，如果 9 天均线再向下跌破 18 天均线，则卖出信号得到确认。

▶ 二、平滑异同移动平均线

平滑异同移动平均线（moving average convergence divergence，MACD）是根据移动平均线发展出来的，可以研判买进与卖出的时机和信号，是技术指标里十分经典的一个指标。

1. MACD 的原理

MACD 是利用两条不同速度的指数平滑移动平均线（变动速率快的短期移动平均线，如 12 日的指数平滑移动平均线；变动速率慢的长期移动平均线，如 26 日的指数平滑移动平均线）来计算二者之间的差离值（differential value，DIF）作为分析行情的基础，然后再据此求取 DIF 的 9 日平滑移动平均线。其中，

$$差离值（DIF）=12日EMA-26日EMA$$

在技术分析中，要将 DIF 与 EMA 值分别绘出两条曲线，然后依据"长短线交错的方法"进行分析。当 DIF 线向上突破 EMA 平滑线后，可以认为涨势确认；当 DIF 线向下跌破 EMA 平滑线时，则为跌势确认。

2. MACD 的应用法则

① DIF 和 EMA 在 0 以上，大势属多头市场。

② DIF 向上突破 EMA 时，可买进；若 DIF 向下跌破 EMA 时，只可做原买单的平仓，新卖单不可进场。

③ DIF 和 EMA 在 0 以下，大势属空头市场。

④ DIF 向下跌破 EMA 时，可卖出；若 DIF 向上突破 EMA 时，只可做原单的平仓，新买单不可进场。

⑤在高位上出现两次向下交叉则大跌，在低位上出现两次向上交叉则大涨。

3. MACD 指标中的柱状图分析

在分析软件中通常采用 DIF 值减 DEA 值来绘制 MACD 柱，用红柱状和绿柱状表示，红柱表示正值，绿柱表示负值。用红绿柱状来分析行情，既直观明了又实用可靠。其基本运用原理如下：

①当红柱状持续放大时，表明市场处于牛市行情中，价格将继续上涨。

②当绿柱状持续放大时，表明市场处于熊市行情中，价格将继续下跌。

③当红柱状开始缩小时，表明市场上涨结束或要进入调整期，价格将出现下跌。

④当绿柱状开始收缩时，表明市场的大跌行情即将结束，价格将止跌向上或进入盘整。

⑤当红柱开始消失、绿柱开始放出时，这是转市信号之一，表明上涨行情或高位盘整行情即将结束，价格将开始加速下跌。

⑥当绿柱开始消失、红柱开始放出时，也是转市信号之一，表明下跌行情或低位盘整已经结束，价格开始加速上升。

4. MACD 的顶背离和底背离

MACD 指标的背离就是指 MACD 指标的图形的走势正好和 K 线图的走势方向正好相反。

（1）顶背离。当 K 线图上的走势一峰比一峰高，价格一直在向上涨，而 MACD 指标图形上的由红柱构成的图形的走势是一峰比一峰低，这种现象叫顶背离。顶背离现象一般是价格在高位即将反转向下的信号，表明价格短期内即将下跌，是卖出信号。

（2）底背离。底背离一般出现在低位区。当 K 线图上的价格还在下跌，而 MACD 指标图形上的由绿柱构成的图形的走势是一底比一底高，这就是底背离现象。底背离现象一般是预示价格在低位可能反转向上的信号，表明价格价短期内可能反弹向上，是短期买入的信号。

在实践中，MACD 指标的背离一般出现在强势行情中比较可靠，在高价位时，通常只要出现一次背离的形态即可确认即将反转，而在低位时，一般要反复出现几次背离后才能确认。因此，MACD 指标的顶背离的准确性要高于底背离，这点交易者要加以留意。

5. MACD 缺点

由于 MACD 是一项中、长线指标，买进点、卖出点和最低价、最高价之间的价差较大。当行情忽上忽下、幅度太小或盘整时，按照信号进场后随即又要出场，买卖之间可能没有利润，也许还要赔点价差或手续费。一两天内涨跌幅度特别大时，MACD 来不及反应，因为 MACD 的移动相当缓和，比较行情的移动有一定的时间差，所以一旦行情迅速大幅涨跌，MACD 不会立即产生信号，此时，MACD 无法发生作用。

每一种指标都有其优势和劣势，MACD 指标也具有一定的滞后性。在区间振荡行情中，MACD 的价值会大打折扣，甚至会出现紊乱。因此，交易者需要学会利用各种技术指标的优势并相互配合使用来优化交易。

▶ 三、威廉指标（WMS）

1. 威廉指标的计算

威廉指标是通过分析一段时间内高低价位和收盘价之间的关系，来度量市场的超买超卖状态，依此作为短期投资信号的一种技术指标。WMS 的计算公式如下：

$$\text{WMS}_{(n)} = \frac{H_n - C_t}{H_n - L_n} \times 100\%$$

式中：C_t 为当天的收盘价；H_n 和 L_n 分别为最近 n 日（包括当天）出现的最高价和最低价。公式中的 n 为选定的时间参数，一般为 14 日或 20 日。

威廉指标可用来衡量当天的收盘价在过去的一段时日内所有价格所处的相对位置。WMS 的取值范围为 0 ～ 100%。如果 WMS 的值比较小，则当天的价格处在较高的位置，要防止回落；如果 WMS 的值较大，则说明当天的价格处在相对较低的位置，要注意反弹。

2. 威廉指标的一般运用原则

第一，在 80% 处设一条超卖线，当价格进入 80% ～ 100%，而后再度上升至 80% 之上时为买入信号。

第二，在 20% 设一条超买线，价格进入 20% ～ 0，而后再度下跌至 20% 之下时为卖出信号。

第三，在 50% 设一条中轴线，行情由下往上穿越时，表示确认买进信号；行情由上往下穿越时，表示确认卖出信号。

▶ 四、相对强弱指标（RSI）

1. 相对强弱指标的计算

相对强弱指标是通过比较一段时期内的平均收盘涨数和平均收盘跌数来分析市场买卖盘的意向和实力，进而判断未来市场的走势。

RSI 考虑的是 n 日内的每日收盘价所能形成的买方总力量（记做 A）和卖方总力量（记做 B）。买方总力量是当日收盘价高于前日收盘价的天数总和，卖方总力量是 n 日内当日收盘价低于前日收盘价的天数总和。天数 n 一般取 5 日、9 日、14 日等。相对强弱指标的计算公式如下：

$$RSI(n) = \frac{A}{A+B} \times 100$$

2. RSI 的应用

第一，RSI 实际上是表示价格向上波动的幅度占总波动的百分比。RSI 的取值范围介于 0 和 100 之间。如果比例较大就是强市，否则就是弱市。

第二，将不同参数的两条或多条 RSI 曲线联合使用。同 MA 一样，天数越多的 RSI 考虑的时间范围越大，结论越可靠，但反应速度较慢。其中，我们将参数较小的 RSI 称为短期 RSI，参数较大的称为长期 RSI。当短期 RSI> 长期 RSI，则属多头市场；短期 RSI< 长期 RSI，则属空头市场。

第三，根据 RSI 取值的大小判断行情。将 100 分成四个区域，根据 RSI 的取值落入的区域进行操作，划分区域的方法如表 6-4 所示。

表 6-4　RSI 值的市场特征与投资操作

RSI 值	市 场 特 征	投 资 操 作
80 ～ 100	极强	卖出
50 ～ 80	强	买入
20 ～ 50	弱	卖出
0 ～ 20	极弱	买入

第四，当 RSI 在较高或较低的位置出现头肩顶、多重顶（底）时是采取行动的信号。

第五，如果 RSI 处于高位，并形成一峰比另一峰更低的两个峰，而价格是一峰比一峰更高，则形成顶背离，这是卖出信号。如果这时价格上涨过程中出现缺口，则卖出信号更为强烈。同样，还有底背离，分析的方法正好和顶背离相反。

▶ 五、随机指标（KDJ）

1. KDJ 的计算

随机指标综合了动量观念、强弱指标及移动平均线的优点，很早就应用在期货投资方面，并且功能十分显著。随机指标在图表上共有三根线：K 线、D 线和 J 线。K 线、D 线和 J 线是由 K 值、D 值、J 值分别形成的三条曲线。具体的计算方法是先计算未成熟随机值 RSV，然后计算 K、D、J 值。具体内容如下：

$$N日RSV = \frac{（N 日收盘价 -N 日内最低价）}{（N 日内最高价 -N 日内最低价）} \times 100$$

当日 K 值 =1/3 当日 RSV+2/3 前 1 日 K 值；

当日 D 值 =2/3 前 1 日 D 值 +1/3 当日 K 值；

当日 J 值 =3 当日 K 值 -2 当日 D 值。

K、D 初始值取 50。

2. KDJ 的使用

K 为快速指标，D 为慢速指标，当 K 线向上突破 D 线时，表示为上升趋势，可以买进。当 K 线向下突破 D 线时，可以卖出，当 KD 值升到 90 以上时表示偏高，是超买信号；跌到 20 以下时表示偏低，是超卖信号。

KDJ 曲线还需要从其他角度进行分析。第一，考虑形态。KD 指标在较高或较低的位置形成头肩顶或多重顶（底）时是采取信号的时候。第二，可以画趋势线以明确 KD 的趋势，也可以引进支撑和压力的概念，如果支撑和压力被突破可以采取行动。第三，从 KD 的交叉方面考虑。K 上穿 D 是金叉，为买入信号，如果金叉位置越低信号效果越好，低位时交叉次数越多信号效果越好。K 下穿 D 是死叉，运用原理同上。第四，考虑和价格方向背离。如果 KD 处于高位，并形成两个依次向下的峰，而此时价格还在不断上涨，就形成了顶背离，是卖出的信号。如果 KD 处于低位，并形成两个依次向上的谷，而价格下跌，则构成底背离，是买入信号。第五，J 线为方向敏感线。当 J 值大于 90，特别是连续 5 天以上时，价格至少会形成短期头部；当 J 值小于 10，特别是连续数天以上时，价格至少会形成短期底部。

总体而言，随机指标在计算中考虑了计算周期内的最高价、最低价，兼顾了价格波动中的随机振幅。因此，人们认为随机指标可更真实地反映价格的波动，提示作用更加明显。总体来说，KDJ 指标比 RSI 准确率高，且有明确的买、卖点出现。但交易者需要注意在 K、D 线呈现交叉时往往出现"骗线"现象，主要因为 KDJ 指标过于敏感，且群众基础较好，所以经常被主力操纵。

▶ 六、乖离率指标（BIAS）

1. 计算方法

BIAS 是测算价格与移动平均线偏离程度的指标，基本原理是：如果价格偏离移动平均线太远，不管是在移动平均线上方或下方，都有向平均线回归的倾向。BIAS 的计算公式如下：

$$\text{BIAS}(n) = \frac{C_t - \text{MA}(n)}{\text{MA}(n)} \times 100\%$$

式中：C_t 为 n 日中第 t 日的收盘价；$\text{MA}(n)$ 为 n 日的移动平均数；分子为收盘价与移动平均的距离，可正可负，除以分母后，就是相对距离。n 为 BIAS 的参数。

2. 应用法则

一般说来，参数选得越大，允许价格远离 MA 的程度就越大。换句话说，价格远离 MA 到一定程度，就可以认为该回头了。

▶ 七、心理线指标（PSY）

1. 计算方法

心理线指标是从投资者的买卖趋向心理方面，将一定时期内投资者看多或看空的心理事实转化为数值，来研判价格未来走势的技术指标。PSY 的计算公式如下：

$$\text{PSY}(N) = \frac{A}{N} \times 100$$

式中：N 是天数；A 为 N 天中的上涨天数。在实际应用中，N 一般定为 12 日。例如，$N=12$，12 天之中有 3 天上涨，9 天下跌，则 $A=3$，PSY（12）=25。

这里的上涨和下跌的判断以收盘价为准。

2. 应用法则

PSY 的取值范围是 0 ~ 100，以 50 为中心，50 以上是多方市场，50 以下是空方市场，若恰为 50 则可大致理解为多空平衡。PSY 超过 75 为超买，低于 25 为超卖。当行情上涨时，可以将卖点提高到 75 点以上；行情下跌时，可将买点降低到 25 以下。需要注意的是在行情展开前，PSY 通常会出现两次以上的买点或卖点。当然，PSY 参数的选择是人为的，最好和其他指标一并使用。

▶ 八、动量指标（MTM）

1. 计算方法

动量指标就是利用恒速缓冲的原则，来观测价格的涨跌速度，分析价格的波动速度，研究价格在波动过程中各种加速、减速惯性作用以及商品价格由静到动或由动转静的现象。动量指数的理论基础是价格和供需量的关系，随着时间移动，价格的涨幅必须日渐缩小，变化的速度力量慢慢减缓，行情则可反转。反之，下跌亦然。动量指标就是这样通过计算价格波动的速度，得出价格进入强势的高峰和转入弱势的低谷等不同信号。

价格在波动中的动量变化可通过每日的动量点连成曲线即动量线反映出来。在动量指数图中，水平线代表时间，垂直线代表动量范围。动量以 0 为中心线，即静速地带，中心线上部是价格上升地带，下部是价格下跌地带，动量线根据价格波动情况围绕中心线周期性往返运动，从而反映价格波动的速度，其计算公式如下：

$$MTM = C - Cn$$

式中：C 为当日收市价；Cn 为 n 日前收市价；n 为设定参数，一般选设 10 日，也可以在 6 日至 14 日之间进行选择。

2. 应用法则

动量指标的应用原则如下：

第一，一般情况下，MTM 由上向下跌破中心线时为卖出时机。相反，MTM 由下向上突破中心线时为买进时机。

第二，在选设 MTM 的 10 日移动平均线情况下，当 MTM 在中心线以上，由上向下跌穿平均线为卖出信号。反之，当 MTM 在中心线以下，由下向上突破平均线为买入信号。

第三，价格在上涨行情中创出新高点，而 MTM 未能配合上升，出现背驰现象，意味着上涨动力减弱，此时应关注行情，慎防价格反转下跌。

第四，价格在下跌行情中走出新低点，而 MTM 未能配合下降，出现背驰现象，意味着下跌动力减弱，此时应注意逢低承接。

第五，价格与 MTM 在低位同步上升，显示短期将有反弹行情；若价格与 MTM 在高位同步下降，则显示短期可能出现价格回落。

▶ 九、摆动指数（OSC）

1. 计算方法

摆动指数是当日收市价与"N"日的平均收市价之比。震荡量是动量指标的另一表现形式，一般用百分比值来加以计算。其内涵是以当日收盘价除以 n 日前收盘价，再乘以 100。计算公式如下：

$$OSC=(C_t/C_{t-n})\times100$$

式中，C_t 为当日收市价；C_{t-n} 为 n 日前收市价。

2. 应用法则

摆动指标（OSC）的应用基本原则如下：

（1）当摆动指针向上穿破指数移动平均线（EMA）时，可视为买入信号；当摆动指针向下跌破指数移动平均线（EMA）时，可视为卖出信号。

（2）作为趋势转向分析方法，可观察摆动指针及价格是否出现背离。若背离走势出现在价格上升趋势时，表示升势将会转向，应考虑卖出。若背离走势出现在价格下跌趋势时，则表示跌势将止，可考虑趁低买入。

（3）摆动指标的应用原则与相对强弱指数（RSI）相同，但跟相对强弱指数相比，摆动指标更先给予投资者趋势转向信号，而相对强弱指数则能较准确地反映超买或超卖信号。

摆动指数较适用于以下三种情况：

第一，当摆动指数的值达到上边界或下边界的极限值时最有意义。如果它接近上边界，市场就处于所谓的"超买状态"；如果它接近下边界，市场就处于所谓的"超卖状态"。

第二，当摆动指数处于极限位置，并且摆动指数与价格变化之间出现了相互背离的现象时，通常构成重要的预警信号。

第三，如果摆动指数顺着市场趋势的方向穿越零线，可能是重要的买卖信号。

▶ 十、能量潮指标（OBV）

能量潮指标是将成交量与价格联系起来判断价格走势的技术分析指标，其分析基础是量价配合。

1. 计算方法

当今日收盘价高于昨日收盘价时，今日的成交量为正值；当今日收盘价低于昨日收盘价时，今日的成交量为负值。一连串的正负值成交量累积相加，即为 OBV 值。可以根据当日的最高价、最低价及收盘价三个价位加以平均的需求值替代收盘价来计算 OBV 值，以制作 OBV 曲线，这种方法称为成交量多空比率净额法，计算公式如下：

$$VA=V\bullet\left[(C-L)-(H-C)\right]/(H-C)$$

式中：VA 为多空比率净额，V 为成交量，C 为收盘价，L 为最低价，H 为最高价。

2. 应用法则

OBV 的运用应注意以下内容。

第一，当 OBV 下降，行情上升时，则为卖出信号；当 OBV 下降，行情下降时，则为买入信号。OBV 缓慢上升，表示买盘转强；OBV 急速上升，则表明多头即将力竭。

第二，OBV 从正的累积数转为负，为下跌趋势，应做空；反之，做多。

第三，运用 OBV 线时，需要配合 K 线分析。当价格在盘档时，突破了压力，OBV 的变动方向就显得至关重要了。

第四，若 OBV 线自上而下跌破移动平均线，为卖出信号；若 OBV 自下而上穿过移动平均线，则为买入信号。

第五，如果 OBV 与价格线背离，则行情短期内会有变动。

第六，OBV 线对双重顶第二个高峰的确定有较标准的显示，当行情自双重顶的第一个高峰下跌又再次回升时，若 OBV 线能随行情趋势同步上升，量价配合则可能持续多头市场，并出现更高峰。相反，如果行情再次回升时，OBV 线未能同步配合，反而下降，则可能即将形成第二个峰顶，呈现双重顶的形态，行情可能反转回跌。

第六节　其他技术分析方法

▶ 一、道氏理论

道氏理论是由查尔斯·H. 道对股票市场行为的研究心得总结出来的理论。大多数技术分析理论都起源于道氏理论，都是其各种形式的发扬光大。虽然道氏理论起源于对股票市场的研究，但绝大部分道氏理论在商品期货市场也作用显著。道氏理论的主要原理包括以下内容：

第一，平均价格包容消化一切因素。

第二，市场波动有三种趋势。道氏理论认为尽管价格波动的表现形式不同，但是最终可以将其分为三种趋势：主要趋势、次要趋势和短暂趋势。主要趋势一般是持续几年的趋势。次要趋势的运动持续数周或数月。短期趋势的运动不超过三周。道氏理论中，用大海来比喻这三种趋势，并分别对应于潮汐、浪涛和波纹。主要趋势如同海潮，次要趋势（或称中趋势）是潮汐中的浪涛，而短暂趋势则是浪涛上泛着的波纹。三种趋势的划分为其后出现的波浪理论打下了基础。

第三，大趋势可分为三个阶段。第一阶段是积累阶段。在牛市开始时，所有所谓的坏消息已经被市场包容消化，投资者开始逐步做多。第二阶段，新闻趋暖还阳，绝大多数技术性的顺应趋势的投资者开始跟进买入，价格快步上扬。第三阶段，报纸上好消息连篇累牍，经济新闻捷报频传，大众投资者积极入市，投机性交易量日益增长。正是在这个最后阶段，从市面上看似乎谁也不想卖出，但是一些投资者开始逐步抛出或平仓。

第四，交易量必须验证趋势。当价格在顺着大趋势发展的时候，交易量也应该相应递增。如果大趋势向上，那么在价格上涨的同时，交易量应该日益增加；当价格下跌时，交易量应该日益减少。在一个下降趋势中，情况正好相反：当价格下跌时，交易量扩张；当价格上涨时，交易量则萎缩。当然，交易量是次要的参照指标。

第五，唯有发生了确凿无疑的反转信号之后，才能判断趋势是否终结。要判别反转信号说起来容易，实施起来困难。通常可以采用支撑和阻挡、价格形态、趋势线和移动平均线等办法，其中摆动指数能够更及时地发出现行趋势动力衰竭的警讯。不过，通常选择"趋势还将继续"这一边，把握更大些。

第六，收盘价是最重要的价格。道氏理论认为，在所有价格中，收盘价最重要；甚至只需用收盘价，不用别的价格。

道氏理论对大形势的判断有较大的作用，对于每日每时都在发生的小波动则显得有些无能为力。道氏理论对次要趋势的判断作用不大，而期货市场对次要趋势和小波动却较为重视。道氏理论的另一个不足是可操作性较差：一方面道氏理论的结论落后于价格变化，信号太迟；另一方面理论本身也存在不足，这使得一个很优秀的道氏理论分析师在进行行情判断时，也会因得到一些不明确的信号而产生困惑。

▶ 二、均线理论

均线有支撑线和阻力线的特性。历来的均线使用者无不视均线理论为技术分析中的至宝，在被广泛运用的葛兰威尔八大法则中，四条法则可以用来研判买进时机，另外四条法则则可以研判卖出时机。表 6-5 列出了葛兰威尔法则，图 6-23 是葛兰威尔法则的一个图形化显示。

尽管移动平均线淋漓尽致地发挥了道·琼斯理论的精神所在，但是在运用中也需要特别注意一些潜在的问题。第一，在盘整或趋势形成后中途休整阶段或局部反弹和回落阶段，均线极易发出错误信号。当价格走势进入牛市时，即价格走势既不向上也不向下，而是保持着水平方向的移动时，价格走势与均线系统的交叉现象往往会变得十分频繁，在这种情况下要做出买入或卖出的操作计划，必须借助于其他一些技术指标或者形态理论来综合分析。第二，均线作为支撑线和压力线不能生搬硬套。站在某线上，当然有利于上涨，但不是说一定会上涨，支撑线也有被击穿的时候。

表 6-5　葛兰威尔法则

买入 4 信号	卖出 4 信号
平均线经过一路下滑逐渐平缓，并有抬头向上的迹象，价格线转而上升，并自下方突破移动平均线	移动平均线从上升转为平缓，并有转下趋势，而价格线也从上方下落，跌破移动平均线
价格线在移动平均线上急剧下跌，在跌破移动平均线后，忽而转头向上突破均线	价格线和移动平均线均令人失望地下滑，这时价格线自下方上升，并突破了仍在下落的移动平均线后，又掉头下落
与以上情况类似，但价格线尚未跌破移动平均线，只要移动平均线依然呈上升趋势，前者也转跌为升	与以上情况类似，问题是稍现反弹的价格更加软弱，刚想突破移动平均线却无力突破，这是第三个卖出信号。要注意的是卖 3 与买 1 不同，买 1 是移动平均线自跌转平，并有升迹象，而卖 3 的平均线尚处下滑之中
价格线与移动平均线都在下降，价格线狠狠下挫，远离移动平均线，表明反弹指日可待，这为许多短线客喜爱（所谓抢谷底），但切记不可恋战，因为大势依然不妙，久战势必套牢	价格一路暴涨，远远超过了上升趋势较缓的移动平均线，暴涨之后必有暴跌，所以此处是第四个卖出信号，以防止暴跌带来的不必要的损失

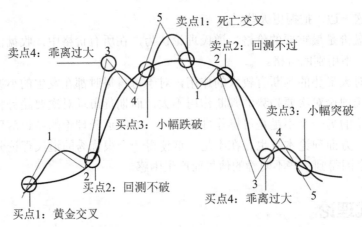

图 6-23　葛兰威尔买卖法则和波位

▶ 三、缺口理论

1. 缺口的形成

价格缺口是指在线图上没有发生交易的区域。在上升趋势中，某日最低价高于上一日的最高价，从而在线图上留下一段当日价格不能覆盖的缺口。在下降趋势中，对应情况是当日的最高价格低于前一日的最低价。向上跳空表明市场坚挺，向下跳空则通常表明市场疲软。缺口现象在日线图上很常见，在长期性质的周线图和月线图上也可能出现，而且一旦发生了，就非同小可。

当出现缺口时，经过几天甚至更长时间的变动，然后反转过来，回到原来缺口的价位，这种现象称为缺口的封闭，又称补空。缺口理论显示，有些跳空确实具有意义：有些会回补，有些则不会。交易者需要注意的是，不是所有缺口都会回补，价格跳空因其所属的类型及出现的场合不同，具有不同的意义。

2. 缺口的类型

缺口一般可分为普通缺口、突破缺口、逃逸缺口（或测量缺口）以及衰竭缺口（见图 6-24）。

（1）普通缺口。普通缺口通常发生在交易量极小的市场情况下，或者是横盘整理过程中。其主要原因是市场交易清淡，相对较小的交易指令便足以导致价格缺口。大部分缺口都是普通缺口，会被回补。总之，普通缺口对价格的预测价值很低，可以将其忽略不计。

（2）突破缺口。突破缺口通常发生在重要的价格运动完成之后，或者新的重要运动之初。在市场完成了主要的底部反转形态，如头肩形底之后，对颈线的突破经常就是以突破缺口的形式进行。在市场的顶部或底部所发生的重要突破，正是滋生此类缺口的温床。向上缺口在之后的市场调整中通常起着支撑作用，而向下缺口在之后的市场反弹中将成为阻挡区域。另外，因为重要趋势线被突破时意味着趋势反转，所以也可能引发突破缺口。最后需要注意，在突破缺口出现后，交易量越大，那么回补的可能性就越小。如果该缺口被完全填回，价格重新回到缺口的下方的话，那么很有可能原先的突破并不成立。

（3）逃逸缺口。逃逸缺口又称测量缺口，是指在新的市场运动发生并发展一段时间之后，价格将再度跳空前进，形成一个或一系列的缺口。逃逸缺口反映出市场顺利地发展。上升趋势中的逃逸缺口表明市场坚挺，下降趋势中的逃逸缺口显示市场疲软。在上升趋势中，逃逸缺口在此后的市场调整中构成支撑区，通常也不会被填回，而一旦价格重新回到逃逸缺口之下，那就是对上升趋势的不利信号。逃逸缺口又称测量缺口，这是因为它通常出现在整个趋势的中点，所以我们可以从本趋势的信号发出之处或突破处，顺着趋势方向翻一番，从而估计出该趋势今后的发展余地。

（4）衰竭缺口。在突破缺口和逃逸缺口清晰可辨之后，分析者便开始预期衰竭缺口的来临。在上升趋势的最后阶段，价格在奄奄一息中回光返照，跳上一截。但好景不长，其后价格开始下滑。一般来说，不要预测缺口。只有当收市价格低于最后缺口后，才表明衰竭缺口已经形成。

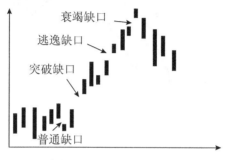

图 6-24　四种缺口类型

▶ 四、波浪理论

1. 基本原理

波浪理论是艾略特（R.N.Elliott）提出的技术分析理论，所以又称艾略特波浪理论。

在波浪理论中，价格变化呈现出特定的结构，即由上升（或下降）的 5 个阶段和下降（或上升）的 3 个阶段组成。图 6-25 是一个处于上升阶段的 8 个浪的全过程。0～1 是第一浪，1～2 是第二浪，2～3 是第三浪，3～4 是第四浪，4～5 是第五浪。这五浪中，第一浪、第三浪和第五浪称为上升主浪，第二浪和第四浪是对第一浪和第三浪的调整浪。五浪完成后，紧接着会出现一个三浪的向下调整，这三浪包括：5～a 为 a 浪，a～b 为 b 浪，b～c 为 c 浪。总之，高点和低点所处的相对位置是各个浪开始和结束的位置。

波浪理论考虑的因素主要有三个方面：第一，价格的形态十分重要，是波浪理论赖以生存的基础；第二，通过价格走势图中各个高点和低点所处的相对位置，可以弄清楚各个波浪之间的相互关系，确定价格的回撤点和将来价格可能达到的位置；第三，完成某个形态的时间可以让我们预知是否某个大趋势即将来临。波浪理论中各个波浪之间在时间上是相互联系的，用时间可以验证某个波浪形态是否已经形成。

图 6-25　简单的波浪结构

艾略特本人认为波浪理论是对道氏理论极为必要的补充。最初的波浪理论是以周期为基础的。艾略特把大的运动周期分成时间长短不同的各种周期，指出在一个大周期之中可能存在一些小周期，而小的周期又可以再细分成更小的周期。每个周期无论时间长短，都应当以一种模式进行。在艾略特波浪理论中，每一级浪都由更小级别的浪构成，同时该级浪也构成更大级别浪的一部分（见图6-26）。

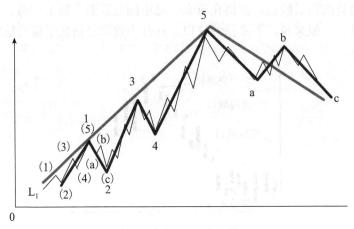

图6-26　浪的合并和细分

2. 波浪的详细分析

驱动浪有推动浪和倾斜三角形浪这两种。最常见的驱动浪是推动浪。但无论形态怎样，在驱动浪中，2浪总是不能完全回撤到1浪的幅度，而且4浪总是不能完全回撤到3浪的幅度，3浪总会运动到超过1浪的终点。就价格而言，在驱动浪中3浪绝不会是三个作用浪（1浪、3浪、5浪）中最短的，而且往往是最长的一浪。只要3浪经历了比1浪或5浪更大幅度的运动，这个规则就总能满足。需要注意的是，在所谓的推动浪中，通常4浪不会进入1浪的区域，但是由于期货市场具有杠杆效应，会导致短期价格的极端变化。尽管期货价格运动中出现4浪和1浪的重叠，但是也仅限于以日为单位的短期价格波动，而且这种情况十分罕见。

调整浪是逆趋势的价格运动。在各种变化的调整浪中，调整浪永远不会是五浪结构，只有驱动浪才有五浪结构。但是，调整浪的子浪可能是五浪结构，各种调整过程中还会呈现两种风格：陡峭型和盘整型。特定的调整浪分为锯齿形、平台形和三角形。因此，调整浪比驱动浪更难数清。

▶ 五、江恩理论

威廉·江恩（William D.Gann）是最著名的投资家之一，在商品期货市场上的成绩骄人。江恩认为期货市场的价格运行趋势不是杂乱的，而是可以通过数学方法预测的。江恩理论的主要分析方法包括圆形图、方形图、角度线和轮中轮。其中，江恩构造圆形图预测价格运行的时间周期；用方形图预测具体的价格点位；用角度线预测价格的支撑位和压力位；而轮中轮则是将时间和价位相结合进行预测。

1. 圆形图

江恩认为，宇宙中的一切均以圆形运行，无论是实质性的东西，还是抽象化的东西，皆是如此。根据江恩的研究，事物的周期可由 1 000 年、100 年、1 年、24 小时等依次划分。1 000 年前发生的事，1 000 年后同样可能发生。

在预测期货价格时，江恩将圆周的 360 度按照 1/2、1/3、1/4 和 1/8 进行分割，进而做出准确的预测。包括时间上的月数、周数、日数都可以按此方法进行分割；期货市场价格的运行也可按此方法进行分割。

江恩把一天 24 小时按此方法分割成三等份、四等份和八等份，结果得出每天的 3 点、6 点、8 点、9 点、12 点、15 点、16 点、18 点、21 点和 0 点都是重要的时刻。此外，江恩还把每小时的时间进行划分，最小的变动周期是 4 分钟。他认为，当天某个时间发生突变，则第二三天要留意同一时间市况是否会逆转。

江恩应用最多的是把圆周上的这些弧度转化为天数，即 45 天、90 天、120 天、135 天、180 天、225 天、240 天、270 天、360 天等。其中，最重要的是 90 天、180 天、270 天和 360 天。同时应注意的是，天数的分割以实际交易天数分割为宜。

2. 方形图

方形图是在一张方格纸上，以商品价格某个中期性的低点（或者高点）作为中心，按逆时针方向旋转，将单位价格依次填上去，然后再在这张填满价位的方格纸上画出支撑线和压力线。需要注意的是，方格的单位要定得准确，要做到这一点，必须观察某种商品价格的变动幅度的大小。

3. 角度线

江恩认为，世界的一切事物都离不开数学和几何形体，因此商品期货价格的支撑位和压力位都可以用上倾角度线和下倾角度线来获得。在一个大跌市过后，市势将会出现回升。在回升的过程中，市势将会受到角度线的阻滞。上倾角度线是指将图表上的最低位作为基点向上画出一条竖线，又向右画出一条横线，构成一个坐标。江恩把这个呈 90 度的坐标从下至上画出 7.5 度线、15 度线、18.25 度线、26.25 度线、45 度线、63.75 度线、71.75 度线、75 度线、82.5 度线。按照江恩的经验，商品价格从低位向上回升的时候，通常会在这些角度线遇到阻力而回落。一旦突破某条角度线，则该线将会变成日后回落的支撑线。

下倾趋势线是指在图表上的最高位作为基点向上画出一条竖线，又向右画出一条横线，构成一个坐标，江恩把这个呈 90 度的坐标从下至上画出 7.5 度线、15 度线、18.25 度线、26.25 度线、45 度线、63.75 度线、71.75 度线、75 度线、82.5 度线。

4. 轮中轮

江恩画出一个空心圆形，把圆周的 360 度分成 24 等份，向外画线，每一等份便是 15 度。围绕这个圆形，从 1 填写至 24，刚好是一周，第二周从 25 填写至 48，第三周从 49 填写至 72……对于圆轮图来说，既可以预测价位，又可以预测时间；既可以分析长期周期，也可以分析中期周期或短期周期，而周期中又有周期。

以圆轮图预测价位，具体应观察 8 等分线，即 0 度线、45 度线、90 度线、135 度线、180 度线、225 度线、270 度线、315 度线的支撑和压力。与方形图不同的是圆轮图上的价位是不变的，而方形图上的价位必须根据市况的趋势而转换。

用圆轮图预测时间，具体可以理解为：把一天分为 24 小时或把一年分为 24 等分。若把圆周的 360 度看作 36 个月，则商品价格运行至 90 度为 9 个月，运行至 180 度为 18 个月，运行至 270 度时为 27 个月，运行至 360 度时为 36 个月，这些时候都可能发生剧变。

用圆轮图分析周期。各种商品的长短周期都可能在圆轮图中重叠出现。商品价格在某个时间见顶之后，运行了90度、180度、360度，通常可再见到另一个顶部。同理，商品价格在某个时间见底后，运行了90度、180度、360度，通常可再见到另一个底部。

▶ 五、相反理论

1. 基本思路

相反理论的出发点是期货市场并不创造新的价值，没有增值。如果个体行动同大多数投资者的行动相同，那么一定无法获取太大的利润，这是因为不可能多数人获利。要获得大的利益，一定要同大多数人的行动不一致。在市场投资者爆满的时候出场，在投资者稀落的时候入场是相反理论在操作上的具体体现。该理论的依据是：当所有的人都看好时，就是牛市开始到顶之时；当人人看淡时，就是熊市已经见底之时。只要你和公众意见相反的话，你就会获得成功。

2. 应用要点

该理论的基本要点如下：

第一，强调考虑看好看淡比例的"趋势"。

第二，并非是说多数人一定是错的，但市势变化到所有的人情绪趋于一致时，他们都会看错。

第三，在期市中赚大钱的只占5%，而95%都是输家，要做赢家只有和多数人的想法相反，不可同流。

第四，在市场将要转势，由牛市转入熊市前一刻，每个人都看好，都觉得价位会再上升，无止境地上升。此时，多数人都会尽量买入，升势耗尽了买家的购买力，直到想买入的都已买入了，而后续资金却无以为继。牛市会在大家的看好声中完结。相反，熊市会在所有人都出清货时见底。

第五，在牛市最疯狂，但行将死亡之前，大众媒介都会反映普通大众的意见，尽量宣传市场的看好情绪。人人热情高涨时，就是市场暴跌的先兆。相反，大众媒介不愿意报道市场消息，市场全是坏消息，无人理会时，就是市场黎明前的一刻。

-------------------------- 【本章知识点回顾】 --------------------------

对期货交易而言，技术分析至关重要，甚至决定生死存亡。常用的技术分析方法有K线理论、趋势理论、形态理论、均线理论、波浪理论、技术分析等方法。

"趋势"是技术分析的核心，交易者应坚定不移地顺应既成的价格变化趋势，直至出现反向的征兆为止。市场趋势正是由波峰和波谷依次上升、下降或横向所构成的价格运动状态。支撑有支撑点和支撑线。如何寻找支撑点和阻力点牵涉到不同的视角和不同的技术分析理论。趋势线是所有图表工具中最受欢迎的一种。趋势线的最终目标包括：确定市场趋势，顺势而为。当市场力量足够大，能够打破原有的支撑或阻力时，支撑和阻力的角色就会发生变化。

价格曲线的形态可以分成持续整理形态、反转突破形态。前者保持平衡，价格在整理后继续按照原先的方向前进；后者打破平衡，价格会出现与之前的方向完全相反的走势。

技术分析指标包括移动平均线、平滑异同移动平均线（MACD）、威廉指标（WMS指标）、相对强弱指标（RSI指标）、随机指标（KDJ指标）、乖离率指标（BIAS）、心理线指标（PSY）、动量指标（MTM）、摆动指数（OSC）、能量潮指标（OBV）等。这些指标的应用范围不尽相同，如果结合起来分析有助于提高价格预测的准确性。

-------------------------------- 【思考题】 --------------------------------

1. 为什么期货交易需要进行技术分析？

2. 有哪些方法找出阻力点和支撑点，如何确认阻力点和支撑点被突破？

3. 在K线分析中，有哪些重要的组合？K线分析的优缺点是什么？

4. 反转突破形态和持续整理形态都有哪些具体的形态？

5. 葛兰威尔法则的基本内容是什么？

6. 如何利用4—9—18天移动平均线系统分析价格？

7. 总结思考各种技术指标的应用范围，能否据此对其进行分类？

8. 说明道式理论的基本原理。

9. 波浪理论与道氏理论有什么关系？

10. 思考相反理论的内涵和适用性。

【在线测试题】扫描书背面的二维码，获取答题权限。

第 七 章
计算机量化交易

学习提示

计算机量化交易是与基本面分析、技术面分析并列的第三类主流交易模式。所谓计算机量化交易是指投资者利用计算机技术、金融建模等手段，将交易理念用明确的方式进行定义和描述，并且严格按照设计的规则去执行买卖策略的交易方式。量化交易可以分为自动化交易、数量化投资、程序化交易、算法交易和高频交易。这五种交易方式侧重点各不相同，但随着量化技术的深入发展，程序化交易和算法交易的界限逐渐模糊，学习时应予以注意。

内容提要

本章重点介绍程序化交易、算法交易和高频交易三种交易方式的基本原理、分类、算法和交易模型。

学习目标

了解程序化交易的定义、条件和分类，知晓程序化交易的基本开发过程。学习算法交易的定义、特点和步骤，了解算法交易的基本类别，知晓 VWAP 算法和 TWAP 算法、IS 算法的基本原理。学习高频交易的基本特点及其与算法交易的联系和区别，初步了解高频交易的策略模型。

第一节 程序化交易

▶ 一、程序化交易的基本原理

1. 程序化交易的产生和定义

程序化交易最早起源于 1975 年的美国，在发展初期，其目的可能仅在于获取更为有利的成交价，后来程序化交易随着股指期货与现货市场套利交易的兴起而迅速发展。到了 20 世纪 90 年代以后，在国外发达的期货、期权市场中，70% 的交易已经通过程序化交易全自动交易模型来实现。"程序化交易"的概念也已经被扩展至基于各种不同目的的自动化交易系统。

关于程序化交易的定义是基本明朗的，其实际上是由计算机程序驱动的交易决策。一个程序化交易的典型例子：一个计算机软件每天、每周甚至每个月运行一次，接收每天的收盘价，输出投资组合配置的矩阵，并且发出买进或卖出的指令。我们可以通过三个角度做进一步了解。其一，程序化交易是一种组合交易方式，可以将交易策略、仓位管理和资金管理思路、风险控制原则的逻辑与参数在电脑程序运算后由计算机进行自动交易。其二，程序化交易并不是由计算机进行自动交易的简单过程，而是由信息搜集与策略构思、计算机程序实现、历史数据回测、参数优化、模拟应用试验、实盘交易、跟踪交易、修改完善等众多相互独立和相互联系的环节构成的一个系统动态过程（见图 7-1）。其三，程序化交易的有效期可能是一个月、一天或一分钟，因此其可能是高频的，也可能是低频的。

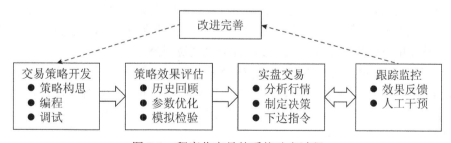

图 7-1 程序化交易的系统动态过程

资料来源：陈学斌 . 程序化交易 [M]. 上海：复旦大学出版社，2015.

2. 程序化交易的基本条件

开展程序化交易需要掌握技术分析方法和定价理论、计算机编程能力和程序化平台三个基本条件。

第一，掌握技术分析方法和定价理论。在技术分析中需要避开存在主观性或者容易有争执的理论或分析方法，如形态理论等，而是使用均线、RSI、DMI、ADX以及随机指标等具有客观性的数值类指标分析方法。定价理论需要掌握资本资产定价模型、资产组合模型、期货定价模型、期权定价模型，以及回归分析、方差分析、波动率分析等方法。

第二，具备计算机编程能力。程序化是完全自动化的技术交易系统，其中包括大量实证数据、客观定义的图表模式，甚至是由众多基本面指标构成的复杂模型。程序化交易能否成功，很大程度上取决于所编程序能否有效地运行交易模型和遵循策略方法。

第三，拥有程序化的交易平台。程序化的交易包括策略交易的开发模块、评价优化模块、运行模块和外部链接模块等。这些模块的功能联系在一起可以形成一个完整的程序化交易平台。通常，大型机构投资者有能力开发程序化交易平台，普通投资者则需要选择一些专业公司提供的程序化交易平台实施程序化交易。

3. 程序化交易的分类

人们对程序化交易做了不同的分类，这里介绍两个常见的分类。

（1）从市场趋势和技术形态角度划分，可以将程序化交易划分为趋势跟踪系统、反趋势交易系统和形态识别系统。

①趋势跟踪系统的特点是等待特定价格的移动，然后假定趋势会继续，进而在同一方向上进行建仓。趋势跟踪系统有两个最基本的方法：移动平均系统和突破系统。简单的移动平均系统遵循葛兰威尔法则，当价格由下向上穿过均线时买入，由上向下穿过均线时卖出。这类程序交易常面临期货价格急剧波动造成假信号的难题。突破系统的原理很简单，即收盘价超过前N天的最高价，结束空头进入多头；收盘价低于前N天的最低价，结束多头，进入空头。突破系统要解决的问题是如何识别假突破，以及被假突破诱捕后的止损问题。

②反趋势交易系统的目的是在最高点卖出，最低点买入，很明显这类交易系统可能会带来丰厚的盈利，也可能会带来巨大的损失。

③形态识别系统侧重于对形态的识别，在具体使用中会综合考虑价格形态，也会考虑使用概率模式。

关于以上三类交易系统需要注意两点：第一，三者的区分并不是十分明显，某种形式的系统被修正后会接近于另一种交易系统；第二，无论投资者使用何种分析方法、投资期限多长、投资偏好如何，都可以在以上这三种交易系统中建立适合自己交易风格的交易系统。

（2）从使用目的角度划分，也可以将程序化交易划分为三类。

①第一类是以绝对盈利为目的的程序化交易。这一类程序化交易是基于交易员对市场的了解，通过总结技术指标的用法，设定参数以长期获利的交易系统。在具有交易系统的内核后，依据一定的平台（如 Ensign、Neuro Shell、Matlab、Trade Station、Meta Trader 等），开发出可以产生信号的交易系统。

②第二类是以金融产品定价为基础的程序化交易，如基于期权定价的套利交易模型、期权的对冲交易模型、奇异期权交易系统、债券定价系统和债券衍生品交易系统等。这类交易系统并不追求很高的收益率。

③第三类是做市商的程序化交易。做市商的目标是在风险为零的情况下获得市场差价以及手续费，其在接到一个报价后要立刻以反方向做出一个对冲交易。因此，开发交易系统评估市场的风险因子并进行对冲交易是做市商程序交易的核心内容。

▶ 二、程序化交易系统的开发过程

程序化交易系统的开发过程包括：信息的搜集整理测试、策略组合和指标选择、策略的风险控制、策略系统的模块构筑以及交易策略的程序化、回测和优化。

1. 信息的搜集整理测试

信息的搜集整理是程序化交易系统程序编制后回测的基础。如果缺乏足够的历史数据，将无法有效测试程序化策略。鉴于期货合约有到期时间限制，为确保数据的长期性，可以选取主力合约的连续数据。如果程序化交易是隔夜交易，则需要注意主力合约的转换，通过手动交易的方式，来确保未成交和未平仓合约向新的主力合约的转换。

2. 策略组合和指标选择

通常的程序化策略包括趋势追踪策略、逆趋势追踪策略和波动性突破策略。成功的程序化交易策略需要将适用于多种市场状况的交易策略组合起来形成一个策略系统。需要注意的是策略组合过多可能会造成矛盾，这就需要用历史数据进行大量的回测检验，以便形成优化的组合系统。这里主要介绍不同策略的指标选择。

趋势追踪策略需要选择的指标是移动平均线、MACD 线、Sonar、ADX、DMI、Parabolic、Trix 等。逆趋势追踪策略应该选择显示过冷或过热的指标，如 KDJ、RSI、CCI、Divergence，或者选择代表支撑阻力的前一日或最近若干日的最高价和最低价、Swinghigh 或 Swinglow 等。波动性突破策略和前两个策略不一样，只在价格急涨和急跌时交易，因此可选的指标和价格有 ATR、布林线、标准误差、前日最高价和最低价幅度、日均缺口、Demark、Pivot、特定时间内的波幅等。

3. 策略的风险控制

程序化交易策略和手动交易一样需要设计好止损（盈）点、仓位和合理管理资金。仓位管理和资金管理没有技术难度，可根据交易者的风格自行设计。

止损的基本方法有趋势逆转止损法、限额止损法和浮动止损法。第一，趋势逆转止损法。趋势逆转止损法根据指标判断持仓方向是否和市场变化方向一致，如果出现不一致就及时止损（止盈）。需要注意的是趋势逆转是指标的逆转，并不一定是市场真实的逆转。止损的效果取决于指标的指示效果。第二，限额止损法。限额止损法设定一个可接受的亏损比例，用以避免技术指标未能及时发出止损信号，其缺点是很容易被短暂剧烈的价格波动震出。第三，浮动止损法。浮动止损法是设计好止损点和止损移动间隔，当价格向有利方向移动时止损点按照移动间隔向该方向移动。

4. 策略系统的模块构筑

程序化交易是由调试好的交易策略程序在交易平台运行，并通过交易平台向交易所下达交易指令来实现的。程序化交易者需要自行开发出各类交易策略程序，该程序是由变量定义模块、数据处理模块、交易决策模块、交易执行模块和风险控制模块等功能模块形成的整体系统（见图 7-2）。

（1）变量定义模块是系统构筑的基础。该模块的内容和相关顺序包括：对信息进行分类，并对相关变量或参数进行定义，以便计算机系统为其预留相应的存储空间，建立相应的索引并进行相关的信息处理。关于变量的定义方式、格式和命令视计算机语言而定。

（2）数据处理模块的功能是依据各种决策条件对各类指标进行计算和分析。例如，计算均线，分析是金叉还是死叉。

（3）交易决策模块在数据处理模块的基础上，判断应采取的交易策略，决定开平仓的时点、价格、规模。如果交易策略是组合策略，则需要在程序设计中有清晰的策略选择逻辑思路。总体而言，这一模块的成功不仅需要有合理的交易策略思想，而且所设计的程序应该能够反映出设计者的思想。

（4）交易执行模块执行交易决策模块发出的指令，这一模块可以写在交易策略程序中。

（5）风险控制模块负责对持仓风险和账户资金进行设计、评估、管理和控制，同时对达到风险上限的持仓进行建仓和清仓。

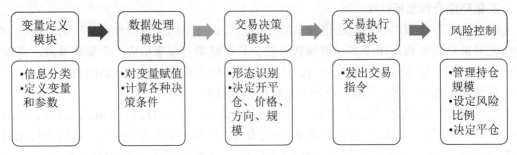

图 7-2　程序化交易系统的功能模块及其相互关系

5.交易策略的程序化、回测和优化

策略系统需要通过程序化落实。这一步首先应是绘制策略流程图，然后选择市场上提供的程序化交易平台，以该平台提供的程序化交易策略编辑器进行交易策略的编程。为简化程序编制过程，很多平台提供的开发程序会提供可直接调用的函数。

在交易策略程序设计后，首先，需要对程序进行调试和验证，以检查程序是否可以反映出交易策略思想，符合开发者意图。这一步有两个注意事项：一是检查语言和逻辑是否有误；二是判断在预计的地方能否产生正确的信号。其次，是利用历史数据对策略程序进行回测验证。最后，是在回测和以后的交易过程中对相关的变量参数进行调整，来修改优化已有的策略程序。

第二节　算法交易

▶ 一、算法交易的含义和特点

1.算法交易的定义

算法交易（algorithmic trading，AT）已经不再局限于传统的指数套利和组合保险，而是外延广泛但存在认识分歧的微观交易结构。因此，关于算法交易的定义也存在不一致性。这里将算法交易定义为"为降低大单交易对市场的冲击影响，通过计算机读取、分析市场各类数据，以算法和程序自动完成买卖标的资产的交易过程"。

2. 算法交易的特点

算法交易的基本特点体现在四个方面。第一，无须人工干预，不完全依赖基本面分析和技术分析，依靠程序实现交易。第二，执行算法决定将指令传送到交易所的最佳方式，如果一个指令不是要求立即执行，执行算法会找出最优的执行时间点，并且执行算法还决定执行一个交易指令时一系列分笔交易的最优交易量。例如，买入1 000手期货，算法可以将其拆分，防止引起价格瞬间飙涨。第三，算法交易过程既可以是建立在各种算法基础上的指令执行过程，也可以指高频的资产配置策略。有些算法也会生成决定资产配置及开平仓的高频交易信号。因此，交易的频率可能是高频的，也可能是低频的。第四，延迟的时间存在缩短的趋势。

3. 算法交易的目的

算法交易是在对金融市场的冲击成本与等待风险之间进行权衡的一种交易方式，内在逻辑是在同时控制成本与风险情况下执行交易策略。具体而言，算法交易的具体目标有：①防止交易对市场产生大的冲击，进而实现交易成本最小化；②设定目标价格，使最终成交价尽可能贴近目标价（如开盘价格、加权平均价）；③降低成交价格风险；④隐藏下单意图，实现较好的隐蔽性，避免尾随风险等。图7-3列出了使用算法交易的主要目的所占的市场比重。

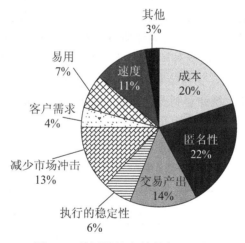

图 7-3 使用算法交易的主要目的

资料来源：艾琳·奥尔德里奇. 高频交易 [M]. 谈效俊，等，译. 北京：机械工业出版社，2011.

4. 算法交易的步骤

通常，算法交易包括三个基本步骤（见图7-4）：第一步是事先设定参数和规则，主要的内容是优化交易指令，如最优时间点、最优交易量；第二步是实时获得数据和监测数据；第三步是自动提单下单。

在算法交易中，算法设定至关重要，不同交易者通常采用不同的算法。例如，套利基金和经纪交易商利用算法提供流动性，与做市商竞争；流动性需求者常用智能指令路由系统（smart order routers）来决定指令发送方向；机构投资者采用算法交易分割大单委托指令；统计套利基金采用算法程序分析数据特征展开高频率交易；数量交易者运用算法程序决定组合选择与交易策略。

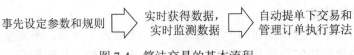

图 7-4　算法交易的基本流程

5. 算法交易的优缺点

算法交易的兴起给整个金融市场带来了深刻的影响与变化。对算法交易者来说，通过算法交易，可以减少市场冲击、提高交易执行效率、降低交易成本和人力成本、增加投资回报、确保复杂的交易及投资策略得以执行。但是从市场公平角度来看，有些算法交易具有掠夺性，通过不断地下小额买单并不断地撤单来欺骗交易对手，会使希望买入的机构交易者不断地抬高买入竞价。

▶ 二、算法交易的产生和发展

1. 欧美算法交易的产生和推动力

20 世纪 80 年代中叶，欧美的学者们就意识到下单方式与冲击成本之间的联系。于是，很快算法交易就在美国出现。算法交易的产生和发展需要关注四个方面的进展。第一，区域结构变化。从 2000 年到 2010 年大约十年时间内，美国算法交易在基金中的使用频率从接近于 0 上升到 90% 以上。美国算法交易的广泛应用很快影响了欧洲，2010 年全欧盟基金业内算法交易使用比例超过了 50%，比例最高的英国则达到了 80%。第二，应用领域变化。算法交易也已经由股票市场扩展到外汇、期货、期权市场，其中期货市场的算法交易比重上升最快（见图 7-5）。第三，交易策略范围。算法交易已经可以在任何交易策略中使用，包括做市、跨市场价差套利、统计套利及纯投机（包括趋势跟随）等。第四，算法交易提供商。在算法交易的发展过程中，一些机构开始提供专业算法。其中，瑞士信贷是全球最大的算法交易提供商之一，其算法交易引擎位于纽约曼哈顿的总部，并且在伦敦、香港和东京建有备份系统。

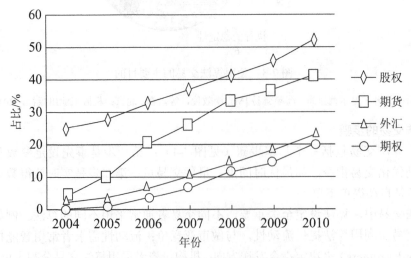

图 7-5　各市场中算法交易所占比重的变化

资料来源：艾琳·奥尔德里奇.高频交易 [M].谈效俊，等，译.北京：机械工业出版社，2011.

西方国家算法交易发展迅速的原因主要有三个方面。首先，来自机构投资者的强大的需求推动。机构投资者管理资产规模指数式的增长、各种多层级结构化衍生品的诞生、复杂交易模型的应用，使得传统的人力下单在很多领域已经无法满足投资者需求，算法交易也成了必然的发展方向。其次，软硬件技术的全面改进为算法交易提供了便利性。这一方面体现在 2000 年左右美国和加拿大推进的"十进制"运动，将股票最小报价单位由 1/8 调整为 0.01 美元，导致价差和报价深度的大幅缩小；另一方面是计算机技术、电子交易设备性能、通信技术的蓬勃发展为算法交易提供了硬件保障。最后，相关的监管部门对交易行为的重视。例如，欧盟 MiFID、美国 Reg NMS 及英国 CP176 等一系列相关法规的推出与实施推动了算法交易的发展。

2. 中国期货市场的算法交易发展

中国资本市场上较高的交易成本使得"算法交易"这一以优化执行为核心的交易技术具有广阔的发展前景。自股指期货和国债期货上市交易后，算法交易就开始成为机构重点考虑的问题。例如，假设机构要对冲 100 亿元的国债现货风险，就需要交易 1 万手国债期货，而这不可能一次交易完毕。这就需要利用算法交易分批下单。但是需要注意的是，尽管算法交易在国内期货市场有其存在和发展的内在理由，但是目前仍处于系统研究和初步实践的阶段。

中国期货市场发展算法交易需要解决若干问题。其一，监管部门如何加强前端规范指引、后端控制和危机处理，如何维护基础设施网络和国家金融市场安全。其二，机构投资者是否广泛参与期货市场交易，是否能够得到有效的监管。其三，如何确保安全、公平运行，有效保护中小投资者权益不受算法交易的掠夺。其四，如何在期货市场的国际化进程中予以设定和安排，加强跨境资本的事前、事中监测和事后追溯。这些问题也是后面要讲的高频交易需要解决的问题。

▶ 三、算法交易的类别划分

1. 根据交易策略执行方式的特点进行划分

以此为依据，算法交易可以分为三类：拆单交易策略、智能路由器策略、做市商策略。

（1）拆单交易策略。拆单交易策略是通过计算机程序将大额交易指令拆分为小额指令，在寻找到有利的实际价格时进行交易的策略。这一策略的主要目的是防止大额交易冲击市场价格，也用于防止被对手发现后造成流动性不足。拆单交易策略的典型代表是交易量加权平均价策略（volume weighted average price，VWAP）、时间加权平均价策略（time weighted average price，VWAP）和执行落差策略（implementation shortfall，IS），等等。

（2）智能路由器策略。智能路由器策略是通过计算机的高速运算，搜寻并监控不同市场上同类资产可能存在的不同价格和不同流动性，然后下达交易指令以实现套利的策略。智能路由器策略的典型代表是游击队策略和狙击手策略。需要注意的是，智能路由器策略适用于做市商制度。

（3）做市商策略。做市商是指在金融市场上通过连续不断地向市场投资者提供金融资产的买入和卖出报价，并承诺以自有金融资产预期进行交易的主体。通过这种不断买卖的行为，做市商可以维持一定的市场流动性，并且可以通过买卖报价的差异获利。做市商盈利的关键在于如何确定合理的报价，使得交易指令能够迅速成交，同时又能够保证一定的价差收益。算法交易服务商提供的做市策略则是通过对做市商接收到的交易指令的实时分析，以及未来报价的模拟，自动生成最优的买卖报价，并自动进行交易的策略。

2. 根据各个算法交易中算法主动程度的不同来划分

以此为依据，可以把不同算法交易分为被动型算法交易、主动型算法交易和综合型算法交易三大类。

（1）被动型算法交易。被动型算法交易也叫结构性算法交易或者时间表型算法交易，这类交易的特点是利用历史数据估计交易模型的关键参数，按照既定的交易方式进行交易，主要目标是减少目标价和实际成交价的差值，其典型的代表是 VWAP 策略、TWAP 策略。

（2）主动型算法交易。主动型算法交易也叫机会算法交易，其主要特点是根据市场状况进行实时判断，判断是否交易，以及交易的数量和价格。主动性算法的目标不仅要减少目标价和实际成交价的差额，还注重对趋势的预测。

（3）综合型算法交易。综合型算法交易的常见方式是先用被动型算法把交易指令拆开，将其分布到若干时段内，每个时间段内具体如何成交由主动型算法进行判断。综合型算法交易将被动型算法交易和主动型算法交易结合起来可以达到单一算法交易无法达到的效果。

3. 按照产生代际或驱动机制划分

由于电信网络技术的飞速发展和参与者的日渐广泛，新算法层出不穷。按照产生代际划分，算法交易可以大致分为第一代算法交易、第二代算法交易和第三代算法交易。

第一代算法交易。这一算法交易执行的策略目标是减小对市场的影响，因此又称为冲击驱动算法交易。围绕着如何拆分订单指令这一核心问题，市场上创造出了交易量加权平均价格（VWAP）、交易时间加权平均价格（TWAP）、交易量固定百分比（TVOL）、POV（percent of volume）等一系列算法策略。其中，VWAP 算法和 TWAP 算法比较简单而且容易操作，并被广为使用。TWAP 算法交易是将大订单在规定的时间内按照一定交易频率分割成小订单的交易策略，VWAP 算法交易是按照交易量的历史分布分割订单的交易策略，POV 算法交易则将小订单以固定比例混入订单流。由于以上这几种算法有规律性，分割方式很容易被其他交易者发觉并跟风，因此市场上创造出了以随机分割为基本特征的冰山策略（iceberg）。

第二代算法交易。这是一种成本驱动型算法，该算法认为如果片面地强调订单分割和避免被侦测，就存在无法按时完成交易计划的风险，这样反而会导致包括冲击成本和时机风险等隐性成本在内的总交易成本的上升。成本驱动型算法的主要目的是需要在冲击成本和时机风险这两者之间寻找平衡点，降低总体交易成本。早期的成本驱动型算法是由冲击驱动算法吸收时机风险等要素演化而来的，现在的成本驱动型算法越来越多地使用复杂市场模型，去预测潜在的交易成本和决定指令的最优交易策略。第二代算法的主要代表为执行落差（IS）策略。IS 策略是按投资者的偏好，权衡优化一笔交易的市场冲击与事件风险，尽量减小最终实际成交价格与目标价之间的差距。这里目标价可以是开盘价、收盘价，或者是到达价格（交易指令下达时的市场价格）。

这种交易按照当前价格与容忍价格（由投资者提出的可以接受的最差的价格）选择交

易的时机进行交易。一般步骤如下：

第一，记录算法交易开始执行时的价格（或指定其他价格），即到达价格。

第二，当价格优于到达价格时，适时选择限价交易指令成交，如每隔一段时间下特定数量的限价交易指令，或每次等待随机的一段时间下随机数量的限价交易指令或根据特定的判别算法下达限价交易指令。

第三，当价格比既定的容忍价格差时，不进行交易。

第四，当价格介于到达价格与容忍价格之间时，按特定策略成交：这一特定策略可以是消极地不交易，或者是积极地直接按容忍价格下限价单争取迅速成交，也可以是介于两者之间按一定的策略选择合适的价格成交。

第五，该算法在所有交易完成或到达交易的最后期限时结束。这种算法交易是最优化目标中提到的价格改善目标的一个具体算法交易的实现。

第三代算法交易。这种算法主要用于搜寻暗流动资金，资料较少。较为知名的有游击战算法（guerrilla）、狙击兵算法（sniper）、搜寻者算法（sniffers）。其中，游击战算法设计的宗旨是把一个大额的交易拆分成几个不引人注意的小额交易，以使买入或卖出交易不在市场上留痕。游击战算法将各种交易技术结合在一起，大量运用可变换交易网络进行交易。狙击兵算法可以将原始订单隐藏起来并监测市场状态，寻找市场上与交易方向相反的大型交易对手，一旦满足指定的价格，该算法就会尽力去抢占流动性执行订单，这是一种极为强有力的策略，相比直接在市场下限价订单，此策略更佳，还可以防止冲击市场。搜寻者算法用于寻找他人正使用的算法交易及正使用的算法，此技术旨在找出其他正在市场运行的交易系统，希望从中找到交易机会与竞争者的交易流协同运作或逆向运作。有时，"搜寻者"会抛出一个小量订单，看是否有人跟进买入。在一定程度上，它是一个诱饵，若有人上钩，即可买入更多此订单。这一策略的目的是找出市场中正在使用的算法交易软件以便能够从中获取交易机会，开发人员认为通过对竞争对手的交易算法进行跟随或相反的操作是可以获利的。表 7-1 对以上分类做了简要的总结。

表 7-1 算法交易的分类

按照产生代际划分	根据执行方式划分	根据算法主动成分划分
第一代 考虑如何减少指令冲击市场 （VWAP、TWAP、POV……）	拆单交易策略 （VWAP、TWAP、POV、冰山策略、IS 策略……）	被动型算法交易 （VWAP、TWAP、POV……） 目标：减少目标价和实际成交价的差值
第二代 成本驱动型算法，在冲击成本和时间风险之间进行权衡，降低总成本（IS 策略……）	智能路由器策略 通过计算机的高速运转，搜寻不同市场上同类资产的价格差异和流动性差异，进行交易（游击战、狙击兵……）	主动型算法交易 （机会算法，实时判断交易） 目标：不仅减少目标价和实际成交价的差值，还注重对趋势的预测
第三代 搜寻暗流动资金（游击战、狙击兵、搜寻者……）	做市商策略	综合型算法交易 先用被动型算法拆开指令，分布到不同时间段；每个时间内如何成交由主动性算法进行判断

▶ 四、常用算法模型

1. VWAP 算法

VWAP 算法是指以某段时间内的市场成交均价为标准，以这段时间内预测的交易量分布为依据，将要完成的交易总量按照预测分布比例切割成多个小的交易量进行交易的一种算法。标准的 VWAP 算法建模所需的假设是市场交易量分布具有记忆性，具体的步骤如下：

第一，以 5 分钟为时间间隔，将交易日的交易时间划分为 N 个成交区间。这里需要注意的是，区间长度应保持适当，太长则无法保证区间的确定性，太短则无法消除噪声。

第二，选择前 M 个交易日的历史数据，预测新的市场成交量分布。具体方法是将历史数据由远及近进行标记，即 T_1, T_2, …, T_M, T_M 为最近交易日。在 T_i 日，已知市场交易量的分布 $\{R_{ik}\}_{k=1}^{N}$，R_{ik} 表示第 k 个区间的交易量占 T_i 日总交易量的比重。假设 $f(i)$ 为第 i 日的加权比重系数，可以采用移动加权平均的方法预测 T_{M+1} 日的新市场成交量分布，即

$$\hat{R}_{M+1,\ k} = \frac{\sum_{i=1}^{M} f(i)R_{ik}}{\sum_{i=1}^{M} f(i)}$$

第三，记当前时间区间为 j，需要买入的期货总量为 B，根据上一步计算的成交量分布，计算当前时间区间内的算法执行总量：

$$R_{M+1,\ j} = B \frac{\hat{R}_{M+1,\ j}}{\sum_{j=1}^{N} \hat{R}_{M+1,\ k}}$$

第四，在执行当前区间内的目标前，以一定时间段为间隔发出限价指令。若申报的某个时段内没有成交或部分成交，则撤销原有委托或未成交部分。然后，调整价格重新发出限价指令。当前区间未完成的执行量，使用市价指令完成交易。

第五，假设 $price_j$ 为 j 时点的成交价，则成交量加权平均价位：

$$P_{\text{VWAP}} = \frac{\sum_{j=1}^{N} price_j R_{M+1,\ j}}{\sum_{j=1}^{N} R_{M+1,\ j}}$$

2. TWAP 算法

TWAP 算法与 VWAP 算法类似。所不同的是，TWAP 算法并不预测交易期内的成交量分布，而是将交易期划分为若干个时间区间，按照区间长度权重重新分配该时段内需要完成的交易量。一个简单的方法是，将大订单分解成若干大小相同的小订单，然后以相等的时间间隔将订单发送出去。假设订单规模是 S，分 T 个时间段，在每个预定时间单位上执行的订单数量是固定的，即 S/T，这样就形成了该算法的订单流（见图 7-6）。TWAP 算法可能在订单规模很大的情况下，造成每个节点上分配的成交量压力，进而对市场形成冲击。

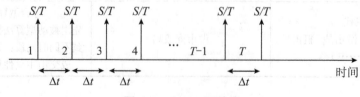

图 7-6　TWAP 订单流

3. POV 算法

POV 算法和 TWAP 算法、VWAP 算法一样，以规律的时间间隔向交易所提交子订单，但不同的是 POV 子订单的大小是动态设定的，并在之前预定的时间段内（如 10 分钟）被设定为成交量的百分比（见图 7-7）。在具体的订单量计算方法中，要排除 POV 算法自己产生的交易量。这样 t 时刻的订单量为：$S_{POV, t} = (V_{t-1} - S_{POV, t-1})(POV)$。执行算法直到整个大订单全部成交才会进入下一阶段。POV 算法的最大优点是能够动态调整以适应市场状况或即时应对流动性变化等事件。

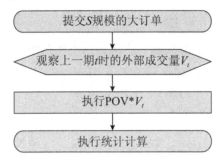

图 7-7 POV 过程

资料来源：艾琳·奥尔德里奇. 高频交易（第 2 版）[M]. 北京：机械工业出版社，2018.

4. IS 算法 *[①]

（1）模型基本假设。假设交易时间段总长度为 T，将整个时间段 N 等分，即时间间隔为 $\theta = T/N$，相应的时间段上的分割点为 $t_k = k\theta$，$k = 0, 1, \cdots, N$。设 x_k 为时刻 t_k 的期货持有量，时间 t_{k-1} 到时间 t_k 的期货交易量为 $u_k = x_k - x_{k-1}$，那么在整个时间段内共执行总期货数量为 $X = \sum_{i=1}^{N} x_i$，记 S 为期货价格，S_k 为时刻 t_k 的价格，S_0 表示交易开始时的期货价格，S_N 表示交易结束时的期货价格。

（2）计算冲击成本。冲击成本由永久性冲击成本和暂时性冲击成本构成。永久性冲击成本是由于交易造成的对期货价格永久性的不利偏移，可理解为交易过程中的信息泄露。暂时性冲击是由于市场流动性造成的对期货价格的短暂偏离，当流动性恢复后价格会回到原来的位置。

永久性冲击下的期货价格算数游走模型中包含期货价格增长率、期货价格波动率、平均交易速度等因素：

$$S_k = S_{k-1} + \sigma\tau^{1/2}\xi_k + \alpha\tau - \tau g(v_k)$$

式中包含了时间 τ 内的期货价格增长率情况（α），估计期货价格波动率（σ）和永久性冲击部分 $g(v_k)$，其中 ξ_k 为服从于标准正态分布的变量，$v_k = \dfrac{u_k}{\tau}$ 为区间内的平均交易速度。

暂时性冲击下的期货价格模型中包含了平均交易速度因素：

$$S_k = S_{k-1} - h(v_k)$$

对永久性冲击和暂时性冲击函数进行线性假设：

$$g(v_k) = \gamma v_k, \quad h(v_k) = \epsilon + \eta v_k$$

---

① 标"*"内容为选学部分。

式中，常数 γ、ε、η 均为线性冲击函数的系数。

（3）计算交易成本的期望和方差。交易成本可以写成下式：

$$C(X,\ N,\ u_k) = XS_0 - \sum_{k=1}^{N} u_k S_k$$

交易成本由永久冲击成本与暂时冲击成本加和构成，永久冲击成本通过期货价格偏离量计算，暂时性冲击成本通过不同时刻交易期货价格的短暂偏离量计算，即

$$C(X,\ N,\ u_k) = \sum_{k=1}^{N} \left[\tau g(v_k) x_k + u_k h(v_k) - \sigma \tau^{\frac{1}{2}} \xi_k x_k - \alpha \tau x_k \right]$$

将永久和暂时冲击函数线性表达式代入交易成本函数中并化简，可以得到

$$E(C) = \frac{1}{2} \gamma X^2 + \sum_{k=1}^{N} \left[\varepsilon u_k + \frac{1}{\tau}(\eta - \frac{1}{2}\gamma\tau) u_k^2 - \sigma \tau^{\frac{1}{2}} \xi_k x_k - \alpha \tau x_k \right]$$

对上式求期望和方差得到

$$C(X,\ N,\ u_k) = \frac{1}{2}\gamma X^2 - \alpha \sum_{k=1}^{N} \tau x_k + \varepsilon \sum_{k=1}^{N} u_k + \frac{\delta}{\tau} \sum_{k=1}^{N} u_k^2,\quad \delta = \eta - \frac{\gamma\tau}{2}$$

$$V(C) = \sigma^2 \sum_{k=1}^{N} \tau x_k^2$$

（4）求解 IS 算法的静态最优策略。如果交易者是风险厌恶的（$\lambda > 0$），则最优执行路径等价于求解如下优化问题：

$$\min U(x) = E(x) + \lambda V(x)$$

式中，$U(x)$ 是关于变量 x_k 的二次函数，对于风险厌恶者求解 $U(x)$ 的极小值，令 $\frac{\partial U}{\partial x_i} = 0$，即

$$\frac{\partial U}{\partial x_i} = 2\tau \left(\lambda \sigma^2 x_i - \frac{1}{2}\alpha - \delta \frac{x_{i-1} - 2x_i + x_{i+1}}{\tau^2} \right)$$

我们可将其化简为以下线性差分方程：

$$\frac{1}{\tau^2}(x_{i-1} - 2x_i + x_{i+1}) = \kappa^2(x_i - x)$$

式中，$i = 1,\ \cdots,\ N-1$，$\kappa = \sqrt{\dfrac{\lambda\sigma^2}{\eta(1 - \gamma\tau/2\eta)}}$，$x = \dfrac{\alpha}{2\lambda\sigma^2}$。

该线性差分方程满足 $x_0 = X$ 以及 $x_N = 0$ 的特解为

$$x_i = \frac{\sin h[\kappa(T - t_i)]}{\sin h(\kappa T)} X + \left[1 - \frac{\sin h[\kappa(T - t_i)] + \sin h(\kappa t_i)}{\sin h(\kappa T)} \right] x$$

相应的最优交易量分布为

$$u_j = \frac{2\sin h\left(\frac{1}{2}\kappa\tau\right)}{\sin h(\kappa\tau)} \cos h[\kappa(T - t_{j-1/2})] X + \frac{2\sin h\left(\frac{1}{2}\kappa\tau\right)}{\sin h(\kappa\tau)} \left\{ \cos h(\kappa t_{j-1/2}) - \cos h[\kappa(T - t_{j-1/2})] \right\} x$$

式中，$i=1, \cdots, N$，$\sin h$ 和 $\cos h$ 分别是双曲正弦函数与双曲余弦函数，并且有 $t_{j-1/2}=\left(j-\dfrac{1}{2}\right)\tau$。

第三节　高频交易

▶ 一、高频交易的定义与分类

1. 高频交易的定义和特征

高频交易（high frequency trading，HFT）在 20 世纪 90 年代开始发展，这得益于计算机技术的快速发展，以及交易所采用的新技术。虽然关于高频交易已有十分广泛的探讨，但无论投资者、交易商还是监管层对其仍没有清晰、一致的定义。有的学者将高频交易定义为持仓时间在 10 毫秒到 10 秒之间的交易策略。也有学者认为，高频交易是一种通过快速下单、撤单等复杂算法设计获利的交易方法。欧盟委员会认为高频交易是采用尖端技术来完成传统交易的策略。美国证监会认为高频交易是一种日间产生较大交易量的策略。中国人民银行金融稳定分析小组在程序化交易基础上对高频交易予以了某种程度的界定：程序化交易指依托计算机为技术工具，按照既定程序，高速、大规模自动执行的交易，只要程序化交易的频率超过一定程度，就成为了高频交易。

由于对高频交易进行精确的定义不利于监管实践，精确的定义容易过时或者成为监管套利的目标，因此给出具体的高频交易定义的意义并不是很大。可能基于这个考虑，美国商品期货交易委员会（CFTC）主要基于图 7-8 的流程对高频交易进行认定。下面简单介绍高频交易的基本特征。

第一，报撤单速度快，具有很高的报单 / 成交比率，甚至在几秒甚至几微秒内完成一个往返交易或所有操作。

第二，持仓时间短，头寸通常只持有几秒钟甚至几分之一秒。极少持有隔夜仓，在每个交易日结束时，通常没有或只持有很少的头寸，也就是说没有或只有很小的隔夜风险。这也节省了头寸的保证金资本要求。

第三，对系统的延时要求较高。在欧美市场，人们对毫秒级的交易已经习以为常，而现今交易与信息技术的发展更是推动市场以微秒级运营。因此，提高交易、下单执行等通信速度对于市场参与者尤其是高频交易者就至关重要。一个重要发展动向是设法缩短交易主机与交易所主机之间的空间距离，通过高速或专有通信网络 / 网卡降低通信延迟。在西方期货市场，也有的交易者通过注册会员 ID 号，将订单直接投入市场，无需使用经纪商或者风险控制。

第四，先进算法、软件的部署与应用。在算法设计上，敏捷是首先要考虑的要素，敏捷的设计对降低交易延迟有重要影响。例如，人工神经网络、支持向量机等新颖算法得到广泛的应用。

第五，高频交易主要从小的价格变动和高的换手率中获取利润，呈现交易数量大而利润低的收益特点。

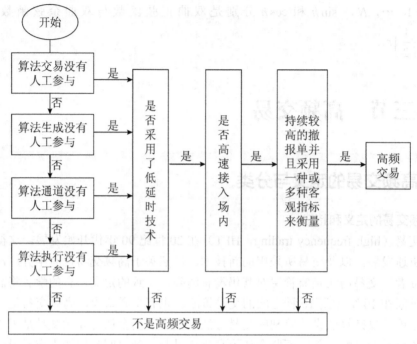

图 7-8　美国 CFTC 对于高频交易的认定流程

资料来源：上海期货交易所课题组 . 美国期货市场监管研究 [M]. 北京：中国金融出版社，2014.

2. 高频交易的种类划分

需要注意的是，高频交易主要并不是依靠创新策略来追求利润。也就是说，高频交易仍然使用常见的市场策略，如做市商交易、统计套利、盘口交易（trading the tape）、动量交易、事件套利，等等。

（1）做市商交易。基于高频交易的提供流动性的做市商交易与普通做市商交易没有本质的差别，不同之处体现在目标存量、技术的复杂性和交易速度、订单—交易比等方面。表 7-2 细化了对传统做市商（TMM）和高频做市商（HFT）的比较。

表 7-2　传统做市商和高频做市商的比较

	TMM	HFT
高速交易	×	√
主机托管（co-location）	×	√
内部专有交易平台	√	√
指定做市商	√	×
既得利益享有	√	×
自愿做市服务（即获取价差）	√	√
为交易量很小的股票做市	√	×
利用返利作为商业模式	×	√
目标存量	正（足以支撑可预期买入订单量的报价）	0（交易日结束时平仓）
每单交易指令	低	高

续表

	TMM	HFT
买卖价差与交易成本比率	高	低（急速交易，价格风险最小化）
市场波动偏好		√
单笔交易利润	高	低
交易量	低	高

（2）收报机交易（ticket tape trading）。许多信息往往不经意地被隐藏在报价和交易量等市场数据中。通过监视这些典型的、非典型的数据变化，计算机有可能提前分析出一些尚未被新闻报道出来的消息，在各种事件到来前生成适当的买卖委托。

（3）新闻交易（news-based trading）。当今，许多公司动态都可以从各种数字渠道被获取，如彭博社、新闻网站、推特等。自动交易系统通过识别公司名、各种关键字，甚至是进行语义分析，以求在交易员之前对这些消息做出反应。

（4）订单属性策略（order properties strategies）。高频交易策略可以通过市场的订单属性数据来识别出那些次优价格的订单。这些订单有可能提供给对手盘一个仓位，而高频交易系统则尝试捕获它们。跟踪这些重要的订单属性也便于系统更精确地预测价格变化。

（5）盘口交易策略。盘口交易策略大致包括流动性侦查、报价竞争和价格操纵。其中，价格操纵是通过误导性交易报价操纵价格的波动变化，流动性侦查是通过盘口数据分析、发掘价格、流动性的规律，而报价竞争策略实质上是抢跑下单的一种形式。

（6）短期动量策略。短期动量策略交易商既不关注提供市场的流动性，也不瞄准市场失灵。他们通常大胆交易，不断消耗流动性，旨在从市场波动趋势中获取利润。他们基于那些影响证券市场变化的事件或市场变化本身来决策交易。短期动量策略需要利用日益复杂的方法来达到这一目的，如语言计算机程序，它可以扫描媒体报告、博客等账号，寻找行为的关键词或集中度。

（7）统计套利。与低频套利策略类似，高频统计套利策略借助于先进信息技术发掘细微、短暂的套利机会以获利。所不同的是，高频交易能比传统套利更快发觉和利用市场价格的失灵。由于高频套利的存在，跨市场或者跨品种价格误差的情形常常只能持续几分之一秒。高频套利策略主要有两类：一类是市场中性套利，即套利者在持有某一资产的同时卖空相关资产以对冲市场风险；另一类是跨市场套利，即利用不同市场定价效率上的差异而获利。

（8）事件套利。事件套利是在一个时间窗口内，利用市场对经济事件、行业相关事件、政治事件的反应进行高频套利的交易策略。时间窗口起始于事件发生前的一瞬，在事件发生后的一小段时间内结束。事件套利的持仓时间从几秒到几个小时不等。新闻引起的期货市场价格波动通常会持续 15 分钟左右。事件套利特别适合于高频交易，在全自动条件下可以获得良好盈利。

（9）延迟套利和主机托管策略。要使信息滞后度达到最低，其中一个策略就是将主机托管于交易所，置于交易所进行计算的空间，以便缩短电子信息进出交易所的时间。由于信号通过光纤传输的速度大约为每公里/5.5 微秒，那么高频交易商的服务器向交易地靠近 100 公里，单向信号的传输时间就会缩减 550 微秒，双向（即信号的来回传输）传输时间将缩减 1 毫秒。

图 7-9 是高频交易常使用策略的一个总结，供读者进一步了解。

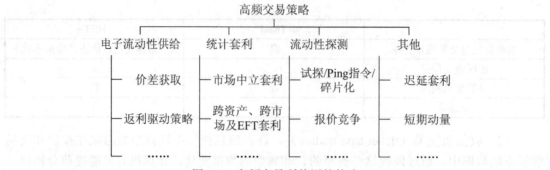

图 7-9　高频交易所使用的策略

3. 算法交易和高频交易比较

在实践中，很多人误将高频交易等同于算法交易。事实上，尽管算法交易和高频交易在很多方面具有联系和共性，但并不是所有的算法交易都是高频的，高频交易只是算法交易的一种。也就是说，算法交易不仅是建立在各种算法基础之上的指令执行过程，同时也包含着高频的资产配置过程。成功实施高频交易也需要两种算法同时进行支撑，即产生高频交易信号的算法和优化交易执行过程的算法。

从简单的角度着眼和思考，我们可以将高频交易和算法交易的共同特点总结出来，即都需要事先设计好交易程序，需要实施监控市场数据、没有人工干预由系统直接接入市场、自动提交指令和管理指令。但是，二者也存在一定的差别，我们将两者的比较总结在表 7-3 中。

表 7-3　高频交易（HFT）与算法交易（AT）的比较

HFT 和 AT 的共性	AT（不包含 HFT）的特征	HFT 的特征
1. 事先设计好的交易决定 2. 专业交易员操作 3. 实时监控市场数据 4. 自动提交指令 5. 自动管理指令 6. 无人工干预 7. 直接市场接入	1. 代理交易 2. 市场影响最小化（大订单） 3. 目标为获取特别基准指数 4. 持有时间可能为数天 / 周 / 月 5. 通过时间和跨市场执行指令	1. 海量指令 2. 迅速指令取消 3. 内部专有平台交易 4. 买卖交易获利（作为中间人） 5. 交易日结束时无仓位（平仓） 6. 极短时间内持有 7. 每单获利极低 8. 低迟延要求 9. 利用主机托管 / 近程服务以及个人数据种子 10. 关注高流动金融工具

4. 高频交易发展的利弊

尽管高频交易可以从短期的非有效市场中获利、纠正市场错误定价、提高流动性，降低每个投资者的摩擦成本，但也存在以下一些潜在问题。

第一，高频交易在正常市场中提供流动性，但在非正常市场中的快速撤离，可能加剧流动性危机。高频交易也通过套利策略，使极端价格在不同资产和不同交易场所间的传播更为容易。2010 年 5 月 6 日，美国资本市场经历了"闪电崩盘"，道琼斯工业平均指数在短短 5 分钟之内便暴跌 1 000 点（跌幅达 9%），紧接着出现同样急剧的反弹回升。在闪电崩盘中，由于高频交易，股市和期货市场之间出现了快速传播（见专栏 7-1）。

第二，高频交易商会利用技术优势，开展不公平交易，甚至违法交易。2015 年我国爆发股灾。在救市过程中，监管部门发现了伊士顿公司开展高频交易获得巨额收益的违规操作（见专栏 7-2）。

第三，高频交易中经常出现一些恶意或不公平的策略，如闪单策略、指令占先策略、趋势引发策略、塞单、幌骗、拉高出货，等等。在闪单策略中，高频交易者会发现哪里可以创造一种流动性假象，并通过报价匹配来创造一种流动性的假象。闪单策略通过提供虚幻的流动性，可能具有诱捕行为。指令占先策略是利用高速计算机系统以极快的速度发出一个买单或者卖单，如果该订单没有被迅速成交，将被立刻取消；如若成交，系统就捕捉到了大量潜在订单存在的信息。这是一种掠夺性算法。趋势引发策略是高频交易者事先建立头寸（并往往伴随着发布虚假信息等行为），诱骗其他交易者，引发价格快速变动，进而从中牟利。塞单是故意通过大量、快速地发出和撤回限价指令来堵塞网络和撮合引擎，延误其他高技术交易者的交易活动。幌骗是交易者故意改变订单簿却不成交，试图改变其他交易商对有效买单和卖单的推断，进而引诱其他交易者进行交易以进一步影响市场，进而在扭曲的价格中低位买入或高位卖出（见专栏 7-3）。高频拉高出货是利用计算机的辅助作用急速拉高或打压市场价格以建仓或平仓的交易方式。

鉴于高频交易发展中已经存在或可能出现的各种问题，监管者和市场参与者应长期关注和探讨高频交易商是否会获得领先交易的优势和滥用市场优势，以及是否有大规模滥用技术优势的可能性。这几个紧密相关的问题不仅关系到市场的公平性，同时也关乎市场稳定。

专栏 7-1
2010 年美国闪电崩盘中高频交易引发跨市场传染

专栏 7-2
全球首例高频交易幌骗案

专栏 7-3
伊士顿违规高频交易案

5. 高频交易的监管

为限制高频交易可能对市场造成的冲击，欧美国家均制定了相关监管政策。美国的主要做法是：第一，加强对高频交易行为的信息收集和日常监测，对高频交易者分配专门的识别代码，要求经纪商在交易发生后次日，将交易记录上报美国证监会；第二，建立了市场信息数据分析系统，以监测发现小规模的"闪电崩溃"，确定潜在的非法行为；第三，针对高频交易行为可能对市场扰动建立了相应的过滤机制，如对过度指令进行收费等；第四，建立应急处理机制，包括异常交易的熔断机制、错单取消机制等；第五，为维护市场公平对特定高频交易行为进行限制，包括禁止闪电指令，提供公平的主机代管服务等。欧洲的做法是，欧洲议会于 2014 年 3 月通过《金融工具市场指令Ⅱ》，要求高频交易公司从事自营交易要经过监管部门的审批，使用做市策略的高频交易公司要与交易所签订协议，交易所要规定指令成交比例的上限，交易所需建立定价调控机制，并对过度发送无效指令的行为进行惩罚。

针对高频交易的潜在风险，中国人民银行《金融稳定报告》（2016）提出了建立立体式高频交易风险防线的思想。第一道防线是高频交易商的风险内控机制，主要控制交易的规模和频率。第二道防线是交易所的风险控制，包括控制下单的规模和频率，根据市场波动水平设定中止高频交易的节点，完善准入机制、容量、指令成交比例等限制。第三道防线是清算会员，主要检查是否有风险和需要暂停交易。第四道风险防线是指中央对手方管理，其需要结合自身的数据评估好高频交易的潜在风险。

▶ 二、高频交易的基础准备

1. 寻找高频交易机会

（1）寻找高频交易机会使用的指标。通常使用收益率统计量来寻找高频交易机会，大多数文献均采用对数收益率而非简单收益率。所谓简单的收益率可用下式计算：

$$R_t = (p_t - p_{t-1}) / p_{t-1}$$

式中，t 为时刻，p_t 为 t 时刻的价格，p_{t-1} 为 $t-1$ 时刻的价格，R_t 为收益率。

对数收益率的定义如下：

$$R_t = \ln(p_t) - \ln(p_{t-1})$$

对数收益率在研究和实践运用中的意义更大，并被广为接受。

具体来说，收益率可以通过买入价、卖出价、最新成交价或者中间价来计算，中间价可看成是一个算术平均值，或者是任一时刻买价和卖价的中点。一般来说，可以使用收益率的平均值、方差以及偏度和峰度分析不同频率下的期货收益率走势。

均值 $E(R)$ 和方差 $\mathrm{Var}[R]$ 是常用的指标，其计算公式如下：

$$E(R) = \frac{1}{T} \sum_{t=1}^{T} R_t$$

$$\mathrm{Var}[R] = \frac{1}{T-1} \sum_{t=1}^{T} (R_t - E[R])^2$$

偏度用来衡量一个分布是偏向均值的左侧还是右侧。标准正态分布的偏度为 0。偏度的计算公式如下：

$$S(R) = \frac{1}{T-1} \frac{\sum_{t=1}^{T} (R_t - E[R])^3}{(\mathrm{Var}[R])^{3/2}}$$

峰度是用来衡量一个分布的厚尾特征。收益率的尾部越厚，则该分布极端正收益或极端负收益的概率越大。极端负收益率具有破坏性，不仅可能会将之前的利润全部吞噬，甚至可能会殃及本金。标准正态分布的峰度是 3。峰度的计算公式如下：

$$K(R) = \frac{1}{T-1} \frac{\sum_{t=1}^{T} (R_t - E[R])^4}{(\mathrm{Var}[R])^2}$$

表 7-4 是按照各时间段的收盘价计算的欧元 / 美元对数收益率的统计量。可以发现，数据频率越高，其峰度也就越大，数据分布的尾部越厚。

表 7-4　不同频率下欧元／美元期现货对数收益率的描述统计（2018 年 8 月至 11 月）

频　　率	均　　值	标　准　差	偏　　度	峰　　度
现货 5 分钟	−0.000 1	0.000 9	−1.472 3	83.790 6
现货 15 分钟	−0.000 1	0.001 5	−1.027 8	32.696 0
现货 1 小时	−0.000 2	0.002 9	−0.828 4	14.502 8
现货日价格	−0.000 3	0.005 2	−0.438 9	3.305 1
期货 1 小时	−0.000 2	0.003 2	−0.720 7	13.525 6

资料来源：艾琳·奥尔德里奇 . 高频交易 [M]. 谈效俊，等译 . 北京：机械工业出版社，2011.

（2）寻找高频交易机会的方法。通常，可以通过分析收益率的自相关系数和最佳滞后阶数，判断未来收益率为正的概率，进一步判断入场时机。自相关系数可以检验数据中是否存在某些恒定的动量现象或者反转现象。例如，当期货价格出现大幅的单边行情或者趋势时，其后往往伴随反转。通过分析不同频率下的自相关系数，我们可以判断这个规律是否稳定，以及能否用它来进行交易。

自相关性是用于描述收益率特征的指标。这是用来衡量按照某一频率抽样的收益率序列之间相关程度的指标。例如，1 分钟收益率的 1 阶序列自相关度是指 1 分钟收益率与前 1 分钟收益率之间的相关性。1 分钟收益率的 2 阶序列自相关度是指 1 分钟收益率与 2 分钟之前收益率之间的相关性。p 阶自相关系数的计算公式如下：

$$\rho(p)=\frac{\sum_{t=p+1}^{T}\left[\left(R_t-E[R]\right)\left(R_{t-p}-E[R]\right)\right]}{\sqrt{\sum_{t=p+1}^{T}(R_t-E[R]}\sqrt{\sum_{t=p+1}^{T}(R_{t-p}-E[R])}}$$

自相关系数取值范围在 −1 和 1 之间。如果今日的收益率为正，并且 1 阶自相关系数大于 0.5，则预测明日的收益起码有 50% 的概率为正；若 1 阶自相关系数小于 −0.5，预测明日的收益率有 50% 以上的概率为负；如果自相关系数接近于 0，将很难从中推断出信息。

在运用自相关系数前需要进行正式的统计显著性检验。常用的检验类型包括：t-ratio 检验和 Portmanteau 检验。其中，t-ratio 用于检验某个滞后期下自相关系数是否显著，Portmanteau 检验用于确定 $\rho(1)$ 开始的自相关系数序列中最后一个显著的自相关系数所在的位置，即找到最佳滞后期。[①]

（3）收益率预测模型。使用当期和滞后期的收益率对未来收益率进行预测的模型可以是线性计量经济学模型或非线性模型。线性模型考察当期或滞后期的随机变量对未来随机变量的预测，描述数据间的简单线性关系。常用的线性模型主要有自回归滑动平均模型、协整分析和波动率模型。非线性模型可以描述数据之间的复杂关系，常用的非线性模型主要有双线性模型（泰勒序列展开法）、门限自回归模型和马尔科夫转移模型。还有一种基于半参数算法的神经网络模型，由于其简单的逐步递进结构可以显著提高算法的执行速度。

2. 处理分笔数据

分笔数据是把某一交易日的成交历史真实完全地记录下来，包括分时走势图和每分钟

---

① 对此，这里不再深入介绍，读者可根据需要，阅读本书参考文献中列出的艾琳奥尔德里奇的著作《高频交易》。

内的每一笔成交明细数据和买卖盘口，和实时行情一模一样。分笔数据是在很短的时间内随机到达的，其时间间隔具有不规则的特点。

（1）分笔数据的数量、质量与价差。高频数据量非常庞大，但数量不等于质量。集中交易的交易所通常会提供具有合理时间戳（时间戳记录了报价出现的日期和时间）、精确的买价卖价以及每笔交易的交易量。在任意给定时间，买入报价和卖出报价之间的差称为买卖价差，买卖价差是即时买入并卖出期货或证券所需的成本，买卖价差越大，一次交易的收益就越高，这是因为相比于低频价格，高频价格变化与买卖价差相当，也可能更小。

买卖价差的增加会导致高频策略盈利能力的下降，因此估计未来的买卖价差尤为重要。Roll（1984）提出了买卖价差的估计模型，模型假设资产在时刻 t 的价格 p_t 等于一个不可观测的基础变量 m_t，外加买卖价差 s 的一半作为补偿，考虑到买入指令的价格补偿值是正的，卖出指令的价格补偿值是负的，采用示性函数将买卖价差 s 加入到模型中：

$$p_t = m_t + \frac{s}{2} I_t, \ \text{其中} \ I_t = \begin{cases} 1, & \text{以卖价市价买入} \\ -1, & \text{以买价市价卖出} \end{cases}$$

假设买入和卖出指令概率相同，并且 $E(I_t) = 0$，$E(\Delta p_t) = 0$，与基础资产价值 m_t 的变动无关，则相邻价格变化的协方差为（相邻交易为一买一卖）：

$$\text{cov}[\Delta p_t, \ \Delta p_{t+1}] = E[\Delta p_t \Delta p_{t+1}] = -\frac{s^2}{4}, \ \text{即} \ E(s) = 2\sqrt{-\text{cov}[\Delta p_t, \ \Delta p_{t+1}]}$$

（2）对分笔数据的到达进行建模。信息到达的过程常用久期模型来描述，久期常用泊松过程进行建模。泊松过程假设序列事件（如报价的到达）彼此之间是相互独立的，并且一个时间段 $[t, \ t+\tau]$ 之间到达的个数是服从泊松分布的。简单来讲，如果单位时间平均报价到达的个数为 λ，那么单位时间内报价平均到达率为 $1/\lambda$，假设一段时间内平均到达率是恒定的，那么在时间段 $[t, \ t+\tau]$ 之间正好有 k 个报价的概率为

$$P[(N(t+\tau) - N(\tau)) = k] = \frac{1}{k!} e^{-\lambda\tau} (\lambda\tau)^k, \ k = 0, \ 1, \ 2, \ \cdots$$

下一步可实际选取任意的时间段 $[t, \ t+\tau]$ 报价到达情况，得到在 $[t, \ t+\tau]$ 时间内实际报价到达 k 个的概率分布。利用泊松过程也可以得到在 $[t, \ t+\tau]$ 时间内的概率分布，通过比较两个概率分布特点，比较某个时间段 $[t, \ t+\tau]$ 交易间的久期长短。这个模型认为，在不允许卖空的证券市场上，交易间的久期越短，尚未为公众所知的利好消息出现的概率越高；反之，在限制卖空和流动性正常的市场上，交易到达之间的久期越长，越可能是发生了将为市场所知的利空消息。

（3）用传统计量经济学方法处理分笔数据。由于分笔数据之间的时间间隔是有变化的，因此采样方法是按照事先确定的时段（如每小时或每分钟）进行采样。数据来自于时间段内最后到达的价格。如果在划分的时点没有数据，则用上一时间段收盘价数据（见图7-10）。一些研究者也提出，可以在相邻报价之间使用线性时间权重插值这种更精确的报价采样方法。

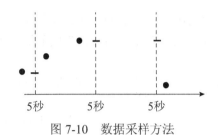

图 7-10　数据采样方法

注：圆点为成交价位，小杠为采样价位。

▶ 三、高频交易的主要策略

1. 存货模型

（1）存货交易策略概述。存货交易也被称为流动性供应或做市，是通过有效管理存货从而达到盈利的活动。存货交易策略基本由限价指令完成。该策略依赖于大量的微小盈利，一天交易 2 000 次的情况并不少见；由于持仓时间短暂，资金交易频繁，从而在交易日结束的时候产生大量的盈余；交易指令的快速传递和快速执行是成功实施流动性供应策略的先决条件。

（2）存货模型基本原理。存货模型主要用于解决交易商如何决定何时下达市价指令，何时下达限价指令，以及以什么样的价格下达限价指令。存货模型根据交易成本最小化和投资组合回报最大化的原则优化其下单决策。

限价指令在排队等待中需要承担存货成本和等待成本，存货成本来自于市场价格的不确定性，等待成本则是从下单到指令成交这段时间产生的机会成本。限价指令进行交易产生的盈利是非线性的，限价指令有时可被执行，有时不能被执行。

限价指令为市场提供了流动性，流动性程度可以用买卖价差的紧度来衡量。高频交易投资者会利用价格在不同市场的差异进行跨市套利交易，这种方法在低价位市场中提交略低于市价的买入限价指令，并且在高价位市场中提交略高于市场价格的卖出限价指令，然后等到利润大于交易成本便可以反转头寸。

存货模型通过估计买卖现金流的到达率来计算最佳买入价格和最佳卖出价格。假设客户下单以市场卖价 p_a 买入某期货的概率用 λ_a 表示，相应地，一单位的现金从做市商手中离开流入客户，即客户以市场买价 p_b 向做市商卖出期货、期权或证券的概率为 λ_b。该模型可以使用简单有效的方法，计算出做市商为了在市场上生存而必须维持的最小买卖差价。存货模型的解基于经典的赌徒破产问题，当赌徒输钱的概率超过赢钱的概率，赌徒一定会输光，相应地，做市商失败的条件有两个：一是手中现金用尽；二是手中存货用尽，无法满足客户需求。

计算做市商因手中现金用尽而失败的概率，从做市商角度来看，当一个客户购买时，做市商得到 p_a 元现金的概率为 λ_a；同理，做市商失去 p_b 元现金的概率是 λ_b，做市商失败的概率为

$$\lim_{t \to \infty} Pr_{Failure}(t) \approx \left(\frac{\lambda_b p_b}{\lambda_a p_a} \right)^{Initial} \text{Wealth}$$

下面计算做市商因手中存货用尽而失败的概率，从做市商角度来看，卖出一单位存货的概率为 λ_a，得到一单位存货的概率为 λ_b，做市商失败的概率为

$$\lim_{t \to \infty} Pr_{Failure}(t) \approx \left(\frac{\lambda_b p_b}{\lambda_a p_a} \right)^{Initial} \text{Wealth} / E_0(p_a, \ p_b)$$

其中，$E_0(p_a, \ p_b)$ 是一单位存货的初始平均价格，并且 $\dfrac{\text{Initial Wealth}}{E_0(p_a, \ p_b)}$ 是做市商手中最初拥有的期货数量。

做市商要在市场中生存下去，以下两个不等式必须同时成立：

$$\lambda_b > \lambda_a, \quad \lambda_a p_a > \lambda_b p_b$$

若以上两式都成立，则在任意时刻必须有 $p_a > p_b$。

（3）存货模型的进一步发展。有的研究者研究了存货风险的影响，并基于以下六个参数计算出最佳的买卖限价。

假设新买入报价出现的频率为 λ^b，买入报价的频率代表对某期货或其他证券的需求，λ^a 表示卖出报价出现的频率；$\Delta\lambda^b$ 表示新买入报价频率的最新变动值，$\Delta\lambda^a$ 表示新卖出报价频率的变动值；交易商风险厌恶值为 γ，当 $\gamma = 0$ 时，表示投资者是风险中性的，当 $\gamma = 0.5$ 时，说明此投资者是相当强烈的风险厌恶者；交易商对于愿意出的最高买入价为 r^b，最低卖出价为 r^a。那么，最优买入限价 b 和最优卖出限价 a 分别为

$$b = r^b - \frac{1}{\gamma} \ln \left(1 - \gamma \frac{\lambda^b}{\Delta\lambda^b} \right) \quad a = r^a - \frac{1}{\gamma} \ln \left(1 - \gamma \frac{\lambda^a}{\Delta\lambda^a} \right)$$

由存货模型中指令簿的形状可以预测随后的市场价格的变化：限价指令簿的宽度和深度可以预测 30% 即将发生的价格变动，指令簿的不对称性可预测买卖价差的变化；指令簿的形状取决于市价指令出现的概率分布；限价指令簿的深度能够预测资产价格的波动率等。

2. 信息模型

从本质上而言，信息模型描述了一类依据信息流和信息传播过程中可能产生的信息不对称现象而进行的交易，我们要做的是分辨出某个市场参与者是否拥有有关未来市场运动方向的信息。信息模型的一个主要结论是：即使做市商手中有无限的存货并且能够即时满足任何交易需求，买卖价差依然会存在。

信息不对称可以通过买卖报价价差来度量，有效的买卖价差计算是将最新成交价与买卖报价的中间值之间的差值乘以 2，然后再除以买卖报价的中间值，买卖价差中不仅包含了处理指令的成本和存货风险，还包括逆向选择的风险，即知情交易商会拿走不知情市场参与者的利润。因此，信息交易模型可以通过以下三种方式进行交易：

（1）利用买卖价差中包含的信息进行交易。做市商利用买卖价差作为做市的成本补偿，做市的成本主要包括指令处理成本、存货成本、信息不对称成本和时间跨度风险等。

做市商通过贝叶斯法则计算出的条件期望调整自己的买卖报价。简单而言，做市商假设一个买入指令下达者是知情交易商或不知情交易商的概率各为 50%。若未来价格上涨，那么知情交易商下达买入指令的概率为 100%，不知情交易商下达买入指令的概率为 50%，那么做市商设定的新的卖出价为相应的条件期望值，即大于买入指令的价格。同理，新的

买入价可根据观察到的第一个卖出指令来计算。当新的买入指令到达时，做市商又会重新计算新的卖出价格和买入价格。

（2）利用指令的激进程度进行交易。激进程度是指市价指令占限价指令的百分比。市价指令的百分比越高，表明交易者抓住当前最佳价格的积极性越大，那么交易商会选择立即成交而非等待更优价格，交易者远离当前市价的可能性也就越大。

使用回归方程来估计指令的不同特征对价格改变值 Diff_t 的影响，Diff_t 定义为买卖中间差价在时间 t 和时间 $t+n$ 之间的变动值，计算方法是：

$$\text{Diff}_t = \beta_0 + \beta_1 \, \text{Size}_t + \beta_2 \, \text{Aggressiveness}_t + \beta_3 \, \text{Institutional}_t + \gamma_1 D_{1t} + \cdots + \gamma_k D_{k-1,\ t} + \varepsilon_t$$

式中，t 是指令递交时间，n 是指令递交后的 5 分钟或 60 分钟，$Size$ 是一个指令中交易的期货数量除以样本时间段内一天交易量的平均值。

对于买入指令而言，激进程度（Aggressiveness）是一个虚拟变量，如果指令价格设置在当前价格或者更优价格时，其值取为 1，否则取为 0，即表明激进程度越大，可能的价格变动幅度越大。机构（Institutional）也是一个虚拟变量，下单者是机构时，其值取 1；下单者是个人时，其值取 0。D_1 到 D_{k-1} 是与所交易的品种相关的虚拟变量。

多项研究表明，市场的激进程度体现出自相关的特征，这种特征可以对未来市场的激进程度进行预测。市场激进程度的自相关性可能有以下两个原因：一是机构往往将大笔指令拆分成小笔指令依次递交，每笔小指令具有相似的市场激进程度；二是指令激进程度的分布取决于市场状态，即一开始有怎样激进程度的指令，接下来也会有同样激进程度的指令。

（3）利用指令单流进行交易。指令单流是买方发起的交易量与卖方发起的交易量的差值，不论交易发起者是否具有信息优势，指令单流都能短暂地影响市场走势，因此可利用交易发生时的市场短期走势来获利，例如，一份不成比例的大笔买入指令单必然会推动价格上涨，在观测到此种指令单时下达买入指令则必然能产生盈利。与之类似，大笔卖出指令单会压低价格。

指令单流分为可直接观察到的指令流和不可直接观察的指令流。对于某一特定时刻的期货，指令单流指的是买方发起的交易和卖方发起的交易之差，因此指令单流也称为买方压力或卖方压力。一般我们使用交易规模或交易次数来度量指令单流，实际发现基于交易次数度量的指令单流比基于交易规模度量的指令单流在预测价格和波动性方面的表现要更好一些。但指令单流并不是对所有的市场参与者都是透明的，大部分客户只能看到买卖报价信息或市场深度信息，因此人们提出了很多从观察数据中提取指令单流信息的模型，模型的基本原则包括：价格上涨时，则买入指令的累积数量必定远超卖出指令的累积数量；反之，亦然。

与市场激进度类似，指令单流也体现出一定的自相关性。一些研究学者证实了在纽约证券交易所，高频之下指令单流呈现出很强的正的序列相关性，而在低频之下，指令单流却体现出负的相关性。

3. 事件套利

事件套利指的是一类利用市场对事件的反应进行交易的交易策略。事件套利中的事件可以是任何经济活动的新闻公布、市场干扰，或其他影响市场价格的事件。事件对价格有正面或负面的影响。不同事件的幅度（magnitude）是不同的，事件的幅度用事件的预期值与真实值之间的偏差来衡量。

事件套利策略开发遵循以下三个步骤：

步骤一，对每一类事件，确定历史上这类事件发生的日期和时间。

步骤二，以合适的频率计算所感兴趣的证券在步骤一中事件前后的历史价格变动。

步骤三，根据历史上事件前后的价格行为估计预期价格反应。

估计预期的价格反应方法有两种，一种是方向预测，另一种是点位预测。方向预测推断某种证券的价格是上涨还是下跌，点位预测是推断新的价格达到什么水平。

（1）方向预测。方向预测使用符号检验法，首先假设在没有任何事件发生的情况下，价格变化即收益率为正或为负的概率是相等的，当某一事件发生时，收益却可以一致地为正或为负。符号检验法假设如下：

原假设：$H_0: P \leqslant 0.5$，表示事件不能导致价格产生一致的行为，即价格一致地向某一方向运动的概率 P 小于或等于 50%。

备择假设：$H_1: P > 0.5$，表示事件确实导致价格产生了一致的行为，或者说，价格一致地向某一方向运动的概率 P 大于 50%。

设 N 为事件总数，N^+ 表示所考虑的对价格有正收益的事件次数。如果渐进统计量 $\theta > \varphi^{-1}(\alpha)$，其中 $\theta = \left[\dfrac{N^+}{N} - 0.5 \right] \dfrac{\sqrt{N}}{0.5} N(0, 1)$，若能在 $1-\alpha$ 的置信度下拒绝原假设，则认为价格会对事件有一致的反应。

（2）点位预测。通过方向性预测确定趋势后，使用点位预测估计消息公布后新的均衡价格，事件研究法量化了消息公布后对收益率的影响，算法步骤如下：

步骤一，找到并记录消息公布的日期、时间以及"超过预期"部分的变化等，使用事件数据库和事件前后的交易价格，采用足够高频率的报价和交易数据对预期部分加以度量。

步骤二，计算期货在消息公布前后所关注时间段的收益率。

步骤三，消息发布的影响力可以用简单的线性回归方程进行估计：

$$R_t = \alpha + \beta \Delta X_t + \varepsilon_t$$

式中，R_t 是信息发布前后的收益率数据，并且按照信息发布的先后顺序进行排列；ΔX_t 也是按信息发布顺序排列的超预期变化数据，是预测值与真实值之间的偏差；ε_t 是新闻发布时的特异性误差；α 是回归方程中的截距项，用于表示收益中不是由未预期信息引起的部分；β 是信息发布对收益的平均影响。

事件套利交易策略可以追踪各种宏观经济数据的发布、公司业绩报告以及其他各种重复发生的经济信息。事件套利被广泛应用于考察宏观经济数据对外汇市场、股票市场、固定收益市场、期货市场及商品市场的影响。

▶ 四、高频交易系统的开发、执行与监控

1. 高频交易系统的开发

高频交易系统的开发通常包括计划、分析、设计、实施和维护五个阶段。这一系统周而复始，不断进入新的开发周期。

（1）计划阶段。这一阶段确定项目目标，给出时间表，并为整个系统制定预算。

（2）分析阶段。这是最重要的阶段。此阶段将汇集各方面对系统的要求，决定项目的规模范围，并征求初期反馈意见。

（3）设计阶段。在该阶段，需要具体化的内容包括：流程图、业务规则、界面以及日常报表，等等。设计阶段还需要将整个工程分成不同模块，并分配给软件开发团队，各模块之间要求有良好的接口。系统的非关键部分可以分包出去，关键部分则应由内部开发，只有这样才能最大限度地发挥策略的功能。

（4）实施阶段。这一阶段需要按照设计要求编程开发软件模块，并将单独的模块组装起来形成完整的功能系统。大多数高频交易系统使用 C++ 语言编写，也有的使用 Java 语言。C++ 比 Java 更快，但是 C++ 需要管理好内存，而 Java 则不需要。

（5）维护阶段。这一阶段用以解决系统中与预期表现不符的问题，如发现新漏洞。

2. 系统的设计实施

绝大多数高频交易系统的平台架构都如图 7-11 所示，其中运行时的计量分析由一个计算机程序完成，用于接收报价和确认指令，将报价输入核心分析引擎并输出交易信号。核心分析引擎的开发需要量化分析师找出错误定价或者市场取消或者背离，接着用数年的数据对模型进行回顾测试。如果回归测试持续产生正收益则可以用此模型开始编程。总之，一个成功的高频交易系统能够很容易地根据市场情况进行调整。

系统推出后还需要测试，测试的内容包括数据集测算、单元测试、整合测试、系统测试和用例测试等。数据集测试用于测试数据的有效性，常用的方法是检验自相关系数的一致性。单元测试是验证每一个软件组成部分的正常性。整合测试用于检验模块的互通性。

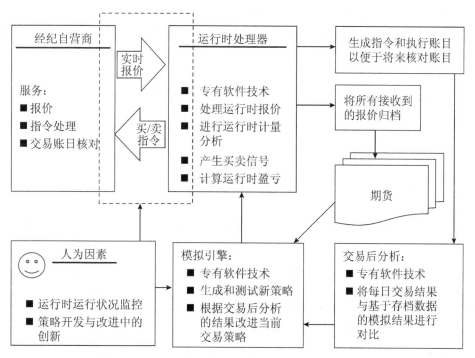

图 7-11　典型的高频交易过程

资料来源：艾琳·奥尔德里奇. 高频交易 [M]. 谈效俊，等译. 北京：机械工业出版社，2011.

系统测试包括检验界面、易用性和性能、压力测试、安全性测试、可扩展性测试、可靠性测试、系统恢复测试。用例测试按照开发设计阶段的系统性能表现准则进行系统测试。

3. 风险管理

建立完整的风险管理系统需要包括三个独立的步骤。

第一，确定风险管理目标。管理者需要在三个方面达成一致，即风险来源、愿意承受的最大风险和可接受的最低风险收益比、超过风险临界值后的风险应对机制。

第二，风险度量。所有的风险都是可度量的。不同的风险度量模型度量不同的风险类型。常用的风险度量模型可以分为四类：统计模型、数量模型、情景分析和因果模型。统计模型是根据历史数据对未来的最坏情况进行预测，最常用的统计模型是 VaR 模型。数量模型是把可预见的最大损失表示成一些商业（收入）参数的百分比。情景分析，又称压力测试，用于确定关键风险指标一般、最好和最坏的情况。因果模型用于找出潜在损失的前因后果。

第三，管理风险。大多数的风险管理系统采用止损和对冲这两种方式。其中，止损是最为原始也最不可或缺的方法。止损中需要确定最佳止损价位。对冲和保险类似。对于期货来说，对冲风险最好的方法是通过期权交易来化解风险。

4. 高频交易的执行和监控

高频交易设计完成并通过测试后就需要实盘操作，即进入执行阶段。为了最大化交易表现或者最小化交易成本，高频交易系统需要引入算法交易。常见的执行最优算法包括交易激进程度选择算法（决定是使用市价指令还是限价指令）、价格定标策略（根据事先制定的交易基准选择最优执行价格）和规模优化算法（拆分指令，降低市场冲击成本）。

对高频交易的监控包括两个过程。第一，交易前分析需要完成的几个目标，如估计预算执行成本、估算预期执行风险、无法在所需价格执行的风险、流动性不足引起的不执行风险、系统崩溃导致的不执行风险等。这些估计值在设定实施运行过程中的止损和止盈参数时发挥重要的作用。在稳健的高频交易系统中，需要确定并监控如下的偏离：实际成交价与可容许成交价的偏离、实际成交量与可容许成交量的偏离、实际完成交易时间与最大可容许交易完成时间之间的偏离。第二，对交易表现进行实时监控。对高频交易进行监控可以使整个操作平稳运行，防止意外损失或潜在的高成本事件。为此，可以指定交易员进行监控。

-------------------------- 【本章知识点回顾】 --------------------------

计算机量化交易包括自动化交易、数量化投资、程序化交易、算法交易以及高频交易。这五种交易方式侧重点各不相同，但界限逐渐模糊。

程序化交易是一种组合交易方式，是由信息搜集与策略构思、计算机程序实现、历史数据回测、参数优化、模拟应用试验、实盘交易、跟踪交易、修改完善等众多相互独立和相互联系的环节构成的一个系统动态过程。从市场趋势和技术形态角度将程序化交易划分为趋势跟踪系统、反趋势系统和形态识别系统。

算法交易是为降低大单交易对市场的冲击影响，通过计算机读、分析市场各类数据，以算法和程序自动完成买卖的交易过程。算法交易包括三个基本步骤：第一步，是事先设定参数和规则，主要的内容是优化交易指令，如最优时间点、最优交易量；第二步，是实时获得数据和监测数据；第三步，是自动提单下单。

高频交易是利用尖端技术和复杂的计算机算法来分析报价，快速做出下单和撤单决策并优化交易执行过程，快速地重新分配或者周转交易资金的交易方法。高频交易并没有大量依靠创新策略来追求利润，仍然使用常见的市场策略，如做市商交易、统计套利、盘口交易、动量交易、事件套利等。

-------------------------------------- 【思考题】 -------------------------------

1. 什么是程序化交易，程序化交易的基本条件是什么？

2. 什么是趋势跟踪系统、反趋势系统和形态识别系统？

3. 什么是算法交易，算法交易的特点和目的是什么？

4. 算法交易、高频交易的优缺点有哪些？

5. 什么是拆单交易策略？

6. 被动型算法交易、主动型算法交易、综合型算法交易各有哪些特点？

7. VWAP 算法交易和 TWAP 算法交易的步骤和优缺点是什么？

8. 简述高频交易的定义及其基本特征。

9. 如何寻找高频交易机会？

10. 查阅资料深入了解高频交易与 2010 年美国股市闪电崩盘事件。

【在线测试题】扫描书背面的二维码，获取答题权限。

第 八 章
期货市场风险控制制度

学习
提示

　　现代期货市场设计有完整的风险控制制度。本章将全面介绍国内外期货市场各类风险控制制度的核心内容，以及这些内容在设计方面的内在关系。在学习本章内容前，还需要注意的是，国内各交易所风险控制制度虽然存在一定差异，但总体趋势是不断优化、化繁就简、规则趋同。

内容
提要

　　本章介绍保证金制度、涨跌停板制度和熔断制度、限仓制度和大户报告制度、强行平仓和强制减仓制度、风险准备金制度和结算担保金制度、信息披露制度和风险警示制度、异常交易管理和实际控制关系账户管理等内容。

学习
目标

　　通过学习，能够对期货市场的风险制度和动态调整有深入认识，了解现代期货市场风险控制制度的系统性和严谨性，了解相关制度对风险的处置机制。

第一节　保证金制度

期货交易实行的保证金制度对于保障期货市场的正常运转具有重要作用，有助于提高资金使用效率，为期货交易提供履行担保，是控制市场风险的重要手段。交易所可以根据风险控制对期货合约设计不同的保证金比例，还可以根据市场变化对保证金比例进行调整，以此来控制市场风险。世界各国的保证金制度存在着一些差异。我国的保证金制度设计方法尚有很大的改进空间。

▶ 一、保证金制度的基本规则

1. 保证金的来源和性质

保证金可以包含各类金融资产。在美国期货结算机构收取的期货交易保证金中，现金只占很小的比重，其他质押品可以是外币、银行担保、标准仓单、政府债券、存折和股票等。一般来说，初始保证金多以资产质押缴纳，而保证金的变动部分只接受现金，股票只能用于以股票为标的物的衍生产品的保证金。我国《期货交易管理条例》规定：期货交易所会员、客户可以使用标准仓单、国债等价值稳定、流动性强的有价证券充抵保证金进行期货交易。有价证券的种类、价值的计算方法和充抵保证金的比例等，由国务院期货监督管理机构规定。在具体实施过程中，各交易所对保证金的来源形式规定并不相同。例如，《大连商品交易所结算管理办法》（2019）规定，经交易所同意，外汇资金、标准仓单、可流通的国债等资产可以作为保证金。《上海期货交易所结算细则》（2019）规定，经交易所同意，会员可以用有价证券充抵保证金。

交易保证金是交易者履约担保的资金，属于期货交易的占用资金，所有权属交易者。我国《期货交易管理条例》对此有严格规定。第一，期货交易所向会员、期货公司向客户收取的保证金，不得低于国务院期货监督管理机构、期货交易所规定的标准，并应当与自有资金分开，专户存放。第二，期货交易所向会员收取的保证金，属于会员所有，除用于会员的交易结算外，严禁挪作他用。期货公司向客户收取的保证金，属于客户所有，除下列可划转的情形外，严禁挪作他用：依据客户的要求支付可用资金；为客户交存保证金，支付手续费、税款；国务院期货监督管理机构规定的其他情形。需要注意的是，尽管保证金所有权归客户，但是保证金所形成的利息往往归期货经纪机构所有。

2. 保证金制度的设计和计算

在国外的期货市场中，期货保证金通常分为初始保证金（initial margin）和维持保证金（maintenance margin）。初始保证金是交易者在买卖建仓时必须按规定存入其保证金账户的最低履约保证金。维持保证金是客户必须存放在保证金账户内的最低保证金金额。当保证金账户资金低于维持保证金水平时，交易者必须追加保证金，使账户资金达到初始保证金水平。以纽约期货交易所棉花期货合约为例，其初始保证金为每张合约 1 000 美元，维持保证金为 750 美元 / 手；属于套期保值的，每张合约的初始保证金为 500 美元（其比例为 2.57%），维持保证金为 500 美元 / 手。

在我国，期货保证金按性质与作用的不同，分为结算准备金和交易保证金两大类。结算准备金为期货交易所的交易会员结算使用，是预先准备的资金，未被合约占用。结算准备金最低余额由交易所决定，并会根据情况不断调整。我国三家商品期货交易所的结算管理办法均规定：期货公司会员结算准备金最低余额为 200 万元，非期货公司会员结算准备金最低余额为 50 万元。会员结算准备金最低余额应当以人民币自有资金缴纳。会员必须在下一个交易日开市前补足至结算准备金最低余额。未补足的，若结算准备金余额大于零而低于结算准备金最低余额，禁止开新仓；若结算准备金余额小于零，则交易所将按有关规定对该会员强行平仓。《中国金融期货交易所结算细则》（2020）规定：结算会员 [①] 的结算准备金最低余额标准为人民币 200 万元，应当以自有资金缴纳。交易所有权根据市场情况调整结算会员结算准备金最低余额标准。结算完毕后，中国金融期货交易所结算会员的结算准备金余额低于最低余额标准时，该结算结果即视为交易所向结算会员发出的追加保证金通知，两者的差额即为追加保证金金额。

交易保证金则是会员单位或客户在期货交易中被期货合约实际占用的保证金。需要注意的是，期货合约规定的是最低交易保证金比例。我国各交易所的结算管理办法中均规定，期货公司会员向客户收取的交易保证金不得低于交易所向会员收取的交易保证金。《中国金融期货交易所结算细则》（2020）规定：结算会员向客户、交易会员 [②] 收取交易保证金的标准不得低于交易所向结算会员收取交易保证金的标准。交易会员向客户收取交易保证金的标准不得低于结算会员向交易会员收取交易保证金的标准。期货公司为控制市场风险，会在交易所规定向客户收取保证金的标准基础上上调几个百分点。

3. 保证金的优惠和大边征收

收取保证金时，通常会对套保和套利持仓予以一定的减免优惠。这里不予赘述。

在我国各期货交易所的实践中，为降低市场成本和提高市场流动性，还实行"双向持仓，大边征收"制度。例如，上海期货交易所规定，"交易所按买入和卖出的持仓量分别收取交易保证金"，"在下列情况下，交易所可以单边收取交易保证金：同一客户在同一会员处的同品种双向持仓（合约进入最后交易日前第五个交易日收盘后除外）；非期货公司会员在交易所同品种双向持仓（合约进入最后交易日前第五个交易日收盘后除外）；交易所认为必要的其他情况"。

中国金融期货交易所也实行大边征收制度，但是在规定中，设定了跨品种双向持仓大边征收的制度。《中国金融期货交易所结算细则》的规定是，"同一客户号在同一会员处的同品种、跨品种双向持仓（实物交割合约在交割月份前一个交易日收盘后除外）"。中国金融期货交易所在 2014 年 7 月 10 日率先对国债期货实行大边征收制度，如 5 年期国债期货和 10 年期国债期货的双向持仓，后来又扩展沪深 300 股指期货、上证 50 股指期货和中证 500 股指期货的跨品种双向持仓。

---

① 结算会员可以从事结算业务，具有与交易所进行结算的资格（见第九章）。
② 交易会员可以在交易所进行期货交易，不具有与交易所进行结算的资格（见第九章）。

【例 8-1】 **国债期货的双向持仓，大边征收保证金计算**

交易者买入 1 手 10 年期国债期货 T 2006，成交价 94.615 元，卖出 1 手 5 年期国债期货 TF2006，成交价 97.140 元，则 T 2006 合约的保证金应为 2%×10 000×1×94.615=18 923 元，TF 2006 合约的保证金为 1.2%×10 000×1×97.140=11 657 元（见表 8-1）。

由于采用"大边征收"制度，则该交易者的保证金占用应为 18 923 元，而非二者之和 30 580。

表 8-1 大边征收的保证金计算

合约	数量（单位：手）	建仓方向	价格（单位：元）	保证金比例	保证金（单位：手）
T2006	1	买	94.615	2%	2%×10 000×1×94.615=18 923
TF2006	1	卖	97.140	1.2%	1.2%×10 000×1×97.140=11 656.8

4. 保证金追加

保证金追加的规定是保证金制度中的核心内容，也是交易所控制交易风险的重要措施。对交易者而言，了解该制度有利于在交易中进行资金管理，控制资金流动性风险。

保证金追加的原理在第一章的当日无负债结算制度中已经介绍。不同地区的交易所都会设计追加保证金的时间安排（见表 8-2）。当保证金不足以维持所持头寸时，交易者必须在规定时间内补充保证金，否则在下一交易日或其他规定时间，交易所或代理机构有权实施强行平仓。这里再补充介绍一下大连商品交易所和中国金融期货交易所的相关规定。

《大连商品交易所结算管理办法》（2019 年 12 月）规定，结算完毕后，会员的结算准备金低于最低余额时，该结算结果即视为交易所向会员发出的追加保证金通知。会员应当在下一个交易日开市前补足至结算准备金最低余额。未补足的，若结算准备金余额大于零而低于结算准备金最低余额，禁止开新仓；若结算准备金余额小于零，则交易所将按有关规定对该会员强行平仓。会员的结算准备金中人民币资金低于结算准备金最低余额时，交易所向会员发出追加人民币通知。会员应当在下一个交易日开市前补足人民币资金至结算准备金最低余额。未补足的，交易所可以在下一交易日第二小节闭市后对专用结算账户中该会员的外汇资金或会员专用资金账户中的外汇资金进行强制换汇。

《中国金融期货交易所结算细则》规定，交易所可以根据市场风险状况，在交易过程中向风险较大的结算会员发出追加保证金的通知，并可以通过期货保证金存管银行从结算会员专用资金账户中扣划。若未能全额扣款，结算会员应当按照交易所的要求在规定时间内补足保证金。结算会员未能按时补足的，交易所有权对其采取限制开仓、强制平仓等风险控制措施。

表 8-2 不同国家和地区交易所的追保时间

	追 保 时 间
中国内地市场	第一天保证金不足的，须于第二天开市前完成
中国香港市场	早市阶段需要追加的，须于当日下午三点三十分前；午市阶段需要追加的，下一交易日上午九点四十五分前

	追保时间
日本市场	早市最后时段需要追加的，当日下午四时前；下午市场最后时段需要追加的，下一交易日中午十二时前
美国市场	公开叫价和早市电子交易时段需要追加的，当日下午四时前；下午电子交易时段，下一交易日 12:00 前
英国市场	00:00～06:00 需要追加的，当日中午十二点前；06:00～12:00，当日 16:00 前；12:00～00:00，下一交易日 12:00 前

我国保证金的追加制度有两个层次。其一，期货交易所会员的保证金不足时，应当及时追加保证金或者自行平仓。会员未在期货交易所规定的时间内追加保证金或者自行平仓的，期货交易所应当将该会员的合约强行平仓，强行平仓的有关费用和发生的损失由该会员承担。其二，客户保证金不足时，应当及时追加保证金或者自行平仓。客户未在期货公司规定的时间内及时追加保证金或者自行平仓的，期货公司应当将该客户的合约强行平仓，强行平仓的有关费用和发生的损失由该客户承担。

▶ 二、保证金封闭运行制度

为保护期货投资者的合法权益，防范市场风险，中国证监会《期货经纪公司保证金封闭管理暂行办法》规定：期货经纪公司（以下简称期货公司）客户保证金（以下简称保证金）必须全额存入从事期货交易结算业务的商业银行（以下简称结算银行），与期货公司自有资金分户存放，封闭管理。

1. 账户管理

期货公司及其分支机构应在结算银行开设保证金专用账户，专用于保证金的存放。期货公司及其分支机构在同一家结算银行，只能各自开设一个保证金专用账户。期货公司根据业务需要可以在多家结算银行开设保证金专用账户，但必须指定一家结算银行为主办结算银行。期货公司应在主办结算银行开设一个用于保证金封闭圈与自有资金间相互划转的专用自有资金账户。

2. 封闭运行

期货公司必须将保证金存放于保证金专用账户。根据需要，保证金可以在期货公司保证金专用账户、期货公司在期货交易所所在地开设的专用资金账户、期货公司在交易所的资金账户之间划转。上述账户共同构成保证金封闭圈。保证金只能在封闭圈内划转，封闭运行。

除非符合《期货经纪公司保证金封闭管理暂行办法》规定的内容，否则期货公司不得将资金划出封闭圈。严禁以质押等方式变相挪用占用保证金。

▶ 三、期货保证金的调整

期货保证金并非一成不变，交易所可以根据市场风险或市场条件的变化调整其交易保证金水平。

1. 根据持仓量变化进行调整

随着合约持仓量增加，尤其是持仓合约所代表的期货商品的数量远远超过相关商品现货数量时，通常表明期货市场投机交易比较多，隐藏较大的风险，交易所会提高保证金比例。以往，我国很多期货合约在设计时考虑到了这一点，因此根据持仓总量设计了相应的保证金。例如，表 8-3 是上海期货交易所铜期货合约在持仓量变化时交易保证金标准的调整安排。需要注意的是，各期货交易所也开始了弹性处理持仓量变化时的保证金设置。例如，《上海期货交易所风险控制管理办法》（2019）第四条提出，持仓量达到一定的水平时，交易所可以根据市场风险调整其交易保证金水平。《大连商品交易所风险管理办法》（2019）第六条规定，交易所可根据合约持仓量的增加提高交易保证金标准，并公布。第七条规定：交易所可以分时间段根据合约持仓量的变化调整该合约的交易保证金。对于乙二醇期货合约，自交割月前一个月第一个交易日至该月第十四个交易日期间，若某日结算时该合约的单边持仓量达到 120 000 手及以上，则自当日结算时至该月第十四个交易日结算时，该合约的交易保证金按照合约价值的 10% 收取。自交割月前一个月第十五个交易日至该月最后一个交易日期间，若某日结算时该合约的单边持仓量达到 80 000 手及以上，则自当日结算时至该月最后一个交易日结算时，该合约的交易保证金按照合约价值的 20% 收取。

表 8-3　铜期货合约持仓量变化时的交易保证金收取标准

从进入交割月前第三月的第一个交易日起，当持仓总量（X）达到下列标准时	铜交易保证金比例
$X \leqslant 24$ 万	5%
24 万 $<X \leqslant 28$ 万	6.5%
28 万 $<X \leqslant 32$ 万	8%
$X>32$ 万	10%

注：X 表示某一月份合约的双边持仓总量（单位：手）。

资料来源：《上海期货交易所风险控制管理办法》（2014）。

2. 临近交割期调整

交易所根据某一期货合约持仓的不同数量和上市运行的不同阶段（即从该合约新上市挂牌之日起至最后交易日止）制订不同的交易保证金收取标准。一般来说，距交割月份越近，交易者面临到期交割的可能性就越大。为了防止实物交割中可能出现的违约风险，促使不愿进行实物交割的交易者尽快平仓了结，交易保证金比率随着交割期临近而提高，具体的设计可见表 8-4。这种保证金制度的设计方式在很长时期内普遍存在，对期货主力合约的远期交易负有不可推卸的责任。国内交易所正在逐渐放开这方面的严厉管制。例如，《大连商品交易所风险管理办法》（2019）规定，自交易所上市的商品期货合约进入交割月份前一个月第十五个交易日起，交易所将分时间段逐步提高该合约的交易保证金。合约在某一交易时间段的交易保证金标准自该交易时间段起始日前一交易日结算时起执行。大连商品交易所上市的商品期货合约临近交割期时交易保证金收取标准见表 8-5。

表8-4　铜期货合约上市运行不同阶段的交易保证金收取标准（%）

交易时间段	铜交易保证金比例
合约挂牌之日起	5
交割月前第一月的第一个交易日起	10
交割月份第一个交易日起	15
最后交易日前二个交易日起	20

资料来源：《上海期货交易所风险控制管理办法》（2019）。

表8-5　大连商品交易所设计的临近交割期时交易保证金收取标准

交易时间段	交易保证金（元/手）
交割月份前一个月第十五个交易日	合约价值的10%
交割月份第一个交易日	合约价值的20%

资料来源：《大连商品交易所风险管理办法》（2019）。

3. 连续涨跌幅达到一定水平时调整

这是我国各期货交易所通行的一种保证金调整制度。例如，《上海期货交易所风险控制管理办法》（2019）规定：当某铜、铝、锌、螺纹钢、线材、热轧卷板、不锈钢期货合约连续三个交易日（即 D1、D2、D3 交易日）的累计涨跌幅（N）达到7.5%；或者连续四个交易日（即 D1、D2、D3、D4 交易日）的累计涨跌幅（N）达到9%；或者连续五个交易日（即 D1、D2、D3、D4、D5 交易日）的累计涨跌幅（N）达到10.5%时，交易所可以根据市场情况，采取单边或者双边、同比例或者不同比例、部分会员或者全部会员提高交易保证金，限制部分会员或者全部会员出金，暂停部分会员或者全部会员开新仓，调整涨跌停板幅度，限期平仓、强行平仓等措施中的一种或者多种，但调整后的涨跌停板幅度不超过20%。期货交易者需要细致地了解所交易期货品种的调整特点。

4. 连续涨跌停板时调整

为了应对连续出现单方向涨跌停板带来的巨大市场风险，我国各交易所会在涨跌停板扩大的基础上提高保证金比率。表8-6是上海期货交易所设计的连续涨跌停板。

表8-6　上海期货交易所的连续方向涨跌停板设计和相应的保证金调整安排

品种	D2 交易日		D3 交易日	
	同 D1 日方向，涨跌停板幅度	保证金	同 D2 日方向，涨跌停板幅度	保证金
铜、铝、锌、铅、镍、锡、螺纹钢、线材、热轧卷板、不锈钢、黄金、天然橡胶、燃料油、石油沥青和漂针浆	在 D1 交易日涨跌停板幅度的基础上增加 3 个百分点	在 D2 交易日涨跌停板幅度的基础上增加 2 个百分点	在 D1 交易日涨跌停板幅度的基础上增加 5 个百分点	在 D3 交易日涨跌停板幅度上增加 2 个百分点
白银	在 D1 交易日涨跌停板幅度的基础上增加 3 个百分点	在 D2 交易日涨跌停板幅度的基础上增加 2 个百分点	在 D1 交易日涨跌停板幅度的基础上增加 6 个百分点	在 D3 交易日涨跌停板幅度上增加 3 个百分点

资料来源：《上海期货交易所风险控制管理办法》（2019）。

5. 其他条件下的保证金调整

遇国家法定长假时会临时调整保证金水平，主要的原因是担心长假期间国际期货市场出现单方向的大幅变化造成国内开市后的连续停板进而引发市场风险。不仅如此，交易所会根据市场的极端风险状况或其他条件变化调整保证金水平。交易所根据市场情况决定调整交易保证金的，应当公告，并报告中国证券监督委员会。利用保证金控制极端风险的一个典型例子是，中国金融期货交易所在 2015 年股市崩盘后采取了分步提高股指期货合约非套期保值持仓交易保证金标准的方法。2015 年 8 月 26 日将沪深 300 和上证 50 股指期货各合约保证金调整为 12%，8 月 27 日调整为 15%，8 月 28 日调整为 20%，8 月 30 日调整为 30%，9 月 7 日调整为 40%。

此外，在某些条件下，交易所也会协同调整保证金水平。例如，2010 年 11 月 29 日起三大商品交易所全面调高了交易保证金（见表 8-7），试图确保市场平稳运行，促使大宗商品价格回归基本面，并配合国家宏观调控和解决物价上涨过快问题。

表 8-7 2010 年 11 月份国内三家商品交易所的保证金比例调整（%）

品种	保证金调整前比例	保证金调整后比例	手续费调整前	手续费调整后	涨跌幅度调整前	涨跌幅度调整后
铜	5	10	减半	取消减半	5	6
铝	5	10	减半	取消减半	5	6
锌	5	12	减半	取消减半	5	6
橡胶	9	13	万分之一	万分之一点五	5	6
燃料油	8	10	减半	取消减半	5	6
黄金	7	10	减半	取消减半	5	6
螺纹钢	7	12	减半	取消减半	5	6
线材	7	10	减半	取消减半	5	6
大豆	5	10	减半	取消减半	4	6
豆粕	5	10	减半	取消减半	4	6
豆油	5	10	减半	取消减半	4	6
棕榈油	5	10	减半	取消减半	4	6
菜籽油	5	5	减半	取消减半	4	4
棉花	5	12	减半	取消减半	3	7
白糖	6	12	减半	取消减半	4	7
玉米	5	10	减半	取消减半	4	6
强麦	5	10	减半	取消减半	3	6
早籼稻	5	12	减半	取消减半	3	7
LLDPE	5	10	减半	取消减半	4	6
PVC	5	10	减半	取消减半	4	6
PTA	6	6	减半	取消减半	4	4

▶ 四、我国期货保证金制度的不足和优化

1. 我国期货保证金制度的不足

我国的保证金制度是一种静态保证金制度。在严格防控市场风险的监管体制下，我国期货保证金制度的设计思路自然地落在严格防范风险上。因此，期货保证金的设置很明显要根据合约持仓量变化及上市运行不同阶段、涨跌停板幅度等因素的变化来设置。这种设置存在明显的不足之处。

首先，保证金的设置方式较为僵化，缺乏统一的规范，没有科学合理地制定标准，无法准确衡量市场风险。尽管保证金比例以涨跌停板为依据，但是涨跌停板的设置缺乏合理的依据，往往是主观判断的结果。

其次，由于保证金的设置水平缺乏依据，也造成了保证金制度运行效率较低的问题，即在一般情况下，保证金水平往往远高于合约的价格涨跌幅度；在市场剧烈波动时，保证金水平又显得过低。

最后，梯度保证金的收取方式造成了不同月份合约之间的保证金占用差异，不利于跨期套利。同时，梯度保证金制度也是我国一些期货品种的主力合约月份集中于远月的原因之一。

专栏 8-1
SPAN 动态保证金设置系统简介
扫描此码　深度学习

2. 我国保证金制度的改进方向

对保证金制度的优化和改革不是一个一蹴而就的工程。从保证金的设置方式看，动态保证金方式是国际上期货保证金制度的基本趋势。我国可以本着审慎性原则和机会成本的原则借鉴动态保证金制度的国际经验，推动保证金制度改革，将约定俗成的涨跌停板设计方式转换成高效的现代设置方法方面。国内很多研究者提出，应借鉴 CME、LME 使用的 SPAN 动态保证金设置系统，探讨将动态计算保证金的软件系统进行中国化的改造。

考虑到 SPAN 动态保证金系统的重要性，本书设计了专栏 8-1，读者可根据需要阅读，以加深理解。

⬙ 第二节　价格限制制度

▶ 一、价格限制制度的种类

价格限制制度是指交易所为了控制市场风险，对于每个交易日的价格波动实施限制的制度。价格限制制度包括涨跌停板制度和熔断制度。

1. 涨跌停板制度的设置与作用

涨跌停板制度又称每日价格最大波动限制，是期货交易中普遍应用的制度。在发达的期货市场中，期货涨跌幅限制制度的设计方式有两种：一种是绝对额设置，一种是按比例设置。例如，CBOT 的大豆期货第一个涨跌停板幅度是 70 美分 / 蒲式耳，连续第二个同方

向涨跌停板为 105 美分 / 蒲式耳，连续第三个同方向的涨跌停板为 160 美分 / 蒲式耳。玉米期货连续三个涨跌停板分别为 30 美分 / 蒲式耳、45 美分 / 蒲式耳和 70 美分 / 蒲式耳。CME 的毛棕榈油期货的涨跌停板为前一日结算价的 10%。

涨跌停板制度的目的在于减缓或抑制一些突发事件或过度投机行为对期货价格的巨大冲击，以防每一交易日的价格波动较大。在市场面临剧烈波动时，涨跌停板制度的实施可以为市场的管理者争取时间，掌握局面，缓冲风险。同时，也给交易者一个理性思考判断的机会，避免市场的过度反应。因此，涨跌停板制度在发展中的期货市场中得到了广泛应用。不过，关于涨跌停板制度的作用也有相反观点。相反的观点认为涨跌停板会干预正常价格的形成，阻碍相关信息在价格上的传递，不利于价格发现。因此，国际上并非所有期货交易所均设置涨跌停板制度。在一些欧美发达国家的成熟期货市场中，往往就没有涨跌停板制度。尽管在 CME 集团中一些老式的农产品期货合约（如玉米、大豆、CBOT 小麦、豆油、豆粕、燕麦等）设置了强制性的价格波动限制，但其他各类期货合约都不设类似的价格限制，如 NYMEX 的可可、咖啡，COMEX 上市的黄金、白银，等等。

在我国，涨跌停板制度在化解市场风险方面起到了积极的作用。但是，在 2008 年 10 月期货市场各合约连续跌停的极端行情中，问题也充分暴露出来，很多投资者和套期保值者在沪铜出现两次连续三日跌停的情况下无法平仓，损失惨重。

2. 熔断制度定义与作用

在某些交易所的期货交易中，在规定涨跌停板制度时，还附加熔断机制。美国期货市场几乎不设涨跌停板，但是在一些交易所以熔断机制作为替代补充。所谓熔断机制（又称断路器制度）是由于价格急剧波动而触发的暂停交易措施，是动态涨跌幅、静态涨跌幅和波动断路三者相结合的一种价格稳定机制。在熔断机制设计中，当一笔交易价格相对于前一笔交易价格波幅较大（动态涨跌幅），或最新价格相对于参考价格（如前一日收盘价）幅度较大（静态涨跌幅）时，该产品的连续交易中断，启动集合竞价，集合竞价后继续连续交易。

熔断制度还分为传统熔断制度和动态熔断机制（DCBs）。动态熔断机制定义了一个特定时间间隔内（通常是一个小时）一个产品允许价格波动的上下限。美国指数产品实行传统熔断制度，CME 对股指期货的熔断以标准普尔 500 指数为依据，设计了隔夜的涨跌价格限制为 5%，日盘则按照 7%、10% 和 20% 设置下跌熔断阈值。动态熔断机制与传统熔断机制类似，不同之处在于全天都随市场变化而变化。CME 在能源期货市场采用动态熔断机制，在 60 分钟的滚动回溯窗口中，价格涨跌范围将会被不断重置。如果市场在这段时间内上涨或者下跌 15%，交易将会暂停 2 分钟。每个产品都被分配了各自用于计算动态熔断级别的值，这一数值通常是以结算价的百分比而定。

专栏 8-2 专题介绍了美国股票市场和股票指数期货市场熔断制度的产生、变化和实践。从专栏的分析总结中，我们也可以进一步思考熔断制度的优点和不足。

尽管熔断制度有其优点，但是市场上也存在反对熔断制度的若干意见。主要是因为其自身也存在若干不足之处：第一，人为方式限制金融产品交易，妨碍了市场价格机能的运作，减少交易意愿，降低市场流动性，

专栏 8-2
美国股票市场和股票指数期货市场的价格限制制度

阻碍均衡价格的形成，导致市场运作无效率；第二，加剧价格波动，因为市场参与者预计市场即将暂停交易，所以纷纷更改其策略提前进行交易；第三，市场如果因熔断制度突然停止交易，将会造成恐慌及带来不确定因素，对买方造成冲击，不能扭转恐慌性抛售的局面；第四，对持有因市场波动而获利仓位的市场参与者不公平；第五，有市场参与者担心一旦暂停交易后，会促使交易所采取更严厉的措施，如长时间停市、停止交易等，这将给市场运作带来相当大的冲击和负面影响。

▶ 二、我国涨跌停板制度设计中的调整机制

我国各期货交易所均按比例设置涨跌停板。交易所会根据市场风险调整涨跌停板。例如，《上海期货交易所风险控制管理办法》中规定，在某一期货合约的交易过程中，当出现下列情况时，交易所可以根据市场风险调整其涨跌停板幅度：①期货合约价格出现同方向连续涨跌停板时；②遇国家法定长假时；③交易所认为市场风险明显变化时；④交易所认为必要的其他情况。当某期货合约以涨跌停板价格成交时，成交撮合实行平仓优先和时间优先的原则，但平当日新开仓位不适用平仓优先的原则。

1. 新上市品种的设计

从我国各期货交易所的风险管理办法看，我国新上市期货品种的涨跌停板有两方面的设计。第一，新上市期货合约的涨跌停板幅度通常为合约规定涨跌停板幅度的两倍或三倍。第二，如果合约有成交，则于下一交易日恢复到合约规定的涨跌停板幅度。如果合约无成交，则下一交易日继续执行新上市期货合约的涨跌停板幅度。

2. 涨跌板的幅度根据风险进行调节

期货交易所会根据期货交易过程中可能的风险对涨跌停板进行调节。首先，在连续同方向单边市条件下进行调节。其次，交易所在遇国家法定长假时、认为市场风险明显变化时或者其他认为必要的情况时，都会根据对市场风险的判断调整涨跌停板幅度。

上面所说的单边市是指某一期货合约在某一交易日收盘前5分钟内出现只有停板价位的买入（卖出）申报、没有停板价位的卖出（买入）申报，或者一有卖出（买入）申报就成交、但未打开停板价位的情况。连续的两个交易日出现同一方向的涨（跌）停板单边无连续报价情况，称为同方向单边市；在出现单边市之后的下一个交易日出现反方向的涨（跌）停板单边无连续报价情况，则称为反方向单边市。第一个单边市的交易日称为D1交易日，第二个单边市的交易日称为D2交易日，第三个单边市的交易日称为D3交易日。在单边市下，涨跌板的设置如下。

若D2交易日未出现单边市，则D3交易日涨跌停板、交易保证金比例恢复到正常水平。若D2交易日出现反方向单边市，则视作新一轮单边市开始，该日即视为D1交易日。在连续出现同方向单边市时，交易所会对不同的期货品种设置不同的涨跌停板幅度，D2交易日停板（即第二板）比D1交易日停板（即第一板）幅度大，D3交易日停板（第三板）比D2交易日停板（即第二板）幅度大（见表8-8）。

表 8-8 我国各期货交易所的单边市涨跌停板调整规则

期货交易所	品 种	第 一 板	第 二 板	第 三 板
上海期货交易所	黄金	±4%	±7%	±9%
	白银	±5%	±8%	±11%
	铜、铅、锌、锡、铝、纸浆	±5%	±8%	±10%
	螺纹钢、不锈钢、线材、热轧卷板、镍	±6%	±9%	±11%
	天然橡胶	±7%	±9%	±12%
	石油沥青	±7%	±10%	±12%
	燃料油	±8%	±11%	±13%
	原油（上海国际能源交易中心）	±8%	±11%	±13%
	20 号胶（上海国际能源交易中心）	±7%	±10%	±12%
大连商品交易所	豆一、豆二、豆粕、豆油、棕榈油、粳米、玉米、玉米淀粉、PP、PVC、苯乙烯、塑料	±4%	±7%	±9%
	焦炭、焦煤、铁矿石	±6%	±9%	±11%
	乙二醇、纤维板、胶合板、鸡蛋	±5%	±8%	±10%
郑州商品交易所	普通小麦、棉花、面纱、菜籽油、纯碱、玻璃、粳稻、早籼稻、晚籼稻、尿素	±4%	±7%	±10%
	强麦	±7%	±10%	±13%
	苹果、硅铁、锰硅	±6%	±9%	±12%
	动力煤、红枣、PTA	±5%	±8%	±11%
中国金融期货交易所	沪深 300、上证 50、中证 500	±10%	±10%	据交易所通知
	10 年期国债	±2%	据交易所通知	据交易所通知
	5 年期国债	±1.2%	据交易所通知	据交易所通知
	2 年期国债	±0.5%	据交易所通知	据交易所通知

资料来源：笔者根据各期货交易所网站 2019 年资料整理。

3. 出现涨跌板后会采取措施控制风险

出现涨跌板后各交易所均会采取措施控制风险，这里以上海期货交易所为例进行说明。《上海期货交易所风险控制管理办法》（2019）规定：当某期货合约以涨跌停板价格成交时，成交撮合实行平仓优先和时间优先的原则，但平当日新开仓位不适用平仓优先的原则。

若 D3 交易日未出现单边市，则 D4 交易日涨跌停板、交易保证金比例恢复到正常水平。

若 D3 交易日出现反方向单边市，则视作新一轮单边市开始，该日即视为 D1 交易日，下一日交易保证金和涨跌停板参照该办法第十二条规定执行。

若 D3 交易日期货合约出现同方向单边市（即连续三天达到涨跌停板），则当日收盘结算时，该铜、铝、锌、铅、镍、锡、螺纹钢、线材、热轧卷板、不锈钢、黄金、白银、天然橡胶、燃料油、石油沥青和纸浆期货合约的交易保证金仍按照 D2 交易日结算时的交易保证金比例收取，并且交易所可以对部分或者全部会员暂停出金。

当 D3 交易日期货合约出现同方向单边市（即连续三天达到涨跌停板）时，若 D3 交易日是该合约的最后交易日，则该合约直接进入交割；若 D4 交易日是该合约的最后交易日，则 D4 交易日该合约按 D3 交易日的涨跌停板和保证金水平继续交易；除上述两种情况之外，

D4 交易日该期货合约暂停交易一天。交易所在 D4 交易日根据市场情况决定对该期货合约实施下列两种措施中的任意一种。

（1）措施一：D4 交易日，交易所决定并公告在 D5 交易日采取单边或者双边、同比例或者不同比例、部分会员或者全部会员提高交易保证金，暂停部分会员或者全部会员开新仓，调整涨跌停板幅度，限制出金，限期平仓，强行平仓等措施中的一种或者多种化解市场风险，但调整后的涨跌停板幅度不超过 20%。在交易所宣布调整保证金水平之后，保证金不足者应当在 D5 交易日开市前补足。若 D5 交易日该期货合约的涨跌幅度未达到当日涨跌停板，则 D6 交易日该期货合约的涨跌停板和交易保证金比例均恢复正常水平；若 D5 交易日该期货合约的涨跌幅度与 D3 交易日同方向达到当日涨跌停板，则交易所宣布为异常情况，并按有关规定采取风险控制措施；若 D5 交易日该期货合约的涨跌幅度与 D3 交易日反方向达到当日涨跌停板，则视作新一轮单边市开始，该日即视为 D1 交易日，下一日交易保证金和涨跌停板参照本办法第十二条规定执行。

（2）措施二：在 D4 交易日结算时，交易所将 D3 交易日闭市时以涨跌停板价申报的未成交平仓报单，以 D3 交易日的涨跌停板价，与该合约净持仓盈利客户（或者非期货公司会员，下同）按持仓比例自动撮合成交。同一客户持有双向头寸，则首先平自己的头寸，再按上述方法平仓。

其他交易所采取的措施与上海期货交易所类似，故不再赘述。

▶ 三、我国熔断制度的设计与实践

我国股指期货上市曾考虑推动熔断制度，但之后没有付诸实施。基本的原因包括：熔断制度具有复杂性，实施效果具有不确定性，市场参与者的接受程度不一，且股票和股指期货都实行涨跌停板制度，对于防止价格过度波动已有相应的制度安排。

在 2015 年下半年，我国股市崩盘几乎引发系统性风险之后，监管部门开始考虑引入指数熔断制度。指数熔断制度的总体安排是："当沪深 300 指数日内涨跌幅达到一定阈值时，沪、深交易所上市的全部股票、可转债、可分离债、股票期权等股票相关品种暂停交易，中金所的所有股指期货合约暂停交易，暂停交易时间结束后，视情况恢复交易或直接收盘。"该机制中，设置了 5%、7% 两档指数涨跌熔断阈值，日内各档熔断最多仅触发 1 次。在触发 5% 熔断阈值时，暂停交易 12 分钟，不接受指令申报和撤销。熔断结束后进行集合竞价 3 分钟，之后继续当日交易。14:45 及之后触发 5% 熔断阈值，以及全天任何时段触发 7% 熔断阈值的，暂停交易至收市。

我国指数熔断制度正式执行始于 2016 年 1 月 4 日，在当天就触发了两档熔断，在 1 月 7 日又触发了两档熔断（见图 8-1）。这两个交易日，沪深 300 指数在触发 5% 的熔断阈值后，分别仅用 6 分钟和 1 分钟再次触发 7% 的熔断阈值，显然是投资者大范围恐慌性抛售所致。在美国股市最初计划引入熔断制度时，一些学者就预测这将引发磁吸效应。后来获得诺贝尔经济学奖的法玛在熔断制度提出时就从理论上预测该制度会导致磁吸效应："投资者将抢在熔断前完成交易，导致熔断的加速到来。"磁吸效应的出现使我国监管者和证券、期货交易所迅速于 2016 年 1 月 8 日暂停实施指数熔断制度。

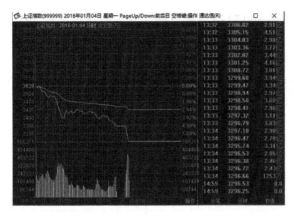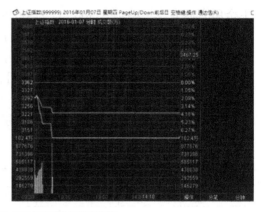

图 8-1　我国推出熔断制度后出现的两次四档熔断

注：左为 2016 年 1 月 4 日上证指数；右为 2016 年 1 月 7 日上证指数。

第三节　限仓制度与大户报告制度

▶ 一、限仓制度的安排

1. 限仓制度定义与作用

限仓制度包括持仓限额制度和交易限额制度。

持仓限额是指交易所规定的会员或者客户对某一期货合约单边持仓的最大数量。交易所通常会规定：同一客户在不同期货公司会员处开有多个交易编码，各交易编码上所有持仓头寸的合计数，不得超出一个客户的限仓数额。

交易限额是指交易所规定的会员或者客户对某一合约在某一期限内开仓交易的最大数量。交易所可以根据市场情况，对不同的上市品种、合约，对部分或者全部会员、特定客户，制订日内开仓交易量限额，具体标准由交易所另行确定。

2. 持仓限额制度的设计原理

实行持仓限额制度的目的在于防止大户操纵市场、防止超量交易，防止投资者在价格大起大落时出现巨额亏损，加大市场风险。由于套期保值不以投机为目的，我国各期货交易所对套期保值交易头寸实行审批制，不受持仓限额和交易限额限制。

持仓限额制度的设计从四个角度进行。第一，由于期货品种所涉及的行业差异，期货交易所会根据不同期货品种的具体情况，分别确定每一品种每一月份合约的限仓数额。第二，为控制风险，交易所通常在期货合约交易的不同阶段，分别确定不同的限仓数额，特别是要从严控制进入交割月份的合约限仓数额。第三，采用限制会员持仓和限制客户持仓相结合的办法控制市场风险。表 8-9 和表 8-10 是大连商品交易所部分期货合约在不同时期的限仓比例和持仓限额规定。《大连商品交易所风险管理办法》（2019）还规定，交割月份个人客户持仓限额为 0。第四，交易所根据市场风险调整持仓限额。例如，2015 年股市崩盘后，中金所先后多次调整沪深300、上证50和中证500股指期货日内开仓限制标准：自2015年8月26日起，将客户在单个股指期货产品、单日开仓交易量超过600手的认定为"日内开仓交易量较大"的异常交易行为；自2015年8月31日起，对沪深300、上证50、中证500股指期货客户在单个产品、单日开仓交易量超过100手的认定为"日内开仓交易量较大"的异常交易行为；自2015年9月7日起，沪深300、上证50、中证500股指期货客户在单个产品、单日开仓交易量超过10手的构成"日内开仓交易量较大"的异常交易行为。

表 8-9　大连商品交易所一般月份（上市至交割月前一个月第九个交易日）的持仓限额（单位：手）

品　　种	合约单边持仓规模	非期货公司会员	客　　户
黄大豆 1 号	单边持仓≤ 200 000	40 000	20 000
	单边持仓 >200 000	单边持仓 ×20%	单边持仓 ×10%
黄大豆 2 号	单边持仓≤ 200 000	20 000	20 000
	单边持仓 >200 000	单边持仓 ×10%	单边持仓 ×10%
豆粕	单边持仓≤ 400 000	80 000	40 000
	单边持仓 >400 000	单边持仓 ×20%	单边持仓 ×10%
玉米	单边持仓≤ 400 000	80 000	40 000
	单边持仓 >400 000	单边持仓 ×20%	单边持仓 ×10%
豆油	单边持仓≤ 200 000	40 000	20 000
	单边持仓 >200 000	单边持仓 ×20%	单边持仓 ×10%
棕榈油	单边持仓≤ 100 000	20 000	10 000
	单边持仓 >100 000	单边持仓 ×20%	单边持仓 ×10%
线型低密度聚乙烯	单边持仓≤ 100 000	20 000	10 000
	单边持仓 >100 000	单边持仓 ×20%	单边持仓 ×10%
聚氯乙烯	单边持仓≤ 200 000	40 000	20 000
	单边持仓 >200 000	单边持仓 ×20%	单边持仓 ×10%
焦炭	单边持仓≤ 50 000	5 000	5 000
	单边持仓 >50 000	单边持仓 ×10%	单边持仓 ×10%
焦煤	单边持仓≤ 80 000	8 000	8 000
	单边持仓 >80 000	单边持仓 ×10%	单边持仓 ×10%
铁矿石	单边持仓≤ 400 000	40 000	40 000
	单边持仓 >400 000	单边持仓 ×10%	单边持仓 ×10%
纤维板	单边持仓≤ 300 000	30 000	30 000
	单边持仓 >300 000	单边持仓 ×10%	单边持仓 ×10%
胶合板	单边持仓≤ 60 000	6 000	6 000
	单边持仓 >60 000	单边持仓 ×10%	单边持仓 ×10%
聚丙烯	单边持仓≤ 200 000	20 000	20 000
	单边持仓 >200 000	单边持仓 ×10%	单边持仓 ×10%
玉米淀粉	单边持仓≤ 150 000	15 000	15 000
	单边持仓 >150 000	单边持仓 ×10%	单边持仓 ×10%

资料来源：《大连商品交易所风险管理办法》（2019）。

表 8-10 大连商品交易所交割月份前一个月第十个交易日至交割月期间的持仓限额规定（单位：手）

品　种	时　间　段	非期货公司会员	客　户
黄大豆 1 号	交割月前一个月第十五个交易日起	10 000	5 000
	交割月份	5 000	2 500
黄大豆 2 号	交割月前一个月第十五个交易日起	4 500	4 500
	交割月份	1 500	1 500
豆粕	交割月前一个月第十五个交易日起	15 000	7 500
	交割月份	5 000	2 500
豆油	交割月前一个月第十五个交易日起	6 000	3 000
	交割月份	2 000	1 000
棕榈油	交割月前一个月第十五个交易日起	3 000	1 500
	交割月份	1 000	500
玉米	交割月前一个月第十五个交易日起	30 000	15 000
	交割月份	10 000	5 000
线型低密度聚乙烯	交割月前一个月第十五个交易日起	6 000	3 000
	交割月份	2 000	1 000
聚氯乙烯	交割月前一个月第十五个交易日起	10 000	5 000
	交割月份	5 000	2 500
焦炭	交割月前一个月第十五个交易日起	900	900
	交割月份	300	300
焦煤	交割月前一个月第十五个交易日起	1 500	1 500
	交割月份	500	500
铁矿石	交割月前一个月第十五个交易日起	6 000	6 000
	交割月份	2 000	2 000
纤维板	交割月前一个月第十五个交易日起	800	800
	交割月份	200	200
胶合板	交割月前一个月第十五个交易日起	80	80
	交割月份	20	20
聚丙烯	交割月前一个月第十五个交易日起	5 000	5 000
	交割月份	2 500	2 500
玉米淀粉	交割月前一个月第十五个交易日起	4 500	4 500
	交割月份	1 500	1 500
粳米	交割月前一个月第十五个交易日起	2 000	2 000
	交割月份	1 000	1 000
苯乙烯	交割月前一个月第十五个交易日起	2 000	2 000
	交割月份	1 000	1 000

资料来源：《大连商品交易所风险管理办法》（2019）。

3. 超过持仓限额的处理

期货交易所对于超过持仓限额的将采取多种措施予以限制。从国内期货交易所的风险控制管理制度看，主要有以下措施。

（1）非期货公司会员或客户的持仓数量不得超过交易所规定的持仓限额，超过持仓限额的，不得同方向开仓交易。对超过持仓限额的非期货公司会员或客户，交易所将于下一交易日按有关规定执行强行平仓。一个客户在不同期货公司会员处开有多个交易编码，其持仓量合计超出限仓数额的，由交易所指定有关期货公司会员对该客户超额持仓执行强行平仓。

（2）期货公司会员名下全部客户的持仓之和超过该会员的持仓限额的，期货公司会员原则上应按超过部分与合计数的比值将超过部分分担给每个客户，并监督其减仓；应减仓而未减仓的，由交易所按有关规定执行强行平仓。

4. 限仓豁免制度

为提升期货市场效率，很多期货交易所在限仓制度中往往还附带了豁免内容。例如，美国商品期货交易委员会（CFTC）规定可以豁免投机持仓限制的持仓包括套利（跨市套利、跨期套利、跨品种套利，以及符合条件的期权/期货套利）持仓、符合资质实体的持仓和套期保值持仓。另外，美国期货市场还有一个经验，就是在机构投资者成熟后，通常会设立多个账户，CFTC对合格的机构投资者并不加总计算持仓。

在我国，各期货交易所对套期保值交易头寸实行审批制，这里以大连商品交易所为例介绍。《大连商品交易所套期保值管理办法》规定，套期保值实行资格认定和额度管理制度。按照合约月份的不同，套期保值持仓额度分为一般月份套期保值持仓额度（自合约上市之日起至交割月份前一个月最后一个交易日）和交割月份套期保值持仓额度。取得套期保值交易资格的非期货公司会员和客户，可通过交易指令直接建立套期保值持仓，也可通过对历史投机持仓确认的方式建立套期保值持仓。未取得套期保值持仓增加额度的，非期货公司会员和客户的套期保值持仓额度在数量上等同于投机持仓限额。非期货公司会员和客户可以申请增加套期保值持仓额度。取得套期保值持仓增加额度的，非期货公司会员和客户的套期保值持仓额度在数量上等同于投机持仓限额与套期保值持仓增加额度之和。非期货公司会员和客户的套期保值持仓量不得超过交易所确定的套期保值持仓额度，套期保值持仓量和投机持仓量合计不得超过交易所确定的套期保值持仓额度。

我国各交易所对套利的头寸也有限制性规定。例如，《大连商品交易所套利交易管理办法》规定，非期货公司会员和客户套利持仓与投机持仓合计不得超过交易所规定的投机持仓限额。非期货公司会员和客户可以申请增加套利持仓额度。已获得套期保值交易资格的客户不得申请相关品种的套利持仓增加额度。

此外交易所也对套保和套利额度的有效期予以界定。例如，中国期货交易所规定："产品额度自审核通过日的下一交易日起 12 个月内有效。临近交割月份合约额度自该合约交割月份之前的一个交易日至该合约最后交易日期间有效。"

我国限仓制度优化的几个方向包括：设计合理的套利者的持仓限额制度，提高套利者积极性；扩大套期保值内含，扩大套期保值者审批范围（如企业收取的服务费用与商品价格有关，也可以申请作为套期保值头寸）；在限仓制度中为机构投资者预留空间，也为期货公司资产管理业务中的仓位管理创造条件。

▶ 二、大户报告制度

1. 大户报告制度的含义和优点

大户报告制度是与限仓制度紧密相关的另外一个控制交易风险、防止大户操纵市场行为的制度。期货交易所建立限仓制度后，当会员或客户投机头寸达到了交易所规定的数量时，必须向交易所申报，申报的内容包括客户的开户情况、交易情况、资金来源、交易动机等，便于交易所审查大户是否有过度投机和操纵市场行为以及大户的交易风险情况。我国各期货交易所均设计了不同的大户报告制度。

实行大户报告制度有三个优点：其一，与信息披露制度结合起来，可以有效地抑制风险；其二，可以向监管部门提供关于市场构成的有用信息，及时掌控市场可能出现的操纵问题；其三，交易所可根据市场风险状况，调整持仓报告水平。

2. 美国的大户报告制度

美国大户报告制度有两个层面，一是美国商品期货交易委员会（CFTC）层面，二是交易所层面。CFTC 负责制定大额交易者报告标准。交易所负责向 CFTC 提供每家清算会员的持仓数据、交易数据、期转现数据、前一交易日期货交割通知等。清算会员、期货经纪商、外国经纪商向 CFTC 申报客户的数据。清算会员、期货经纪商、外国经纪商向交易所申报数据。美国大户报告制度的设计标准较低，CFTC 制定的报告标准从 25 手到 3 000 手不等。这些头寸占总持仓量的 70% ~ 90%。在美国的大户报告制度中非常重视控制权和利益关系。例如，对某个账户持有 10% 以上控股权的，所有这些账户都应该被视为一个单独的账户。此外，CFTC 的认定标准具有一定的强制性。

3. 我国大户报告制度相关规定

我国各期货交易所总体实行一致的大户报告制度，差别仅在细微之处。以上海期货交易所的大户报告制度为例加以说明。《上海期货交易所风险控制管理办法》中规定如下内容。

其一，当会员或者客户某品种持仓合约的投机头寸达到交易所对其规定的投机头寸持仓限额 80% 及以上的或者交易所要求报告的，会员或客户应当向交易所报告其资金情况、头寸情况，客户应当通过期货公司会员报告。交易所可以根据市场风险状况，制定并调整持仓报告标准。

其二，会员和客户的持仓，达到交易所报告界限的，会员和客户应当主动于下一交易日 15:00 前向交易所报告。如需再次报告或补充报告，交易所将通知有关会员。

其三，达到交易所报告界限的非期货公司会员应向交易所提供下列材料：填写完整的《非期货公司会员大户报告表》，内容包括会员名称、会员号、合约代码、现有持仓、持仓性质、持仓保证金、可动用资金、持仓意向、预报交割数量、申请交割数量；资金来源说明；交易所要求提供的其他材料。达到交易所报告界限的客户应提供下列材料：填写完整的《客户大户报告表》，内容包括会员名称、会员号、客户名称和编码、合约代码、现有持仓、持仓性质、持仓保证金、可动用资金、持仓意向、预报交割数量、申请交割数量等；资金来源说明；开户材料及当日结算单据；交易所要求提供的其他材料。

其四，期货公司会员应对达到交易所报告界限的客户所提供的有关材料进行初审，然后转交交易所。期货公司会员应保证客户所提供的材料的真实性。交易所可以不定期地对会员或客户提供的材料进行核查。

🎁 第四节　强行平仓与强制减仓制度

强行平仓和强制减仓对于交易者来说都是被动平仓措施，两者使用的情形并不一样。强行平仓制度是化解期货市场风险的常用的有效控制措施之一；强制减仓制度则是一种针对单边极端行情下的全市场风险防范措施。从原理上看，强制减仓是强行平仓的一个特例。

▶ 一、强行平仓制度基本内容

1. 强行平仓制度的定义

本书在介绍保证金制度时，已经多次提及强行平仓制度。实际上，强行平仓制度不仅与保证金制度紧密联系，而且也是与持仓限制制度和涨跌停板制度等相互配合的风险管理制度。具体而言，强行平仓是指当会员、客户违规时，交易所对有关持仓实行平仓的一种强制措施。

专栏 8-3

交易者失联后被强行平仓

扫描此码　深度学习

对投资者而言，强行平仓制度最常使用的情形是投资者在规定的时限内没有及时补足应缴付的保证金时，为了降低由于保证金杠杆作用所引发的风险，投资者持有的有关合约将被强行平仓，且由此造成的损失由投资者自己负责。专栏 8-3 是交易者失联后被强行平仓的案例与启示。

2. 强行平仓的适用情况

各交易所强行平仓的适用情况大致一样，但也有些细微的差异。

《上海期货交易所风险控制管理办法》中提出，当会员、客户出现下列情形之一时，交易所有权对其持仓进行强行平仓：①会员结算准备金余额小于零，并未能在规定时限内补足的；②持仓量超出其限仓规定的（这一条对套期保值者同样适用。例如，《上海期货交易所套期保值交易管理办法》规定，会员或客户套期保值持仓超过获批套期保值交易头寸的，应当在下一交易日第一节交易结束前自行调整；逾期未进行调整或调整后仍不符合要求的，交易所有权采取强行平仓）；③相关品种持仓没有在规定时间内按要求调整为相应整倍数的；④因违规受到交易所强行平仓处罚的；⑤根据交易所的紧急措施应予强行平仓的；⑥其他应予强行平仓的。

《中国金融期货交易所风险控制管理办法》中提出，会员、客户出现下列情形之一的，交易所对其持仓实行强行平仓：①结算会员结算准备金余额小于零，且未能在第一节结束前补足；②非期货公司会员、客户持仓超出持仓限额标准，且未能在第一节结束前平仓；③因违规、违约受到交易所强行平仓处理；④根据交易所的紧急措施应当予以强行平仓；⑤交易所规定应当予以强行平仓的其他情形。

▶ 二、强行平仓的执行原则和执行过程

1. 强行平仓的执行原则

强行平仓先由会员自己执行，除交易所特别规定外，时限一律为开市后第一节交易时间内。若时限内会员未执行完毕，则由交易所强制执行。因结算准备金小于零而被要求强

行平仓的，在保证金补足至最低结算准备金余额前，禁止相关会员的开仓交易。

2. 强行平仓的执行过程

强行平仓的执行过程包括通知、执行和确认。

交易所以《强行平仓通知书》（以下简称通知书）的形式向有关会员下达强行平仓通知。除交易所特别送达以外，通知书通过会员服务系统随当日结算数据发送，有关会员可以通过会员服务系统获得。

在开市后，有关会员必须首先自行平仓，直至达到平仓要求；超过会员自行平仓时限而未执行完毕的，剩余部分由交易所直接执行强行平仓；强行平仓执行完毕后，由交易所记录执行结果并存档；强行平仓结果随当日成交记录发送，有关会员可以通过会员服务系统获得。图8-2是强行平仓的基本执行过程，可作为参考。

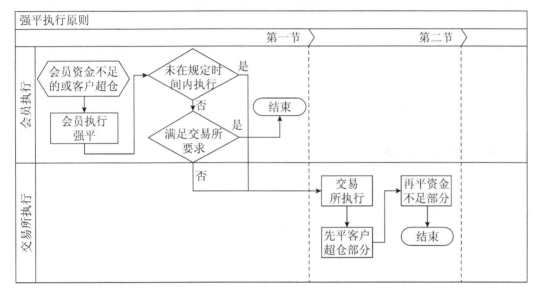

图 8-2　强行平仓的基本执行过程

3. 强行平仓价格确定和盈亏归属

强行平仓的价格通过市场交易形成。如因价格涨跌停板或其他市场原因而无法在当日完成全部强行平仓的，交易所根据结算结果，对该会员或客户做出相应的处理。由于价格涨跌停板限制或其他市场原因，有关持仓的强行平仓只能延时完成的，因此发生的亏损，仍由直接责任人承担；未能完成平仓的，该持仓持有者需继续对此承担持仓责任或交割义务。

由会员单位执行的强行平仓产生的盈利仍归直接责任人；由交易所执行的强行平仓产生的盈亏相抵后的盈利部分予以罚没；因强行平仓发生的亏损由直接责任人承担。直接责任人是客户的，强行平仓后发生的亏损，由该客户开户所在期货公司会员先行承担，会员自行向该客户追索。

4. 强行平仓的合规性

强行平仓通常是按规则行事。但是，现实中并不能保证每个强行平仓个案都是合理合法的。国内曾经出现过期货公司营业部的非善意平仓个案，投资者需要对此引起注意。读者可关注以下案例。

【例 8-2】 **非善意平仓**

投资者范某与某期货经纪有限责任公司天津营业部签订期货经纪合同及其补充配套协议。在 2007 年 12 月 24 日前，范某持有 Cu0802 空头合约 33 手、Cu0803 空头合约 369 手、Cu0804 空头合约 10 手。但是在 2007 年 12 月 24 日，范某根据天津营业部的通知，自行平仓大豆 270 手，达到天津营业部要求的保证金水平。天津营业部收市后，通知范某追加保证金。范某于 2007 年 12 月 25 日存入保证金 150 万元。同日，天津营业部在集合竞价时对范某所持空仓合约 412 手强行平仓。按照强行平仓价格与当日收盘价格的差价计算，范某共计损失 6 663 000 元。

这一案例中，期货公司营业部有违规行为。这是因为客户在接到期货公司要求追加保证金的通知后，已经及时追加了充足的保证金，亦及时自行平仓。期货公司在此情形下，强行平仓违反了合同约定，给客户造成巨大的经济损失，因此应当承担相应的赔偿责任。

▶ 三、强制减仓制度

1. 强制减仓制度的定义和作用

强制减仓是指交易所将当日以涨跌停板价格申报的未成交平仓报单，以当日涨跌停板价格与该合约净持仓盈利客户按照持仓比例自动撮合成交。该制度旨在保护已经遭受亏损的投资者能够在涨跌停板的特殊市场状况下及时了结期货头寸，有助于防范风险继续扩大，避免大规模亏损导致违约（见专栏 8-4）。如果采取强制减仓措施后，风险仍未释放，交易所可宣布进入异常情况，并按照有关规定采取紧急措施。

专栏 8-4
郑州商品交易所对甲醇交易的强制减仓
扫描此码 深度学习

强制减仓制度并非完全是我国特有的风险控制制度。国外期货市场上也有类似于强制减仓的制度，但是属于违约处理流程的组成部分，处在违约处理流程最末端。当交易所既定的风险处置资源不足以覆盖违约损失时，会执行类似于强制减仓的措施，如"削减投资组合的盈利"（portfolio gains haircuts）和"部分或全部地减除盈利头寸"（partial/full tearup）。通过这种措施可以强制减少盈利方的盈利和持仓，以避免交易所进入破产清偿程序，防止违约风险无序扩散。

2. 三板强减制度

我国各交易所长期实行"三板强减制度"。强制减仓制度曾在我国期货市场历史发展中发挥着重要而积极的作用，尤其是 2008 年国际金融危机时期，国内期货市场大面积连续跌停，该措施有效防范和化解了极端情况下期货市场可能出现的违约风险。但作为双刃剑，"逢三必减"可能影响市场盈利方的正常投资和风险对冲需求，且这种做法和国际市场的通常做法存在较大差别。

随着期货公司会员和交易所风险管理能力的不断提升，在市场价格出现大幅波动时，强制减仓制度不再是应对风险的必然选择。尤其是各交易所风险管理制度不断完善，风险管理实践经验不断丰富，在防范和化解风险的措施上，交易所和市场都有更多样和灵活的选择。交易所取消"逢三必减"措施更有利于期货市场整个生态的健康发展。例如，2018年11月23日，大连商品交易所发布关于修改风险管理办法相关规则的通知，对强制减仓制度进行调整，在新的风险管理体系中，强制减仓措施将与其他风险管理措施一样，只是交易所化解风险的措施之一，而非必须采取的措施。从此，"逢三必减"退出我国期货市场。

3. 强制减仓的处理机制

各期货强制减仓的方法有共同之处，也有自身操作方面的差别。这里介绍中国期货交易所的处理机制。针对强制减仓制度，《中国金融期货交易所风险控制管理办法》规定如下：

其一，同一非期货公司会员、客户在同一合约上双向持仓的，其净持仓部分的平仓报单参与强制减仓计算，其余平仓报单与其反向持仓自动对冲平仓。

其二，申报平仓数量的确定。申报平仓数量是指在 D2 交易日收市后，已经在交易所系统中以涨跌停板价格申报未成交的，且非期货公司会员、客户合约的单位净持仓亏损大于等于 D2 交易日结算价一定比例（股指期货为 10%，2 年期国债期货为 0.5%，5 年期国债期货为 1.2%，10 年期国债期货为 2%）的所有持仓。非期货公司会员、客户不愿按照上述方法平仓的，可以在收市前撤单。

其三，非期货公司会员、客户合约单位净持仓盈亏的确定。非期货公司会员、客户合约的单位净持仓盈亏是指非期货公司会员、客户该合约的持仓盈亏的总和除以净持仓量。非期货公司会员、客户该合约持仓盈亏的总和是指非期货公司会员、客户该合约所有持仓中，D0 交易日（含）前成交的按照 D0 交易日结算价、D1 交易日和 D2 交易日成交的按照实际成交价与 D2 交易日结算价的差额合并计算的盈亏总和。

其四，单位净持仓盈利非期货公司会员、客户平仓范围的确定。根据上述方法计算的单位净持仓盈利大于零的非期货公司会员、客户的盈利方向净持仓均列入平仓范围。

其五，平仓数量的分配原则。在平仓范围内按照盈利大小的不同依次分为三级并逐级分配。各级分配比例均按照申报平仓数量（剩余申报平仓数量）与各级可平仓的盈利持仓数量之比进行分配。

中国金融期货交易所规定，该合约在采取上述措施后风险仍未释放的，交易所宣布进入异常情况，并按照有关规定采取紧急措施。

4. 强制减仓的执行和损失责任

这里仍以中国金融期货交易所为例。《中国金融期货交易所风险控制管理办法》规定：强制减仓于 D2 交易日收市后执行，强制减仓结果作为 D2 交易日会员的交易结果。强制减仓的价格为该合约 D2 交易日的涨跌停板价格。

另外需要特别注意的是，《中国金融期货交易所风险控制管理办法》规定"强制减仓造成的损失由会员及其客户承担"。也就是说，该制度可以帮助亏损的投资者保护自己免受更大损失，但对盈利客户而言，其期货头寸可能被强制平仓。因此，交易者需要熟悉强制减仓制度。

第五节 其他风险控制制度

一、风险准备金制度

风险准备金是一种交易所为应对风险而设立的资金形式，用于为维护期货市场正常运转提供财务担保和弥补因期货交易所不可预见风险带来的亏损。

1. 风险准备金制度的基本内容

风险准备金制度是期货交易所从自己收取的会员交易手续费中提取一定比例的资金，作为确保交易所担保履约的备付金的制度。我国《期货交易所管理办法》中规定："期货交易所应当按照手续费收入的20%的比例提取风险准备金，风险准备金应当单独核算，专户存储。中国证监会可以根据期货交易所业务规模、发展计划以及潜在的风险决定风险准备金的规模。"

2. 商品交易所的风险处理程序

《期货交易所管理办法》规定，"会员在期货交易中违约的，应当承担违约责任。期货交易所先以违约会员的保证金承担该会员的违约责任实行全员结算制度的期货交易所应当以违约会员的自有资金、期货交易所风险准备金和期货交易所自有资金承担。""客户在期货交易中违约造成保证金不足的，期货公司应当以风险准备金和自有资金垫付，不得占用其他客户的保证金。期货公司应当按照规定提取、管理和使用风险准备金，不得挪作他用。"

期货交易所的风险处理程序如下：

第一步，动用会员结算准备金；

第二步，暂停开仓交易；

第三步，按照规定强行平仓，直到用平仓后释放的保证金能够履约为止；

第四步，将缴存的权利凭证变现，用变现所得履约赔偿，如会员仍拖欠资金，交易所按以下步骤履约赔偿；

第五步，取消会员资格，用会员资格费抵偿；

第六步，经理事会批准，动用风险准备金进行履约赔偿；

第七步，动用交易所的自有资产进行履约赔偿；

第八步，通过法律程序继续对该会员追偿。

会员违约后交易所风险处理的基本过程如图8-3所示。

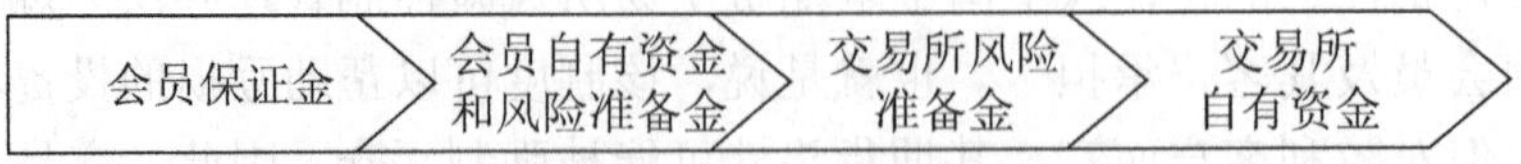

会员保证金	会员自有资金 和风险准备金	交易所风险 准备金	交易所 自有资金

图8-3 会员违约后交易所的风险处理过程

▶ 二、结算担保金制度

1. 结算担保金的设定

结算担保金同样也是有一种风险准备基金，是指由结算会员依照交易所规定向结算部门缴存的，用于应对结算会员违约风险的共同担保资金。这是一种与分级结算制度相配套的结算会员联保制度，结算会员通过缴纳结算担保金实行风险共担。在国际市场上，交易活跃的金融期货交易所均采用结算担保金制度，我国的中国金融期货交易所也引入了结算担保金制度。

结算担保金分为基础结算担保金和变动结算担保金。基础结算担保金是指结算会员参与交易所结算交割业务必须缴纳的最低结算担保金数额。变动结算担保金是指结算会员结算担保金中超出基础结算担保金的部分，随结算会员业务量的变化而调整。结算担保金以现金形式缴纳。

《中国金融期货交易所风险控制管理办法》规定了各类结算会员的基础结算担保金数量。结算会员在签署《中国金融期货交易所结算会员协议》后第5个交易日第一节结束前，将基础结算担保金存入交易所结算担保金专用账户。《中国金融期货交易所风险控制管理办法》还规定，交易所每季度首个交易日确定本季度全市场的结算担保金基数，作为计算各结算会员应当分担的结算担保金的依据。根据市场风险情况，交易所会调整结算担保金的收取时间以及结算担保金基数，并有权提高个别结算会员应当缴纳的结算担保金金额。

如果结算会员未能按期缴纳结算担保金，交易所将责令改正，并可以根据情节轻重，采取谈话提醒、书面警示、通报批评、公开谴责、限制开仓、强行平仓、暂停或者限制业务、调整或者取消会员资格等措施。

2. 结算担保金的使用

中国金融期货交易所规定的结算担保金使用条件包括：结算会员结算准备金小于零，且未能在规定时限内补足的，交易所采取强行平仓等措施后，结算会员无持仓且结算准备金仍小于零的，交易所有权使用该违约结算会员的结算担保金补足，不足部分再按照比例使用其他结算会员缴纳的结算担保金。其他结算会员分摊比例为其结算担保金余额占当前未使用结算担保金总额之比。

中国金融期货交易所的风险处理程序如下：

第一步，动用会员结算准备金；

第二步，暂停开仓交易；

第三步，按照规定强行平仓，直到用平仓后的释放的保证金能够履约为止；

第四步，将缴存的权利凭证变现，用变现所得履约赔偿，如会员仍拖欠资金，交易所按以下步骤履约赔偿；

第五步，动用结算会员的结算担保金；

第六步，按比例动用非违约会员的结算担保金；

第七步，经理事会批准，动用风险准备金进行履约赔偿；

第八步，动用交易所的自有资产进行履约赔偿；

第九步，动用结算担保金后，交易所由此取得对违约会员的相应追偿权。

▶ 三、异常交易管理

为规范期货交易行为，保护期货交易当事人的合法权益，维护市场正常秩序，我国各期货交易所均制定了类似的异常交易管理办法，这里以大连商品交易所为例。在《大连商品交易所异常交易管理办法》中规定，交易所对期货交易进行监控，发现期货交易出现异常情形的，有权对相关期货公司会员、境外经纪机构、非期货公司会员和客户采取相应监管措施或者纪律处分措施。

《大连商品交易所异常交易管理办法》中规定期货交易出现以下情形之一的，为异常交易行为：①以自己为交易对象，多次进行自买自卖；②交易所认定的实际控制关系账户组内发生的多次互为对手方的交易；③频繁报撤单行为；④大额报撤单行为；⑤交易所认定的实际控制关系账户组合并持仓超过交易所持仓限额规定；⑥通过计算机程序自动批量下单、快速下单影响交易所系统安全或者正常交易秩序；⑦交易所认定的其他情形。

《大连商品交易所异常交易管理办法》中规定：期货公司会员、境外经纪机构发现客户在期货交易过程中出现所列异常交易行为之一的，应当及时予以提醒、劝阻和制止，并及时向期货公司会员、交易所报告；客户出现本办法第六条所列异常交易行为之一，经劝阻、制止无效的，期货公司会员可以采取提高交易保证金、限制开仓、强行平仓等措施；非期货公司会员或客户出现以上所列异常交易行为之一的，交易所可以采取电话提示、要求报告情况、要求提交书面承诺、列入重点监管名单等措施；情节严重的，交易所可以根据《大连商品交易所违规处理办法》等相关规则的规定采取强行平仓、限制开仓等监管措施；涉嫌违反法律、法规、规章的，交易所可以提请中国证监会进行立案调查。

▶ 四、实际控制关系账户管理

在普通月份，单个账户的资金是有上限的，资金方想操纵行情走势，就必须突破持仓限额限制，于是多账户操纵就成为一项选择。为发现和调查期货市场的操纵行为，中国金融期货交易所于2011年3月14日率先开始实施《中国金融期货交易所实际控制关系账户报备指引》（试行）。为加强期货市场监管，落实实名制要求，促进期货市场实际控制关系账户信息报备工作的规范化、流程化，中国期货市场监控中心于2017年9月6日发布《期货市场实际控制关系账户管理办法》的通知。2018年3月上海国际能源交易中心发布《上海国际能源交易中心实际控制关系账户管理办法》，2018年4月上海期货交易所发布《上海期货交易所异常交易行为管理办法》，2018年5月大连商品交易所正式发布《大连商品交易所实际控制关系账户管理办法》，11月郑州商品交易所正式发布实施《郑州商品交易所实际控制关系账户管理办法》。从各交易所的实际控制关系账户管理看，虽有差异，但基本延续了中国金融期货交易所实际控制关系账户报备指引。这里以《郑州商品交易所实际控制关系账户管理办法》中对实际控制关系的界定和管理予以介绍。

所谓实际控制是指行为人（包括个人、单位）对他人（包括个人、单位）期货账户具有管理、使用、收益或者处分等权限，从而对他人交易决策拥有决定权的行为或者事实。根据实质重于形式的原则，具有下列情形之一的，应当认定为行为人对他人期货账户的交易具有实际控制关系：①行为人作为他人的控股股东，即行为人的出资额占他人资本总额

50% 以上或者其持有的股份占他人股本总额 50% 以上的股东，出资额或者持有股份的比例虽然不足 50%，但依其出资额或者持有的股份所享有的表决权已足以对股东会、股东大会的决议产生重大影响的股东；②行为人作为他人的开户授权人、指定下单人、资金调拨人、结算单确认人或者其他形式的委托代理人；③行为人作为他人的法定代表人、主要合伙人、董事、监事、高级管理人员等，或者行为人与他人的法定代表人、主要合伙人、董事、监事、高级管理人员等一致的；④行为人与他人之间存在配偶关系；⑤行为人与他人之间存在父母、子女、兄弟姐妹等关系，且对他人期货账户的日常交易决策具有决定权或者重大影响；⑥行为人通过投资关系、协议、融资安排或者其他安排，能够对他人期货账户的日常交易决策具有决定权或者重大影响；⑦行为人与他人交易行为具有一致性且存在一方向另一方提供期货交易资金的，或者行为人与他人交易行为具有一致性且双方交易终端信息一致的；⑧行为人对两个或者多个他人期货账户的日常交易决策具有决定权或者重大影响；⑨中国证监会规定或者交易所认定的其他情形。

对实际控制关系账户的管理规定有：交易所在执行持仓限额、交易限额、异常交易行为管理等制度和规定时，对一组实际控制关系账户的交易、持仓等合并计算；一组实际控制关系账户内均为客户的，其合并计算的持仓量不得超过单个客户的持仓限额，一组实际控制关系账户内包含非期货公司会员的，其合并计算的持仓量不得超过单个非期货公司会员的持仓限额；一组实际控制关系账户在某一期限内开仓交易量合并计算超过交易所规定单个客户交易限额的，交易所可以依据《郑州商品交易所风险控制管理办法》有关规定进行处理；一组实际控制关系账户自成交、频繁报撤单、大额报撤单和持仓合并计算后达到《郑州商品交易所异常交易行为管理办法》异常交易行为处理标准的，交易所对该组实际控制关系账户按照异常交易行为采取自律监管措施。

▶ 五、信息披露制度

透明性是交易所市场微观结构设计的基本目标。信息披露制度是实现信息透明的关键环节。一般来说，透明性是指期货交易信息的透明，即买卖价格、数量等信息的公开披露问题。随着机构投资者对市场流动性和交易执行成本的关注度日益提高，很多交易所纷纷提高委托信息的披露程度，以最大限度地吸引机构投资者的委托流量。

我国期货市场的信息披露制度主体体现在《期货交易管理条例》和《期货交易所管理办法》中。《期货交易管理条例》规定：期货交易所应当及时公布上市品种合约的成交量、成交价、持仓量、最高价与最低价、开盘价与收盘价和其他应当公布的即时行情，并保证即时行情的真实、准确。期货交易所不得发布价格预测信息。

《期货交易所管理办法》中规定期货交易所应当以适当方式发布下列信息：即时行情；持仓量、成交量排名情况；期货交易所交易规则及其实施细则规定的其他信息。期货交易所涉及商品实物交割的，期货交易所还应当发布标准仓单数量和可用库容情况。

期货交易所会根据发展的需要制定自己的信息披露内容。例如，《大连商品交易所信息管理办法》规定，交易所根据信息内容实时、每日、每周、每月、每年发布信息。同时，该办法还指出交易所对信息享有所有权，交易所可以独立、与第三方合作或委托第三方对交易所信息进行经营管理。交易所对外提供信息实行有偿服务。

▶ 六、风险警示制度

《期货交易所管理办法》规定期货交易所实行风险警示制度。各交易所会在认为有必要时，采用不同方式警示和化解风险。《中国金融期货交易所风险控制管理办法》规定：交易所认为必要的，可以单独或者同时采取要求会员和客户报告情况、谈话提醒、书面警示、发布风险警示公告等措施中的一种或者多种，以警示和化解风险。《上海期货交易所风险管理控制办法》规定：可以分别或者同时采取要求报告情况、谈话提醒、书面警示、公开谴责、发布风险警示公告等措施中的一种或者多种，以警示和化解风险。

1. 谈话提醒

出现下列情形之一的，交易所可以约见指定的会员高管人员或者客户谈话提醒风险，或者要求会员或者客户报告情况：期货价格或者期权价格出现异常；会员或者客户交易异常；会员或者客户持仓异常；会员资金异常；会员或者客户涉嫌违规、违约；交易所接到投诉涉及会员或者客户；会员涉及司法调查；交易所认定的其他情况。

交易所实施谈话提醒应当遵守下列要求：交易所发出书面通知，约见指定的会员高管人员或者客户谈话。客户应当由会员指定人员陪同；交易所安排谈话提醒时，应当将谈话时间、地点、要求等以书面形式提前一天通知会员；谈话对象确因特殊情况不能参加的，应当事先报告交易所，经交易所同意后可以书面委托有关人员代理；谈话对象应当如实陈述、不得故意隐瞒事实；交易所工作人员应当对谈话的有关信息予以保密。交易所要求会员或者客户报告情况的，有关报告方式和报告内容参照大户报告制度。

2. 风险提示函

发生下列情形之一的，交易所可以向全体或部分会员和客户发出风险提示函：期货市场交易出现异常变化；国内外期货或现货市场发生较大变化；会员或客户涉嫌违规；会员或客户交易存在较大风险；交易所认定的其他异常情形。《上海期货交易所风险控制管理办法》规定：通过情况报告和谈话，发现会员或者客户有违规嫌疑、交易头寸有较大风险的，交易所可以对会员或者客户发出书面的"风险警示函"。

3. 公开谴责

这里以上海期货交易所为例。《上海期货交易所风险控制管理办法》规定发生下列情形之一的，交易所可以在指定的有关媒体上对有关会员和客户进行公开谴责：不按交易所要求报告情况或者谈话的；故意隐瞒事实，瞒报、错报、漏报重要信息的；故意销毁违规违约证明材料，不配合中国证监会或者交易所调查的；经查实存在欺诈客户行为的；经查实参与分仓或者操纵市场的；交易所认定的其他违规行为。交易所对相关会员或者客户进行公开谴责的同时，对其违规行为，按《上海期货交易所违规处理办法》有关规定处理。

4. 风险警示公告

这里以上海期货交易所为例。《上海期货交易所风险控制管理办法》规定发生下列情形之一的，交易所可以发出风险警示公告，向全体会员和客户警示风险：期货价格或者期权价格出现异常；期货价格和现货价格出现较大差距；国内期货价格和国际市场价格出现较大差距；交易所认定的其他异常情况。

在专栏8-5中，我们回顾了"光大乌龙事件"。在此事件中，光大证券的程序化交易系统出错，引发上证指数一分钟内涨幅超过 5%。光大证券意识到自身的交易失误后，迅速卖空股指期货以对冲风险。此事件发生后，光大证券不仅受到中国证监会的顶格处罚，也引发了民间投资者对光大证券、上海证券交易所、中国金融期货交易所的诉讼。读者可以此事件为典型事例，对风险警示制度的设计和实践展开进一步的思考。

专栏 8-5
"光大乌龙事件"
与风险警示制度
扫描此码　深度学习

-------------- 【本章知识点回顾】 --------------

　　保证金有不同的表现形式和计算方法。国外的保证金包括初始保证金和维持保证金，我国的保证金则包括交易保证金和结算准备金。期货保证金并非一成不变，交易所可以根据市场风险或市场条件的变化调整其交易保证金水平。我国的保证金设置有待进一步优化。

　　价格限制制度分为涨跌停板制度和熔断制度。发达期货市场中很多品种往往不设涨跌停板制度。我国期货市场实行涨跌停制度。熔断制度被很多国家使用，我国在股票和股指期货市场曾推出熔断机制，后因出现风险事件而被暂停。

　　限仓制度包括持仓限额制度和交易限额制度。大户报告制度和限仓制度有内在的联系，与信息披露制度结合起来有助于防范市场风险。强行平仓制度和强制减仓制度是与持仓限制制度和涨跌停板制度等相互配合的风险管理制度。

　　期货市场中设计的其他风险控制制度还包括风险准备金制度、结算担保金制度、异常交易管理制度、实际控制关系账户管理、信息披露制度、风险警示制度等。

------------------------------ 【思考题】 ------------------------------

　　1. 总结中国期货市场保证金制度的设计特点和改进方向。

　　2. 比较不同交易所"双向持仓、大边征收"保证金制度的设计差异。

　　3. 试分析涨跌停板制度和熔断制度的差异与联系。

　　4. 限仓制度和大户报告制度的内容和联系是什么？

　　5. 简述我国强行平仓的条件、执行原则和执行过程。

　　6. 交易所在什么条件下进行强制减仓，如何强制减仓？

　　7. 简述会员违约后交易所的风险处理过程。

　　8. 什么是结算担保金？结算担保金的动用程序是什么？

　　9. 简述各种风险控制制度之间的联系。

　　10. 阅读相关文献，并比较不同保证金设置方式的设计差异和优缺点。

【在线测试题】扫描书背面的二维码，获取答题权限。

扫描此码　在线自测

第 九 章
期货市场的历史演变与组织架构

学习提示

本章以历史回顾为基础，介绍期货市场组织架构的历史演变、基本问题和改革方向。通过这一章的学习，能够帮助读者更好地了解期货市场运行的深层驱动因素，了解监管组织对期货市场的影响力与控制力，对前面各章节内容形成整体的认识。

内容提要

本章在总结期货市场历史演变的基础上，介绍期货交易所职能、部门设置和组织形式，结算部门的设置方式和结算关系，期货公司的职能、部门设置和业务发展，投资者的结构和优化方向，期货监管框架和监管部门的职能设置和调整方向等内容。

学习目标

从历史角度了解期货市场的组织架构形成规律，掌握市场组织和结构创新的方向，能在此基础上分析期货市场持续发展面临的监管体制改革问题。

第一节 期货市场的历史演变

全球各国期货市场有不同的发展道路。美国期货市场的发展是市场主体自发产生的结果，也长期处于领先地位。欧亚期货市场二战后发展缓慢，但在 20 世纪 80 年代出现爆发，20 世纪 90 年代快速发展，对美国市场形成挑战。中国期货市场的产生则是 20 世纪八九十年代经济体制转轨时期出于改革需要、由政府制度供给的结果，一开始就因"新兴＋转轨"特征而具有复杂、独特的发展轨迹。考虑到不同的历史发展路径会影响市场的运行结构，我们就十分有必要了解中外期货市场的整体历史和竞争关系。

▶ 一、世界期货市场简史与变化趋势

1. 市场发展、自律监管与政府关系

现代期货市场产生自美国的芝加哥，在一开始就与农业的现代化、组织化和市场化演进具有不可分割的联系。在全球第一家期货交易所芝加哥商品交易所产生时，美国尚处于自然经济向商品经济转型阶段，美国农业部并没有建立起来。由于早期期货市场逼仓事件层出不穷，立法者曾试图管制甚至禁止期货交易，但并不成功，主要的原因包括：交易所不断调整规则以自律化解市场风险；一些地方政府考虑到期货交易与结算是税收、就业和金融资金的来源，希望保留期货机制；美国农业部建立后，对农产品期货的重要性有清醒的认识。1923 年小麦价格大幅下跌，美国农业部认为并不能确定价格剧烈波动就是期货市场操纵的结果。1925 年美国农业部调查发现，小麦期货市场上的大量投机者造成了价格波动，但是并没有将其定性为非法操纵。美国农业部的处理结果大大降低了社会上普遍对期货市场持怀疑态度的负面影响。这也使未来美国农业部的政策设定和与期货市场的和谐关系具有良好的历史注脚，时至今日农业部依然对期货市场持理解、扶持和利用的政策思路。

2. 世界政经关系与期货市场格局

美国期货市场的产生既与中西部开发有关，也和美欧经济交流有关。在美国期货市场产生后，欧洲国家期货市场也迅速建立起来。"一战"结束后，欧洲经济一落千丈，美国经济蒸蒸日上，这是导致美欧期货市场发展差异（第一个阶段）的重要原因。1929 年至 1933 年大萧条再次重创资本主义经济，但美国期货市场和美国经济一道迅速恢复。"二战"爆发后，日、欧期货市场关闭，美国期货市场保持着总体向前的态势，珍珠港事件爆发也没有对其造成重创。这是美欧日期货市场形成差距的第二个阶段。"二战"后，资本主义国家期货市场纷纷得以恢复，但欧洲和日本商品期货市场由于相关政策的限制始终无法与美国期货市场抗衡，美国期货市场继续占统治地位。1971 年布雷顿森林体系瓦解以及后来的放松管制，使美国期货交易快速走向金融领域，进一步拉大了与日、欧期货市场的差距。

进入 20 世纪 80 年代后，有四方面的因素推动了世界期货市场格局的全面变化：①全

球政治经济格局发生重大变化，国际关系逐渐趋于缓和；②发达国家金融市场结构发生深刻变化，美国不断放松金融管制，英国出现金融大爆炸，日本加快实现金融自由化；③各国在经济上的相互联系愈加密切，相互依存程度越来越高；④现代标准金融理论迅速成型，"程序化交易""投资组合保险""大类资产配置""动态对冲"和"指数套利"等为机构投资者设计的专项服务快速发展。在整个20世纪80年代，美国期货市场依然全球领先，但是以亚洲和西欧国家为核心的期货市场开始崛起。一些最为重要的新型交易所迅速建立和发展起来，如伦敦金融期货交易所（LIFFE）、法国国际期货交易所（MATIF）、瑞士期权和金融期货交易所（SOFFE）、德国期货交易所（DTB）、香港期货交易所（HKFE）和东京国际金融期货交易所（TIFFE）。

3. 全球化中的期货市场变革

（1）电子化与竞争。20世纪90年代电子化交易和网络交易开始成为全球期货市场创新的大趋势。一方面新技术有助于降低交易成本，提高市场效率；另一方面则使期货交易所联网交易成为可能，也使期货交易跨越时间和空间的障碍，引发世界期货市场格局的重大调整，进一步推动了期货市场的竞争和合并。最为典型的发展是欧洲期货交易所（EUREX）的建立，EUREX借助欧元的产生迅速推动法兰克福成为世界顶级的国际金融中心。2003年，强大起来的EUREX决定建立电子化的美国分部，以便和美国落后的期货交易体系竞争，攻击目标是CBOT的利率期货和CME的外汇期货。虽然受到美国期货界设置的监管障碍，但Eurex确实成功地挑战了芝加哥两家期货交易所的垄断地位，并为交易机构带来了急需的效率、创新和较低的手续费。

（2）交易所改制。20世纪90年代，欧洲期货交易所在交易所改制方面依然领先于美国。所谓改制实际上是推动交易所由互助化组织走向非互助化组织的转变，是"传统交易所为使交易所出资者、交易所设施使用者与交易所决策者身份分离、交易所所有权、经营权与交易权分离，改变互助性（mutualization）会员制（membership）治理结构，使交易所成为盈利性股份公司乃至上市公司的结构性重组与制度安排"。改制最初是源于小型证券交易所的生存需求，后来风行于证券期货领域。最初做出改变的是伦敦金融期货交易所（LIFFE）。该交易所开发的德国国债期货品种受到德国电子化交易所的严峻挑战而丧失市场份额，为求得更大的市场空间，于1999年成为全球第一家改制期货交易所。在20世纪末，曾全球顶尖的美国各老牌交易所在交易量上开始被欧洲期货市场赶超，为此美国各期货交易所在进入2000年后也启动了交易所改制的步伐以应对挑战。

（3）并购。交易所并购是期货发展历史中的常态。在20世纪90年代，期货市场美国独大的局面被彻底打破，各交易所纷纷兴起，且竞争日趋激烈，一些较弱的、技术落后的交易所被强大的、技术先进的交易所并购，证券和期货交易所、清算所的混合并购成为全球期货市场一种新的趋势。进入21世纪后，期货交易所的改制进一步加快了各交易所的全球并购步伐。2006年芝加哥商业交易所并购了芝加哥期货交易所，后又并购了纽约商业交易所（NYMEX）和纽约商品交易所（COMEX），成为全球最大的期货交易所集团，最终抵住了欧洲期货交易所快速扩张对美国期货市场地位的冲击。其他一些并购则发生在证券交易所和期货交易所集团之间，洲际交易所集团（ICE Group）在大量收购期货交易所的基础上，展开对纽约证券—泛欧交易所集团的并购（NYSE-Euronext）。此前纽约证券交易所和泛欧交易所集团已经在2006年和2008年分别被欧洲监管部门和美国证券交易委员会批准合并，最终成为一家集证券、期货交易与清算于一体的综合性交易所集团。

（4）场内外的对接和融合。美国金融危机之后，为控制衍生品风险，提高竞争力，国际期货交易所纷纷向大宗商品现货和互换等衍生品市场扩张。2013 年 4 月，ICE 并购了欧洲天然气现货交易所，成立欧洲大陆能源交易所（ICE ENDEX），通过整合衍生、现货交易，进一步垄断了能源市场。2013 年，ICE 和 CME 分别向美国商品期货交易委员会（commodity futures trading commission，CFTC）申请成为互换执行设施（swap execution facilitys，SEFs），在 CFTC 的监管下继续扩展互换业务。LME、ICE、CME 等国际期货交易所的经营模式充分证明，在期货市场发展到一定阶段后，由期货交易所推进现货、衍生品市场的发展，建立统一的交易平台，促进期货与现货、衍生品市场融合是一种必然趋势，也是争夺全球大宗商品市场统一规则与定价影响力的重要一环。

▶ 二、中国期货市场的产生和早期问题

1. 中国期货市场的产生

20 世纪 80 年代全球期货市场出现爆炸式发展，中国经济体制改革进入深层探索期，向国外学习先进的经济发展经验，推动市场取向的经济体制改革，引入市场配置资源的机制，解决价格波动和双轨制问题已经成为新的发展方向。中国国内对期货市场的早期探索就是源自对商品经济的探讨和价格体制改革的内在需要。

中国国内对期货市场的第一波集中探讨出现在 1982 年。中国农业科学院农产品流通考察组（1985）认为，期货交易已经成为美国农产品流通体系的重要环节，但它并非资本主义制度的特有物，而是商品经济发展到一定阶段的必然现象。袁佐才（1985）较为明确地提出了在我国建立期货交易所的思路。可以说，在 20 世纪 80 年代初期，关于期货市场的研究认识和建设思想非常分散，没有对决策产生影响，但这个逐渐汇集过程也十分重要，对我国建立期货市场具有积极的探索作用。

我国发展期货市场的决策在政府层面也有个积累的过程。这个过程可能源于 20 世纪 70 年代陈云对国际期货市场的认识，但更多地源于改革开放后的对外交流活动。1980 年，中国人民银行行长李葆华应美联储之邀访问美国，考察认为美国期货市场调节很灵活，可以影响农村、工厂的生产规模。1985 年 7 月，时任国家主席李先念、国务院副总理李鹏访美时特别参观了芝加哥商业交易所。这次访问表明，国家领导人已经关注到期货交易在经济中的作用，也意味着中国改革开放和市场体系建设的步伐将进一步扩大。在 20 世纪 80 年代中后期，中国的价格体制改革开始进入攻坚阶段，为了解决市场机制引入农业和农村经济后出现的价格剧烈波动问题，国内一些学者提出建立期货市场的思路。国务院发展研究中心的田源等人将期货问题纳入研究计划中，并得到当时国务院总理李鹏的批示。其后，以田源和常清等人为核心成员的期货交易研究小组成立，为建立期货市场做了大量的研究和筹备工作。

在我国尚未提出建立社会主义市场经济的条件下，研究期货是十分前沿或者说标新立异的，推进期货市场建设也不可避免地会触及某些部门的利益。但是经过剧烈的思想交锋和艰难的试点实践，郑州粮食批发市场最终于 1990 年 10 月成立。郑州粮食批发市场的意义在于：以现货交易为基础，同时引入期货交易机制。其后，在 1992 年十四大提出建立社

会主义市场经济体制目标的大背景下，我国最终确立了发展期货市场的思路。1993年5月28日郑州商品交易所推出期货交易，标志着我国期货市场的正式诞生。

2. 中国期货市场的早期问题

在中国经济转轨时期，建立以市场化为核心特征的期货交易所必然会在体制和社会行为的碰撞下产生一系列的问题，使期货市场出现疯狂的投机行为。中国期货市场早期出现的主要问题如下：

第一，地方政府和部门受利益驱动参与期货市场形成，行政色彩十分浓厚，不尊重市场规律，造成交易所数量过多、交易品种严重重复。在郑州商品交易所成立的当年年底，全国就设立了50多家期货市场（含各种交易所和批发市场），上市了100多个品种，造成了期货市场的极度混乱和资源浪费。

第二，监管部门不统一，缺乏宏观协调和统一，局面混乱。期货市场按照产品职能设置管理部门，不同品种的批发市场和交易所由不同部门管理，监管依靠部门和地方政府的行政命令，管理具有很大的随意性。中国证监会成立不久，对市场缺乏统一的监管权限，没有行政控制能力，也缺乏完善期货监管方面的法律法规。这种分部门的散乱监管体制导致期货机构运作不规范、地下期货交易泛滥、期货从业人员鱼龙混杂、良莠不齐等一系列问题。

专栏9-1

影响深远的"327国债期货事件"

扫描此码　深度学习

第三，投机气氛浓烈。期货从业人员的数量从1992年不足万人增至1993年的13.5万人，从事期货交易的企业和金融机构多达27 000家，期货市场成交金额一年内翻了10倍。在期货交易中资金量大的一方往往在市场上呼风唤雨、疯狂投机，严重影响市场运行。

到1993年下半年后，期货市场盲目发展的弊端逐步显露，引发大量经济纠纷和社会问题。1994年的上海"籼米事件"和1995年的"327国债期货事件"（见专栏9-1）是这一系列问题的典型反映。期货市场的混乱使国家下定决心对其开展深入持久地治理整顿。

▶ 三、我国早期期货市场的治理整顿与监管架构的初步形成

1. 两次治理整顿

20世纪90年代中上期，中国经济体制加快市场化转轨，期货市场在经济体制和社会行为的碰撞下出现了一系列的问题。国务院1993年11月4日下发《关于制止期货市场盲目发展的通知》，标志着我国对期货行业第一次治理整顿的开始。这次清理整顿是针对期货市场已经出现问题所做的全方位整顿。

在第一次治理整顿过程中，对交易所、期货公司和交易者进行了全面清理。第一，针对期货交易所泛滥、竞争过度和治理结构不完善，上市品种过多且重复风险事件频发等现象，确定了建立15家试点交易所，将期货交易所改为会员制，定位为非营利性组织，要求各交易所完善章程和交易规则。第二，实行期货经纪业务许可证制度，停止期货经纪公司境外期货代理业务，暂停期货经纪公司自营业务，外资、中外合资期货经纪公司退出期货市场等相关规定。第三，限制国有企业和事业单位的投机活动，对于不从事生产经营活动的金融机构，要求其退出期货市场。第四，暂停过度投机或不成熟的期货品种。严格控制和暂

停金融期货交易。新一轮的期货市场治理整顿，标志着中国期货市场进入新的发展和监管格局。

1998 年 8 月 1 日国务院发布《国务院关于进一步整顿和规范期货市场的通知》（国发〔1998〕27 号），标志着第二次治理整顿的开始。治理整顿的内容包括：减少期货交易所数量，只在上海、郑州和大连保留 3 家交易所；减少期货交易品种；将期货交易品种由 35 个压缩到 12 个；整顿期货经纪机构和业务；严格控制境外期货交易。第二次整顿后，期货交易整体受到抑制，除了大豆、铜等大品种受到的影响较小，其他品种的成交额都急剧下降，这与证监会加强监管，提高保证金的措施有关。在第二次整顿后期采取的"扶持大品种、限制小品种"的政策也影响深远，使我国期货市场进入大品种时代。

2. 治理整顿的结果和遗留问题

经过两轮的清理整顿和结构调整，中国期货市场走出了狂热的投机发展状态，但是也存在若干问题。其一，保守思想在期货市场的发展和监管中保留了下来。治理整顿的目标是严格管制市场风险，因而没有充分借鉴国际惯例，基本还是以计划经济的思路来管理期货市场，在方法和手段上，表现为头痛医头，脚痛医脚，一些政策法规矫枉过正，甚至有悖于期货市场的发展规律。其二，社会认识不足，忽视理论研究的重要性。例如，常清等人提出了"建立影响世界大宗商品市场的中国期货定价中心"等一系列思想，但是被社会上要求严格管制期货市场的声音所淹没。其三，在严厉的清理整顿和惨烈的亚洲经济危机背景下，我国期货交易量迅速减少（见图 9-1），期货经纪公司和交易所经营艰难，市场发展进入历史最低谷。在此背景下，全国资金云集到郑州市场，引爆发了震惊全国的绿豆事件（见专栏 9-2）。之后，中国期货市场开始进入以大品种为核心的发展新阶段。

专栏 9-2

郑州商品交易所
"118 绿豆事件"

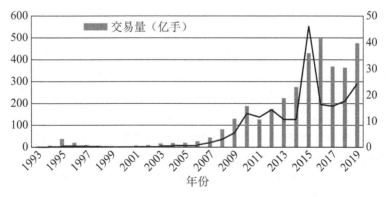

图 9-1　1993 年至 2019 年中国期货市场的成交量（右）和成交额（左）

注："成交量"为以单边计算的成交手数。

3. 市场监管体制的初步形成

（1）混乱的早期监管体系。我国期货监管体制的形成和转变经历了从混乱到集中的过程，这个过程与期货市场的产生、发展、风险和治理整顿紧密相关。1990 年 10 月至 1992 年 10 月，我国期货市场的监管特点是以中国人民银行为主管部门，各政府部门按期货品种划分监管职能。1992 年至 1993 年后，期货市场的监管进入起步期，国家依然没有设立专门的监管机构，市场的建立和管理是按照产品职能设置管理部门，不同品种的批发市场和交易所由不同部门管理。由于对交易所和经纪公司的批设政出多门，包括体改委、各行业监管部门和各地方政府，因此导致期货监管权严重不集中和期货市场混乱。

（2）中国证监会监管职能的逐步形成。1992年10月，我国的专职性的中央政府期货监督管理机关——国务院证券委员会和中国证券监督委员会根据《国务院关于进一步加强期货市场宏观管理的通知》（国发〔1992〕68号）文件宣告成立，国务院证券委员会的办事机构是中国证券监督委员会。初时，证监会对股票市场监管自顾不暇，不愿承担期货监管任务。第一次治理整顿开始后，国务院于1993年11月4日颁发《关于制止期货市场盲目发展的通知》，明确规定对期货市场试点工作的指导、规划和协调、监管工作由国务院证券委员会负责，具体工作由中国证券监督管理委员会执行。1994年和1995年期货市场爆发了"国债314风险事件"和"国债327事件"等一系列风险事件。管理层最终发现当时监管体制存在弊端，于是国务院批转国务院证券委员会1995年证券期货工作安排意见，强调："证券、期货市场是全国性的市场，风险大、变化快，必须实行集中统一管理。"

"国债327事件"后，为增强中国证监会的监管能力，加大监管和风险处置力度，国务院批转国务院证券委员会1995年证券期货工作安排意见，明确规定："证券交易所、期货交易所的正副理事长和正副总经理人选，由中国证监会提名，商所在地人民政府后推荐给交易所会员大会或理事会任免；上述人员任职期间如不能按规定行使职权，或者有重大违法违规行为，证监会有权提出罢免意见，商所在地人民政府后由交易所会员大会或理事会罢免。"

1997年12月6日，《中共中央、国务院关于深化金融改革，整顿金融秩序，防范金融风险的通知》中明确："中国证券监督管理委员会统一负责对全国证券、期货业的监管，包括证券、期货公司的审批和高级经营管理人员、从业人员的资格审查，以及上市公司质量和证券、期货市场监管等。"

经过6年的期货市场整顿，期货市场交易走向正轨。1998年3月29日国务院发布《国务院关于议事协调机构和临时机构设置的通知》（国发〔1998〕7号）决定，撤销国务院证券委员会，工作改由证监会承担。这也标志着我国期货市场正式形成以中国证监会为核心，由中国证监会履行各项监管职责的监管体制。1999年6月2日，国务院颁布的《期货交易管理暂行条例》首次以法规的形式明确："中国证券监督管理委员会对期货市场实行集中统一的监督管理。"《期货交易管理暂行条例》第一次强化了中国证监会对中国期货市场实行集中统一监管的地位，赋予了中国证监会极为广泛而具体的权利。

（3）期货业协会。我国期货业协会的成立经历了较长时间的讨论。在1994年中国证监会《关于同意成立期货业协会的批复》（证监发字〔1994〕157号）中就提出，为保障期货市场试点工作的顺利进行和期货行业的健康发展，加强行业自律管理，同意成立中国期货业协会。从这一发展脉络来看，中国期货业协会最早筹建应始于1995年。

但是，在20世纪90年代中国期货行业开始持续性治理整顿的大背景下，期货业协会作为行业自律性机构面临着组成会员大范围调整和关闭的困境，所以直到第二次治理整顿末期的2000年12月28日，中国期货业协会才正式成立。中国期货业协会的建立标志着中国期货业开始成为一个倾向于具有自律管理功能的整体。至此，中国期货市场从形式上和架构上建立起了中国证监会集中监管、中国期货业协会自律监管和期货交易所一线监管的三级监管结构体系。

▶ 三、中国期货市场的复苏和再次繁荣

1. 中国期货市场的复苏

2001 年是中国全面融入国际经济体系的一年，也是世界经济发生巨变的一年。这一年，我国期货市场交易量在经历了之前 5 年（1996 年至 2000 年）极具萧条特征的连年大幅负增长后，迎来了新的重大政策支持和发展转机。2001 年 3 月 5 日，九届人大四次会议把"稳步发展期货市场"写进了《国民经济和社会发展第十个五年计划纲要》，为期货行业发展提供了鲜明的政策指引。当年，三家期货交易所的商品期货交易量快速增长，成交量达到 1.2 亿手（双边统计），同比增长 120.59%。

在我国国民经济快速发展、期货市场初步恢复和全球大宗商品价格整体上扬的内外背景下，2003 年 10 月 11 日至 14 日召开的中国共产党十六届三中全会再次明确了"稳步发展期货市场"的思路。这为 2004 年 2 月国务院发布《关于推进资本市场改革开放和稳定发展的若干意见》提供了进一步的依据。该意见对期货市场提出了更为明确具体的要求："稳步发展期货市场，在严格控制风险的前提下，逐步推出为大宗商品生产者和消费者提供发现价格和套期保值功能的商品期货品种；要建立以市场为主导的品种创新机制。"其中，对"稳步发展期货市场""严格控制风险""建立以市场为主导的品种创新机制"做出的阐述和部署，成为这一时期期货市场发展的核心思想纲领。

2. 中国期货市场的繁荣发展

2004 年，中国期货市场进一步发展并走向繁荣，发展动力来源于以下两个方面。

第一，2004 年 2 月，国务院发布《关于推进资本市场改革开放和稳定发展的若干意见》（以下简称《意见》），提出："稳步发展期货市场，在严格控制风险的前提下，逐步推出为大宗商品生产者和消费者提供发现价格和套期保值功能的商品期货品种；要建立以市场为主导的品种创新机制。"《意见》对"稳步发展期货市场"做出进一步阐述和部署，成为"指导期货市场发展的纲领"。《意见》首次将期货公司列入金融企业的范畴，第一次系统地描绘了中国新一代期货公司的发展蓝图。此后，关于推进期货市场改革开放和稳定发展的相关举措相继出台。在此背景下，2004 年各交易所分别推出棉花、玉米、燃料油、黄大豆 2 号等期货品种。

第二，中国经济进入高速增长时期，国际市场出现流动性过剩，大宗商品全面进入牛市阶段，这些因素点燃了国内期货市场的交易热情，推动了期货价格的持续攀升。与此同时，新品种期货的上市步伐加快。2006 年，白糖、豆油、精对苯二甲酸（PTA）上市，其中 PTA 期货填补国际期货市场的空白。2007 年，锌、菜籽油、线型低密度聚乙烯（LLDPE）、棕榈油期货品种上市。2008 年年初，黄金期货品种上市。2009 年，线材、螺纹钢、早籼稻期货、聚氯乙烯（PVC）期货上市。这些品种为套保者和投资者提供了更广阔的空间，因此整个期货市场被完全调动起来，交易量急速攀升（见图 9-1）。

3. 监管体制的最终成型

进入 21 世纪，为适应期货市场发展的新形势，提高期货市场监管效率，增强防范、控

制和化解风险的能力，初步建立的三级监管体制逐渐发挥作用。与期货市场的高度繁荣相适应，这种监管体制在发挥核心监管功能的同时，也在寻求自我创新。

2006 年我国期货监管体系开始融入新的元素，成立了中国期货保证金监控中心。保证金监控中心的最初职能是建立并管理期货保证金安全监控系统，对期货保证金及相关业务进行监控。设立保证金监控中心是我国期货市场监管体系的一项重大创新和制度安排。由于保证金监控实现了期货市场数据的大集中，运行效率超过美国大户报告体系中的风险监控机制，具有鲜明的中国特色，得到了国际评估组织和各国期货监管同行的高度评价。保证金监控中心的成立标志着我国期货监管体系的重要升级，自此我国开始全面构筑了由中国证监会、证监会各地派出机构、中国期货业协会、交易所、保证金监控中心共同组成的"三级监管""五位一体"的严密监管架构①。2007 年 3 月国务院发布《期货交易管理条例》，证监会随之修改和制订了一系列监管规章制度，标志着中国"五位一体"期货监管体制得到法规方面的认可和保障。

▶ 四、我国期货市场的发展变化与新议题

2008 年金融危机全面爆发后各国救市政策刺激了期货市场的又一次繁荣。2009 年和 2010 年我国期货市场在成交量连创新高后，一些制度性缺陷和市场投机问题逐渐暴露出来，制度调整和市场创新成为我国期货市场发展的新方向。

1. 监管制度改革变化

2012 年，国务院修改了《期货交易管理条例》，同时颁布了多项与期货业务相关的管理办法。2012 年 9 月国务院新修订了《期货交易管理条例》，并决定自 2012 年 12 月 1 日起施行。与此同时，《期货法》开启了立法研究新的方向。

2012 年 5 月 22 日，中国证监会审议并通过了《期货公司资产管理业务试点办法》。随后《期货公司资产管理业务投资者适当性评估程序（试行）》《期货公司资产管理合同指引》等办法、指引陆续被推出。在研究借鉴境外成熟市场经验，并充分考虑我国现阶段期货市场、现货市场发展特点和实际情况的前提下，2012 年 12 月 22 日，中国期货业协会正式发布了《期货公司设立子公司开展以风险管理服务为主的业务试点工作指引》，自 2013 年 2 月 1 日起实施。为落实《期货交易管理条例》的修订及行政审批项目的调整，进一步促进期货行业改革开放和创新发展，2012 年底正式启动《期货公司管理办法》的修订工作并于 2014 年正式发布《期货公司监督管理办法》。2013 年 2 月 21 日发布了《期货公司风险监管指标管理办法》及《关于期货公司风险资本准备计算标准的规定》。

2. 期货交易所交易制度调整和业务创新

各交易所在此阶段开始纷纷修订和制定《期货交易风险控制管理办法》《套期保值管理办法》《期货交易细则》《期货结算细则》和《套利交易管理办法》等业务细则，调降临近交割月保证金标准，减少保证金和限仓标准调整梯度，放宽会员持仓限制，降低市场

---

① 经过多年的发展和监管授权，保证金监管中心的业务范围由最初的期货保证金监控一项业务，逐步扩展到期货市场的统一开户、资金监控、市场运行监测监控、期货中介机构监测监控、宏观和产业分析研究、商品指数编制、期货市场调查，并代管期货保障基金、协助风险公司处置等多项业务。为适应业务长远发展需要，经中国证监会批准，中国期货保证金监控中心于 2015 年正式更名为"中国期货市场监控中心"。

交易成本，以便吸引更多的产业客户参与。

为了更好地连接国外和国内期货价格，提升期货交易所的竞争力，2013年7月5日21时，上期所黄金、白银期货连续交易率先上线。根据最初的《上海期货交易所连续交易细则》的规定，连续交易是指除 9:00 ~ 11:30 和 13:30 ~ 15:00 的日盘之外，21:00 ~ 次日 2:30 的交易①。2013年12月20日，连续交易推广至铜、铝、锌、铅等期货品种。国内其他交易所也相继推出了一系列上市品种的连续交易。连续交易制度的推出和完善，不仅是顺应实体经济国际化的现实需求，有助于增强国内外两个市场的联动性，而且是提高品种价格连续性和有效性、提升期货市场运行效率、促进市场功能发挥的创新举措。

3. 新的战略议题

21世纪第一个10年，中国加入WTO，开始快速融入世界经济体系，国内经济高度繁荣，期货市场也随之蓬勃发展。但是，之后随着经济下行压力，期货市场积累的系列问题逐渐显现，主要表现在：市场的微观创新和整体开放均不足，无法应对全球竞争加剧的挑战；期货市场的法制化和国际化步伐滞后，期货市场封闭状态和经济开放的大趋势相矛盾；存在大监管、大市场（交易量大）、小期货公司、小投资者的扭曲市场关系，监管部门在严格控制市场风险的同时，没能有效地提升微观市场主体的创新能力和基本活力。在中国国民经济进入新常态、谋求新出路的过程中，期货市场必须进行新的选择。因此，在2012年至2019年间中国期货市场出现一些新的发展动向：加快微观创新实践，尝试从多方面服务实体经济；开展了最长一轮的期货法立法探索；监管部门第一次公开认可并宣传了期货市场定价中心论；顺应国家扩大改革开放的步伐，加快推动期货市场国际化；不断推出新的期货和期权品种，尝试实现"一全两通""一全"指期货、期权和互换工具体系完整；"两通"指期货与现货市场连通、境内与境外市场连通。

从历史演变脉络看，未来期货市场长期可持续发展的基本思路是：理清政府和市场的关系，全面提高各界对期货市场的认识；理性和稳健地制定合理、协调的市场发展政策，通过政策联合使期货市场微观创新能够全面服务实体产业；适应不断变化的内外形势和全球竞争环境，全面调整市场结构；严谨立法，引入社会监督，主动转变监管和发展思路，深入改革监管体制中行政管制问题。

第二节　期货交易所与结算机构

▶ 一、期货交易所

1. 期货交易所的职能和内设部门

期货交易所是进行集中公开的期货合约买卖的场所，具有高度系统性和严密性、高度组织化和规范化特征，按照其章程的规定实行自律管理，以其全部财产承担民事责任。

---

① 2018年9月6日起实施的《上海期货交易所连续交易细则》指出，"连续交易"是指除 9:00 ~ 11:30 和 13:30 ~ 15:00 之外由交易所规定交易时间的交易。

期货交易所的主要职能体现在五个方面。其一，提供交易的场所、设施和服务，为期货集中公开交易创造条件。其二，结合市场需求开发期货品种，设计合约，安排合约上市和推广，满足投机者和套期保值者的需要。其三，建立完善的期货交易规则以及相应的业务管理细则等，并负责组织和监督期货交易，保证期货交易的公开、公平、公正性。其四，制定保证金制度、涨跌停板制度、持仓限额和大户持仓报告制度等风险管理制度，并结合市场交易状况对风险进行控制，保证期货市场平稳运行。其五，及时公布期货价格和相关交易信息，以保证期货交易信息的公开性和提升期货市场的价格发现功能。

为了确保有效履行职能，需要合理设置期货交易所的业务部门。我国期货交易所的核心业务部门包括：交易部、结算部、交割部、市场部、监察部、技术部等。其中，交易部负责交易行为监控、会员和投资者管理与服务、信息管理与经营。结算部负责结算服务、结算风险管理、结算会员管理等。交割部负责交割流程业务管理。市场部负责市场开发与培育、产品和服务、投资者教育培训。监察部负责法律事务处理、跨市场协作监管、会员违规和违约事件查处等。技术部至关重要，负责系统的开发、运行、维护和升级等。随着期货市场的迅猛发展，期货交易所的内设部门在不断调整和扩大，但核心业务依然离不开上述部门。

2. 期货交易所的组织形式——会员制

从国际来看，期货交易所的组织形式一般可以分为会员制和公司制两种。

会员制期货交易所是由全体会员共同出资组建的非营利性法人，缴纳一定的会员资格费作为注册资本，以全额注册资本对其债务承担有限责任。会员制期货交易所的出资者同时也是期货交易所的会员，享有直接进行期货交易的权利。会员制期货交易所实行自律管理。

会员在进场交易或代理客户交易之前必须取得会员资格。从国际期货市场的交易所会员制运作状况来看，期货交易所会员资格的获得方式有多种，主要包括：以交易所创办发起人的身份加入，接受发起人的转让加入，依据期货交易所的规则加入，在市场上按市价购买期货交易所的会员资格加入。国际上，会员可以是自然人也可以是法人。

会员的基本权利包括：参加会员大会，行使表决权、申诉权；在期货交易所内进行期货交易，使用期货交易所提供的交易设施，获得有关期货交易的信息和服务；按规定转让会员资格，联名提议召开临时会员大会等。会员应当履行的主要义务包括：遵守国家有关法律、法规、规章和政策；遵守期货交易所的章程、业务规则及有关决定；按规定交纳各种费用；执行会员大会、理事会的决议；接受期货交易所业务监管等。

会员制期货交易所的最高权力机构是由全体会员组成的会员大会，就期货交易所的重大事项做出决定，如制定、修改或废止章程及业务规则，选举和更换高级管理人员，审议批准财务预算和决算方案，决定期货交易所的合并和终止等。

会员大会选举的总经理负责交易所的日常经营管理工作。

会员大会的常设机构是由其选举产生的理事会，对会员大会负责。理事会行使的职权包括：召集会员大会，并向会员大会报告工作；监督会员大会决议和理事会决议的实施；监督总经理履行职务行为；拟定期货交易所章程、交易规则修改方案，提交会员大会通过；审议总经理提出的财务预算方案、决算报告，提交会员大会通过；审议期货交易所合并、分立、解散和清算的方案，提交会员大会通过；决定专门委员会的设置；决定会员的接纳；决定对严重违规会员的处罚；决定期货交易所的变更事项；违规情况下采取临时处置措施的权力；异常情况下采取紧急措施的权力；审定根据交易规则制定的细则和办法；审定风险准备金的使用和管理办法；审定总经理提出的期货交易所发展规划和年度工作计划等。

会员制是期货交易所传统的组织形式，但在国际期货市场竞争日益激烈的情况下，会员制所固有的局限性也日益突显，主要表现在：交易所的非营利性质降低了交易所的管理效率，不能适应日益激烈的竞争环境；缺少通过向其他投资者融资来扩大交易所资本规模和实力的渠道；会员制交易所的收益不能在会员间分配，使会员管理交易所的动力不足。因此，一些交易所开始放弃会员制，转型为公司制。

3. 期货交易所的组织形式——公司制

公司制的期货交易所通常由若干股东共同出资组建，是以营利为目的法人。其盈利来自在交易所进行的期货交易中收取的各种费用。公司制交易所的出资者可以是交易所的会员，也可以不是交易所的会员。交易所每年的盈利按照股东所持有的股份大小在股东之间分配。

公司制期货交易所的最高权力机构是股东大会，股东大会就公司的重大事项如修改公司章程、决定公司的经营方针和投资计划、审议批准公司的年度财务预算方案、决算方案、增加或者减少注册资本等进行决议。股东大会的常设机构是由此选举产生的董事会，对股东大会负责。董事会行使的职权包括：负责召集股东大会，并向股东大会报告工作；执行股东大会的决议；决定公司的经营计划和投资方案；聘任或者解聘公司经理，根据经理的提名，聘任或者解聘公司副经理、财务负责人等。

总经理对董事会负责，由董事会聘任或者解聘，负责交易所日常经营管理。

监事会通常由股东代表和适当比例的公司职工代表组成，负责对董事、高级经理人员执行公司职务的行为进行监督等。

公司制的优点是产权清晰、职责明确、追求高效率低成本运营以及以客户为中心，公司制已经成为全球期货交易所的发展趋势（见表9-1）。期货交易所的公司制改造也为期货交易所的兼并和收购创造了条件（见图9-2），使期货交易所的规模可以在公司化基础上继续膨胀，也使得期货交易所的声望和竞争力进一步提高。

表 9-1　全球主要期货交易所的改制

时　间	公　司　化
1987 年	LME 进行公司制改组
1999 年	LIFFE 改制为公众持股公司
2000 年	纽约商业交易所（NYMEX）从非营利会员制结构转变成营利性组织
2000 年	香港期货交易所（HKFE）与香港联合交易所（SEHK）改制合并，组成香港交易及结算所有限公司，后在香港交易所上市
2001 年	伦敦国际石油交易所（IPE）
2002 年	CME 完成改制并成功上市
2005 年	CBOT 改制成功并上市

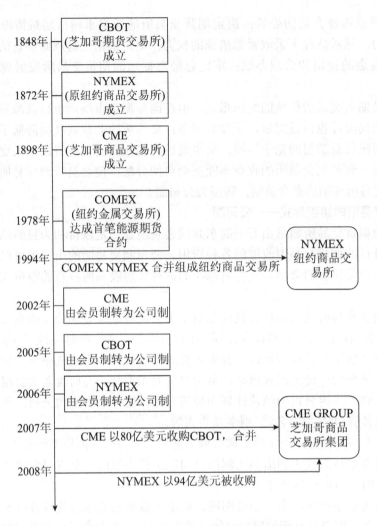

图 9-2　公司化改制与 CME 集团的形成

4. 我国期货交易所的组织形式

《期货交易管理条例》规定，"期货交易所可以采取会员制或者公司制的组织形式""会员制期货交易所的注册资本划分为均等份额，由会员出资认缴""公司制期货交易所采用股份有限公司的组织形式"。郑州商品交易所、大连商品交易所和上海期货交易所实行会员制，中国金融期货交易所实行公司制。

但是，需要注意的是，在国内相关的期货管理条例和规章的约束下，我国期货交易所采取的组织形式并不是国际通行意义的会员制或公司制。第一，无论是会员制还是公司制的交易所，其人事任免权都集中于最高监管部门，并非会员大会或者董事会。《期货交易管理条例》规定期货交易所的负责人由国务院期货监督管理机构任免。《期货交易所管理办法》规定交易所理事长、副理事长的任免由中国证监会提名。这种人事任命体制源于"国债 327 事件"。"国债 327 事件"爆发后的处理难题使当时的中国证监会意识到掌控交易所人事任命权的重要性。第二，中国金融期货交易所实行公司制，但是董事会的构成则来自于由监管部门任命的各期货交易所和证券交易所的总经理，此外《期货交易管理条例》

规定"期货交易所不以营利为目的"的营利目标也与公司制的营利目标不一致。

掌握期货交易所的人事任免权和提名权在一定意义上使交易所成为了监管部门的附属物,也造成了中国期货市场发展过程中一系列的难题。中国的期货交易所未来是否能走向真正的会员制或公司制,最终取决于期货监管部门是否推动改革人事任命关系和对交易所营利目标的管制。

▶ 二、期货结算机构

1. 期货结算机构的治理模式

结算机构是期货交易过程中的中央对手方。根据结算机构与交易所的所有权归属可以把期货市场结算体系划分为专属结算模式和独立结算模式。

(1)专属结算模式,又称垂直模式。专属结算模式的基本特点是由交易所垂直管理结算机构,实现"交易—结算"一体化。从组织结构上看,交易所垂直管理清算所,实行一家清算所为一家交易所进行清算的业务模式。在这种模式中,交易所自身承担交易、清算和结算业务,控制着金融产品交易的价值链。在专属结算模式中,结算机构又有两种组织形式,一种是内设于期货交易所,是期货交易所的一个内设部门;另一种是附属于期货交易所,是一个由交易所掌控的独立的结算公司。全球大部分交易所都是选择这种一体化的交易清算模式,如美国芝加哥商业交易所集团(CME)、欧洲期货交易所(Eurex)等。CME 内设清算部门 CME Clearing Division、Eurex 控股清算子公司 Eurex Clearing AG。

(2)独立结算模式,又称水平模式。在此模式下,结算所一般不从属于任何一家交易所,有独立的经营目标,并作为与交易所平等的市场主体存在。由多家交易所和实力较强的金融机构出资组成一家独立的结算公司,多家交易所共用这一个结算公司。世界上知名的独立运作的结算机构有期权结算公司(OCC)、芝加哥结算公司(CCORP)、伦敦结算公司(LCH Clearnet)、美国国际交易所结算公司(ICE Clear)。

世界各国的期货交易所采用的不同结算机构治理模式受市场发展所处阶段、交易所发展策略、外部环境等一系列因素的影响(见图 9-3)。表 9-2 总结了国际上主要的期货、期权交易所的结算机构的治理模式。从市场发展的复杂性看,以上对结算机构治理模式的分类只是初步的结果。事实上,专属结算模式和独立结算模式在某些方面是模糊的。例如,芝加哥商业交易所结算部(CME Clearing)的结算对象包括芝加哥期货交易所(CBOT)、芝加哥商业交易所(CME)和纽约商业交易所(NYMEX)。这些交易所都属于 CME 集团。因此,芝加哥交易所结算部既有垂直特征,又具有水平特征。

表 9-2　全球主要衍生品交易所的结算体系

交 易 所	结算机构设置	所有权关系	相 关 说 明
韩国交易所	内设结算所	专属模式	韩国证券保管所(KSD)负责登记交收和托管,韩国银行及商业银行负责资金划转
芝加哥商业交易所集团(CME)	内设结算所	专属模式	世界上最大的期货、期权结算机构
欧洲期货交易所(EUREX)	下设结算公司	专属模式	全球规模最大的衍生产品交易所之一

交易所	结算机构设置	所有权关系	相关说明
纽约—泛欧交易所集团（NYSEEuronext）	美国市场由纽约投资组合结算公司（NYPC）和期权结算公司（OCC）结算；欧洲由伦敦结算所和Euroclear结算	暂为混合模式，正在扩大专属结算范围	结算体系尚在整合过程中，计划建立内部统一的结算机构；NYPC是纽约—泛欧交易所和美国证券托管结算公司（DTCC）的合资公司
印度国家证券交易所（NSE）	国家商品结算公司（NCCL）	专属模式	另设印度国家证券结算公司（NSCCL）负责证券结算
巴西证券期货交易所	内设衍生品结算部	专属模式	另设BM&F结算银行负责交易所登记交收业务
纳斯达克—OMX集团（NASDAQOMX）	由OCC负责结算业务	独立模式	纳斯达克OMX是OCC结算合约数量第二多的客户
芝加哥期权交易所集团（CBOE）	由OCC负责结算业务	独立模式	CBOE是OCC结算合约数量最多的客户
印度多种商品交易所（MCX）	内设结算所	专属模式	—
俄罗斯RTS集团	内设结算所	专属模式	2012年拟合并国家结算存管公司（NSD）、存管结算公司（DCC）和RTS结算所
美国洲际交易所（ICE）	下设五家结算公司	专属模式	第一家提供互换（swap）交易和集中结算的场外市场运营商；五家结算公司对外提供结算服务
印度联合证券交易所（USE）	由印度结算公司（ICCL）负责结算	独立模式	ICCL由孟买证交所（BSE）全资拥有；2010年9月，USE正式推出外汇衍生品交易
大阪证交所（OSE）	内设期货、期权和外汇衍生品结算部门	专属模式	证券结算由日本证券结算公司（JSCC）和日本证券托管中心（JASDEC）负责
中国台湾期交所	内设结算部门	专属模式	中国台湾地区唯一期货交易所
澳交所集团（ASX）	下设结算公司	专属模式	分设证券、期货结算公司
南非JSE交易所	内设结算部门	专属模式	非洲最大的交易所
东京金融交易所（TFX）	内设结算部门	专属模式	主要进行利率期货交易
伦敦证券交易所（LSE）	由伦敦结算所提供结算服务	独立模式	2012年收购伦敦结算所
伦敦金属交易所（LME）	由伦敦结算所提供结算服务	独立模式正向专属模式转型	2011年正式宣布自建结算机构，拟两年内建成
波士顿期权交易所（BOX）	由OCC提供结算服务	独立模式	全电子化交易平台

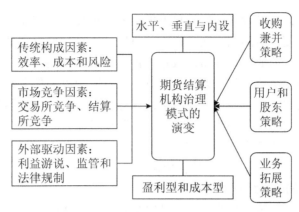

图 9-3 影响期货结算机构治理模式演变的因素

从国际期货市场的发展现实看，独立结算模式与专属结算模式在维护交易安全、提高市场效率和促进行业发展等方面各有长处，并不存在一个一成不变的最优模式（见表 9-3）。

专属结算模式的优势在于能够提高交易所及清算所的经营效率，原因在于：第一，将交易所与清算所整合在一起可以统一协调交易、清算和结算的全过程；第二，便于交易所新产品设计与开发时清算环节的配合。然而，专属结算模式存在着一定缺陷：第一，交易所形成集交易、清算和结算于一体的网络组织，加之当某些金融产品（如衍生品）自身的替代性较弱时，清算业务封闭形成了自然垄断，进而影响整个衍生品清算行业的竞争效率；第二，由于清算所隶属于交易所，清算环节出现问题，特别是出现重大违约事件时，由交易所承担风险会影响到交易安全，清算风险因此放大；第三，交易所对保证金和风险准备金等制度的限制会降低会员的资金使用效率。

独立结算模式的优势在于：第一，独立的清算所可以有效制约交易所因扩大成交量而降低风险控制标准的行为；第二，减少保证金和资金划转等业务，投资者因此会降低财务成本，提高资金使用效率。然而，独立结算模式的问题在于：第一，由于独立清算所数目有限，不仅没有在清算行业真正实现市场竞争，反而形成寡头竞争的市场格局，这在一定程度上有损清算行业的市场效率；第二，不利于交易所产品设计与创新中清算环节的配合。

实践中，两种结算模式长期并存。全球主要期货交易所也都根据市场环境和竞争形势的需要，对结算体系做出动态调整。

表 9-3 独立结算模式与专属结算模式比较

	独立结算模式	专属结算模式
交易安全	• 提高中央对手方的履约担保能力 • 可能集聚全市场参与者的信用风险，成为系统性风险的源头	• 有助于保持交易流程与财务体系的完整性，提高危机应对效率
市场效率	• 有利于提高各个环节的专业化程度和市场效率 • 有利于提高资金使用效率	• 有利于提高"交易—结算"的整体效率和协同效应
行业发展	• 有利于降低新兴交易平台的进入成本，促进市场竞争 • 有利于促进交易所之间的合约竞争	• 有利于保护交易所知识产权，促进交易所产品创新 • 有利于强化交易所的独立性，增强交易所开拓场外市场、参与国际竞争的能力与激励

我国期货结算机构的设置方式属于典型的交易所内设结算部模式，四家期货交易所分别内设结算部来为本交易所的期货交易提供结算服务。这种期货交易所兼具期货交易和结算功能的设置存在一定的缺陷，容易造成定位冲突和背离。例如，交易所结算部门作为期货交易中央对手方的现实角色与《期货交易管理条例》中"期货交易所不得直接或间接参与期货交易"的规定相矛盾。期货结算机构的法律地位缺失，也使其面临法律风险。为解决这些问题，《期货交易管理条例》规定"国务院期货监督管理机构可以批准设立期货专门结算机构，专门履行期货交易所的结算以及相关职责，并承担相应法律责任"，这就为期货交易成立独立的结算公司提供了法律依据。

2. 期货结算机构的分级结算体制

结算机构通常采用分级结算制，只有结算机构的会员才能直接得到结算机构提供的结算服务，非结算会员只能由结算会员提供结算。对结算所会员资格持有人或股东的资本要求因其业务种类及规模的不同而不同，对资本要求也不同，但较一致的要求是协助保证结算所的稳健运行。

在分级结算制度下，期货结算过程分为三个层次。第一个层次是由结算机构对结算会员进行结算。结算会员是交易会员中资金雄厚、信誉良好的期货公司或金融机构。第二个层次是结算会员对非结算会员或结算会员所代理的客户开展的结算。第三个层次是非结算会员对其代理的客户的结算。这样的制度有利于建立期货市场的风险防火墙，通过构建多层次的会员结构，逐级化解期货交易风险，从而提高结算机构整体抗风险能力，保证期货市场交易安全性。

我国期货交易所的结算体系有分级结算制度和全员结算制度两类。中国金融期货交易所采取分级结算制度，即期货交易所会员由结算会员和非结算会员组成。其中，结算会员按照业务范围分为交易结算会员、全面结算会员和特别结算会员（见表9-4）。交易结算会员只能为其受托客户办理结算、交割业务。全面结算会员可以为其受托客户和与其签订结算协议的交易会员办理结算、交割业务。特别结算会员只能为与其签订结算协议的交易会员办理结算、交割业务。结算会员与非结算会员的关系体现在：结算会员具有与期货交易所进行结算的资格，非结算会员不具有与期货交易所进行结算的资格。期货交易所对结算会员结算，结算会员对非结算会员结算，非结算会员对其受托的客户结算（见图9-4）。

表9-4　中国金融期货交易所的交易会员和结算会员结构（2019）

交 易 所	会员总数	全面结算会员	交易结算会员	交易会员	特别结算会员
中国金融期货交易所	147	27	89	31	0

资料来源：笔者根据中国金融期货交易所网站2020年2月信息整理。

与中国金融期货交易所不同，上海期货交易所、大连商品交易所和郑州商品交易所实行全员结算制度，期货交易所会员均具有与期货交易所进行结算的资格。交易所会员无交易会员和结算会员之分，既是交易会员，也是结算会员。实行全员结算制度的期货交易所会员由期货公司会员和非期货公司会员组成（见表9-5）。实行全员结算制度的期货交易所对会员结算，会员对其受托的客户结算（见图9-5）。全员结算制度最突出的问题是风险防范能力弱、交易所直接承担风险。全员结算制度有向三级结算制度转变的客观需求。然而，全员结算体制是中国期货市场早期形成的产物，一直延续至今，进行改革并非易事。

表 9-5 三家商品交易所的经纪会员和非经纪会员（2019）

交 易 所	会员总数	经纪公司会员	非经纪公司会员
大连商品交易所	163	149	14
上海期货交易所	198	149	49
郑州商品交易所	151	149	2

资料来源：笔者根据各期货交易所网站 2020 年 2 月会员列表信息整理。

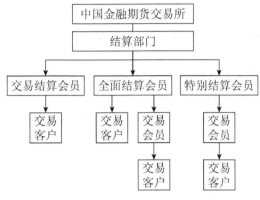

图 9-4 中国金融期货交易所的分级结算体系

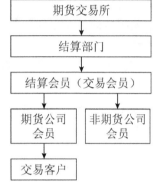

图 9-5 全员结算体系

3. 期货结算的风险管理制度

经过长期实践，各国期货市场结算体系中形成了种类繁多的风险管理制度。表 9-6 列举了国际和国内期货市场已经建立的结算风险管理制度。我国还没有推行结算银行的临时信用制度、签订商业保险和引入第三方担保等结算制度。通常，在调整或改革结算制度时需要把握四个方面的基本原则：协调好风险管理和市场活跃的关系、坚持结算主体自我约束和加强监管的原则、坚持国际管理和国内实情相结合的原则、坚持定量计算和定性分析相结合的原则。

表 9-6 国内外结算机构的结算内容比较

国际通行的结算风险管理制度	国内三家商品期货交易所	中国金融期货交易所
保证金制度	√	√
结算机构的中央对手方	√	√
结算会员制度	√（全员结算）	√（分级结算）
结算担保金制度	×	√
逐日盯市制度	√	√
强行平仓制度	√	√
抵押品制度	√（仓单、国债）	√（仓单、国债）
价格限制制度	√	√
结算银行的临时信用制度	×	×
签订商业保险和引入第三方担保	×	×

资料来源：徐毅 . 期货市场结算风险管理研究 [M]. 北京：经济科学出版社，2008.

第三节　期货市场的中介机构

一、境外的期货市场中介机构

1. 美国期货中介机构

根据美国《商品交易法》规定，期货市场中介机构分为代理业务型、客户开发型以及管理服务型三大类。

（1）代理业务型中介机构主要包括：期货佣金商（futures commission merchant，FCM）、场内经纪商（floor broker，FB）以及场内交易商（floor trader，FT）。FCM 是最主要的期货经纪中介。美国的 FCM 大致可分为全能型金融服务公司、专业型期货经纪公司及期货和现货兼营型三种类型。全能型的金融服务公司是指具有银行背景、资金雄厚、致力于向客户提供全方位金融服务的金融集团，在这种集团内期货业务可能只是其业务范围的一部分，期货部门通常以子公司或下级部门的形式存在。专业型期货公司是指一些专营期货经纪业务的期货公司。现货和期货兼营型期货公司具有现货商背景，包括一些加工商和贸易商等。FB 又称出市经纪人，他们在交易池内替客户或经纪公司执行期货交易指令。FT 与 FB 正好相反，他们在交易池内替自己所属公司做交易。如果是替自己账户做交易，通常称之为自营商（local）。

（2）客户开发型的中介机构主要包括：介绍经纪商（introducing broker，IB）和经纪业务联系人（associated person，AP）。其中，IB 既可以是机构也可以是个人，但一般都以机构的形式存在。它可以开发客户或接受期货、期权指令，但不能接受客户的资金，且必须通过 FCM 进行结算。IB 又分为独立执业的 IB（IIB）和由 FCM 担保的 IB（GIB）。IIB 必须维持最低的资本要求，并保存账簿和交易记录。GIB 则与 FCM 签订担保协议，借以免除对 IB 的资本和记录的法定要求。经纪业务联系人主要从事所属的 FCM、IB 等机构的业务开发、客户代理等工作。他们均以个人形式存在，包括期货经纪公司的账户执行人、销售助理和分店经理等。经纪业务联系人不允许存在双重身份，即不能同时为两个期货经纪机构服务。

（3）管理服务型的中介机构主要包括：商品基金经理（commodity pool operator，CPO）、商品交易顾问（commodity trading advisor，CTA）等。CPO 是指向个人筹集资金组成基金，然后利用基金在期货市场上从事投资的个人或组织。CTA 可以提供期货交易建议，如管理和指导账户、发表即时评论、热线电话咨询、提供交易系统等，但不能接受客户的资金。

2. 欧洲期货中介机构

欧洲地区的期货经纪业务在金融期货推出前并不发达，但在 20 世纪 80 年代初具有现货背景的期货经纪商已初见规模，期货业务从一个部门逐渐发展成为集团下的子公司。下面以英国为例介绍欧洲期货中介机构的类别。

英国的期货经纪商主要分为全能经纪商（full-service brokerage）、贴现经纪商（discount brokerage）和介绍经纪商（introducing broker）。全能经纪商全方位地提供期货、期权代理业务、外汇业务以及场外市场现货与衍生品的交易，同时为非清算会员或者客户提供清算业务，并且为投资者提供咨询、培训等服务。英国具有代表性的全能期货经纪商主要有曼氏金融、巴克莱资本、柏克莱期货、苏克顿等期货公司。贴现经纪商仅接收客户的指令，不提供交易建议、市场信息以及其他服务，所有决策由客户自己做出。英国的IB与美国的略有不同，它们是全能期货经纪商的一种，英国的介绍经纪商为小城镇居民进行期货交易提供便利，所提供的服务与全能期货经纪商类似，只是经营规模较小，分布的范围要比全能期货经纪商广泛得多。从经营的业务来看，期货公司已经超出了严格意义上的经营范围，除了商品期货、金融期货，还有期权、外汇以及新兴衍生品种，因此很多公司名称也不再冠上"期货"二字。

3. 亚洲主要国家（地区）期货中介机构

日本从事期货经纪业务的企业主要有三种类型：一是金融公司兼营期货经纪业务，主要是一些拥有投行背景的公司；二是一些拥有现货背景的大型企业，它们大都下设了专门从事期货经纪业务的子公司；三是专业型期货经纪公司。

中国香港的期货中介机构有两种类型：一是经纪商（broker），既从事自有账户交易，也为其他会员代理交易；二是期货商（FCM），可从事自有及客户账户交易，也可代理其他会员的经纪业务。

中国台湾地区的期货经纪商主要有四类：一是专营期货经纪商，受托从事台湾金融监督管理委员会证券期货监管局公告的国内外期货、期权交易；二是兼营期货商，包括一些本土及外国券商和金融机构；三是期货交易辅助人，主要是一些获许经营期货交易辅助业务的证券经纪机构，期货交易辅助业务包括招揽客户、代理期货商接受客户开户、接受客户的委托单并交付期货商执行等；四是复委托公司，就是代理本土客户从事国外期货交易的机构，它们将委托单转给境内的国外复委托期货商，然后再转给境外的交易所达成交易。

▶ 二、我国内地期货市场中介机构的构成

我国内地的期货中介机构主要有期货公司、介绍经纪人和期货居间人三类。

1. 期货公司

期货公司作为交易者与期货交易所之间的桥梁和纽带，主要职能包括：根据客户指令代理买卖期货合约、办理结算和交割手续；对客户账户进行管理，控制客户交易风险；为客户提供期货市场信息，进行期货交易咨询，充当客户的交易顾问等。期货公司履行职能的主要机构包括：财务部门、结算部门、信贷部门、交易部门、现货交割部门、客户服务部门、研发部门。在期货内设机构方面，我国设置了首席风险官制度。首席风险官是负责对期货公司经营管理行为的合法合规性和风险管理状况进行监督检查的期货公司高级管理人员。首席风险官对董事会负责。

在规范化管理方面，我国期货公司遵循《中华人民共和国公司法》和《期货交易管理条例》。期货公司是指依照《中华人民共和国公司法》和《期货交易管理条例》规定设立的经营期货业务的金融机构。期货公司从事经纪业务，接受客户委托，以自己的名义为客户进行期货交易，交易结果由客户承担。期货公司的收入来源主要是向客户收取的佣金。

根据《期货交易管理条例》规定，期货公司不得从事或者变相从事期货自营业务。2014 年中国证监会颁布了《期货公司监督管理办法》，尝试从功能监管和适度监管的角度提升期货公司的服务能力和竞争能力。

2. 介绍经纪人（IB）

我国已经引入券商 IB（introducing broker）制度。所谓 IB 制度是指证券公司接受期货公司委托，为期货公司介绍客户参与期货交易并提供其他相关服务，期货公司因此向证券公司支付佣金的制度，其中证券公司被称为介绍经纪人，即 IB。

根据《证券公司为期货公司提供中间介绍业务试行办法》规定，证券公司受期货公司委托从事介绍业务，应当提供的服务包括：协助办理开户手续；提供期货行情信息、交易设施；中国证监会规定的其他服务。证券公司不得代理客户进行期货交易、结算或者交割，不得代期货公司、客户收付期货保证金，不得利用证券资金账户为客户存取、划转期货保证金。

3. 期货居间人

期货居间人是指独立于公司和客户之外，接受期货公司委托，独立承担基于居间法律关系所产生的民事责任的自然人或组织。居间人与期货公司没有隶属关系，不是期货公司所订立期货经纪合同的当事人。而且，期货公司的在职人员不得成为本公司和其他期货公司的居间人。《最高人民法院关于审理期货纠纷案件若干问题的规定》第十条："公民、法人受期货公司或者客户委托，作为居间人为其提供订约机会或订立期货经纪合同中介服务的，期货公司或者客户应当按照约定向居间人支付报酬，居间人应当独立承担基于居间经纪关系所产生的民事责任。"

期货居间人的产生是期货市场发展的结果。一方面，由于期货市场的专业性以及高风险性，使得大量具有参与期货市场潜在需求的投资者未能投身其中，需要有专业的人士对其进行宣传、开发；另一方面，多数期货公司由于规模有限，难以承担高昂的市场开发运营成本，需要有一支外部市场开发队伍。双方的共同需求促生了期货居间人这个群体。期货居间人的存在丰富了期货市场的投资者服务体系，缓解了期货市场中期货公司与投资者之间信息不对称的矛盾。在期货公司运作中，使用期货居间人进行客户开发的模式占较大比重。据调查，国内期货市场中约 60% 的客户是由居间人介绍进入的，而这些客户交易量占期货市场成交量的一半以上。

我国对于期货居间人缺乏完善有效的监管措施，期货公司制订的居间人管理办法不具备广泛性和普遍性，也缺乏法律效力，无法有效规范整个居间人群体的执业行为。这导致期货居间人在执业时存在违规操作、损害投资者或期货公司利益的风险，如客户全权委托居间人进行期货交易、夸大收益宣传误导投资者等。

▶ 三、我国期货公司的发展和监管

1. 期货公司的发展

我国持续经营的期货公司数量逐渐下降，到 2017 年共有 149 家，期货营业部数量总体上在上升，2017 年达 1 673 家。从整体看，我国期货公司在发展过程中呈现两个特征。第一，期货公司经营分化日趋严重，并购重组较多。第二，期货创业业务逐步展开，激烈的竞争导致手续费等传统收入降低（见表 9-7）；利润总额和平均净利润上升，但期货行业盈利集中度高，大多数期货公司的整体盈利能力有待提高。

表 9-7 中国期货公司的平均手续费率（单位：万分之一）

年 度	2007	2008	2009	2010	2011	2012	2013	2014	2015	2016	2017	2018
期货公司数量（家）	166	163	164	163	163	160	156	151	149	149	149	149
手续费率	0.738	0.691	0.569	0.342	0.363	0.359	0.232	0.172	0.105	0.334	0.367	—
净利润（亿元）	7.63	6.59	17.36	25.44	26.00	35.77	35.55	41.43	59.13	64.75	79.45	12.99
平均净利润（亿元）	0.046	0.040	0.106	0.156	0.160	0.224	0.228	0.274	0.397	0.435	0.533	0.087

数据来源：中国证监会、中国期货业协会。

2. 期货公司业务创新

我国期货公司收入来源窄、收入水平低的特征源于早期严格的制度管控和长期缺乏发展规划。2011 年后，我国为促进期货公司业务创新进行了多项制度改革，推出了投资咨询、资产管理、风险管理公司等一系列业务。

（1）期货投资咨询业务。2011 年中国证监会颁布实施《期货公司期货投资咨询业务试行办法》。期货投资咨询业务是指期货公司基于客户委托从事的下列营利性活动：协助客户建立风险管理制度、操作流程，提供风险管理咨询、专项培训等风险管理顾问服务；收集整理期货市场信息及各类相关经济信息，研究分析期货市场及相关现货市场的价格及其相关影响因素，制作、提供研究分析报告或者资讯信息的研究分析服务；为客户设计套期保值、套利等投资方案，拟定期货交易策略等交易咨询服务；中国证券监督管理委员会（以下简称中国证监会）规定的其他活动。

（2）资产管理业务。2012 年中国证监会颁布《期货公司资产管理业务试点办法》，2014 年中国期货业协会发布《期货公司资产管理业务管理规则（2014）》。资产管理业务是指期货公司接受单一客户或者特定多个客户的书面委托，根据本办法规定和合同约定，运用客户委托资产进行投资，并按照合同约定收取费用或者报酬的业务活动。期货公司应当对资产管理业务进行集中管理，其人员、业务、场地应当与其他业务部门相互独立，并建立业务隔离墙制度。

（3）风险管理公司。2012 年中国期货业协会发布《期货公司设立子公司开展以风险管理服务为主的业务试点工作指引》，2014 年对该指引进行重新修订。风险管理公司是指由一家期货公司控股 50% 以上的子公司，根据《公司法》设立的以开展风险管理服务为主要业务的有限责任公司或股份有限公司。风险管理公司可以开展基差交易、仓单服务、合作套保、定价服务、做市业务，以及其他与风险管理服务相关的业务。风险管理公司的数量和总收入增长迅速，但是行业的净利润并不高（见表 9-8），未来存在巨大的发展空间。

目前，这三类创新业务在我国处于起步阶段。资产管理业务和投资咨询业务所获得的收入占期货公司收入的比重很低（见表 9-9）。在竞争日益激烈的大背景下，创新型业务有着巨大的市场需求和拓展空间，需要期货公司和监管部门共同推进。

表9-8 我国风险管理公司的经营状况

项目 \ 年份	2014	2015	2016	2017	2018
数量（家）	33	51	62	70	79
总收入（亿元）	197.99	348.58	486.19	843.92	1132.46
净利润（亿元）	0.08	0.30	1.16	9.00	−13.56

资料来源：《中国期货业市场发展报告》（2014，2018）。

注：2018年净利润为负是因为一家公司一次性计提大额资产减值损失20.85亿元，其余78公司净利润合计7.64亿元。

表9-9 我国期货公司收入结构

收 入 构 成	2013		2018	
	收入（亿元）	占比（%）	收入（亿元）	占比（%）
期货经纪业务	124.11	67.02	125.17	47.80
资产管理业务	0.15	0.08	8.00	0.61
投资咨询业务	0.58	0.31	1.58	0.60
利息净收入	53.99	29.16	—	—
营业收入合计	185.18	100.00	261.87	100

资料来源：《中国期货业市场发展报告》（2014，2018）。

3. 期货公司的监管

期货公司的业务规范和业务范围受到严格监管。第一，期货公司接受客户委托为其进行期货交易，应当事先向客户出示风险说明书，经客户签字确认后，与客户签订书面合同。期货公司不得未经客户委托或者不按照客户委托内容，擅自进行期货交易。期货公司不得向客户作获利保证；不得在经纪业务中与客户约定分享利益或者共担风险。第二，《期货交易管理条例》规定，期货公司不得从事或者变相从事期货自营业务，同时也规定："期货公司业务实行许可制度，由国务院期货监督管理机构按照其商品期货、金融期货业务种类颁发许可证。期货公司除申请经营境内期货经纪业务外，还可以申请经营境外期货经纪、期货投资咨询以及国务院期货监督管理机构规定的其他期货业务。"

此外，我国还对期货公司实行分类监管。《期货公司分类监管规定（2019）》规定："根据期货公司评价计分的高低，将期货公司分为A、B、C、D、E五类11个级别，分类结果作为期货公司申请增加业务种类、新设营业网点等事项的审慎性条件，也将作为确定新业务试点范围和推广顺序的依据"。

第四节 期货市场的交易者结构

▶ 一、期货交易者结构与市场功能

1. 国外期货交易者结构

期货交易者是参与期货交易的主体，是期货交易盈亏的直接承担者。根据进入期货市

场的目的不同，期货交易者可以分为套期保值者和投资者，后者包括投机交易者和套利交易者。在套期保值者中，以实体产业企业、金融企业和各类需要对冲风险的经济组织为核心。投资者则可以大致分为机构投资者和散户投资者。在期货市场的机构投资者中，以各种基金形式存在的投资者有养老基金、证券投资基金、对冲基金、期货投资基金等。其中，期货投资基金是以期货投资为主的基金类型。

这里以美国披露的持仓数据为例。美国商品期货交易委员会（CFTC）在每周 COT 报告中对主要商品期货的可报告持仓（reportable）和非报告持仓（non-reportable）予以披露。可报告持仓包括以实需为导向的商业持仓和以投机为导向的非商业持仓。其中，非商业持仓可理解为基金持仓。基金持仓主要是指期货投资基金和对冲基金持仓。非报告持仓则源于散户投资。[①] 由表 9-10 的均值统计量可知，NYMEX 原油期货商业持仓比例为 45.46%，CBOT 玉米期货的商业持仓比例 47.66%，说明套期保值需求旺盛，市场基础功能健全。基金在原油和玉米期货交易中的持仓分别占 49.9% 和 39.13%，非报告持仓仅占较小比例，分别为 4.63% 和 13.21%，说明散户直接从事期货交易已经不是市场主流，这不仅大大降低了期货投资的短期性和盲目性，而且也有助于改善市场环境。此外，表 9-10 中的持仓标准偏差、持仓净多头寸（净多比例）的正负极值统计结果显示，基金的投资方向和数量变化十分频繁，但就总体而言，基金和商业持仓的净多头寸的均值统计量的符号呈现相反特征，这表明基金和商业持仓的净多净空头寸具有相反特征，基金为套期保值者提供了大量的成熟对手方交易，是期货市场运行的中坚力量。

表 9-10 2011 年至 2019 年美国原油和玉米期货持仓结构的基本统计特征

类 别	统计量	NYMEX 原油期货			CBOT 玉米期货		
		占总持仓比例	持仓净多比例	持仓净多头寸	占总持仓比例	持仓净多比例	持仓净多头寸
商业持仓	均值	0.454 6	−0.092 1	−348 402.5	0.476 6	−0.025 9	−76 295.68
	标准偏差	0.035 2	0.025 1	145 172.7	0.039 6	0.050 4	143 494.1
	最小值	0.386 8	−0.151 3	−764 797	0.393 4	−0.137 6	−413 915
	最大值	0.550 7	−0.039 9	−114 385	0.565 2	0.087 7	226 561
基金持仓	均值	0.499 0	0.088 5	335 143.2	0.391 3	0.048 0	133 038.8
	标准偏差	0.036 2	0.024 4	141 119	0.045 2	0.055 8	157 835
	最小值	0.397 2	0.037 8	108 164	0.283 1	−0.063 6	−208 292
	最大值	0.562 6	0.147 1	739 097	0.497 4	0.161 5	498 177
非可报告持仓	均值	0.046 3	0.003 7	13 259.31	0.132 1	−0.022 1	−56 743.13
	标准偏差	0.005 9	0.004 1	14 232.51	0.016 1	0.021 2	57 329.04
	最小值	0.034 8	−0.005 1	−17 340	0.097 3	−0.059 7	−149 356
	最大值	0.062 0	0.018 1	55 635	0.164 0	0.033 3	99 393

数据来源：wind 数据库。

---

① 2006 年 6 月，CFTC 开始公布包含指数基金交易者持仓在内的新持仓报告，该报告在两个方面进行了扩容：一是将原有的商业持仓分为具有现货背景的生产商、贸易商、加工企业和用户，以及有风险对冲需求的互换交易商（swap dealers）；二是将管理资金（managed money）从非商业持仓中分离出来，单独进行报告。这里不做进一步分析。

2. 我国的期货交易者结构

我国缺乏系统公开的期货市场交易者统计信息，尚没有美国那么详细的交易者持仓信息披露。一般来说，我国的期货交易者分为法人客户和个人客户两个基本类别，其中法人客户大致占 3% 左右，个人客户占大约 97%。在这些交易者中，客户权益在 5 万元以下的数量占比达到 82%，在 50 万元以上的数量占比不超过 3%（见图 9-6）。而且，客户权益超过 50 万元的所有客户数量中，依然以个人为主，大致占 83%。散户交易的最大缺点是资金实力差、风险承受能力和市场分析能力弱，大多采取日内短线操作，因此不仅很难凝聚市场力量，而且易产生大量的非理性行为，阻碍市场功能发挥。在未来很长时期内，中国期货市场发展的重点方向之一应是改革不合理的制度，提升机构投资者比重，吸引套期保值群体进入期货市场。

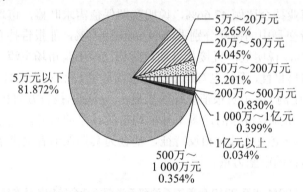

图 9-6　我国期货投资者资金构成和占比

数据来源：中国期货市场监控中心。

▶ 二、期货投资基金

1. 期货投资基金的构成

期货投资基金，又称为管理期货，是指将投资者的资金集中起来，委托给专业的期货投资机构，由其进行期货投资交易，投资者承担风险并享受投资收益的一种集合投资方式。期货投资基金专注于投资商品期货和金融衍生品领域。在国际上，有相当多的投机者已经不再自己进行直接期货交易，而是将资金交由期货投资基金进行专业化管理。期货投资基金主要包括三种类型：公募期货投资基金（public funds）、私募期货投资基金（private pools）和个人管理期货账户（individual accounts）。

公募期货投资基金由于参与者众多，监管严密，运作规范，成本较高，操作上也没有私募基金和个人管理账户灵活，从美国实际情况来看，其投资回报率在三者中最低。在国外，狭义的期货投资基金主要是指公募的期货投资基金。

私募期货投资基金往往采用有限合伙的形式，分一般合伙人和有限合伙人。私募基金适合于高收入的个人或机构投资者。投资者人数和最低出资额受到严格的限制。私募基金操作灵活、费用低，其市场表现优于公募基金。但其运作透明度低，风险略大于公募基金。

个人管理期货账户的投资者可以选择商品交易顾问（commodity trading advisor，CTA）来管理他们的资金，开立个人管理期货账户。这种方法适用于高收入的投资人，以及大型机构投资者，如养老基金、公益基金、投资银行、信托基金、保险基金。投资者可根据各个 CTA 披露的信息选择合适的 CTA。

2. CTA 和 CTA 基金

CTA 在期货投资基金中扮演着重要角色。CTA 是指向他人提供买卖期货或期权合约指导和建议，或以客户的名义进行操作的自然人或机构。CTA 是具有法律地位的独立交易经纪人，有自己的经营场地或办公室。CTA 基金指由 CTA 运用客户委托的资金自主决定投资于期货市场和期权市场以获利的并且收取相应管理费用的一种基金组织形式（见图 9-7）。

CTA 不能接受客户资金，客户的资金必须以期货佣金商的名义存入客户账户。CTA 可以对其他人就买卖期货或期权合约的可行性或盈利性进行指导，间接地为客户期货交易的买卖提供建议，也可以通过书面出版物或其他媒介为大众提供咨询，通过建议和咨询获取报酬。CTA 与期货经纪人的区别在于，前者可向客户直接收费或按照协议分取利润，而后者的报酬往往是来源于经纪公司的回佣，与其操作的业绩并无关系。

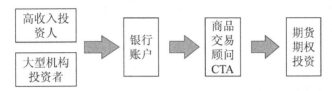

图 9-7　利用 CTA 进行投资的基本原理

3. CTA 基金的发展

1949 年第一只商品期货基金在美国建立。在 20 世纪 70 年代，CTA 迎来了快速发展时期，基金规模急剧膨胀。CTA 基金由于在 1987 年美国股灾期间获得了高收益，受到金融界重视和大众投资者欢迎。CTA 基金逐渐将其投资领域扩展到包括利率期货、股指期货、外汇期货在内的几乎所有期货品种。从规模看，进入 21 世纪后 CTA 基金发展极为迅速（见图 9-8），即使在 2008 年金融危机中传统基金和对冲基金表现不理想的环境下，全球范围内 CTA 的表现依然非常优秀，没有遭遇损失，反而获得了正回报。据统计，期货市场资产总值占全球资产总值的 9% 左右，其中 CTA 管理机构管理的资产总值占期货市场资产总值的 23% 左右。

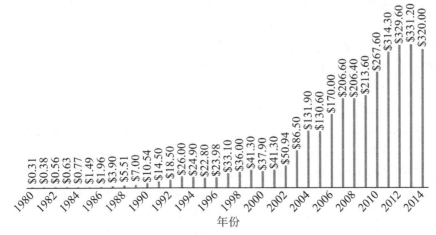

图 9-8　1980 年至 2014 年国际 CTA 基金的规模变化（单位 10 亿美元）

数据来源：巴克莱对冲（http://www.barclayhedge.com）。

在中国国内期货市场上，CTA基金的发展主要是伴随着2010年股指期货的出现而逐步发展壮大。从投资模式来看，分为基于基本面的主观交易模式和基于数据分析和模型的程序化交易模式。从运作管理模式来看，分为单账户运作的专户管理模式和基金专户模式。这些CTA基金处于探索的初期，缺乏足够的统计数据予以反映。总体上看，我国CTA基金规模很小，远远落后于国际期货市场的CTA基金发展。

▶ 三、金融化与价格变化

关于期货商品的金融化有不同的理解。我国期货市场的先驱（田源，1994）很早就基于期货市场出现的金融机构交易提出了金融化概念。如今，金融化所包含的内容更为丰富。有的学者将金融化解释为商品具有了金融属性，可以被作为投资对象来追逐套利，也有学者认为金融化是巨额资本注入并引发期货价格波动的现象，并且认为金融化的过程与金融资本在不同投资品之间的配置及快速增长的指数化投资有关。

1. 机构化与金融化

在2000年前，商品市场还和金融市场存在明显的分割。国外有学者发现商品之间存在着很低的正收益相关性，也有学者发现商品收益与标准普尔500指数的收益存在负相关（特别是在短期内）。在2000年美国科技股泡沫破裂后，一些机构开始将商品作为资产配置对象，很快有数十亿美元的投资资金涌入商品市场。这些资金来自于保险公司、养老金、对冲基金和富有的个体。这些资金涌入商品市场主要考虑的是将农产品以及其他各类商品作为资产组合进行投资。投资的方式已经不再简单地是投资于某一农产品，而是基于一些重要的商品指数（如S&P GSCI，DJ-UBSCI）进行一揽子商品组合投资。与套期保值者和传统投机者不同，指数基金投资者对价格不敏感，是纯投机行为，或者说是一种被动式投资，常常集中交易。美洲银行、高盛公司、花旗、汇丰、德意志银行及摩根斯坦利，则更放大了农产品期货和期权市场中的投机行为。

2. 金融化的交易特征

商品期货的金融化交易具有以下特征。

第一，大量的金融投资者从事交易。对于大宗商品市场的管制解除，使得一些金融投资者开始将目光转向包括农产品在内的大宗商品市场进行资产配置。这些金融投资者包括保险公司、养老金、对冲基金、大学捐助基金、基金会、主权财富基金，等等。一些投资银行和商业银行等金融机构也开始涉足农产品领域，如美洲银行、德意志银行、花旗银行、汇丰银行、高盛公司、摩根斯坦利公司。

第二，存在丰富的交易工具。在金融化发展中，中介机构和金融机构主要通过管理期货基金（managed funds）、互换（swap）、交易所交易产品（exchange-traded products，ETPs）进入期货市场，个人投资者通过交易所交易基金（exchange-traded funds，ETFs）和交易所交易票据（exchange-traded notes，ETNs）间接进入，或者直接将资金交由商品交易所顾问进行交易。任何机构投资者都可以通过管理期货基金、互换和交易所交易的品种进入期货市场；个人投资者则可以通过交易所交易基金和交易所交易票据进入期货市场（见图9-9）。通常管理期货、OTC互换交易商、ETPs都会以特定的商品期货或指数为参照提供给投资者以达到收益的目的。管理期货基金和交易所交易基金会在期货市场使用期货合约合成复制商品指数的收益，或者和互换商进行指数收益互换。

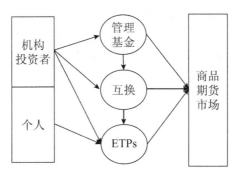

图 9-9　商品金融化发展的机构与工具

第三，指数化交易。2004 年后指数化投资开始流向商品市场（Ke Tang，Wei Xiong，2012）。最流行的指数投资策略是投资特定指数的一揽子商品。在策略投资中，最常见的商品指数是标准普尔—高盛商品指数（S&P GSCI）和道琼斯 UBS 商品指数（Dow Jones-UBS Commodity Index）。很多商品指数互换、ETFs 和 ETNs 都是围绕着这些指数进行设计，指数投资者也可以通过管理期货基金，围绕特定的指数或组合进行投资。由于指数交易者侧重于在不同商品和资产（如股票、债券）之间进行组合交易，因此特定指数构成中的农产品期货和期权买卖就成为重点的交易对象。这些期货品种由于指数化的交易，会面临更多的非基本面因素的影响。

第四，程序化交易。尽管一些 CTAs 使用基本面分析进行交易，但是很多期货 CTAs 也开发出系统化的交易工具程序，在其中使用了高级的量化技术，如信号处理、神经网络、遗传算法以及其他来自于数学和科学的技术方法。在趋势追踪策略中，CTA 发展算法交易用于捕捉和持有跨度为几周到一年的长期趋势。交易策略则是尝试长期趋势中发生的快速急剧的相反价格变化。

3. 金融化与价格波动

金融化的交易活动会通过不同的机制影响价格运动。

第一，新的流动性不足。金融化的发展一方面使农产品期货市场有了更为丰富的交易对手方来源便于进行分散风险，但是在金融化规模膨胀的趋势下，大量的金融投资者已经不再简单地作为套期保值者的对手方，在一些情况下甚至需要从套期保值者手中获得流动性支持。流动性不足会加剧市场单边走势。

第二，资产再平衡造成的价格波动溢出效应。在金融化发展中，机构会在农产品期货和其他商品期货、其他金融投资品之间进行资产配置，在资产配置转换的过程中很容易使农产品价格面临跨品种的价格波动溢出效应。这种溢出效应会在经济周期变化过程中强烈变化。从普林格经济周期理论看，当经济增长时组合投资者卖出债券，当股价上涨时卖出股票，必然会增加农产品投资配比；相反，在经济增长和物价下降时，组合投资者会开仓卖出或平仓卖出商品期货，买入债券，并逐步考虑在未来购入股票。这种策略投资方向变化的结果是加大农产品市场的波动幅度。

第三，追随被动投资效应。一些机构投资者对农产品指数的投资并不完全关心基本面的变化，而是追踪指数变化趋势，这种交易对价格具有明显的助涨助跌作用。例如，有研究发现，指数投资解释了 2006 年至 2007 年间玉米价格 1.5% ～ 5%、2008 年上半年

10%～12.5%的上涨幅度。

第四，在一些情况下，无论是管理期货还是指数交易者，其善用的高频交易和程序化交易会掌控市场或制造市场气氛，引发价格的异常波动，加剧价格的波动频率与幅度。

第五，机构投资者也会存在非理性行为，这种非理性行为一旦产生会比散户投资者对价格造成的冲击力更大。机构投资者的非理性行为在新兴市场国家表现得更为明显。

第六，由于套期保值变得更加复杂，期货市场交易者会更倾向于降低套期保值与套利的业务活动，或者使得套期保值期限日益短期化。套期保值者不稳定的交易环境和交易行为会降低价格发现的有效性。

第五节　期货监管体制

期货监管是指政府通过特定的机构对期货交易行为主体进行的一些限制或规定，以保证期货业的平稳运行。期货监管体制构成了监督与控制期货市场行为主体的一个完整的系统。其中，监管主体是国家立法、司法和行政部门以及行业自律机构，监管对象是期货业务本身以及与期货业相关的其他利益组织和个人，利益组织和个人包括交易所、清算机构、中介机构和投资者等。期货监管的主要目标是：保护投资者利益；保证市场公平、有效和透明；减少系统性风险。为实现监管目标，需要设计适合市场发展特点和规律的期货监管体制和监管框架，并根据变化了的市场条件进行调整，形成市场结构创新和监管体制改革的良性互动和优化协调。

▶ 一、国际上的期货监管模式比较

比较各国期货监管模式，可以归纳出"三级监管模式"和"二级监管模式"两种不同的组织执行体系。"三级监管模式"的三个层次是交易所自我监管、协会的行业监管和政府监管，典型代表是美国、英国。"二级监管模式"只包括政府监管和交易所自我监管，没有行业协会的监管，典型代表是新加坡和中国香港。在"二级监管模式"中，所在国或地区的期货市场较小，政府监管机构可以直接派人员进场监督，即使没有行业协会的协助，政府对于市场的运行状况也很容易把握。美国最早建立期货市场，在期货市场的监管方面已经形成了一套比较完善的体系，成为许多国家期货监管机构的借鉴对象。这里主要介绍美国的期货监管模式。

1. 美国商品期货交易委员会的职责和设置

在美国，期货交易所的交易规则从市场起步阶段就获得了类似法律规定的司法裁决权，因此20世纪70年代以前，美国期货市场都由交易所自我管理，美国的自律监管是市场发展与生俱来的，有其自然生长的土壤。

1972年食品价格迅速上涨，1974年商品价格极度波动，以及同一时期期货交易品种向金融领域扩张等多种因素作用，导致国会众多的立法提案。这些提案最终导致国会通过《商品期货交易委员会法》，授权成立独立的商品期货交易委员会（commodity futures trading commission，CFTC），建立5人小组，宣布所有的州立期货法规无效，对所有的商品期

货市场行使联邦管理权职责，并且每隔四年重新履行法律认可手续，以决定其法人地位能否继续，并对期货犯罪及其刑事处罚做出规定。1981年全国期货业协会（national futures association，NFA）注册成立，标志着美国期货监管业从自律监管走向法律监管，形成了由政府、期货业协会和交易所组成的三级监管模式。各层级监管者既要依法履行职责，又要相互配合协调：交易所监管场内交易；NFA监管会员的交易行为和协会工作人员的行为；CFTC负责立法及法律的执行，登记审批新设立的交易所。

2000年12月，《商品期货交易现代化法》对CFTC进行重新授权，将其从一线监管执行机构升级为监管机构。CFTC是美国期货市场最高权力和监管机构，作为参议院的政府主管部门，保持着对全国期货行业的独立管辖权，并有相当大的独立性和权威性。此外，CFTC还是具有准立法和准司法权的独立机构，通过制定严密高效的法规贯彻实施国会通过的法律，宏观上对市场参与者进行管理。在华尔街金融改革法案中，还取得了对柜台衍生品及其交易商的监管权，获得了更大的发展空间。

CFTC确立的四个长期的战略目标是：①确保商品期货、期权市场的经济活力；②保护市场使用者和大众；③保证市场的完整性，创建公开、富有竞争力和财务稳健的市场；④通过高效率的组织管理和资源利用，有效支持委员会完成目标和使命。CFTC的主要任务是保持市场的竞争性和秩序性，防止价格被人为操纵，公平对待所有市场参与者。CFTC的主要职能包括：①防止期货和期权价格被操纵；②制定并实施有关客户保护规则；③制订并实施期货公司及期货从业人员的最低财务标准及从业资格标准；④禁止错误市场信息及误导性市场信息的传播；⑤批准新的期货与期权合约；⑥管理期货交易所和场内经纪人；⑦为解决客户投诉事件提供便利。

为实现战略目标和基本职能，CFTC重新构筑了层次架构。首先，加强内部设置。CFTC由主席主持日常工作，各部门主管及法务室主任对整个委员会负责。委员会下设6个部门，分别是：交易及市场部、执行部、经济分析部、行政长官办公室、法务室、程序办公室。其次，设置分支机构。CFTC总部在华盛顿，同时在纽约、芝加哥、堪萨斯、洛杉矶设有地区办公室，在明尼阿波利斯设有一个次级分支机构。最后，加强合作监管。CFTC着力于与财政部、联邦储备委员会及证券委员会加强监管合作，并与美国以外国家和地区的期货机构开展跨境监管合作。CFTC部门设置及其结构如表9-11所示。

表9-11 美国CFTC部门设置及其职能

部门设置	主 要 职 能
交易及市场部	规范期货交易所、期货协会、期货商及期货从业人员的注册登记、财务稽核等行为
执行部	主要负责开展行政或司法程序以执行期货法及委员会的管理规则，对违法者予以处分
经济分析部	负责市场监督、市场分析和市场研究
行政长官办公室	负责有效地使用委员会的资源、监督行政及赔偿程序
法务室	负责处理委员会的行政处分以及付诸司法审查的案件，并在委员会于司法程序中成为被告时为其辩护
程序办公室	负责在行政及赔偿案件中举行听证会

2. 全国期货业协会职责和设置

美国三级监管模式中，在政府宏观管理下，交易所和期货业协会的自律管理至今一直发挥着市场管理的基础和核心作用。美国期货业协会（national futures association，NFA）共有 4 000 多家会员公司，会员遍及期货公司、咨询顾问、基金经理、结算银行、交易所、社会公众及有关商业机构，具有充分的广泛性。NFA 代表着整个行业各方面的切身利益，真实反映着行业的呼声和要求。

NFA 的工作职责主要是制订期货交易规章计划，使期货行业更加完善，既保护投资者的利益，又帮助其会员的营业规范达到规章制度的要求。协会的业务活动对商品期货交易委员会负责并受其监督，主要职责内容包括：

（1）对会员的最低财务保证金、早期预警资本、期货经纪商与经纪商代理人的财务规模、杠杆交易商的财务报告以及执行保证金进行详细的规定，并进行审计，以确保财务要求。

（2）对全权委托账户的管理者订立监视程序，强化职业道德和规范，实施客户保护条例。此外，NFA 还对会员开发新客户时履行告知义务等方面做了要求。

（3）为会员公司与客户之间的纠纷提供仲裁方案。

（4）对期货从业人员实行准入制度，甄别期货从业人员的会员资格，负责会员资格注册。

（5）制定期货从业人员的培训标准，组织与实施全国商品期货水平测试。

3. 交易所自律监管

美国《商品交易法》（CEA）对期货交易所法律地位的规定十分明确，即交易所是自律监管机构（self-regulatory orgnization）。交易所作为自律监管机构，具有规则制定、监督和执行三大职能。《美国商品法》对 CFTC 的政府监管权和交易所自律监管权进行了平衡和合理分配。交易所在执行规则中，主要采取市场监督、调查与处罚、审计三类自律监管措施。

除以上监管机构，美国证券交易委员会、美联储和货币监管局也拥有部分的期货市场监管权。

▶ 二、我国期货监管架构的形成

1. 我国期货监管架构的形成背景

我国的期货监管体制是一种以防范风险为核心特征的监管体制。这种体制的形成有其特殊的历史原因和社会背景。在 20 世纪 90 年代初，我国期货市场在借鉴美日经验的基础上迅速建立起来。但是那时的期货市场也出现了与美国期货市场早期一样的问题——投机过度和混乱无序。由于行业缺乏自律、政府多头管理和经济转轨具有复杂性，又使得对期货市场的有效监管成为难题。为此，国务院于 1993 年决定授期货监管权于新成立不久的中国证监会，开始对期货市场进行第一次清理整顿和结构调整。当时期货市场的监管导向是"规范起步，加强立法，一切经过试验和严格控制"。但是，在经济过热、多头监管、市场转轨等多重因素作用下，期货市场的投机并没有得到抑制，反而更加疯狂，最终导致了 1995年"国债 327 事件"的爆发。也正是以"国债 327 事件"为代表的一系列大型风险事件对我国期货市场的监管思想和监管体制的最终形成产生了决定性和持久性的影响。

评价"国债 327 事件"对现行期货监管体制形成的具体影响，首先必须考虑当时的社会思潮。在期货市场建立初期，整个知识界和政府部门出现了新老思想的激烈交锋，对"是否继续发展期货市场"存在严重分歧。尽管改革思想掌控了战略制高点和市场发展的推动权，促进了期货市场的建立形成，但是保守思想仍在期货市场监管体制的构筑方面留下了挥之不去的阴影。"国债327事件"后，强大的社会保守思潮对期货市场完全持排斥甚至蔑视态度，其要求对期货市场进行严格管制的思想直接影响了最高决策层的政策制定。在此背景下，1998年8月国务院下发《关于进一步整顿和规范期货市场的通知》，开始推动更为严厉的第二次清理整顿。这两次期货市场清理整顿遏制了市场上的疯狂投机，但是却标志着我国期货监管开始全面依靠行政手段来管制市场。

我国于1999年制定出台了《期货交易管理暂行条例》，其后中国证监会也随之发布了一系列配套监管措施。这些监管办法对期货市场发展和监管体制改革具有里程碑式的意义，为提升期货市场监管能力，强化市场风险管理，巩固期货市场清理整顿成果等提供了有力的保障，并为后来期货市场的健康发展奠定了制度基础。但是，也有人提出客观批评，认为"我国期货市场和立法之间的关系与世界期货市场的发展方向正好相反，即随着一个个清理整顿的规定的出台，期货市场一步步陷于窘境。管制过度已成为期货市场发展的最大障碍"。更为严重的是，长期实行严厉的市场管制对期货监管体制的未来改革制造了障碍。因为行政管制强化了监管者对市场的直接干预能力，使监管者的监管权力得到大幅提升。在社会思潮依旧保守和监管者加强自身权力保护的情况下，监管者逐渐形成了"担心风险到依赖管制、强化管制"的监管思路。当权力日益强化和集中时，加强管制就自然而然成为我国期货监管体制的主要特点。

2. 我国期货监管架构的最终形成

进入21世纪后，中国期货市场监管体制在架构设计和法律规范方面均得到全面的改进和创新。在架构方面，2000年中国期货业协会成立和2006年中国期货保证金监控中心成立后，我国全面构筑起了由中国证监会、证监会各地派出机构、中国期货业协会、交易所、保证金监控中心共同组成的"三级监管""五位一体"的监管体系。在法律规范方面，2007年3月国务院令发布《期货交易管理条例》，证监会随之修改和新制定了一系列监管规章制度，这标志着中国的期货监管体制开始正式成型。正是因为新监管体系产生的制度红利，加之经济高速成长、货币流动性过剩的刺激，中国期货市场的交易量和交易额迅速进入爆炸式增长阶段，并在2010年达到15.67亿手成交量的历史顶峰。

然而，这一监管体制并非完美，突出的问题有两点：第一，具有浓厚的人事管理行政化色彩，突出的表现是最高监管部门对期货交易所负责人具有直接或间接的任命权；第二，在"五位一体"的监管体系中，中国证监会具有绝对的主导地位，直接掌控整个监管体系的组织和运行。

▶ 三、我国期货监管架构的职能设置

1. 中国证监会及其派出机构

1993年年底，国务院明确了中国证券监督管理委员会（简称中国证监会）对期货市场进行统一监管的主导地位，排除了部门和地方政府对市场的干预，监管体制初步建立。根据《期货交易管理条例》，中国证监会的监督管理职责主要有：制定有关期货市场监督管理的规章、规则，并依法行使审批权；对品种的上市、交易、结算、交割等期货交易及其相关活动，进行监督管理；对期货交易所、期货公司及其他期货经营机构、非期货公司结算会员、期货保证金安全存管监控机构、期货保证金存管银行、交割仓库等市场相关参与

者的期货业务活动，进行监督管理；制定期货从业人员的资格标准和管理办法，并监督实施；监督检查期货交易的信息公开情况；对期货业协会的活动进行指导和监督；对违反期货市场监督管理、行政法规的行为进行查处；开展与期货市场监督管理有关的国际交流、合作活动；法律、行政法规规定的其他职责。这些职责分别由中国证监会的期货监管部和证券基金机构部承担。

中国证监会在省、自治区、直辖市和计划单列市设立36个证券监管局，以及上海、深圳证券监管专员办事处，派出机构归中国证监会垂直领导。依据中国证监会授权，派出机构主要职责包括：负责对辖区内的期货经营机构、期货投资咨询机构等中介机构的期货业务活动进行监督管理，依法查处辖区范围内的期货违法、违规案件。派出机构承担着履行一线监管的重要职责。

2. 中国期货业协会

中国期货业协会成立于2000年12月29日，注册地和常设机构在北京。根据《期货交易管理条例》规定，期货业协会是期货业的自律性组织，是社会团体法人，其业务活动应当接受国务院期货监督管理机构的指导和监督。期货公司以及其他专门从事期货经营的机构应当加入期货业协会，并缴纳会员费。

从中国期货业协会公布的资料看，其主要的职责有：

（1）教育和组织会员及期货从业人员遵守期货法律法规和政策；

（2）制定和实施行业自律规则，监督、检查会员和期货从业人员的行为，对违反本章程及自律规则的会员和期货从业人员给予纪律处分；

（3）组织开展期货行业诚信建设，建立健全行业诚信评价制度和激励约束机制，进行诚信监督；

（4）负责期货从业资格的认定、管理以及撤销工作，负责组织期货从业资格考试、期货公司高级管理人员资质测试及法律法规、中国证监会规范性文件授权的其他专业资格考试；

（5）制定期货业行为准则、业务规范，推进行业廉洁从业文化建设，参与开展行业资信评级，参与拟定与期货相关的行业和技术标准；

（6）开展投资者保护与教育工作，督促会员加强期货及衍生品市场投资者合法权益的保护；

（7）受理投资者与期货业务有关的投诉，对会员之间、会员与投资者之间发生的纠纷进行调解；

（8）为会员服务，依法维护会员的合法权益，积极向中国证监会及国家有关部门反映会员在经营活动中的问题、建议和要求，引导和推动行业服务实体经济，履行社会责任；

（9）制定并实施期货人才发展战略，加强期货业人才队伍建设，对期货从业人员进行持续教育和业务培训；

（10）设立专项基金，为期货业人才培养、投资者教育或其他特定事业提供资金支持；

（11）开展行业网络安全与信息化自律管理，提高行业网络安全与信息化工作水平；

（12）收集、整理期货相关信息，开展会员间的业务交流，组织会员对期货业的发展进行研究，对相关方针政策、法律法规提出建议，促进业务创新；

（13）加强与新闻媒体的沟通与联系，开展期货市场宣传，经批准表彰或奖励行业内有突出贡献的会员和从业人员，组织开展业务竞赛和文化活动；

（14）开展期货业的国际交流与合作，加入国际组织，推动相关资质互认；

（15）依据自律规则对境内特定品种期货交易及相关业务活动和其他涉外业务实行行业自律管理；

（16）法律法规规定、中国证监会委托以及会员大会决定的其他职责。

3. 中国期货市场监控中心

中国期货市场监控中心原称中国期货保证金监控中心有限责任公司（简称中国期货保证金监控中心），成立于 2006 年 5 月 18 日，是在国家工商行政管理总局注册登记的期货保证金安全存管机构，是非营利性公司制法人。股东单位有上海期货交易所、中国金融期货交易所、郑州商品交易所以及大连商品交易所。

中国期货市场监控中心主要职能包括：期货市场统一开户，期货保证金安全监控，为期货投资者提供交易结算信息查询，期货市场运行监测监控，宏观和产业分析研究，期货中介机构监测监控，代管期货投资者保障基金、商品及其他指数的编制、发布，为监管机构和期货交易所等提供信息服务，期货市场调查，协助风险公司处置。

中国期货市场监控中心的主管部门是中国证监会，业务接受中国证监会领导、监督和管理，章程经中国证监会批准后实施，总经理、副总经理由股东会聘任或解聘，报中国证监会批准。中国证监会成立中国期货市场监控中心管理委员会，审议决定中国期货市场监控中心的重大事项。

从本质看，中国期货市场监控中心既是服务市场和投资者的监控机构，又是服务和隶属于中国证监会的监管机构，具有多重定位。

▶ 四、中国监管体制的未来

1. 中美期货监管体制的比较

尽管中国期货市场的建立大量借鉴了美国期货市场的成功经验，但是经过长期的政府和市场博弈，中国两国期货市场在诸多方面存在明显的差异。

第一，美国期货交易所从市场起步就获得了类似法律规定的司法裁决权；我国期货交易所起步时则是各级政府争夺的对象，在"国债 327 事件"后中国证监会基于对风险控制的需要将期货交易所的任免权集中起来管理，并通过《期货交易管理条例》将这一职权完全固定下来，使得交易所成为监管部门的附属机构。

第二，美国期货监管体制形成了完善的、动态调整的法律体系；我国期货市场的期货法立法要滞后很多，需要理顺各方面的利益关系。期货法如何重塑期货市场架构，提升监管效率是中国期货法立法时需要长期考虑的核心问题。

第三，我国期监管体系有独特的机构设置，如中国期货市场监控中心。这个机构的数据挖掘和整理有助于最高监管部门有效、及时掌控市场运行风险和市场发展的结构性不足。这一点要比美国 CFTC 的大户报告制度具有高明之处，因为相比而言，美国的大户报告制度存在大户不大的特点。

2. 中国期货监管体制的未来

中国期货市场的现行监管体制的独特之处是形成了有效的市场风险防控体系。"五位一体"的监管结构具有降低市场风险、稳定市场运行的能力，也有助于集中力量办大事。但是，随着市场的深入发展和全球竞争的日益深入，这一监管体制也面临着改革的需要，可在以下方面做出适应性调整。

第一，算法交易和高频交易、互联网金融等问题日益成为监管层面临的新问题，监管机构需要应对电子化交易形势下层出不穷的市场创新活动和监管压力。

第二，我国期货市场远不具备区域和国际影响力，因此建立起一个发达开放、规则透明的期货市场就成为监管者的重要使命。

第三，具有管制色彩的监管者需要足够的内部动力或外部压力改革自身存在的问题，以维系市场的长期活力。此外，建立起对监管者进行监管的体制是有效发挥期货监管功能的重要外部制衡力量。

第四，减少监管集权和削弱行政组织联系，平衡期货市场的监管架构体系，赋予监管第一线部门期货交易所更多的监管职责和权限。

第五，多层次市场是期货市场深入发展的基本要求，现有监管体系需要与OTC市场监管体系做到无缝衔接，以便期货市场能够全面提升价格发现和套期保值功能。

---------------------------【本章知识点回顾】---------------------------

中外期货市场的产生和发展背景不尽相同，但是都面临着日益激烈的全球竞争。期货市场的早期问题对期货监管体制和市场结构变迁具有深远影响。

期货交易所是市场的微观组织者，也是一线监管部门。在我国，期货结算机构内设于期货交易所。我国的三家商品交易所实行全员结算制度，中国金融期货交易所则实行分级结算制度。期货中介机构主要包括期货公司、券商IB和居间人。期货公司受到严格的监管，有盈利能力弱、竞争力不强的问题。期货交易者包括机构投资者、套期保值者和散户交易者。机构投资者包括各类期货投资基金。机构投资者和套期保值者力量大小决定着期货市场发展的可持续性。

我国实行"五位一体"的期货监管架构。中国期货市场的现行监管体制的独特之处是形成了有效的市场风险防控体系。从客观规律看，随着期货市场的深入发展，监管体制面临着需要深入改革的压力。

---------------------------【思考题】---------------------------

1. 比较分析中美期货市场的产生条件和发展差异。

2. 分析我国期货监管体制的主要特点和形成过程。

3. 期货交易所的基本职能是什么？

4. 会员制和股份制交易所的差异在哪里？如何认识我国期货交易所组织模式的特点？

5. 什么是独立结算模式与专属结算模式，二者的优缺点各是什么？

6. 比较分析分级结算制度和全员结算制度的运作方式。

7. 根据所学知识，分析期货公司的创新方向有哪些？

8. 总结分析我国期货市场的整体监管架构，思考监管体制的优化方向。

9. 查阅有关资料，分析我国期货市场交易者结构的特点。

10. 综合本书所学内容，分析我国期货市场的功能发挥状况和深层制约因素。

【**在线测试题**】扫描书背面的二维码，获取答题权限。

参 考 文 献

[1] Carlton，D. Futures Markets：Their Purpose，Their History，Their Growth，Their Successes and Failures[J].The Journal of Futures Markets，1984，Vol. 4，No.3.

[2] Ederington L H. The Hedging Performance of the New Futures Markets[J]. Journal of Finance. 1979，34（1）：157-170.

[3] Greetham，J.，M. Hartnett.The Investment Clock[R]. Merrill Lynch，2004（11）.

[4] Harris，L. The October 1987 S&P 500 Stock-Futures Basis[J]. The Journal of Finance，Vol. 44，No. 1（Mar.，1989）.

[5] Henderson B J，Pearson N D，Li W. New evidence on the financialization of commodity markets[M]. The Review of Financial Studies，2015.

[6] Irwin S H，Sanders D R. Index funds，financialization，and commodity futures markets[J]. Applied Economics Perspectives and Policy，2011（33）：1–31.

[7] Johnson，L. L. The Theory of Hedging and Speculation in Commodity Futures[J].Review of Economic Studies，1960，27.

[8] Laidi，A.How Yield Curves Signal Metal Moves[J].Futures，2009（5）.

[9] Merrill Lynch. The Investment Clock[R]. Merrill Lynch，2004（11）.

[10] Steve Nison.Japanese Candlestick Charting Techniques[M]. New York Institute of Finance，1991.

[11] Tang K，Wei X. Index investing and the financialization of commodities[J]. Financial Analysts Journal，2012，68（2）：54-74.

[12] Yang，J. D，Bessler. and D，Leatham. Asset Storability and Price Discovery in Commodity Futures Markets：A New Look [J]. The Journal of Futures Markets，Vol. 21，No. 3，279–300（2001）.

[13] 艾琳·奥尔德里奇.高频交易 [M].谈效俊等译.北京：机械工业出版社，2011.

[14] 艾琳·奥尔德里奇.高频交易（第 2 版）[M].顾律君，丁鹏译.北京：机械工业出版社，2018.

[15] 安德鲁·波尔.统计套利 [M].陈雄兵，张海珊，译.北京：机械工业出版社，2011.

[16] 安毅.期权市场与投资策略 [M].北京：经济科学出版社，2014.

[17] 安毅.农产品期货和期权 [M].北京：经济科学出版社，2016.

[18] 安毅.金融衍生工具 [M].北京：清华大学出版社，2017.

[19] 安毅.我国期货农业模式创新研究 [M].北京：经济科学出版社，2018.

[20] 安毅，常清.期货投资基金与期货市场发展探讨 [J].证券市场导报.2011（10）：50-55.

[21] 安毅，常清.中国期货市场的监管改革与结构调整 [J].经济纵横，2013，（10）：66-70.

[22] 安毅，宫雨.我国农产品期货市场的投机特征与非理性行为研究 [J].证券市场导报.2014（5）：46-50.

[23] 安毅，王军.现代订单农业中的远期定价及风险管理模式探析 [J].价格理论与实践，2014（10）：90-92.

[24] 鲍建平.促进期货与现货、衍生品市场有效对接，更好为实体经济服务 [J]. 期货与金融衍生品，2015（3）：11-14.

[25] 彼得·诺曼.全球风控家：中央对手方清算 [M]. 北京：中国金融出版社，2013.

[26] 常清.期货、期权与金融衍生品概论 [M]. 北京：教育科学出版社，2009.

[27] 常远.中国期货史 [M]. 天津：天津古籍出版社，2011.

[28] 陈建平，黄伟，石松，程南雁，邢欣羿.实体企业套期保值类型研究 [J]. 期货与金融衍生品，2017（11）：2-10.

[29] 陈梦根.算法交易的兴起及最新研究进展 [J]. 证券市场导报，2013（9）：11-17.

[30] 陈世伟，王珏.我国期货市场监管体制演进：回顾与展望 [J]. 江西社会科学，2008（8）：104-108.

[31] 陈学斌.程序化交易 [M]. 上海：复旦大学出版社，2015.

[32] 陈蓉，郑振龙.期货价格能否预测未来的现货价格 [J]. 国际金融研究，2007（9）：70-74.

[33] 程小勇.CME 和 SHFE 期铝跨市套利活跃 [N]. 期货日报，2015-04-08.

[34] 大连商品交易所.大连商品交易所套利交易管理办法 [OL]. 大连商品交易所网站.

[35] 大连商品交易所.大连商品交易所交易细则 [OL]. 大连商品交易所网站.

[36] 大连商品交易所.大连商品交易所交割细则 [OL]. 大连商品交易所网站.

[37] 大连商品交易所.大连商品交易所结算细则 [OL]. 大连商品交易所网站.

[38] 戴光懿，毕鹏，任洁.中美期货保证金制度差异的探讨 [N]. 期货日报，2014-01-08.

[39] 党剑.商品金融化及其对期货市场的影响 [R]. 中国期货业协会，2012.9.

[40] 方世圣.股指期货套保与套利 [M]. 上海：上海远东出版社，2010.

[41] 高杰英.高频交易理论研究述评 [J]. 金融理论与实践，2013（11）：91-95.

[42] 郭明.国外高频交易的发展现状及启示 [J]. 证券市场导报，2012（7）：56-61.

[43] 郭晓利，刘岩.日本商品期货市场近年衰落的原因和思考 [J]. 证券市场导报，2010（11）：6-11，19.

[44] 黄守昆.粮食价格波动的季节性及其形成机理 [J]. 价值工程，2015（2）：1-3.

[45] 黄先明.国际大宗农产品价格金融化机理分析及我国政策选择 [J]. 国际贸易，2012（6）：23-26.

[46] 黄佐.高频交易所引起的监管问题 [J]. 期货与金融衍生品，2013（1）：24-32

[47] 杰夫里·G.麦金塔.高频交易商：天使抑或魔鬼 [J]. 金融市场研究，2014（5）：62-70.

[48] 杰克·D.施威格.期货交易技术分析 [M]. 马龙龙，等译.北京：清华大学出版社，1999.

[49] 杰克·施瓦格，马克·埃兹科恩.期货市场完全指南 [M]. 李欣，梁峰，译.北京：清华大学出版社，2017.

[50] 蓝海平.高频交易的技术特征、发展趋势及挑战 [J]. 证券市场导报，2014（4）：59-64.

[51] 李凤.熔断机制反思 [J]. 中国金融，2016（2）：62-63.

[52] 李璐，付迟.海外市场清算模式的演变历史与发展趋势 [J]. 证券市场导报，2014（9）：62-66.

[53] 李团团，常清.美国期货结算机构的演变过程及启示 [J]. 证券市场导报，2012（12）：10-16.

[54] 林伟斌.期货市场"价格发现功能"的再思考 [R]. 中国金融期货交易所，2013.

[55] 刘鸿儒.金融期货 [M]. 北京：中国金融出版社，2010.

[56] 刘思云.熔断机制在中美运用的比较分析 [J]. 财经界，2016（10）：92，154.

[57] 刘兴强.现代企业套期保值 [M]. 北京：中国财政经济出版社，2012.

[58] 陆一.中国赌金者 [M]. 上海：上海远东出版社，2015.

[59] 罗江华，丁攀.大豆压榨套利投资策略分析 [J]. 粮食科技与经济，2010（5）.

[60] 吕志平.大宗商品金融化问题研究 [J]. 湖北社会科学，2013（2）：77-80.

[61] 马文胜，翁鸣晓.现代套期保值理论研究系列之一：套期保值理论的实践与创新 [N]. 期货日报，2014-04-30.

[62] 马险峰，汪珺.美国期货市场何以在危机中"独善其身" [J]. 证券市场导报.2010（9）：41-47.

[63] 迈克尔·戈勒姆，尼迪·辛格.电子化交易所从交易池向计算机的全球转变 [M]. 王学勤，译.北京：中国财政经济出版社，2015.

[64] 孟宇.程序化交易在国际金融市场中兴起 [N].期货日报，2006-12-06（004）.

[65] 南华期货公司课题组.企业套期保值风险度量与控制 [R].上海期货交易所，2017.

[66] 瑞泽·J.鲍尔绍拉.期货交易者资金管理策略 [M].上海：上海财经大学出版社，2015.

[67] 乔治·克莱曼.商品和金融期货交易指南 [M].北京：中国青年出版社，2009.

[68] 任泽平.新周期 [M].北京：中信出版集团，2018.

[69] 唐娜·克莱恩.期货市场入门 [M].北京：机械工业出版社，2011.

[70] 郑赜瑜，王锟，谢亚.美国期货品种创新与产业转型镜鉴 [J].证券市场导报，2014（4）：53-58.

[71] 上官丽英.被动型算法交易策略 [R].银河证券博士后科研工作站，2015-02-27.

[72] 上官丽英.算法交易的基本概念及发展现状 [R].银河证券博士后科研工作站，2015-01-20.

[73] 上官丽英.国内量化交易平台概述 [R].银河证券博士后科研工作站，2014-12-08.

[74] 上海期货交易所理事会.企业套期保值的有效性与绩效评价研究 [J].北京：中国金融出版社，2010.

[75] 上海期货交易所.上海期货交易所交易细则 [OL].上海期货交易所网站.

[76] 上海期货交易所.上海期货交易所交割细则 [OL].上海期货交易所网站.

[77] 上海期货交易所.上海期货交易所结算细则 [OL].上海期货交易所网站.

[78] 上海期货交易所课题组.美国期货市场监管研究 [M].北京：中国金融出版社，2014.

[79] 上海期货交易所.上海期货交易所风险控制管理办法（2014）[OL].上海期货交易所网站.

[80] 史蒂文·波泽.应用艾略特波浪理论获利 [M].符彩霞，译.北京：机械工业出版社，2008.

[81] 苏应蓉.全球农产品价格波动中金融化因素探析 [J].农业经济问题：2011（6）：89-95.

[82] 孙才仁.套期保值理论与实务 [M].北京：中共中央党校出版社，2012.

[83] 汤云龙，常飞.全球交易所战略合并背景下我国期货结算模式创新研究 [J].上海金融学院学报，2014（1）：62-71.

[84] 田明圣，胡雅梅.论证券市场的报价驱动和指令驱动制度 [J].金融教学与研究，2003（1）：34-40.

[85] 田源.现代期货大典 [M].北京：石油工业出版社，1994.

[86] 陶然.全球首例幌骗案件分析及启示 [J].期货与金融衍生品，2016（5）：73-76.

[87] 王定红.跨市套利为何屡成"国际烈士" [N].中国证券报，2005-06-13.

[88] 王海峰.企业套期保值压力测试系统研究 [N].期货日报，2006-06-03（008）.

[89] 王学勤，吴前煜.从自律走向法律：美国期货市场监管 160 年管窥 [J].证券市场导报，2009（10）：20-26.

[90] 汪洋.汇率与国际收支 [M].上海：复旦大学出版社，2012.

[91] 魏振祥，高勇.中国农产品期货主力及近月合约套期保值效果研究 [J].证券市场导报，2012（2）：36-41.

[92] 吴守祥.套期保值的目标及效果评价 [N].期货日报，2005-05-11.

[93] 吴晓求.证券投资学 [M].北京：中国人民大学出版社，2014.

[94] 小罗伯特·鲁格劳特·普莱切特，阿尔弗雷德·约翰·弗罗斯特.艾略特波浪理论 [M].陈鑫，译.上海：百家出版社，2001.

[95] 肖永志.期货套利交易中的误区及技巧 [N].期货日报，2014-06-18.

[96] 徐伟康.对"消费者价格指数与生产者价格指数：谁带动谁？"一文的质疑 [J].经济研究，2010（5）.

[97] 徐毅.期货市场结算风险管理研究 [M].北京：经济科学出版社，2008.

[98] 薛钊涵，周世成.国债 ETF 与国债期货套利策略 [J].期货与金融衍生品，2014（5）.

[99] 杨旸.国债期货套利投资策略浅析 [J].债券，2014（3）：51-56.

[100] 姚宜兵."逢三必减"措施将正式退出期货市场历史舞台 [N].期货日报，2018-11-24.

[101] 银河期货.股指期货套期保值中的展期管理 [N].上海证券报，2010-08-07.

[102] 袁国际.期货结算法律问题研究 [M].北京：法律出版社，2011.

[103] 于泳，李文，庆卢钊 . 商品期货市场金融化问题研究综述 [J]. 兰州学刊，2012（4）：95-100.

[104] 约翰·墨菲 . 期货市场技术分析 [M]. 丁圣元，译 . 北京：地震出版社，1994.

[105] 约翰·赫尔 . 风险管理与金融机构（第 4 版）[M]. 北京：机械工业出版社，2018.

[106] 约翰·赫尔 . 期权、期货及其他衍生产品（第 10 版）[M]. 北京：机械工业出版社，2018.

[107] 张屹山，孙少言 . 期货价格形成的理性预期理论 [J]. 财贸经济，1994（7）：45-47.

[108] 郑州商品交易所 . 郑州商品交易所期货交易细则 [OL]. 郑州商品交易所网站 .

[109] 郑州商品交易所 . 郑州商品交易所交易细则 [OL]. 郑州商品交易所网站 .

[110] 郑州商品交易所 . 郑州商品交易所交割细则 [OL]. 郑州商品交易所网站 .

[111] 郑州商品交易所 . 郑州商品交易所结算细则 [OL]. 郑州商品交易所网站 .

[112] 郑宗豪 . 有效套期保值模式的探讨——以钢铁企业为例 [R]. 盛达期货，2018.

[113] 曾秋根 . 商品价格套期保值的基差风险及对策——基于中盛粮油和江西铜业套期保值亏损的案例 [J]. 财会通讯，2006（5）：32-35.

[114] 中国期货业协会 . 期货市场教程（第八版）[M]. 北京：财政经济出版社，2013.

[115] 中国期货业协会 . 中国期货市场发展报告（2013）[M]. 北京：中国财政经济出版社，2013.

[116] 中国期货业协会 . 中国期货市场发展报告（2014）[M]. 北京：中国金融出版社，2014.

[117] 中国期货业协会 . 期货及衍生品分析与应用（第 3 版）[M]. 北京：中国财政经济出版社，2018.

[118] 中国金融期货交易所 . 沪深 300 股指期货交易手册 [M]. 上海：上海远东出版社，2010.

[119] 中国金融期货交易所 . 中国金融期货交易所交易细则 [OL]. 中国金融期货交易所网站 .

[120] 中国金融期货交易所 . 中国金融期货交易所结算细则 [OL]. 中国金融期货交易所网站 .

[121] 中国金融期货交易所 . 中国金融期货交易所沪深 300 股指期货合约交易细则 [OL]. 中国金融期货交易所网站 .

[122] 中国金融期货交易所 . 金融期货投资者适当性制度操作指引 [OL]. 中国金融期货交易所网站 .

[123] 中国金融期货交易所 . 中国金融期货交易所风险控制管理办法（2014）[OL]. 中国金融期货交易所网站，2014.

[124] 中国金融期货交易所 . 中国金融期货交易所 5 年期国债期货合约交割细则 [OL]. 中国金融期货交易所网站 .

[125] 中国金融期货交易所国债期货开发小组 . 国债期货产品制度设计及应用策略 [M]. 北京：中国财政经济出版社，2013.

[126] 中国人民银行金融稳定分析小组 . 中国金融稳定报告 2006[M]. 北京：中国金融出版社，2006.

[127] 中国证监会 . 现行证券期货法规汇编期货卷 [M]. 北京：法律出版社，2013.

[128] 中国证监会，中国期货业协会 . 中国期货市场年鉴（2015）[M]. 北京：中国财政经济出版社，2016.

[129] 中国证监会 . 中国期货业协会 . 中国期货市场年鉴（2016）[M]. 北京：中国财政经济出版社，2016.

[130] 中国证监会，中国期货业协会 . 中国期货市场年鉴（2017）[M]. 北京：中国财政经济出版社，2018.

[131] 中国证监会，中国期货业协会 . 中国期货市场年鉴（2018）[M]. 北京：中国财政经济出版社，2019.

[132] 周小舟，马瑾 . 持仓量、持仓结构与油价 [J]. 金融研究，2014（3）：112-124.

[133] 祝合良 . 中国期货市场的规范和发展 [M]. 北京：社会科学文献出版社，2012.

[134] 朱玉辰 . 沪深 300 股指期货交易手册 [M]. 上海：上海远东出版社，2010.

[135] 朱玉辰 . 沪深 300 股指期货交易手册 [M]. 上海：上海远东出版社，2010.

[136] 朱哲颖 . 国际高频交易的起源、发展与监管思考 [J]. 中国证券期货，2019（6）：76-81.

教师服务

感谢您选用清华大学出版社的教材！为了更好地服务教学，我们为授课教师提供本书的教学辅助资源，以及本学科重点教材信息。请您扫码获取。

≫ 教辅获取

本书教辅资源，授课教师扫码获取

≫ 样书赠送

财政与金融类重点教材，教师扫码获取样书

 清华大学出版社

E-mail: tupfuwu@163.com	网址：http://www.tup.com.cn/
电话：010-83470332 / 83470142	传真：8610-83470107
地址：北京市海淀区双清路学研大厦 B 座 509	邮编：100084